ESTRATEGIA
Y
POLITICAS FINANCIERAS

Juan F. Pérez-Carballo Veiga

ESIC
EDITORIAL
Madrid, 1997

ESIC EDITORIAL
Avda. Valdenigrales, s/n. 28223 Pozuelo de Alarcón (Madrid). Tel. 352 77 16

ISBN: 84-7356-154-6
Depósito legal: M. 44.308 - 1996
Portada: Carla Esteban
Fotocomposición: Grafos, S.L. Virgen de los Reyes, 17. Tel. 404 77 78
Imprime: Gráficas Dehon
La Morera, 23-25
28850 Torrejón de Ardoz (Madrid)

A Carmen y Teresa

Indice

Capítulo IV. **Componente estratégico de los costes**

Capítulo V. **Dinámicas financieras**

Capítulo VI. **La información contable**

Capítulo VII. **Interpretación de la información económica-financiera**

Capítulo VIII. **Financiación del crecimiento**

Capítulo IX. **Cálculo de las decisiones financieras**

Capítulo X. **Decisiones de asignación de recursos financieros**

Capítulo XIII. **Cómo medir el riesgo financiero**

Capítulo XIV. **Control de gestión de las operaciones**

Capítulo XV. **Objetivos y estrategias financieras**

Introducción

Este libro aborda la actuación financiera de la empresa en el marco de sus decisiones estratégicas y en su relación con el resto de las áreas funcionales.

La empresa es un sistema único que si se parcela en una organización por áreas de gestión de naturaleza funcional es con el fin de conocerlo y gobernarlo más fácilmente. Pero toda partición, necesariamente discrecional, es sólo un modelo que, en ningún caso, ha de suplantar a la realidad unitaria que simplifica, no siempre con fortuna. Confundir el modelo diseñado con la realidad propicia que alguna de las partes pueda imponerse, dominando al resto y dislocando la vertebración de la empresa. Los procesos de degradación nacen, con frecuencia, de comportamientos autistas y de la incapacidad para mantener la integración, rota artificialmente, de las partes, que se dispersan en comportamientos aislados y, a veces, enfrentados. Ello exige un esfuerzo continuo para coordinar lo que por modelo organizativo se desagrega.

En este contexto, la actuación financiera debe contribuir al desarrollo de la estrategia aportando su propio enfoque, en oportunidades y limitaciones, y evitando ser paralizada por su propia rutina o arrastrada por la vorágine de las actividades más operativas. Nunca puede renunciar a exponer su convicción por fuerte que sea el dinamismo del negocio. Ello exige del financiero anteponer su responsabilidad como partícipe de la marcha de la empresa a su propia condición de financiero.

Las finanzas son antes que una especialidad tecnocrática, un componente de la gestión cuya actuación depende de los objetivos que se persigan. No se trata tanto de disponer de un repertorio de herramientas como de saber qué objetivos se pretenden alcanzar. Para ello, la referencia permanente del conjunto de la empresa es insoslayable. El financiero ha de integrarse en la realidad de las operaciones, evitando recluirse en su estricto dominio. Si bien especializarse es necesario por la complejidad de la gestión, es preciso no aislarse del tronco común del progreso de la empresa.

Una decisión parcial técnicamente correcta puede dañar la marcha de la compañía, por lo que toda decisión ha de enmarcarse en dicha evolución más amplia. Ello obliga a inmiscuirse en el conjunto de la gestión, aunque haya quien, indebidamente, pueda interpretarlo como una intromisión. Esto es más cierto, si cabe, en el área financiera en cuanto que a la postre, cualquier decisión que se toma en la empresa proyecta su influencia sobre su situación financiera.

Además, la división por especialidades de gestión fomenta la visión parcial de los problemas y alimenta el protocolo. Para evitar lo primero es necesario que los responsables funcionales sean generalistas con dominio de una rama técnica y no meros especialistas. Su conocimiento de la empresa y de su entorno son requisitos ineludibles para aplicar su conocimiento.

El protocolo, que levanta barreras a la comunicación y alimenta los formalismos, nace de un exceso de autoridad y reglamentos. Para combatirlo se requiere alentar la participación y el consenso. Y cuando éste no se alcanza, ha de permitirse la discrepancia que evite la decisión unilateral sin el debido contraste. Los argumentos de autoridad han de ser contestados con argumentos de la razón, en búsqueda del orden genuino que nace del equilibrio interno más que de la imposición.

La gestión financiera es una de las áreas con más componente cuantitativo de la empresa. Hacer bien los números es también importante cuando, como es habitual, existen opciones entre las que escoger. Pero primero es necesario saber qué números hay que hacer y ello no es factible sin establecer la referencia de la decisión a tomar.

Razonar no exige hacer cálculos: lo importante son los conceptos y cómo se manejan. Ello requiere conocerlos y comprenderlos en profundidad, sin que la práctica cotidiana ofrezca un atajo adecuado para ello, pues sólo enseña aquello que se practica. Si bien los conceptos, en la empresa, no pueden estudiarse aislados de la realidad, ésta no puede comprenderse sin recurrir a las ideas.

Es la dialéctica permanente entre los conocimientos teórico y práctico que sólo niegan quienes carecen de ellos.

La importancia de las finanzas tiene una doble dimensión. Por un lado ha de acometer sus propios ámbitos de actuación. Son tareas exclusivas aunque se relacionen con otras áreas de la empresa. Esta entidad se acrecienta cuanto mayores son los instrumentos de que se dispone para la gestión. Areas antes poco gobernables, como el riesgo financiero, lo son ahora más con la aparición de instrumentos cada vez más sofisticados.

Pero también le cabe la misión de calibrar, aunque sea a posteriori, la marcha global de la empresa, por su capacidad para expresar monetariamente todas las actuaciones de la empresa. Esta exigencia de diagnóstico, aunque limitada a la imagen financiera, obliga a interpretar una realidad a partir del análisis de magnitudes contables. Es un principio de la construcción que el origen de las humedades no coincide con las goteras. Análogamente, en la empresa rara vez los problemas financieros nacen de su gestión financiera. Más bien son consecuencia de actuaciones operativas que provocan problemas de rentabilidad, liquidez o endeudamiento.

Por ello, las soluciones han de buscarse en la realidad del negocio, evitando adoptar medidas estrictamente financieras de ahorro de gastos o cancelación de inversiones, por ejemplo, que si bien, como algunas drogas, alivian temporalmente, también pueden terminar por dañar el futuro de la empresa. Este tipo de actuaciones, tan habituales en tiempos de crisis, no son con frecuencia el medio para resolver los problemas sino la pantalla para ocultarlos. Todavía más grave es insistir en el error: al no haber curación no se piensa que el tratamiento es inadecuado sino que es escaso y por ello, se persiste en su aplicación, recrudeciendo las denominadas medidas de ajuste. Por otro lado, las más fáciles de instrumentar en las empresas donde el poder está muy concentrado.

Todas estas características del trabajo del financiero lo convierten en un directivo de frontera que nunca puede retirarse a la retaguardia de las operaciones.

En cuanto al contenido del libro, se compone de quince capítulos. El primero introduce criterios de medida del éxito de la estrategia y de los dos factores que lo explican: el atractivo económico del sector en el que opera la empresa y su posición competitiva en relación con el resto de competidores.

El segundo capítulo presenta el concepto de factor clave como soporte de la estrategia, relaciona los atributos que debe de incorporar, analiza las fuentes para su identificación y muestra cómo sirve para seleccionar variables cuantitativas para medirlo y actividades críticas para gestionarlo.

A continuación, se presenta el papel de la función financiera de la empresa y los principales parámetros que resumen su imagen en términos monetarios o contables.

El cuarto capítulo se dedica a analizar el comportamiento de los costes, los sistemas para su medida y registro y los principales instrumentos para gestionarlos con una perspectiva estratégica.

El capítulo quinto relaciona la génesis y configuración de los estados financieros de la empresa con los parámetros que definen el diseño de las actividades operativas, reconociendo que los informes contables han de ofrecer una imagen monetaria razonable de la realidad del negocio. La exposición se realiza introduciendo, secuencialmente una serie de dinámicas que conviven en el funcionamiento cotidiano de cualquier empresa.

Los tres siguientes capítulos se dedican a profundizar en los estados contables de la empresa y en su análisis como instrumento para el control financiero de las operaciones. También abordan la determinación de las necesidades de financiación y la capacidad de la empresa para financiar su crecimiento, recurriendo a la autofinanciación, la ampliación de capital o en endeudamiento.

El capítulo noveno presenta las técnicas básicas de la matemática financiera. Además, se muestran diversas aplicaciones en decisiones habituales de la práctica empresarial y su utilización en problemas de valoración y cálculo del rendimiento de activos financieros.

Los dos capítulos siguientes exponen los criterios financieros para la evaluación de inversiones, tanto de proyectos operativos como las singularidades a tener en cuenta en los proyectos estratégicos. Igualmente, se presenta una metodología para analizar, secuencialmente, el impacto de la estructura de financiación del proyecto sobre su rendimiento y riesgo y su repercusión sobre el valor de la empresa.

El capítulo duodécimo resume la relación entre el rendimiento de las acciones y su riesgo y el modelo de valoración de activos en base al coeficiente beta. El capítulo se cierra con varias aplicaciones prácticas de dicho modelo.

El siguiente capítulo presenta una metodología para valorar el riesgo financiero de la empresa a partir de sus cuatro componentes básicos: estructura de costes y financiación, tipo de interés y tipo de cambio. También, introduce el concepto de riesgo asociado a operaciones a tipo fijo de interés y la aplicación del parámetro denominado duración de McCanley.

El libro se cierra con dos capítulos de perspectiva más amplia. El primero concreta el control de gestión de las operaciones, en base a parámetros económicos y operativos, e introduce conceptos tales como factores clave de control, cuadro de mando o control por actividades.

El segundo, aborda la problemática del coste de capital en relación a las expectativas del mercado, el concepto de beneficio residual, el cálculo del valor de la empresa y la relación entre objetivos y estrategias. Se termina con el análisis financiero en base a valores de mercado en vez de valores contables como hace habitualmente el análisis financiero.

El autor agradece los comentarios recibidos de numerosos profesionales de la empresa sobre el contenido de este libro aunque, como es lógico, sea sólo suya la responsabilidad sobre las ideas que aquí se vierten. Igualmente, manifiesta su reconocimiento al equipo de la Editorial ESIC por la ayuda prestada en la edición de este libro.

Madrid, noviembre 1996

Capítulo I

Evaluación financiera de la estrategia

1. Evaluación del éxito de la estrategia
2. Atractivo económico por sectores
3. Posición competitiva
4. El modelo financiero
5. Estrategias básicas
6. El indicador q de Tobin
7. Mercado e intervención: razones de una polémica

1. EVALUACION DEL EXITO DE LA ESTRATEGIA

La aplicación de una estrategia por parte de cualquier empresa persigue alcanzar y mantener una posición de ventaja en el sector de actividad en el que compite, entendiendo por sector al conjunto de empresas que ofrecen productos o servicios razonablemente sustitutivos, en un espacio geográfico compartido.

Esta definición clásica de lo que es un sector no debe oscurecer la dificultad de identificarlo y acotarlo ni tampoco lo discrecional que resulta a veces asociar una empresa a uno determinado. Lo primero por la variedad de productos distintos que conviven con una denominación similar. Lo segundo por los procesos de diversificación de muchas compañías que operan en actividades diferentes entorpeciendo la tarea de adscribirlas a una concreta. Todo ello se complica más, en la actualidad, cuando se intensifica la convergencia de sectores como consecuencia de los avances tecnológicos. Así ha sucedido con la informática y las comunicaciones o la electrónica y la medicina como antes ocurrió con el ocio y el transporte.

La eventual posición de ventaja que alcance y mantenga una empresa debe dar lugar a una rentabilidad superior. Así, el grado de éxito de la estrategia se mide, desde una perspectiva estrictamente financiera, por la rentabilidad que, en su aplicación, sea capaz de generar a largo plazo, es decir, por su capacidad para remunerar de forma satisfactoria y sostenida a los fondos invertidos. Aunque en la práctica se utilizan formas alternativas para calcular la rentabilidad, en términos generales, ésta se estima como cociente entre el beneficio y la inversión necesaria para obtenerlo. Existen otros enfoques para evaluar la estrategia como la implantación conseguida en el mercado, el nivel relativo de los costes o el desarrollo tecnológico alcanzado, pero aquí vamos a ceñirnos al sistema de medición financiero.

Una alternativa para evaluar financieramente la conveniencia de una estrategia consiste en estimar el valor de la empresa que generaría su aplicación. A este fin, es preciso prever, para los próximos años, las entradas y salidas de fondos que se producirían como consecuencia del desarrollo de la estrategia en evaluación. La diferencia entre las entradas y las salidas ofrece los fondos generados por la estrategia para los años futuros. La suma de los equivalentes financieros de dichas rentas al momento del análisis representa el valor de la empresa derivado de la estrategia considerada. El capítulo IX presenta la metodología para efectuar este tipo de cálculos.

De este modo, el interés de la estrategia se sustenta en el valor actual de los fondos que sea capaz de generar. Este método previsional para estimar la creación de valor es de especial interés para la toma de decisiones, en que es preciso optar por actuaciones alternativas, recomendando, lógicamente, aquella opción que prometa el valor más elevado. Pero su puesta en práctica exige adentrarse en previsiones respecto al comportamiento futuro de la empresa.

Por contra, la medida basada en la rentabilidad, aunque se base en el pasado, permite acudir a los valores reales obtenidos, posibilitando calibrar la eficacia de la estrategia en funcionamiento y efectuar comparaciones entre distintas empresas.

Así pues, la estrategia de una empresa podrá conceptuarse de éxito si consigue, durante un período razonablemente amplio, generar un rendimiento claramente superior al que hayan ofrecido otras inversiones alternativas, con atributos similares de liquidez y riesgo. Más significativo que utilizar sólo el rendimiento de la empresa es ponerlo en relación con el rendimiento de otras opciones de inversión, en cuanto que el nivel que alcance la rentabilidad depende de los vaivenes de la inflación, los tipos de interés y la propia coyuntura económica.

Para medir financieramente el éxito de la estrategia de una empresa podremos, en consecuencia, utilizar el índice de éxito Ie calculado por:

$$Ie = \frac{Re}{Rm}$$

donde:

— Re es el rendimiento de la empresa

— Rm es el rendimiento del mercado comparable con la empresa en estudio.

Si Ie vale 2, por ejemplo, será señal de que la empresa está obteniendo una rentabilidad que duplica la que es habitual en el mercado. Un índice de 0,1 indicará un resultado raquítico de la estrategia asociada.

Los rendimientos Re y Rm han de calcularse para un período de varios años para atenuar los efectos del ciclo económico o de circunstancias coyunturales. Incluso un plazo de pocos años es insuficiente para diferenciar entre los resultados obtenidos a partir de estrategias bien trabadas de aquellos otros fruto de la improvisación o de la casualidad.

En este sentido, una estrategia bien urdida, que tenga éxito, ofrecerá un rendimiento satisfactorio y sostenido en cuanto que la estrategia es el soporte argumental de la marcha de la empresa, que da sentido e hilvana su progreso. Por el contrario acciones competitivas afortunadas pero aisladas podrán dar una rentabilidad transitoria, sólo duradera hasta que dichas acciones pierdan su vigor o sean imitadas por los competidores.

Cabe advertir que la aparente precisión del parámetro financiero de medida propuesto para evaluar el éxito estratégico de la empresa no debe empañar la dificultad de realizar esta evaluación y más, cuando se acomete mediante un solo índice y sujeto a errores y criterios de medición. En este sentido, Peters y Waterman [1]

---

[1] *En busca de la excelencia.* Peters y Waterman. Editorial Folio. 1984.

estudiaron la evolución, durante veinte años, de seis índices financieros de empresas norteamericanas a fin de identificar su propuesta de ocho capacidades de gestión para el éxito. De 43 empresas que conceptuaron como excelentes en 1982 cinco años después, en el seguimiento realizado en 1987 por Pascale [2] sólo un 33% parecían mantener ese atributo. El resto o habían perdido el liderazgo o se encontraban con problemas de mayor o menor entidad. Incluso en 1995 algunas de las supervivientes en 1987 ofrecían unos resultados deteriorados. Aunque las dinámicas del mercado pueden explicar, en parte, este rápido deterioro, los parámetros de medida seleccionados debieron contribuir a confundir la evaluación inicial.

En cualquier caso, aceptemos con la debida cautela la capacidad del rendimiento para medir el éxito y veamos cómo la calidad de la estrategia depende de dos factores primordiales: el atractivo económico del sector en el que se opera y la fortaleza de la posición de la empresa en relación a sus competidores, es decir, lo que se denomina su posición competitiva.

2. ATRACTIVO ECONOMICO POR SECTORES

En la formulación elaborada por Porter [3] los sectores difieren por su potencial para generar beneficios a largo plazo. Esta capacidad o atractivo económico de un determinado sector depende del comportamiento de los factores estructurales que explican la mayor o menor intensidad competitiva de las empresas que conviven en el mismo y que se concretan en los siguientes parámetros:

— Facilidad para que nuevas empresas puedan incorporarse al sector.

— Atractivo de los productos sustitutivos a los que ofrece el sector.

— Poder de los clientes, entendido como su capacidad para negociar condiciones favorables con las empresas que actúan en el sector.

— Poder de los proveedores, aplicado en términos similares.

— Fortaleza de las otras empresas rivales que ya compiten en el sector.

Cuando las cinco fuerzas anteriores se manifiestan con intensidad, el sector es muy competitivo, su interés económico es exiguo y los beneficios que permite obtener son reducidos. Por el contrario, cuando es difícil la entrada para nuevos competidores, los productos sustitutivos son débiles, el poder de los clientes y proveedores escaso y los competidores actuales frágiles, el sector resulta atractivo y ofrece la posibilidad de obtener beneficios elevados.

Otro de los enfoques disponibles para evaluar el interés de un sector [4] se apoya en los siguientes criterios:

— tamaño del mercado

---

[2] *Managing on the edge*. R. Pascale. Penguin Books. 1990. (Existe traducción al castellano en Editorial Díaz de Santos). Págs. 16 y 17.

[3] *Estrategia competitiva*. Michael Porter. CECSA 1985. Págs. 24 y siguientes.

[4] Enfoque desarrollado por General Electric.

— tasa de crecimiento de la demanda
— margen de beneficio de las empresas que lo integran
— número y dimensión de los competidores
— sensibilidad del beneficio al ciclo económico
— relevancia de las estacionalidades
— entidad de las economías de escala
— potencial de mejora derivado de la curva de experiencia

El atractivo económico del sector «s» (AEs), se puede medir, en un enfoque financiero, por la relación entre la rentabilidad que en promedio obtienen las empresas que compiten en él (Rs) y la rentabilidad media o normal del mercado (Rm)

$$AEs = \frac{Rs}{Rm}$$

Cuanto más exceda de la unidad la relación anterior mayor será el atractivo económico del sector correspondiente.

El cuadro 1 muestra los rendimientos medios de 20 sectores de actividad para los años comprendidos entre 1989 y 1995, así como la media de todos los sectores durante este intervalo. Las empresas incluidas en esta muestra son las 500 de mayor dimensión a nivel internacional recogidas en la encuesta anual que realiza la revista FORTUNE [5]. Los sectores aparecen ordenados de mayor a menor rendimiento para el conjunto del período. El sector de farmacia se sitúa en primer lugar con una rentabilidad para el período del 25,0% y la industria de ordenadores ocupa el último puesto con un rendimiento del 2,5%.

El atractivo económico de un sector se mide mediante el cociente entre su rendimiento y el correspondiente al promedio de todos los sectores. Para el sector farmacéutico, por ejemplo, resulta de 2,9 calculado por:

$$AEs = \frac{25,0}{8,6}$$

siendo 8,6% el rendimiento medio del mercado, representado por todas las empresas analizadas durante los mencionados siete años, según recoge la parte inferior del cuadro 1.

El rendimiento del conjunto de sectores acusa la incidencia del ciclo económico: del 14,2% de 1989 se desliza progresivamente hasta el 2,8% en 1992 para repuntar hasta el 9,7% de 1995. Recordemos que en 1991 se sitúa un momento de gran recesión económica en Estados Unidos de América y Gran Bretaña y que es en 1993 cuando se acentúa la crisis en el resto de Europa y Japón.

---

[5] Datos elaborados a partir de la información anual «The Global 500» publicada por la revista «FORTUNE». El rendimiento se calcula, en este cuadro, como cociente del beneficio neto y los recursos propios. Por ello, depende no sólo del sector sino también de la estructura de financiación de sus partícipes.

Cuadro 1:
RENDIMIENTO Y ATRACTIVO ECONOMICO POR SECTORES

SECTOR	RENDIMIENTO %								AEs
	1989	1990	1991	1992	1993	1994	1995	MEDIA	Rs/Rm
1 FARMACIA	23,6	27,6	23,2	22,0	20,0	26,3	31,9	25,0	2,89
2 BEBIDAS	14,3	16,8	15,1	9,0	15,9	19,6	25,9	16,6	1,93
3 ALIMENTACION	17,9	16,2	14,6	17,1	14,1	20,4	14,2	16,4	1,90
4 JABONES Y COSMETICA	15,7	17,9	15,3	15,6	4,3	16,8	19,9	15,1	1,75
5 MATERIALES DE CONSTRUCCION	29,3	19,2	9,8	9,6	7,5	11,9	13,6	14,4	1,67
6 TABACO	16,8	11,4	9,3	8,9	4,5	10,2	24,2	12,2	1,41
7 QUIMICA	16,4	11,9	8,1	0,9	5,9	9,9	15,2	9,8	1,13
8 REFINADO DE PETROLEO	12,5	13,2	8,0	5,3	7,9	10,1	10,6	9,7	1,12
9 EQUIPO CIENTIFICO Y FOTOGRAFICO	12,9	10,3	10,5	8,3	1,5	12,9	9,9	9,5	1,10
10 IMPRENTAS Y PUBLICACIONES	14,0	9,6	5,8	5,9	10,6	7,2	9,1	8,9	1,03
11 MINERIA Y PRODUCCION DE CRUDO	23,4	–7,7	6,2	9,6	5,3	14,2	10,3	8,8	1,02
12 ELECTRONICA Y EQUIPO ELECTRICO	11,8	9,6	8,6	5,1	6,9	7,7	9,1	8,4	0,97
13 INDUSTRIA AEROESPACIAL	12,5	11,3	5,8	–9,1	11,0	14,2	8,7	7,8	0,90
14 PRODUCTOS METALICOS	17,9	12,3	7,5	4,7	3,2	–0,4	7,5	7,5	0,87
15 PAPELERAS Y PRODUCTOS FORESTALES	13,9	8,3	0,8	–0,5	2,9	6,6	14,6	6,6	0,77
16 EQUIPO INDUSTRIAL Y AGRICOLA	8,8	8,3	2,4	–4,7	4,0	8,0	14,7	5,9	0,69
17 PLASTICOS Y CAUCHO	8,8	–1,7	–2,3	–5,4	2,8	13,9	20,4	5,2	0,60
18 METALES	16,6	12,2	3,3	–7,8	1,1	–3,9	12,7	4,9	0,56
19 AUTOMOVILES Y COMPONENTES	13,8	5,8	1,4	–12,7	2,5	9,2	8,6	4,1	0,47
20 ORDENADORES Y EQUIPO OFICINA	7,5	8,7	–2,4	–8,5	–8,1	6,8	13,8	2,5	0,29
TOTAL SECTORES	14,2	11,1	7,3	2,8	6,6	8,7	9,7	8,6	1,0
DESVIACION TIPICA	5,2	7,2	6,2	9,2	5,9	6,7	6,4	5,2	0,6
DESVIACION TIPICA/MEDIA	36,6%	64,5%	84,4%	330,2%	90,1%	76,6%	66,6%	60,5%	60,5%

Al sector farmacéutico le corresponde la primera posición con un rendimiento 2,9 veces superior al promedio de todos los sectores de actividad representados en la muestra. Las características singulares de ese sector y las fuertes barreras de entrada que lo protegen (inversiones en investigación y desarrollo y marca, patentes, etc.) hace que las empresas que lo integran obtengan, en promedio, una rentabilidad muy superior a la del mercado. Además, los fuertes gastos de investigación y desarrollo obligan a las empresas farmacéuticas a competir en el mercado global, a fin de poder recuperarlos. Por el contrario, el sector de equipos informáticos alcanzó su mayor crisis en 1992, recuperándose a partir de 1994.

La parte inferior del cuadro 1 muestra la desviación típica de los rendimientos sectoriales de cada año así como el cociente que dicha desviación típica representa sobre el rendimiento anual medio correspondiente.

La desviación típica es un indicador de la dispersión de un conjunto de datos: cuanto mayor es la desviación típica mayor es dicha fluctuación. En una serie de datos que presenten una distribución normal en forma de campana, agrupados alrededor de un valor central, el 68% de los mismos se localizan en el intervalo obtenido al añadir el importe de la desviación típica a ambos lados de dicho valor central. Cuando lo que se añade es el doble de la desviación típica, se engloba hasta el 95% de los componentes de la muestra. Para medir la dispersión de los rendimientos por sectores recogidos en el cuadro 1 es útil calcular el cociente entre la desviación típica y la media de cada rendimiento anual. Cuanto menor sea este índice menor será la dispersión relativa de la muestra analizada.

Hay que apuntar cómo aumenta, en términos relativos, la desviación típica en los años de recesión económica. La razón es que la crisis repercute sobre los distintos mercados de manera muy desigual y en diferentes momentos. Por ejemplo, el rendimiento del sector de alimentación oscila entre el 14,1% y el 20,4%, durante el período, lo que representa un rango de 6,3 puntos. Farmacia y bebidas son también industrias que muestran una sensibilidad reducida al ciclo económico. En el otro extremo se sitúan los sectores de automóviles y componentes y ordenadores y equipo de oficina, con oscilaciones de sus rendimientos mucho más amplias. El sector de automóviles y componentes ofrece el menor de todos los rendimientos recogidos en el cuadro 1: en 1992 su rentabilidad promedio se hunde hasta el –12,7%.

La figura 1 representa el rendimiento de cada uno de los sectores según el orden en que aparecen en el cuadro 1. Parece existir una fuerza centrípeta que hace que el atractivo sectorial se posicione alrededor de la unidad; es decir, que el rendimiento de los sectores tienda a converger hacia el medio del mercado. Esta fuerza, que nace de la dinámica de movilidad sectorial que se comenta más adelante, explica que no toda la variación del rendimiento obedece a la incidencia del ciclo económico. En cada sector, la tensión de sus fuerzas competitivas establece tendencias de mejora o degradación de su rentabilidad.

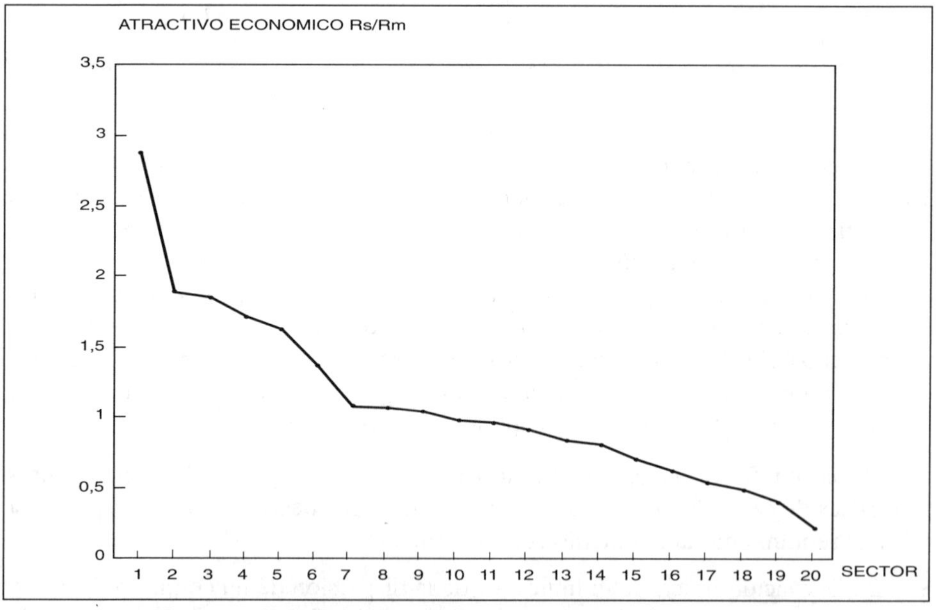

Figura 1. Atractivo económico por sectores de actividad (las claves de los sectores son las del cuadro 1)

3. POSICION COMPETITIVA

En un mismo sector conviven empresas de rentabilidad muy dispar debido a su diferente posición competitiva, pudiéndose estimar ésta, en un enfoque estrictamente financiero, mediante el cociente de la rentabilidad de la empresa (Re) y la rentabilidad promedio de su sector, es decir

$$PCe = \frac{Re}{Rs}$$

El cuadro 2 muestra, para el período 1989-1995, el rendimiento de diversas empresas de los sectores farmacéutico y de refino de petróleo. La tercera columna del cuadro mide la relación entre el rendimiento medio de cada empresa y el promedio de su sector para el mencionado período y obtenido del cuadro 1. El nombre real de cada empresa se ha camuflado en cuanto que aquí no se pretende valorar a cada una de ellas, y menos en base a un par de índices cuantitativos, sino exponer la aplicación de una metodología de análisis.

El examen del mencionado cuadro 2 permite identificar, en base a los datos utilizados y con el criterio de medida aplicado, qué compañías aparentan una posición competitiva fuerte y cuáles ofrecen posiciones relativas más débiles. Las primeras son aquellas con ratios de rendimiento empresa/sector superiores a la unidad. Las segundas presentan índices inferiores a uno.

Así, descuellan SARP en farmacia y SOLEIL en petróleo con posiciones competitivas claramente por encima de la unidad. ARENA y CETE aparecen como las de peor situación en sus sectores respectivos.

El cuadro 2 también incluye el denominado índice de éxito de la estrategia (Ie) de cada una de las nueve empresas contempladas. Este índice se obtiene, como queda expuesto, como cociente entre el rendimiento de la empresa y el promedio del mercado. Alternativamente, se puede calcular multiplicando la posición competitiva (PCe) de la empresa por el atractivo económico de su sector (AEs).

En el modelo de Porter la posición competitiva de una empresa expresa la diferencia entre el valor que es capaz de crear para sus clientes y el coste de crearlo; depen-

Cuadro 2:
POSICION COMPETITIVA POR EMPRESA (PERIODO 1989-95)

SECTOR	EMPRESA	POSICION COMPETITIVA (Re/Rs)	RENDIMIENTO MEDIO	INDICE DE EXITO (Ie)
FARMACIA AEs=2,89	SARP	1,4	35,5%	4,1
	TOBRI	1,2	30,2%	3,5
	GES	1,0	26,0%	3,0
	ARENA	0,7	17,0%	2,0
REFINO DE PETROLEO AEs=1,12	SOLEIL	1,7	16,5%	1,9
	ESONO	1,5	14,5%	1,7
	TECO	1,3	12,6%	1,5
	COQUILLE	1,1	10,7%	1,2
	CETE	0,9	9,1%	1,1

de de su capacidad para gestionar con mayor o menor fortuna las cinco fuerzas estructurales del sector reseñadas anteriormente y relacionadas con el comportamiento de: nuevos competidores, productos sustitutivos, clientes, proveedores y competidores.

El enfoque alternativo, también comentado, relaciona la posición competitiva con las siguientes variables:

— cuota de mercado relativa de la empresa
— competitividad de su precio de venta
— calidad relativa de sus productos o servicios
— grado de conocimiento de los clientes
— amplitud de su cobertura geográfica
— solvencia financiera
— control de la tecnología

Un planteamiento más sencillo para evaluar la posición competitiva de una empresa o de una unidad dentro de ella, lo ofrece el modelo de la matriz de cuota-crecimiento del mercado. Aquí, la posición competitiva se estima por el cociente de su cuota de mercado y la de su competidor de mayor entidad. Cuanto más alta sea esta cuota de mercado relativa mayor será la posición competitiva. La razón de usar la cuota relativa es que, por ejemplo, no es lo mismo tener un 5% de participación en el mercado cuando el líder ostenta un 50% que cuando sólo mantiene un 10%. Este modelo mide el atractivo económico sectorial mediante la tasa anual de crecimiento de la demanda, descontado el efecto inflacionario.

Esta matriz clasifica las actividades empresariales en cuatro categorías ya tradicionales que se corresponden con los espacios recogidos en la figura 2.

Una forma alternativa de medir la posición competitiva consiste en sustituir, en el modelo anterior de cuota-crecimiento, la cuota relativa de mercado por la cuota de beneficio de la empresa. Esta se calcula como cociente entre el beneficio de la empresa y el beneficio total obtenido por las empresas del sector.

TASA DE CRECIMIENTO DEL MERCADO				
	Alta	**INTERROGANTE** Absorbe fondos Beneficios moderados	**ESTRELLA** Absorbe fondos Beneficios razonables	
	Baja	**PERRO** Liquidez equilibrada Beneficios pobres	**VACA** Genera liquidez Beneficios elevados	
		Baja	Alta	Cuota de mercado relativa

Figura 2: Matriz de cuota-crecimiento del mercado

Este planteamiento reconoce que no sólo es importante la dimensión de las actividades si no también su calidad, es decir su capacidad para generar un beneficio. Disfrutar de una penetración elevada en el mercado es poco atractivo sino genera un excedente satisfactorio. Es de advertir que la cuota de beneficio presenta fluctuaciones superiores a la cuota de mercado, en cuanto que una variación de las ventas es habitual que provoque una variación mayor del beneficio en términos relativos debido a que los costes no se pueden ajustar, al menos a corto plazo, en proporción a la actividad de cada momento. Por esta razón, es aconsejable calcular la cuota de beneficio para un período de varios años, en vez de usar los datos de un solo ejercicio.

La figura 3 representa la relación entre ambas cuotas. Las empresas que se sitúan por encima de la bisectriz son aquellas que ofrecen una productividad superior a la media del sector. Este es el caso de la empresa A que tiene más cuota de beneficio que de mercado, lo que indica que su excedente en relación a las ventas supera al de la media del sector. Por el contrario, las empresas que se encuentran por debajo ofrecen una productividad menor.

Podemos formular un índice de productividad relativa de las ventas (Prv) por la expresión:

$$Prv = \frac{\text{Cuota de beneficio}}{\text{Cuota de mercado}}$$

que si supera a la unidad indica una posición de ventaja en relación a los competidores.

La escala de ambas cuotas depende del grado de fragmentación que muestre el sector. En sectores muy fraccionados, como es el textil por ejemplo, los valores de una y otra cuota serán muy inferiores a los de sectores concentrados, como son el petrolero o el de automóviles. Por otro lado, una empresa en fase de fuerte crecimiento presentará, en general, una cuota de mercado superior a la de beneficio pues

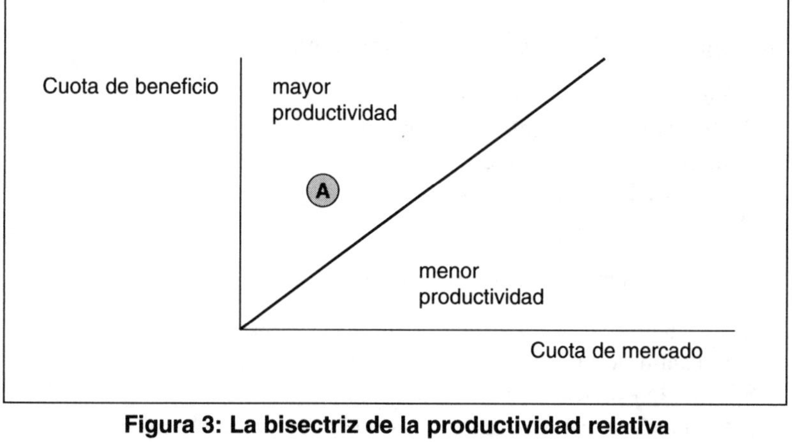

Figura 3: La bisectriz de la productividad relativa

éste se verá afectado por los gastos necesarios para mejorar la penetración en el mercado. En sentido contrario, empresas maduras, con su posición competitiva asentada, ofrecerán una cuota de beneficio superior a la de mercado ya que estarán en la fase de cosechar la posición alcanzada.

Con frecuencia resulta difícil obtener el beneficio total que obtienen las empresas de un sector. En este caso, se puede utilizar una muestra significativa de las empresas que operan en el mismo, calculando, a partir de ella las cuotas de mercado y de beneficio.

La rentabilidad se descompone, en general, mediante la siguiente formulación:

$$\frac{\text{Beneficio}}{\text{Inversión}} = \frac{\text{Beneficio}}{\text{Ventas}} \times \frac{\text{Ventas}}{\text{Inversión}}$$

El primer cociente del segundo término mide la porción de las ventas que representa el beneficio y su valor depende de la relación que exista entre precios y costes. El segundo estima la productividad de la inversión para generar ventas, es decir, la eficiencia con que se utiliza la inversión. Al primer cociente se le denomina margen sobre ventas y al segundo rotación de la inversión.

Aplicando este desglose a la rentabilidad de la empresa y a la de su sector, la fórmula de la posición competitiva se expresa por:

$$PCe = \frac{Me}{Ms} \times \frac{Roe}{Ros}$$

donde M es el margen, Ro la rotación y «e» y «s» se refieren a la empresa en estudio y al sector al que pertenece, respectivamente. Esta formulación permite analizar la relación entre precios y costes de la empresa y la productividad de su inversión, ambos conceptos en términos comparativos con sus competidores. La representación de la expresión anterior muestra los cuatro espacios de la figura 4, donde se señalan los objetivos que, en cada caso, debe acometer la empresa para mejorar su posición competitiva. Lógicamente, para alcanzar los objetivos que en ella se proponen el tipo de actuaciones es variopinta.

El incremento del margen es posible mediante:

Subida del precio de venta
Sustitución de la compra externa por suministro interno
Aumento de la actividad a fin de diluir costes
Mejora de las tecnologías operativas
Reducción de gastos

La rotación se incrementa por medio de:

Mayor actividad para aumentar la utilización
Reducción de la capacidad instalada
Subida de precios
Liquidación de inversiones ociosas o poco productivas

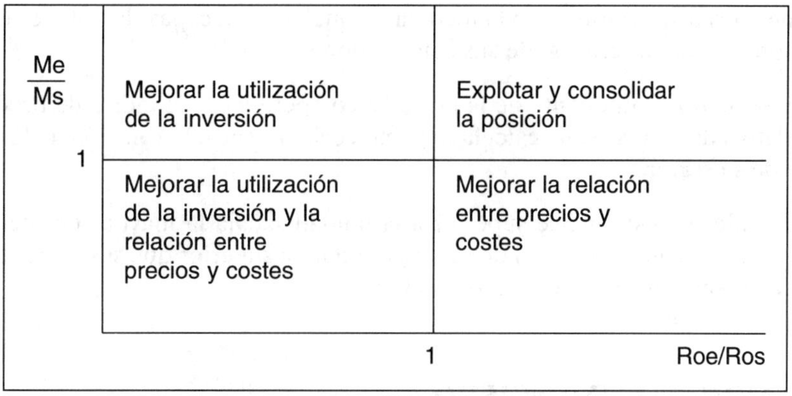

Figura 4: Mejora de la posición competitiva

En cualquier caso, lo importante es aumentar la rentabilidad y ser capaz de mantener en el tiempo dicho aumento. Hay acciones que pueden empeorar la rotación y mejorar el margen, como sucede, por ejemplo, con la integración vertical. También es posible mejorar alguno de estos dos parámetros a corto plazo pero hipotecar su evolución como sucede cuando se aumenta el margen a través de la reducción de los costes de desarrollo estratégico de la empresa (investigación y desarrollo, publicidad, formación, etc.).

El índice de productividad relativa de las ventas definido anteriormente, como cociente entre la cuota de beneficio Cb y de mercado Cm, puede expresarse también por la expresión:

$$\text{Pr v} = \frac{\text{Me}}{\text{Ms}}$$

En efecto, sabemos que se cumple que:

$$\text{Cb} = \text{Be} / \text{Bs} \qquad \text{y} \qquad \text{Cm} = \text{Ve}/\text{Vs}$$

donde B y V representen el beneficio y las ventas y e y s asocian las variables anteriores a la empresa y al sector respectivamente. Dividiendo estas dos fórmulas se obtiene:

$$\frac{\text{Cb}}{\text{Cm}} = \frac{\text{Be}}{\text{Ve}} \times \frac{\text{Vs}}{\text{Bs}}$$

El primer factor del segundo término es el margen sobre ventas de la empresa (Me) y el segundo es el inverso del margen medio del sector (Ms). En consecuencia, se confirma la nueva expresión de Prv y además

$$\text{Cb} = \text{Cm} \times \frac{\text{Me}}{\text{Ms}}$$

que indica que la cuota de beneficios es igual al producto de la cuota de mercado y la productividad relativa de las ventas. Este último multiplicador apalanca la cuota de beneficios de la empresa en la medida en que ésta sea capaz de obtener un margen sobre ventas superior al de sus competidores.

El segundo componente de la posición competitiva es el índice de productividad relativa de la inversión, calculado como cociente entre la rotación de la empresa y la de su sector.

Un valor de este índice superior a la unidad señala la mayor eficiencia de la empresa para generar un nivel de actividad relativa superior que sus competidores, tomando como base la inversión respectiva.

4. EL MODELO FINANCIERO

Conforme a lo ya expuesto, el producto del atractivo económico del sector (AEs) y la posición competitiva de la empresa (PCe) valora el éxito de su estrategia. Esta medición ha de extenderse durante un período lo suficientemente amplio para evitar que pueda venir influido por aspectos coyunturales o de azar, no relacionados con la calidad de la estrategia implantada. El grado de éxito de la estrategia, se mide por:

$$Ie = \frac{Rs}{Rm} \times \frac{Re}{Rs}$$

La figura 5 representa esta ecuación en función de sus dos componentes y para las empresas que aparecen en el cuadro 2. Junto al nombre de cada empresa se indica su rentabilidad durante el período. Lógicamente, todas las empresas de un mismo sector de actividad se posicionan sobre una misma vertical. Empresas de distinto sector y con posición competitiva diferente pueden ofrecer el mismo rendimiento. Esta figura identifica dos dinámicas de actuación empresarial que conforman el comportamiento competitivo del mercado y que actúan como fuerzas tendenciales aunque con un desarrollo normalmente lento. En su combinación explican por qué los sectores de actividad experimentan cambios estructurales al variar la rivalidad competitiva.

La primera dinámica responde al desplazamiento de empresas desde sectores poco atractivos a otros de mayor interés y se representa por la flecha horizontal de la parte superior de la figura 5. Es razonable que aquellos sectores en que, por ser poco atractivos, se produzcan abandonos se harán menos competitivos y, en consecuencia, de más interés para las empresas que permanezcan. Lo contrario sucederá con aquellas actividades que por su interés sobresaliente atraigan a nuevos oferentes: la mayor competencia inducida los hará, progresivamente, menos rentables. Por ello, es de esperar que, en períodos suficientemente amplios, tengan lugar modificaciones en el orden de los sectores de actividad, según su rendimiento.

Desde luego, esta dinámica progresa lentamente en el seno de cada sector y como resultado de los movimientos, en general, pausados de las empresas que lo componen, según van modificando sus actividades. Una de las empresas más importantes de la industria informática, después de sufrir graves pérdidas en el trienio finalizado en 1991, y reducir su plantilla a la mitad en 1994 en relación a la existente siete años antes, confía en parte su recuperación en potenciar prioritariamente sus actividades en el área de servicios [6]. Estos se refieren al diseño y gestión de sistemas de información y los estudios estratégicos y de procesos necesarios para ello. El resultado de este esfuerzo se manifiesta en que esta actividad crece a una tasa del 22%, en los años más recientes mientras que el resto de las ventas de la empresa (equipos físicos, aplicaciones informáticas y mantenimiento) han disminuido a un ritmo medio del 13% anual.

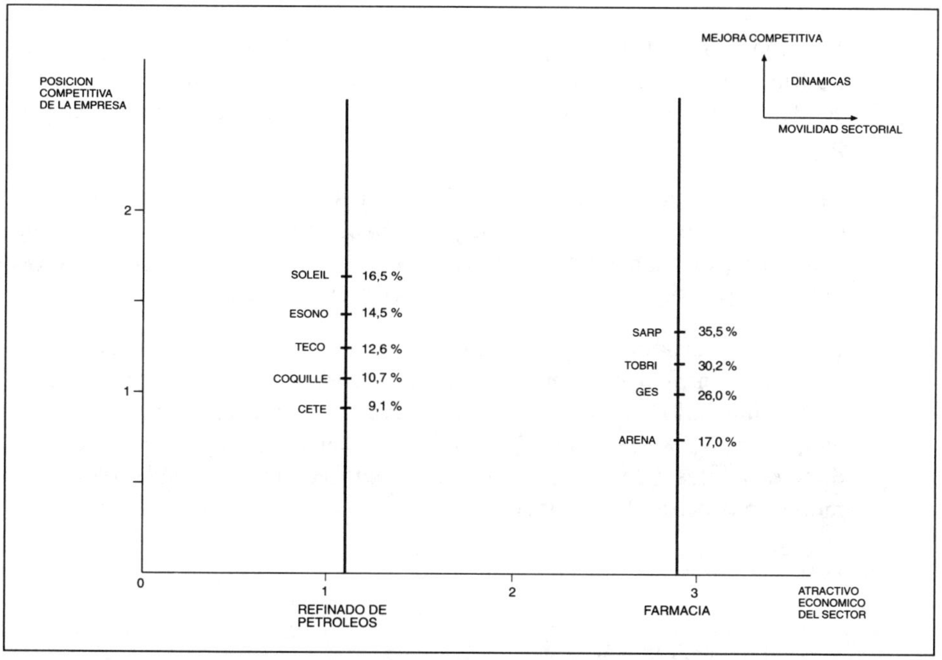

Figura 5. Rendimientos por sector y empresa

La segunda fuerza, representada por un vector vertical en el ángulo superior derecho de la figura 5, hace referencia a que, dentro de un mismo sector, las empresas que compiten en él tratarán de ascender por la recta vertical que mide la posición competitiva. Es esta una dinámica de mejora en relación al resto de los oponentes y su campo de actuación se centra, en el ámbito interno de cada empresa y en relación con su entorno.

La figura 6 muestra la línea isorédito correspondiente a empresas hipotéticas de distintos sectores con un rendimiento superior en un 25%, a la rentabilidad de mercado, es decir, cuyo índice Re/Rm es igual a 1,25. Si la rentabilidad del mercado es del 8,6%, la mencionada línea agrupa a todas las empresas con un rendimiento del 10,75%.

---

[6] *UNISYS CORPORATION.* 1994 «Annual Report».

Igualmente, se representa un sistema de coordenadas internas que corresponde a los sectores y empresas que se sitúan en la media de atractivo económico y de posición competitiva, respectivamente. Por ello, ambas coordenadas se ubican en el valor unitario de cada una de las dos variables. En base a lo anterior, podemos definir cuatro espacios genéricos según indica también la figura 6.

— Cuando tanto el atractivo del sector como la posición competitiva de la empresa están por encima de la media, el objetivo será el de explotar y consolidar al máximo esta situación favorable, invirtiendo más en crecer y mejorar la posición relativa de la empresa.

— La situación contraria, representada por el cuadrante inferior izquierdo, podría aconsejar liquidar las actividades actuales, pues ni el sector parece atractivo ni la posición competitiva de la empresa en su sector es propicia.

— En el tercer cuadrante se localizan las empresas que pertenecen a un sector de interés pero que presentan una posición competitiva débil. En esta situación será aconsejable mantener las actividades actuales e invertir selectivamente, pero exige mejorar la posición competitiva de la empresa.

— Finalmente, cuando se sostiene una posición competitiva fuerte en un sector de poco atractivo económico, parece recomendable proteger esa ventaja, restringiendo y seleccionando las nuevas inversiones, hasta que el sector evolucione a posiciones más favorables, por causas de coyuntura o de abandono de rivales, o se deteriore aún más lo cual exigiría, probablemente, acometer un proceso de desinversión.

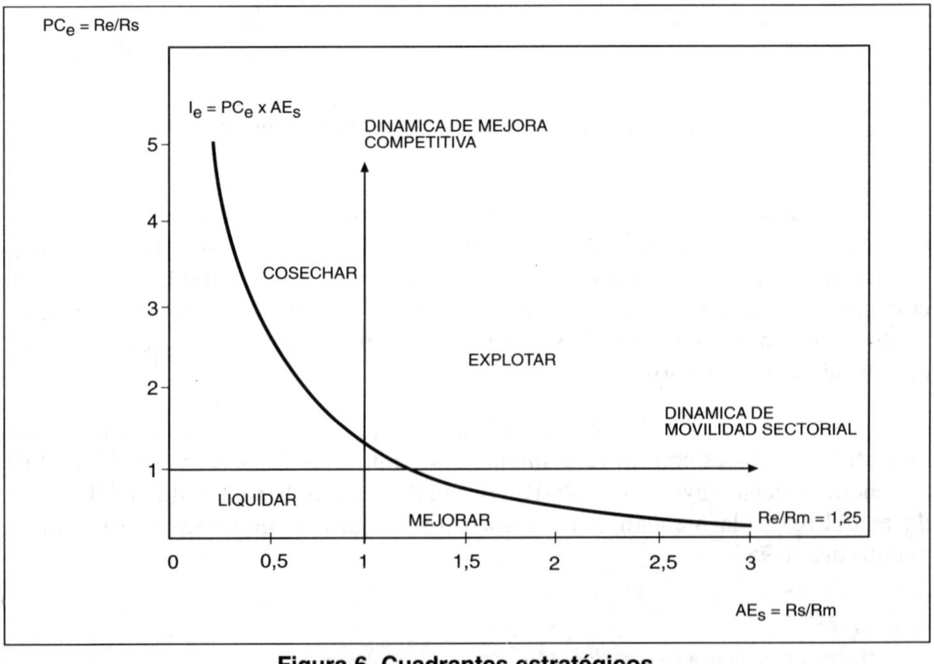

Figura 6. Cuadrantes estratégicos

Este planteamiento incorpora la simplicidad de todo modelo, pero las actuaciones que sugiere son más concretas cuanto más contundente sea la posición de la empresa en cada uno de los espacios descritos.

5. ESTRATEGIAS BASICAS

Lo que se ha definido como posición competitiva de la empresa en su sector expresa la diferencia entre el valor que es capaz de ofrecer a sus clientes y el coste en que incurre para crearlo. Esta diferencia ha de contemplarse en términos relativos, pues depende de las actuaciones de la competencia, en cuanto que ofrecen al mercado otras opciones de valor y coste. Esta diferencia relativa se puede conseguir mediante dos estrategias básicas, una basada en el coste y otra en la diferenciación.

La estrategia de coste pretende ofrecer el producto o servicio a un precio reducido, para lo cual es preciso fabricarlo y distribuirlo a un coste menor que el de los competidores. Por ello, en esta estrategia los productos suelen ser estándar, sin incorporar atributos especiales. Este es el caso, por ejemplo, de las líneas aéreas que compiten con vuelos charter, de los denominados automóviles utilitarios o, cada vez más, de los servicios de auditoría contable.

En este contexto, la valoración de los costes ha de extenderse a todos en los que se incurre para desarrollar las actividades de la empresa y no sólo, como se hace en ocasiones, a los de fabricación. Incluso en algunos sectores, como el de la cosmética, estos pueden ser poco relevantes, siendo más importantes los relacionados con la distribución y el marketing.

La estrategia de diferenciación se apoya en un producto con más valor para el cliente, añadiendo atributos físicos o de servicio que lo distingan de los productos estándar, en busca de un cierto grado de exclusividad. En compensación al mayor valor del producto, el cliente estará dispuesto a afrontar un precio más elevado que el correspondiente a los productos no diferenciados. La estrategia de diferenciación tendrá éxito si ese exceso de precio supera al coste adicional de fabricar y distribuir el producto o de prestar el servicio. Un ejemplo de este tipo de estrategia es el de una empresa española de transporte de viajeros por carretera que ofrece un servicio especial bajo el lema «una calidad superior a cualquier primera clase», a fin de diferenciarlo de la imagen degradada que, tradicionalmente, se asocia al transporte por autobús.

Mientras que la estrategia de diferenciación trata de ampliar el margen, entendido como diferencia entre el precio de venta y el coste, la estrategia de coste se orienta más hacia la rotación, es decir, a incrementar las unidades vendidas.

La aplicación de ambos tipos de estrategias es válida tanto en un mercado amplio(transporte de viajeros, por ejemplo) como en un segmento especializado o nicho (transporte por carretera). Este último caso se denomina estrategia de enfoque.

Por supuesto que la sencillez de este modelo no puede pretender explicar la totalidad de la compleja realidad. Así, los denominados productos estándar cada vez incorporan mayor número de atributos en consonancia con los gustos crecientes de los consumidores. También, las nuevos planteamientos de la producción flexible, por ejemplo, posibilitan la fabricación de productos diferenciados a costes muy competitivos.

La figura 7 representa el posible comportamiento de la posición competitiva de las empresas que operan en un mercado, en función de la estrategia básica dominante. En principio, es factible alcanzar una misma posición, definida por el cociente Re/Rs, mediante ventaja en coste o por medio de la diferenciación, en distintos grados, del producto. Las estrategias que generan una misma posición competitiva definen una línea, como la recogida en la figura 7, de «isoventaja».

Las líneas correspondientes a valores de Re/Rs superiores a la unidad reflejan una posición competitiva aventajada; las de valor inferior, corresponden a empresas en situación desfavorable, es decir con rendimientos a largo plazo inferiores a la media de su industria. En general, una posición intermedia entre ambas estrategias básicas no parece viable a largo plazo, en cuanto que las capacidades y recursos necesarios para ser líderes en coste no son, normalmente, compatibles con los requeridos para optar a la diferenciación del producto o servicio.

Así, los líderes en coste suelen sustentar sus estrategias en base a:

— optimización de procesos
— volúmenes elevados de actividad
— integración vertical
— estandarización de productos
— distribución masiva
— organización basada en la especialización
— control cuantitativo

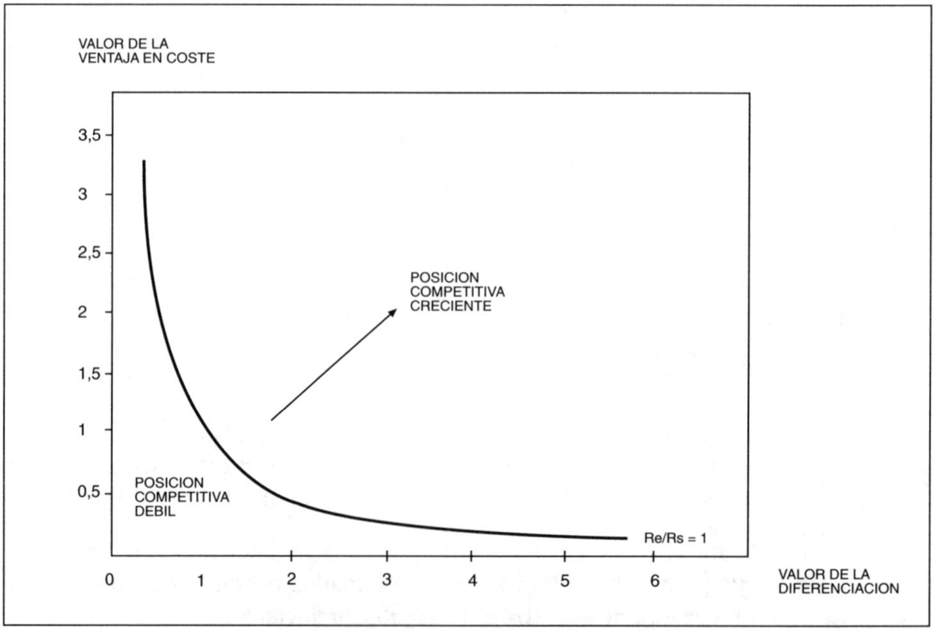

Figura 7: Componentes de la posición competitiva

Por el contrario, la estrategia de diferenciación se apoya en:

— innovación de productos y diseño
— flexibilidad operativa
— canales de distribución diferenciados
— publicidad selectiva
— organización basada en la coordinación y creatividad
— control cualitativo

Un estudio realizado en 1980 [7] señalaba que la empresa Caterpillar había optado por ser el fabricante de maquinaria para la construcción de menor coste de producción y, simultáneamente, ser capaz de ofrecer un servicio posventa diferenciado. Su rendimiento medio sobre recursos propios durante el período 1975-79 fue casi un 60% superior al promedio de las mil mayores empresas de Estados Unidos de América. Sin embargo, durante la década 1980-90 el rendimiento de los accionistas de Caterpillar experimentó una tasa de crecimiento anual nula mientras que el de sus competidores (equipo industrial y agrícola) lo hizo a una tasa promedio del 6,1%. En igual período las 500 empresas más grandes de Estados Unidos tuvieron, para el mismo ratio, un incremento medio anual del 11,6%. Estos datos permiten juzgar el éxito de la estrategia «a mitad de camino» de Caterpillar.

La figura 8 reproduce una aplicación del enfoque realizado en el estudio mencionado anteriormente en relación al análisis de la posición competitiva referida al sector de fabricación de camiones en Estados Unidos de América. Junto a cada empresa se indica su rendimiento sobre la inversión.

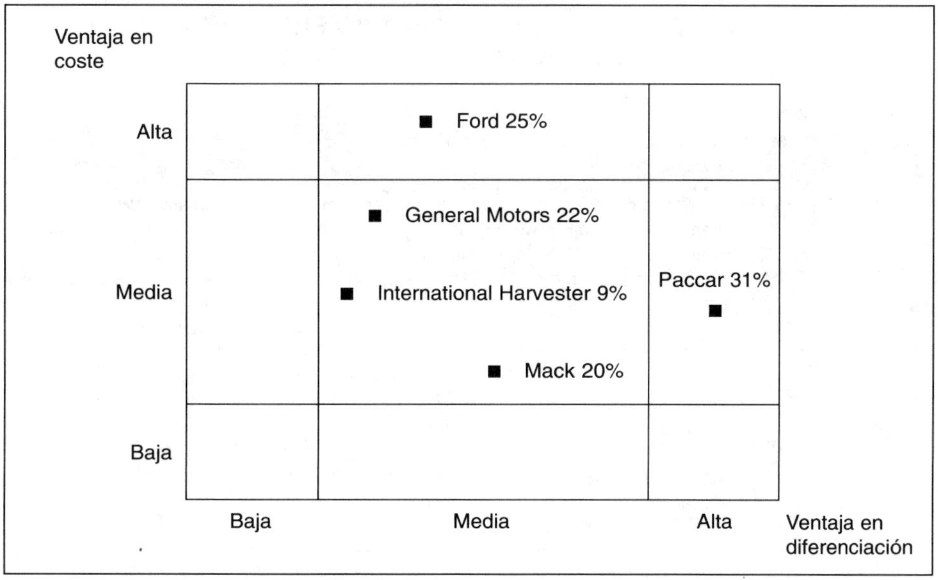

Figura 8. Fabricantes de camiones [7]

[7] *Survival strategies in a hostile enviroment.* William K. Hall. «Harvard Business Review». Sept-Oct. 1980. Pág. 79.

La consecución de ambas estrategias tiene un límite, marcado en cada circunstancia, por el mercado. Reducir sobremanera el coste puede desvirtuar la funcionalidad del producto o servicio. En sentido contrario, un exceso de atributos puede encarecerlos o, incluso, no ser valorados por el cliente.

Ser líder en coste es una de las opciones estratégicas de la empresa, aunque la conveniencia de aplicarla dependerá del sector de actividad. Esta estrategia es más relevante, es decir, valorada por los clientes, en la industria de los ordenadores personales o de los automóviles tipo utilitario que en las actividades de consultoría estratégica o de perfumes. Incluso hay industrias en las que la estrategia basada en el coste puede ser contraproducente desde el punto de vista del mercado. Pensemos en la alta costura, por ejemplo, o en la cosmética capilar.

Pero el coste es también importante en las estrategias de diferenciación: el cliente estará dispuesto a pagar un precio superior si los atributos exclusivos que se le ofrecen le compensan. Como los atributos incorporan un coste adicional la empresa deberá controlar los costes de la diferenciación. Por ello, en este tipo de posicionamiento habrá que eliminar aquellas diferencias que sean costosas en exceso y por el contrario, introducir aquellas otras significativas y cuyo coste adicional sea inferior al valor percibido por el cliente. La televisión en color fue rápidamente aceptada por el mercado, abandonando el blanco y negro. Que los mecheros de plástico desechables se pudiesen recargar no tuvo el menor éxito.

El cuadro 3 resume las implicaciones sobre la estrategia a seguir según los nive-

Cuadro 3:
IMPLICACIONES DEL ATRACTIVO SECTORIAL Y DE LA POSICION COMPETITIVA

		POSICION COMPETITIVA		
		FUERTE (INVERTIR/CRECER)	MEDIA (SELECCIONAR/RENTABILIZAR)	DEBIL (COSECHAR/DESINVERTIR)
ATRACTIVO DEL SECTOR	ALTO	**Consolidar la posición** • Invertir para crecer a la mayor tasa posible • Enfocar los esfuerzos para mantener las fortalezas	**Invertir para construir** • Luchar por el liderazgo • Apoyarse en las fortalezas • Mejorar en los puntos débiles	**Desarrollar selectivamente** • Especializarse en fortalezas seleccionadas • Combatir las debilidades • Retirarse si no hay crecimiento
	MEDIO	**Invertir selectivamente** • Invertir en los segmentos más atractivos • Desarrollar capacidades para rechazar a los competidores • Mejorar la rentabilidad por medio de la productividad	**Gestionar selectivamente** • Mantener los programas actuales • Concentrar las inversiones en segmentos rentables con bajo riesgo	**Cosechar** • Identificar vías para crecer con riesgo limitado o • Minimizar las inversiones y racionalizar las operaciones
	BAJO	**Proteger y reorientar** • Mantener los beneficios actuales • Concentrarse en los mercados con más futuro • Consolidar las fortalezas	**Mejorar los beneficios** • Defender la posición en los segmentos más rentables • Mejorar la línea de productos • Reducir las inversiones	**Liquidar** • Desinvertir oportunamente • Reducir costes fijos • Restringir al máximo las inversiones

les que tomen el atractivo del sector y la posición competitiva de la empresa [8]. La sencillez del cuadro no oculta, sin embargo, la disparidad de actuaciones recomendables en función de las características del sector y de las fortalezas y debilidades que presente la empresa.

Finalmente, la puesta en práctica de la estrategia exige la aplicación de acciones coordinadas que canalicen la actividad. Estas acciones estratégicas se apoyan en instrumentos plurales que, según se elijan, decantan los puntos fuertes de la empresa hacia posiciones competitivas diferenciadas. Algunos de estos instrumentos y sus efectos se resumen en el cuadro 4.

Cuadro 4:
INSTRUMENTOS DE ACCION ESTRATEGICA

INSTRUMENTO	PRINCIPALES AREAS DE REPERCUSION
1. ECONOMIA DE ESCALA	Productividad de los recursos y cuota de mercado
2. ECONOMIA DE ALCANCE	Sinergias entre actividades
3. GESTION DE LA EXPERIENCIA	Costes, conocimiento del mercado y atributos del producto
4. LOCALIZACION PROXIMA AL SUMINISTRO	Costes de compra y fiabilidad de abastecimiento
5. LOCALIZACION PROXIMA AL CLIENTE	Costes de distribución y flexibilidad de entregas
6. TECNOLOGIA DE PROCESO	Productividad de las operaciones, calidad del producto y estructura de costes
7. TECNOLOGIA DE PRODUCTO	Coste y atributos del producto
8. AUTOMATIZACION	Costes de personal e indirectos de producción, estructura de costes y flexibilidad productiva
9. CALIDAD	Coste y atributos del producto
10. PRECIO	Aprovechar situaciones de dominio, introducir barreras de entrada y competitividad del producto
11. ACCION COMERCIAL	Notoriedad de la marca, difusión del producto y decisión de compra del cliente
12. GAMA DE PRODUCTOS	Oferta a clientes, barreras de entrada, reparto de costes y riesgo
13. SERVICIOS COMPLEMENTARIOS	Ingresos y atractivo del producto
14. PLAZOS DE ENTREGA	Coste de distribución y servicio al cliente
15. SERVICIO POSVENTA	Costes y atractivo del producto
16. CANALES DE DISTRIBUCION	Costes de distribución, cobertura geográfica, acceso y control del cliente final
17. FINANCIACION A CLIENTES	Facilidad de la compra y coste financiero
18. INNOVACION	Liderazgo en el mercado y costes
19. INTEGRACION VERTICAL	Costes de compra, fiabilidad del suministro, estructura de costes y protección de la tecnología
20. DIVERSIFICACION	Sinergias y riesgo
21. INTERNACIONALIZACION	Cobertura geográfica, sinergias, riesgo y coste de la internacionalización
22. ORGANIZACION	Flexibilidad, tiempos de respuesta, estilo de dirección, participación del personal y costes

---

[8] Adaptado de *Analysis for strategic marketing decisions*. G. Day. «West Publishing» 1986. pág. 204 y citado por David Georgoff en la documentación del curso «Simulation models for the design of strategic solutions» en el marco de los Marketing summer courses organizados por Florida Atlantic University y ESIC (Edición de 1995).

6. EL INDICADOR q DE TOBIN [9]

La posición competitiva de la empresa se puede medir, alternativamente, mediante el denominado ratio q de Tobin. Este se calcula como cociente entre el valor que el mercado asigna al conjunto de títulos financieros de la empresa (acciones y deuda) y el valor de reposición de sus bienes tangibles o materiales.

$$q = \frac{\text{valor de mercado de acciones y deuda}}{\text{valor de reposición de bienes materiales}}$$

El valor de mercado de las acciones y los títulos de deuda viva viene dado por las cotizaciones del mercado. Este importe equivale al valor actualizado de las rentas futuras que se espera que generen las inversiones de la compañía. El valor de reposición expresa el desembolso monetario en que se incurriría para reponer los bienes materiales de la compañía. Esto es, el coste de reproducir su capacidad al nivel de actividad actual.

En consecuencia, este ratio indica en qué medida el mercado sobrevalora o infravalora las propiedades de la compañía, sin incluir las inmateriales. La diferencia entre numerador y denominador debe estimar, pues, el valor que el mercado asigna a estos activos inmateriales o fondo de comercio y que, por su naturaleza, miden la posición competitiva de la empresa. Estos bienes inmateriales se componen del valor de la imagen de marca, tecnología, patentes, cualificación de los recursos humanos, canales de distribución, organización de la empresa y oportunidades abiertas para su desarrollo futuro.

Que el ratio q de una empresa sea superior a la unidad sugiere que el mercado valora el rendimiento potencial de sus recursos productivos por encima de su coste de reposición, trasluciendo una posición competitiva fuerte. En caso contrario ($q < 1$) la valoración de la posición competitiva será desfavorable. En esta circunstancia puede ser más convenientemente para una tercera, comprar la empresa para explotar sus instalaciones y recursos, que reproducir su capacidad productiva mediante la adquisición de nuevos equipos.

Imaginemos, por ejemplo, los siguientes datos para una empresa hipotética:

— Número de acciones en circulación	1.000.000
— cotización por acción	5.000 ptas.
— obligaciones emitidas (deuda)	15.000
— cotización de cada obligación	9.000 ptas.
— valor estimado de reposición de la capacidad productiva actual	4.500.000.000 ptas.

El índice q de Tobin será de 1,14 calculado por:

$$q = \frac{1.000.000 \text{ x } 5.000 + 15.000 \text{ x } 9.000}{4.500.000.000}$$

[9] Formulado por James Tobin, Premio Nobel de Economía en 1981.

Este resultado significa que el mercado valora a la empresa un 14% por encima del valor de reposición de sus bienes materiales. El cuadro 5 recoge el valor del mencionado índice para una serie de empresas internacionales [10]

Cuadro 5:
VALORES DEL INDICADOR q DE TOBIN
PARA EL PERIODO 1960-77

EMPRESA	q
AVON	8,53
POLAROID	6,42
XEROX	5,52
3M	4,87
IBM	4,21
COCA-COLA	4,21
ELI LILLY	4,02
U.S. STEEL	0,62
NATIONAL STEEL	0,53
FEDERAL PAPER BOARD	0,52

Un estudio referido a la situación española para una muestra de 68 empresas que cotizan en Bolsa arrojó los siguientes valores medios del ratio q para cada uno de los años que se indican [11].

1984	1985	1986	1987
0,84	0,98	1,32	1,43

El valor de este índice evolucionó a tenor de la recuperación económica producida durante el cuatrienio y su consiguiente repercusión sobre la valoración que el mercado asignó a los inmovilizados de las empresas.

Para el conjunto de las empresas españolas no financieras que cotizan en Bolsa el ratio q promedio del período 1962 a 1988 se ha estimado en 1,19 [12].

7. MERCADO E INTERVENCION: RAZONES DE UNA POLEMICA

El mercado es el terreno en el que compiten las empresas en su calidad de oferentes y en el que junto a ellas, participan también otros actores como son los compradores, los trabajadores y la Administración. Algunas opiniones consideran que, al igual que la violencia es la partera de la historia, la rivalidad es el motor de la mejo-

[10] *Tobin's q ratio and industrial organization.* Lindberg y Ross. «Journal of Business» (Enero 1981) citado por Brealey y Myers en «Principles of corporate finance». Mc Graw Hill 1991, pág. 685.

[11] *Inversión, valor bursátil y restricciones financieras.* C. Alonso y S. Bentolila. «Boletín económico del banco de España». Febrero 1992. Pág. 41.

[12] *Curso de bolsa y mercados financieros.* Abril 1996, pág. 738.

ra empresarial. Para Unamuno «la guerra ha sido siempre el más completo factor de progreso, más aún que el comercio». De manera similar se afirma que la pugna entre empresas es lo que estimula su desarrollo. En analogía al comportamiento de la ley de selección de la naturaleza, la competencia debe decantar a las empresas vencedoras de las perdedoras. Las primeras, incluso saldrán fortalecidas del embate competitivo y en mayor grado cuanto mayor sea la fortaleza de sus oponentes. Respecto a las empresas perdedoras se recomienda que pierdan de verdad, es decir, que desaparezcan. De este modo se selecciona y estimula a los más fuertes y se evita la permanencia y reproducción de los más débiles que, en su lucha por la supervivencia, podrían perturbar las leyes de la competencia.

Las reglas que rigen esta contienda por el mercado se equiparan a las bélicas [13]: «Dirigir una empresa es como librar una batalla, con los competidores en el papel de enemigos. La realidad de la batalla por la participación de mercado es que el éxito de una empresa depende del fracaso de otra.» Se aplica en este ámbito la denominada regla del superviviente: para saber cuál es más fuerte entre dos animales se les encierra en una jaula y se espera.

El mercado, que es un almacén de impulsos que obliga a la empresa a actuar, mantiene con ella un diálogo continuo y, en esta relación, echa las cuentas todos los días. La empresa poco atenta, con un comportamiento autista que le aisle patológicamente de la realidad circundante y le impida una comunicación fluida con ella, incapaz de convertir sus estímulos en acciones, lo llega a pagar con su propia existencia.

La lucha entre empresas fuerza a tratar de superar a los oponentes, ofreciendo mejores productos, incrementando la calidad del servicio y esforzándose en reducir los costes para poder competir mejor. Además, la rivalidad en un sector contribuye, en general, a reducir los precios de venta, como ha sucedido en España, recientemente con las telecomunicaciones y el transporte aéreo de pasajeros. En ocasiones, sin embargo, la repercusión de los gastos para competir (la publicidad por ejemplo) o los acuerdos entre empresas incrementan los precios de venta muy por encima de los costes de fabricación y distribución, en detrimento del comprador.

La fuerza centrífuga que anida en la mayoría de las empresas, o más bien, en los comportamientos de sus dirigentes, las induce a crecer conquistando nuevos territorios y lanzando nuevos productos para agrandarlas a costa de sus competidores. Se impone, como en la geopolítica, el principio del espacio vital: para sobrevivir hay que conquistar o controlar los territorios contiguos. De este modo, se gana cuota de mercado lo que en general permite mejorar la rentabilidad. En ocasiones se buscará la desaparición del competidor. Otras veces eliminar a un rival puede no ser la mejor opción; incluso ni siquiera puede representar un beneficio, si otros rivales se benefician más de dicha eliminación.

En este contexto se admiten, sin embargo, formas de colaboración entre dos o más empresas, mediante alianzas, como medio potente para combatir al resto. Son acuerdos de actuación común, en los que cada miembro aporta a la alianza sus for-

---

[13] *Lecciones para ganar participación de mercado, según Clausewitz*. por Parks, Pharr y Lockeman. Harvard Deusto núm. 68.

talezas específicas que, reforzándose mutuamente, mejoran aún más al conjunto. Con ello se reconoce que igual que la naturaleza favorece a los genes que cooperan con otros, el mercado premia a quienes aúnan esfuerzos para la confrontación.

Por ello, el mercado, con sus reglas autogeneradas, se propone como el mecanismo ideal para la asignación de recursos: son las empresas triunfadoras las que captarán nuevos recursos para continuar su desarrollo con éxito. Razonablemente, la intensidad de esta convicción crece con las posibilidades que cada uno piense de estar en ese grupo de triunfadores. Pertenecer a ese grupo permite, además, dictar o al menos influir en las reglas que han de regir en el mercado, a semejanza de la historia, que es gobernada y escrita por los vencedores.

Este grupo exige libertad para el funcionamiento del mercado: no se le deben poner trabas, ha de dejarse que opere libremente, sin intervenciones que dificulten el avance de las empresas con éxito. Se erige al mercado en el gran icono, incluso a veces por encima de la voluntad y soberanía de la sociedad civil, capaz de generar riqueza al igual que los primeros iconos, surgidos en Bizancio, la creaban a partir de las contribuciones de los creyentes que acudían a adorarlos.

Esta carencia de trabas, en el marco de una legislación propicia, se extiende tanto a la relación entre empresas competidoras como a las interacciones de éstas con sus suministradores de bienes y servicios (incluidos los trabajadores) así como con sus clientes.

En resumen, se postula que al mercado hay que dejarle funcionar libremente, en base a la relación de fuerzas entre las partes que en él actúan, en cuanto que él establecerá, por la dialéctica de la confrontación y de la prueba y el error, las reglas más convenientes.

Ello no obsta para que se acepte que en esta pugna permanente se produzcan fracasos de empresas cuyos despojos serán aprovechados, unas veces, por los triunfadores y otras, no siendo de interés, queden sin aplicación, dando testimonio del fracaso por los errores cometidos. Aunque con ello se produzca lo que advertía el premio Nobel de economía, J.Tobin, cuando enunciaba que: «no hay ineficacia mayor que permitir que haya recursos ociosos».

Sin embargo, incurriendo en contradicción, los defensores a ultranza de la independencia del mercado aceptan la aplicación de instrumentos, como las subvenciones u otro tipo de ayudas de la Administración, que tienden a suplantar las fuerzas competitivas alterando la posición relativa de las empresas.

También se admite, como parte de las reglas del juego, que las fuerzas del mercado, operando libremente, propicien altibajos de la situación económica. Con cierta regularidad se producen crisis económicas que fuerzan al cierre o a reducir el volumen de actividad con su repercusión sobre el empleo y el bienestar social. Sin embargo, se afirma que los saltos adelante de los períodos de bonanza económica rebasan a los retrocesos originados por estas crisis. Incluso, éstas se llegan a valorar por algunos positivamente como un mecanismo de depuración que arroja del mercado a los más débiles e incapaces. Se aduce que las crisis ayudan a que las empresas aprendan y se ajusten al dictado del mercado, después de los períodos de crecimiento económico, en los que los niveles de exigencia suelen ser menores. Bien es cierto que, con frecuencia, quienes más padecen los efectos de esos ajustes no son precisamente quienes los provocaron.

Frente a esta exaltación del papel del mercado se levantan opiniones que cuestionan un protagonismo y autonomía tan excesivos, reconociendo que «...la dinámica del mercado, (está) sólo atenta por su propia esencia, a la obtención de lucro...» [14]. Se sugiere que los que propugnan el dominio del mercado es porque, de alguna manera, lo controlan. Se razona que se puede delegar el poder pero la soberanía ha de residir siempre en la sociedad civil.

La economía, más que una ciencia de cálculo y tecnocracia es una ciencia social que ha de conducirse en función de los intereses de la sociedad. Piénsese por ejemplo, la diferente política económica de países candidatos a procesos de convergencia si alternativamente o junto a criterios monetario-financieros (inflación, tipo de interés, déficit y endeudamiento públicos y tipo de cambio), se incorporan criterios relacionados con la renta per cápita, la tasa de paro, el equipamiento social o la tasa de fraude fiscal.

Desde esta perspectiva, el mercado deberá ser tutelado por la Administración según los intereses mayoritarios, no pudiendo gozar de vida independiente de esos intereses. Si el mercado opera autónomamente, en base a la ley del más fuerte, podrá resultar vencedor quien parta de una situación de ventaja o sea capaz de aplicar mañas más eficaces. Este planteamiento se extiende tanto a las relaciones entre empresas como a las de éstas con el resto de los actores que participan en el mercado. De hecho, un área importante a la que se dirige la intervención de la Administración son las relaciones de la oferta (las empresas) con su demanda (los consumidores) y con sus trabajadores.

Además, la intervención se justifica debido a que las fuerzas del mercado tienden a generar grandes diferencias sociales y territoriales. En esta línea se encuadra la posición de la Administración española cuando proclama [15]: «La política de incentivos regionales... aspira... a reducir las diferencias territoriales del nivel de vida... Parte de la convicción de que el mecanismo de mercado por sí solo es insuficiente para lograr una distribución territorial más equilibrada de las actividades económicas...»

Asimismo, la aplicación en exclusiva de las fuerzas del mercado puede provocar la «razón de empresa» por la que, en analogía a la «razón de Estado», todo se justifica (incluso los excesos) en base al interés de su resultado para el decisor, con independencia de sus consecuencias para terceros o de consideraciones legales y éticas o de su repercusión sobre la integridad del medio ambiente. La aplicación de regulaciones legales vendría a tratar de poner límites a esa actuación basada, únicamente, en intereses egoístas. Igual que la razón de Estado ha justificado a lo largo de la historia cometer delitos o encubrirlos, alegando motivos de seguridad nacional, así

---

[14] Tomás Quadra Salcedo. «El País». 19/12/95.

[15] *Ley de incentivos regionales.* Real Decreto 1535/1987 de 11 de Diciembre de 1987.

la razón de empresa, actuando incluso con mayor impunidad, puede amparar todo tipo de desmanes, sólo limitados por la discreción del decisor, la reacción de los perjudicados, la opinión pública y el freno de las leyes.

Otra cuestión es la capacidad de la intervención para ser eficaz. Así, por ejemplo, el sector de construcción y urbanismo está fuertemente intervenido en España. Se requieren permisos y licencias para todo proyecto y participan técnicos de cualificaciones muy diversas, unos tutelando y otros ejecutando las obras. Sin embargo, quizás los resultados obtenidos en cuanto a calidad, precio, estética, funcionalidad y respeto al medio ambiente de muchos de los proyectos realizados no sean satisfactorios.

Con ello, se pone en duda la capacidad de la Administración para gestionar. Esto se extiende a la propia existencia del concepto de empresa pública. Aunque puede sorprender que se le niegue esta capacidad cuando en ella se confía para dirigir algo enormemente más complejo como es el Estado. Quizás con esta negación se confunda la validez de un modelo con la forma concreta en que se desarrolle. Difícilmente podrá funcionar la empresa pública o la administración si no se pone al frente de ellas a dirigentes preparados profesionalmente, con honestidad intelectual, auténtica vocación de servicio e incapaces de favorecer a intereses privados con perjuicio de otros.

También se cuestiona que la ley de la selección natural tenga que imponerse necesariamente en las relaciones entre empresas o de éstas con sus clientes y trabajadores. Aplicada al ámbito interno de la empresa, Galbraith denuncia [16] que esta ley «opera elevando a los máximos cargos a los más eficientes en la lucha por los ascensos: que estimula con la supervivencia a quienes sean más diestros en el manejo de los rudos, complejos e ingeniosos instrumentos que tales promociones requieren frecuentemente».

De manera similar se desarrolla la rivalidad entre los actores que intervienen en el tablero del mercado cuando utilizan procedimientos que vulneran las normas éticas o incluso la legalidad vigente. En ocasiones, rinde más la capacidad para manejar voluntades de forma torcida que la capacidad de competir noblemente, sin aplicar el «todo vale». Sin duda, no todas las empresas y profesionales saben o están dispuestos a utilizar todas las armas disponibles para competir, con independencia de sus atributos éticos y legales, quedándose así en desventaja, los que renuncian a hacerlo. La antigua norma de la equidad de armas, respetada por los caballeros medievales, parece no aplicarse en las contiendas mercantiles modernas.

Para que el mercado sea un instrumento que cumpla con el que debe ser su fin último, operar en beneficio del colectivo, precisa de un cierto grado de intervención que encauce su expansión, evite la competencia desleal entre empresas, el abuso de la oferta sobre la demanda, proteja el medio ambiente y regule las relaciones entre la empresa y sus trabajadores, anteponiendo el interés común por encima de cualquier interés particular.

---

[16] John K. Galbraith. *La sociedad opulenta*. Planeta-Agostini (pág. 77).

Modular el grado de esta intervención que consiga atenuar las diferencias sociales y territoriales y evitar los excesos que, por la condición humana, casi siempre cometen los poderosos, sin empañar el estímulo para generar riqueza que induce la competencia, sería un criterio primordial de esta intervención. Designar administradores solventes para aplicarla en provecho de la mayoría de la sociedad civil y contar con mecanismos representativos de control son, sin duda, condiciones necesarias para que sea eficaz.

Capítulo II

Los factores clave de éxito

1. Los factores clave de éxito: más allá de los números
2. Atributos de los factores clave
3. Los factores clave como instrumentos de gestión
4. Desglose de los factores clave por áreas de gestión
5. Variables clave de medida
6. En busca de los factores clave
7. De los factores clave a las actividades críticas
8. Algunos candidatos a factores clave

1. LOS FACTORES CLAVE DE EXITO: MAS ALLA DE LOS NUMEROS

La actuación empresarial busca como fin primordial la rentabilidad y para alcanzarla se formulan estrategias. El éxito o fracaso de una empresa, en el largo plazo, se materializa en la capacidad de su estrategia para generar un rendimiento sostenido superior al del mercado. Si Re es su rendimiento anual promedio, durante un período amplio, y Rm es el del mercado con un nivel de riesgo similar, el índice financiero de éxito Ie de la estrategia aplicada por la empresa viene dado por su cociente. Este indicador se descompone de la siguiente manera:

$$\text{Ie} = \frac{\text{Re}}{\text{Rs}} \times \frac{\text{Rs}}{\text{Rm}}$$

donde Rs es la rentabilidad media de las empresas que operan en el sector s. El cociente Re/Rs mide la situación de ventaja o desventaja relativa de la empresa en relación con sus competidores. El segundo factor (Rs/Rm) evalúa el atractivo económico del sector en el que se desenvuelve la empresa, es decir, en qué grado el rendimiento promedio de las empresas que compiten en el sector s supera o no a la rentabilidad media del mercado.

Mientras que la elección del sector es una decisión puntual, difícilmente alterable a medio plazo, la posición competitiva depende de la capacidad de la empresa para gestionar, una amplia diversidad de facetas relacionadas con: las expectativas de sus clientes, sus operaciones internas y tecnologías, las actuaciones de sus competidores y los rasgos de su entorno.

Por lo general, de entre la amplia maraña de áreas de gestión es posible espigar las parcelas más críticas y decisivas sobre el comportamiento competitivo de la empresa. Si así se hace, sus responsables podrán concentrar esfuerzos y recursos en estas áreas clave, para tratar de que se comporten extraordinariamente bien. La clave del éxito empresarial no reside tanto en intentar hacer todo bien como en modular el grado de perfección de cada tarea a su relevancia.

En este sentido, para una compañía aérea son importantes el mantenimiento de la flota, la puntualidad y la prelación que consiga con las agencias de viajes a la hora en que éstas adjudiquen los billetes. Para un laboratorio farmacéutico, lo son la imagen de calidad y seguridad de sus productos. Además, como el coste de desarrollo del producto es muy elevado en el sector farmacéutico, una prioridad de este negocio es la internacionalización de sus operaciones de envasado y comercialización.

En la industria del petróleo las actividades más significativas son: exploración, extracción, transporte a refinerías, refinado y separación, almacenamiento y distribución al cliente final. Las fases iniciales de exploración y extracción son las más costosas y arriesgadas del proceso, pero constituyen el pilar que garantiza la continuidad y autonomía de las empresas del sector. Por ello, las compañías petroleras tienden a invertir en reservas que les permita el autosuministro y les preserve de los avatares del mercado. Disponer de reservas, tanto en volumen como en diversificación geográfica, es una actuación destacada y compartida en el sector, habiendo propiciado la integración vertical de las principales compañías.

Identificadas, para una situación concreta, las áreas prioritarias, éstas han de explicar en su agregación el éxito o fracaso de la empresa. El comportamiento de estos parámetros, a los que denominamos Factores clave de éxito (FCE), determina la posición relativa de la empresa en relación a sus competidores. Si los FCE evolucionan satisfactoriamente es razonable anticipar que la globalidad de la gestión de la empresa, a largo plazo, será favorable. Por el contrario, con que se quiebre uno solo de estos puntos claves, es muy probable que los resultados se degraden progresivamente. El fallo en los FCE producirá un efecto tipo dominó, aunque no tan rápido, que terminará afectando a la situación financiera de la empresa.

Por supuesto que, en una u otra circunstancia, ha de cumplirse que el resto de las parcelas de gestión presenten un comportamiento aceptable. Los FCE exigen excelencia mientras que las demás áreas sólo requieren superar un umbral mínimo. En cuanto que los recursos son limitados y están sujetos a prioridades, no es razonable ni necesario, que toda la gestión sea excelente.

Los FCE deben ser reducidos en número, enunciados con precisión, no requerir grandes comentarios y, en general, sencillos de entender. Formular muchos FCE impide concentrar prioridades y recuerda a aquellos pueblos que por tener muchos dioses no sabían a cuál dirigirse cuando precisaban ayuda. Probablemente, los FCE se comportan como esos deportes en los que ser campeón exige ganar todos los encuentros. Es el caso de los torneos que se basan en procesos de eliminación, como por ejemplo, casi todos los trofeos de tenis. Otros deportes no exigen ganar todos los partidos sino obtener la máxima puntuación; es el caso de los que se juegan en base a la obtención de puntos, como las competiciones tipo liga.

En una cadena internacional de comida rápida los FCE se definen en los siguientes términos [1]:

— imagen de marca notoria y homogénea,
— ubicación adecuada de sus restaurantes en áreas muy pobladas del extrarradio de grandes ciudades,
— servicio rápido y atento a sus clientes,
— limpieza esmerada de sus instalaciones,
— calidad de la comida servida.

---

[1] *Wendy's International Inc.* Caso práctico recogido por William Glueck y otros en «Business Policy and Strategic Management», pág. 734. McGraw Hill. 1984.

De cumplirse esos cinco FCE esta empresa espera obtener un rendimiento superior en el largo plazo, para lo cual aplica un precio de venta por encima del de sus competidores más próximos.

La historia nos revela que el éxito de la estrategia militar de Aníbal, desvelada para los romanos en la batalla de Cannas, se basaba en su capacidad para desplazar rápidamente las tropas, atacar los flancos del enemigo, acometer de súbito con la caballería y, sobre todo, introducir siempre un elemento sorpresa.

La literatura nos ofrece un ejemplo más pacífico [2]: "El éxito del negocio (de los aguadores) dependía de la rapidez en responder a las llamadas de los sedientos, de la pulcritud en la limpieza de los vasos y de la potencia de los gritos anunciadores".

Para alcanzar los FCE es preciso que la empresa genere capacidades técnicas y de gestión adecuadas. Una capacidad o competencia es "...un conjunto de cualificaciones y tecnologías que permiten a una compañía ofrecer un determinado beneficio a los clientes" [3]. De entre todas las capacidades posibles algunas son críticas para conseguir los FCE. Entre los criterios que se sugieren para considerar una capacidad como crucial se citan los siguientes [4]:

— Debe contribuir, significativamente, a incrementar el valor percibido por el cliente en el producto o servicio.

— No se imita ni transfiere fácilmente.

— Ha de ser exclusiva de la empresa, estando diferenciada de las cualificaciones de los competidores.

— Exige un desarrollo lento pues incorpora experiencias y conocimientos heterogéneos de la empresa.

— Ha de ser aplicable a una gama amplia de productos o servicios y contar con potencial para aplicaciones futuras.

— Complementa a otras capacidades con las que se refuerza mutuamente.

Para Schoemaker, el núcleo de Honda es el diseño y producción de motores, en los que se basa su fuerte posición competitiva en turismos, motos, máquinas cortacésped y coches de carreras.

Algunas áreas en las que determinadas empresas han desarrollado con éxito capacidades son: la miniaturización, la comunicación digital, la comunicación inalámbrica, la ingeniería y la óptica de precisión, la imagen digital, los sistemas de seguridad para el automóvil, la gestión de la marca, la distribución y los sistemas de servicio al cliente. Un FCE puede exigir más de una capacidad. Por ejemplo, la renovación de la cartera de productos precisa competencias de investigación y desarrollo, técnicas y de distribución comercial.

---

[2] José Antonio Gabriel y Galán. *El bobo ilustrado*. Alfaguara, pág. 45.

[3] *Compitiendo por el futuro*. Hamel y Prahalad. Ariel 1995 (pág. 260).

[4] Ibidem. (págs. 268-272) y «Cómo ligar la visión estratégica a las capacidades clave». P. Schoemaker. *Harvard Deusto*, núm. 60, 1994, pág. 22.

En general, el desarrollo de capacidades lleva mucho tiempo y exige un esfuerzo coordinado de toda la organización. Por ello, las capacidades que se estime necesarias en el futuro han de planificarse con antelación. Incluso, en ocasiones se desarrollan capacidades sin una aplicación inmediata, con sentido de la oportunidad, para aplicaciones que se perciben como potenciales.

2. ATRIBUTOS DE LOS FACTORES CLAVE

En un epígrafe posterior se aborda el modo de reconocer, en un contexto definido, los FCE de una empresa. De momento, supongamos que una empresa de fabricación y venta de automóviles acepta que sus FCE deben ser los siguientes:

— **Producto basado en el atributo de seguridad**. El diseño, la calidad y las prestaciones de los vehículos han de ofrecer niveles satisfactorios, pero la seguridad deberá ser excelente. La investigación y desarrollo del producto son actividades críticas para soportar este atributo.

— **Imagen de marca fuerte**. A fin de que el mercado reconozca y valore los atributos singulares de su producto, la empresa debe desarrollar un posicionamiento de prestigio y notoriedad entre sus clientes potenciales. La decisión de compra no viene determinada, principalmente, por el precio sino por la imagen de seguridad y calidad percibida por el mercado.

— **Fidelidad de los clientes**. El mayor precio relativo en relación a la competencia limita el segmento de compradores potenciales de la marca. Así, la empresa considera como FCE retener a sus clientes en las sucesivas decisiones de compra, al ser significativo el coste de captar un cliente nuevo. Disponer de una gama progresiva que permita atender los deseos de renovación de la clientela y no defraudar sus expectativas respecto al producto y servicio, parecen requisitos para poder alcanzar este FCE.

— **Servicio posventa eficaz**. Se garantizará la adecuada atención al cliente en cuanto a cualificación de la mano de obra y disponibilidad de repuestos. Este factor exige planificar, homogeneizar, apoyar y controlar la red de talleres de la marca.

— **Cobertura internacional**. Los elevados costes de desarrollo del producto y de consolidación de la imagen de marca fuerzan a extender las operaciones a nivel internacional a fin de absorber estos costes indirectos. Si bien las fábricas estarán centralizadas para alcanzar economías de escala en producción, los vehículos se comercializarán en zonas geográficas amplias, máxime cuando la repercusión del transporte en el precio de venta es reducida.

Frente a este enfoque, consideremos otra empresa del mismo sector de automoción cuyos FCE sean los siguientes:

— **Precio de venta ajustado**. Los vehículos de este fabricante son sencillos y estándar lo que permite producirlos a bajo coste.

— **Producción en grandes volúmenes**. Se pretende generar economías de escala en la fase productiva.

— **Atributo de bajo consumo**. La decisión de compra del cliente de esta marca viene influida por el precio y por los costes de operación.

— **Renovación frecuente de los vehículos**. Se trata de lanzar al mercado versiones tecnológicamente actualizadas y de diseño moderno, capaces de competir con las mejoras introducidas por la competencia.

— **Servicio posventa**. El mantenimiento y reparación de los vehículos ha de ser rápido, económico y cómodo para la clientela.

Comparando los FCE anteriores parece razonable concluir que la primera empresa busca la ventaja competitiva en la diferenciación del producto, dotándolo de atributos singulares y únicos, mientras que la segunda pretende construir su posición a partir del liderazgo en costes. También del análisis de ambos fabricantes podemos identificar los siguientes rasgos genéricos asociables a los FCE de cualquier empresa:

— Han de poder ser influidos por la acción gerencial. Esto excluye del ámbito de los FCE a parámetros del entorno no controlables. Por ejemplo, para una empresa importadora que compita con fabricantes locales el tipo de cambio de la divisa, que repercute en el coste de sus mercancías afectará, sin duda, a sus resultados. Pero al no ser un parámetro controlable no puede considerarse como un FCE.

No debe catalogarse como FCE a meras consecuencias de los genuinos FCE. Así, la cuota de mercado no es, en sí misma, un FCE sino resultado de un amplio abanico de actuaciones gerenciales.

— Son, en general, de naturaleza operativa; raramente, son de índole económica o contable. Influyen directa o indirectamente, pero significativamente, sobre:

- Atributos cruciales de los productos o servicios.
- La percepción por el mercado de los productos o servicios.
- Las operaciones internas de la empresa para obtener y distribuir sus productos o servicios.

Por ello, los valores que tomen los FCE no dependen de decisiones discrecionales en cuanto al criterio de medida a aplicar ni son susceptibles de manipulación mediante la alteración de normas contables. En ocasiones y debido a las características de la compañía, los FCE pueden ser de tipo financiero. Pensemos, por ejemplo, en una empresa de leasing, donde el diferencial entre el rendimiento de cada operación y el coste de su financiación puede ser un FCE. En empresas que trabajan por proyecto y concursan para obtener adjudicaciones, el cálculo del precio a ofertar y, en consecuencia, la gestión de costes puede ser un FCE.

— Están relacionados con el tipo de actividad y la naturaleza del negocio en el que se desenvuelve la empresa. Son específicos, aunque no exclusivos, del sector en el que se opera. Por ejemplo, las empresas de distribución, sean grandes superficies, almacenes urbanos, supermercados, o comercios minoristas, incluyen entre sus FCE la gestión de las existencias, con todas las acciones que es preciso aplicar para conseguir una rotación adecuada.

— Definen, en su conjunto, una opción concreta de estrategia y se convierten, por sí mismos, en objetivos concretos a alcanzar. En el ejemplo anterior de los dos fabricantes de automóviles es fácil discernir cómo ambos paquetes de FCE anudan estrategias dispares: una basada en el margen de la diferenciación; otra en las economías de escala derivadas de la homogeneidad y el volumen.

— Son facetas de la gestión cuya importancia no es, en general, coyuntural sino que tienden a mantenerse en el tiempo. Esto es razonable ya que los FCE se relacionan con el tipo de actividad, se derivan de la estrategia y arrancan de aquello que es relevante para los clientes y ni la actividad, ni la estrategia, ni los hábitos de los clientes se ven sometidos a cambios bruscos que obliguen a trastocar los FCE.

En ocasiones, ante la aparición de una oportunidad o una amenaza del entorno o ante la manifestación de una debilidad o una fortaleza interna, es preciso incluir un factor de tipo coyuntural. Pero dejará de ser clave en cuanto desaparezca, se solucione o se aproveche la causa que lo originó. Por ejemplo, cuando se produjo la primera crisis de la energía en 1973 fueron muchas las compañías que, entonces, incluyeron como FCE el control de sus costes energéticos: un incidente del entorno indujo la aparición de un factor clave temporal.

Situaciones internas a la empresa pueden generar algo similar. Ante los fallos en el lanzamiento de algunos modelos, un fabricante de automóviles inició una acción tendente a mejorar la coordinación entre los departamentos de Investigación y Desarrollo y el de Producción [5]. Esta acción deja de ser un FCE cuando la mencionada coordinación se soluciona.

— Su comportamiento es el de las variables fondo: evolucionan lentamente al alza o a la baja. Es difícil que un FCE varíe súbitamente. El nivel alcanzado por los FCE se gesta en base a un proceso de acumulación. Su situación presente se apoya sobre comportamientos del pasado. Su inercia al cambio obedece a que su posición, en cada momento, recoge el esfuerzo y talento acumulados en ese área y a que son muchos los aspectos que explican el estado alcanzado.

Volvamos al atributo de seguridad que persigue incorporar en sus vehículos el primero de los fabricantes del ejemplo anterior. En un instante determinado, el nivel de seguridad acumula el desarrollo tecnológico realizado por la empresa hasta la fecha y se beneficia de los esfuerzos de los departamentos de I + D, Producción, Compras, Control de calidad, Desarrollo de productos y Comercial.

Esta evolución pausada de los FCE los asemeja, cuando se deterioran, a algunas enfermedades: su degradación, al inicio, es difícil de distinguir pero fácil de corregir; más adelante, si el deterioro no se ataja, es fácilmente identificable pero difícil de resolver.

---

[5] *Fortune*. Enero 1992, pág. 23.

— Por último, para que un parámetro sea FCE es preciso que influya, a mayor o menor plazo, sobre los resultados económicos de la empresa. La mejora de la calidad o del servicio al cliente por encima de un determinado nivel puede resultar excesiva y costosa. De hecho, no todas las estrategias son rentables; cuando esto sucede hay que revisar los FCE seleccionados.

Las siete características anteriores asociadas a los FCE, los convierten en las auténticas claves para explicar el éxito o fracaso de una empresa. La evaluación del comportamiento de los FCE debe permitir anticipar la evolución futura de los índices económico financieros de la compañía. Los tradicionales indicadores basados en la rentabilidad, crecimiento, liquidez o riesgo presentan un carácter derivado en cuanto que los valores que tomen dependen del nivel alcanzado por los FCE en períodos previos.

En ocasiones surgen conflictos entre FCE que es preciso solventar adecuadamente. Por ejemplo, la flexibilidad en producción para fabricar en pequeños lotes reduce la inversión en existencias y su riesgo de obsolescencia pero encarece los procesos de preparación de máquinas para cada serie.

Es crucial que el conjunto de FCE sea capaz, si se comporta satisfactoriamente, de conducir al éxito. Tomados uno a uno los FCE pueden ser relevantes pero lo importante es que en su agregación tengan fuerza para explicar el éxito de la empresa. Aníbal estuvo 15 años en Italia, no perdió ninguna batalla, pero sin embargo perdió la guerra y se retiró derrotado.

El papel de los FCE no aminora el interés ni la importancia de la información que proporcionan los indicadores financieros, pero sí ayuda a comprender su papel de síntesis respecto al comportamiento pasado de la empresa y su limitación para prever resultados si se omite el comportamiento previsible de los FCE. Es precisamente por el carácter crucial de los FCE por lo que han de ser identificados, planificados, gestionados y controlados con, al menos, el mismo rigor, prioridad y sistemática con que las empresas, habitualmente, tratan a los indicadores de índole económico-financiera.

3. LOS FACTORES CLAVE COMO INSTRUMENTOS DE GESTION

Las principales aplicaciones de los FCE son las siguientes:

— Son los sillares que sostienen el desarrollo de la estrategia de la empresa, tanto a nivel de formulación de objetivos concretos como de diseño de acciones para alcanzarlos. Desde esta perspectiva, la planificación estratégica persigue ajustar lo que se hace bien (fortalezas) con lo que es necesario hacer bien (FCE).

— Orientan respecto a lo que es importante y, en consecuencia, son útiles para asignar recursos económicos y concentrar esfuerzos. Una empresa sin FCE padecerá de dislexia por su incapacidad para ordenar, correctamente, las prioridades.

— Además, vertebran la organización de la empresa en cuanto que condicionan el reparto de responsabilidades y decisiones para su consecución.

— A efectos de encauzar las decisiones, los objetivos amplios y genéricos son poco útiles pues es difícil relacionar la repercusión que sobre ellos ejercen actuaciones concretas. Por contra, la comunicación de los FCE al conjunto de la organización transmite mensajes precisos respecto a las prioridades en la gestión. Son, pues, instrumentos valiosos para apuntalar criterios compartidos para la toma de decisiones, reforzando la coordinación entre los diferentes departamentos de la empresa. La importancia de un FCE se acrecienta con su capacidad para contribuir a la toma de decisiones.

— Constituyen la referencia obligada para diseñar el sistema de información gerencial. Como se verá posteriormente, para cada FCE es preciso definir una o más variables de medida, que sirvan para cuantificar objetivos y evaluar resultados de cada uno. A diferencia de las variables contables, los FCE miden resultados con una perspectiva de largo plazo.

En este sentido, son los FCE los que han de alimentar con prelación el cuadro de mando de la empresa y de sus unidades de actividad, entendiendo por cuadro de mando el informe de síntesis sobre la marcha de las operaciones.

— Permiten estructurar los sistemas de motivación a fin de premiar actuaciones que contribuyan a mejorar las áreas críticas con prioridad sobre otras más accesorias.

Una cadena de comida rápida estableció un sistema de evaluación-retribución para sus gerentes de establecimiento basado en los resultados alcanzados en las siguientes áreas [6]:

- calidad del producto y servicio,
- limpieza del local,
- entrenamiento del personal,
- control de costes.

— Finalmente, ofrecen pautas con las que contrastar decisiones de diversificación. El término "negocio" en el sentido que incorpora la pregunta estratégica ¿en qué negocio está la empresa?, combina dos conceptos diferentes: el de sector y el de mercado. El primero arranca del producto y concreta capacidades requeridas para ofertarlo. El mercado se conforma en base a necesidades del cliente y define demandas de los consumidores.

Confundir el sector al que se pertenece con el mercado al que se atiende es un error estratégico que puede perjudicar a quien lo comete. Lo relevante en el desarrollo de nuevas actividades reside en escrutar las capacidades diferenciales de la empresa, los factores que sustentan su posición en el mercado e identificar en qué mercados esas capacidades cimentan una ventaja. Estos mercados han de ser el objetivo de los procesos de diversificación.

Así, unos grandes almacenes pueden entrar en los mercados financieros, apo-

---

[6] *Mc Donald's Corporation: Designing an Incentive System.* Caso práctico preparado por C. Horngren.

yándose en la buena reputación que ostenten con su clientela y aprovechando su sistema de venta ya implantado. Esto explica también que grandes empresas petroleras, de ámbito internacional, se equivocaran cuando pretendieron entrar en otras actividades del mercado energético, que exigían capacidades muy diferentes a las requeridas por el negocio del petróleo y el gas [7].

4. DESGLOSE DE LOS FACTORES CLAVE POR AREAS DE GESTION

Para que la utilización del concepto de FCE sea operativo es preciso concretarlo para cada área de actividad. Una vez identificados los FCE para el conjunto de la empresa se hace imprescindible detallarlos descendiendo por la pirámide organizativa de la empresa y concretándolos para cada línea de producto y segmento del mercado. Sólo así la organización podrá aunar esfuerzos y actuar coordinadamente para conseguir los niveles deseados en los FCE globales.

Una fábrica de una gran empresa de semiconductores que produce circuitos integrados definió los siguientes FCE para evaluar el desempeño de cada célula de fabricación [8]:

- Coste unitario por circuito
- Duración del ciclo de fabricación
- Cumplimiento de los plazos de entrega
- Calidad basada en "cero defectos"
- Comportamiento estable y continuo de la producción
- Rotación de existencias
- Mermas de materiales

La concreción de los FCE para las distintas áreas de la empresa debe cumplir el principio de congruencia. Este exige que el conjunto de FCE de los escalones inferiores sean coherentes entre sí y que, en su agregación, colaboren a que se alcancen los FCE del nivel superior.

Los FCE de cada centro de responsabilidad se construyen como integración de sus funcionalidades propias, de las exigencias que plantean los FCE globales de la empresa y de la interrelación con los FCE de otros departamentos a nivel horizontal. Supongamos una concesión de automóviles que vende vehículos nuevos, vehículos usados y repuestos y además, presta servicios de reparación en su taller. Se compone pues, de estos cuatro departamentos más el de administración general. Los FCE aceptados para el conjunto de la concesión son los siguientes:

- Implantación en el mercado local
- Fidelidad de la clientela

---

[7] *Learning to define the core business*. J. Kay. Financial Times, 1/12/95.

[8] *Advanced management accounting*. Kaplan y Atkinson. Prentice Hall, 1989, pág. 422.

— Calidad del servicio
— Gestión de existencias
— Control de gastos
— Satisfacción del personal

Estos seis FCE proporcionan la base de referencia para identificar los correspondientes a cada uno de los cinco departamentos. El cuadro 1 recoge un posible desglose de los FCE de cada centro de gestión.

Cuadro 1:
DESGLOSE DE LOS FCE

VENTA DE VEHICULOS NUEVOS	
1. Entrega rápida	4. Efectividad de la fuerza de ventas
2. Captación de nuevos clientes	5. Control de existencias de vehículos
3. Condiciones competitivas de financiación	
VENTA DE VEHICULOS USADOS	
1. Fiabilidad del estado del vehículo	3. Rotación de las existencias
2. Tasación del coste de compra del vehículo	4. Coste de la puesta a punto de vehículos
REPUESTOS	
1. Disponibilidad de repuestos	3. Control de costes de almacenamiento
2. Control de artículos de baja rotación	4. Atención al cliente externo e interno
TALLER	
1. Servicio rápido y fiable	4. Control de costes indirectos
2. Control de horas facturadas por mecánicos	5. Notoriedad en el mercado local
3. Atención a clientes	
ADMINISTRACION	
1. Emisión de información de resultados adecuada	3. Procesos ágiles de tramitación de la documentación de vehículos
2. Criterios de facturación ajustados	4. Control de gastos de estructura
	5. Gestión del negocio bancario

5. VARIABLES CLAVE DE MEDIDA

En general, los FCE tienen una expresión precisa aunque cualitativa. Por ello, a efectos prácticos y aunque a veces resulte complicado, es necesario concretarlos asociándoles indicadores cuantitativos. Estos indicadores, que miden en términos de objetivos o de realizaciones los comportamientos de los FCE, se denominan Variables clave de medida (VCM).

La formulación de estas variables para calibrar los FCE permite controlar los resultados alcanzados. Para ello, es necesario contrastar los objetivos de cada FCE con los resultados realmente obtenidos. De esta comparación se obtienen las desviaciones generadas, imprescindibles para formular las acciones de control oportunas en cada caso. Para identificar estas variables es preciso, a veces, a recurrir a medidas indirectas respecto al FCE concreto, igual que Tales de Mileto medía la altura de las cosas a partir de la sombra que proyectaban. Por ejemplo, una medida habitual de la calidad del producto es la tasa de reclamaciones que provoca.

Con frecuencia es necesario asociar a cada FCE más de una VCM de modo que, en su conjunto, lo estimen satisfactoriamente. Por ejemplo para evaluar la satisfacción del personal de la empresa se usan las siguientes variables: tasa de absentismo, rotación de la plantilla, y nivel retributivo en relación a los competidores.

Volviendo al ejemplo de la concesión de automóviles del ejemplo descrito en el epígrafe anterior, el cuadro 2 muestra las posibles VCM de los factores clave seleccionados para el conjunto de la empresa. Por último, al igual que se ha descrito la necesidad de descomponer los FCE por áreas de gestión, es también necesario identificar las VCM para los peldaños organizativos y operativos de jerarquía inferior.

6. EN BUSCA DE LOS FACTORES CLAVE

Para identificar los FCE de una organización es imprescindible revisar las siguientes áreas:

— **Sector de actividad**. Cada ramo tiene, por la naturaleza de sus operaciones y de su estructura competitiva, un conjunto de parámetros más sobresalientes que, han de incorporarse en los FCE. Para ello, es preciso revisar las necesidades de los clientes y su percepción del producto o servicio, los procesos de la empresa, el poder y características de clientes y proveedores, entre otros aspectos.

— **Estrategia aplicada**. Cada estrategia exige FCE diferenciados. No serán iguales los FCE de una empresa que opta por el liderazgo en costes que los de otra, de su mismo sector, que se inclina por diferenciar su producto o servicio con ornamentos singulares. La primera tendrá, probablemente, FCE relacionados con la reducción de costes, la fiabilidad en volumen y plazo de suministro, la oferta de una gama completa de productos y el cumplimiento de especificaciones. La segunda empresa deberá optar por FCE que aseguren el mantenimiento en exclusiva de los atributos del producto o servicio y fomenten la colaboración con sus clientes.

— **FCE de los competidores**. Un ejercicio imprescindible para formular los FCE consiste en descifrar los que aplican los principales competidores y relacionarlos con el grado de éxito de cada uno. Así, se podrán conocer las razones de éxito de unos y de fracaso de otros. Muchas han sido las empresas de distribución que fracasaron por ser incapaces de entender los FCE de las grandes superficies que se instalaron en España durante las décadas de los 70 y los 80.

— **Comportamiento del entorno**. El medio en el que opera la empresa genera, permanentemente, oportunidades que han de ser explotadas y amenazas que hay que neutralizar. La incidencia sobre la situación de la empresa de unas y otras forzará a seleccionar FCE específicos, capaces de hacer frente a cada situación concreta.

Desde luego, cuanto mayor sea la persistencia e intensidad de esas oportunidades o amenazas del entorno mayor será la permanencia de los FCE que se deriven de las mismas.

Cuadro 2:
VARIABLES CLAVE DE MEDIDA

FACTOR CLAVE DE EXITO	VARIABLE CLAVE DE MEDIDA
1. Implantación en el mercado local	1. Cuota de mercado por gamas 2. Notoriedad de la concesión 3. Tasa de éxito (ventas/contactos)
2. Fidelidad de la clientela	1. Tasa de repetición de compras 2. Ventas por referencia de clientes anteriores
3. Calidad del servicio	1. Tasa de reclamaciones 2. Tiempos de entrega y reparación 3. Ventas fallidas
4. Gestión de existencias	1. Rotación de existencias por líneas 2. Roturas de existencias 3. Gastos de almacenamiento sobre ventas
5. Control de gastos	1. Coste de ventas sobre ventas 2. Gastos comerciales sobre ventas 3. Gastos generales sobre ventas 4. Gastos financieros sobre ventas 5. Ventas por empleado
6. Satisfacción del personal	1. Absentismo 2. Tasa de rotación de personal 3. Tasa de accidentes laborales 4. Remuneraciones en relación al mercado

— **Fortalezas y debilidades de la empresa**. Otra fuente para reconocer los FCE se relaciona con la revisión interna de la propia compañía. A fin de aprovechar los puntos fuertes o neutralizar los puntos débiles, aflorados en la etapa de diagnóstico, habrá que añadir los FCE que procedan. Los que alumbre este análisis interno se mantendrán hasta que los mencionados puntos fuertes o débiles se hayan debilitado como consecuencia de la acción gerencial.

— **Personal de la compañía**. Los candidatos a FCE de la empresa han de ser contrastados con los responsables de sus áreas operativas. Su conocimiento del mercado y de los competidores, sus relaciones con clientes y proveedores y su comprensión de las operaciones internas de la empresa les hace solventes para discernir aquello que es importante para tener éxito. En ocasiones, sus propuestas se basan en la intuición lo que es válido en cuanto que ésta se asienta en la experiencia y el conocimiento. Además, este ejercicio es imprescindible para integrar a estos responsables en la posterior aplicación de los FCE en la empresa.

Un ejemplo de cómo el análisis de las debilidades internas y la posición relativa con la competencia permiten identificar FCE lo ofrece la situación que atravesó uno de los principales fabricantes de automóviles [9]. No sólo estaba en desventaja, en aspectos críticos, con fabricantes japoneses, sino también con su eterno rival, en el mercado americano. Los analistas estimaron que la empresa era un 40% menos productiva que este último competidor: precisaba un 40% más de horas para ensamblar un automóvil. Ante esta situación, los analistas sugerían a la empresa:

— Mejorar la eficacia de sus plantas fabriles: la empresa requería, en promedio, 35,7 horas por vehículo mientras que su competidor lo hacía en 21,6 horas.

— Reducir costes de ingeniería: se estimaba que invertía más de 10.000 millones de ptas. que su competidor en herramientas y troqueles para fabricar un nuevo modelo.

— Acelerar la puesta en el mercado de versiones nuevas para modelos ya existentes: La empresa necesitaba de 42 a 48 meses para sacar una nueva versión; los fabricantes de automóviles japoneses lo hacían, en promedio, en 12 meses menos.

— Reducir la lentitud en la resolución de problemas y la toma de decisiones.

El origen de los FCE descrito en los párrafos anteriores fuerza a revisarlos y actualizarlos periódicamente, porque pueden variar las condiciones que, en su día, aconsejaron su selección. Cambios en el entorno, en los comportamientos de proveedores, clientes y competidores, en la estrategia de la empresa o en sus puntos fuertes o débiles, obligarán a adecuar los FCE a las nuevas circunstancias. Aquí, la tarea de anticipar los FCE relevantes es de la mayor importancia.Puesto que consolidar un FCE lleva tiempo, los factores más críticos son aquellos que serán precisos para competir en el futuro. Por ello, el paquete de FCE que se seleccione ha de responder más a un proyecto de futuro que a un testimonio del pasado.

En cuanto a los FCE a nivel de unidad de gestión, deben aunar las exigencias de los FCE globales de la empresa con las funcionalidades específicas del área y sus conexiones con el resto de las unidades.

Un FCE habitual del departamento de tesorería consiste en conseguir financiación al menor coste posible. Este propósito se puede concretar, para una empresa eléctrica que demanda importantes volúmenes de financiación externa, en optimizar la colocación de activos financieros en el mercado de capitales. En una empresa de distribución, que se financia en parte muy notable a través de sus compras, puede resultar más relevante la selección y negociación con los proveedores.

---

[9] *Fortune*. Enero 1992, pág. 23. Referido a General Motors.

En uno y otro caso el departamento de tesorería está contribuyendo a cubrir las necesidades de financiación derivadas de las inversiones requeridas por la actividad. Para ello, ha de aplicar técnicas propias de la función tesorera y contemplar objetivos y condicionamientos de otras áreas de gestión, como el departamento de compras en el caso de la empresa de distribución.

7. DE LOS FACTORES CLAVE A LAS ACTIVIDADES CRITICAS

El comportamiento de los FCE depende de las acciones que se acometan para influir sobre ellos. En consecuencia, una vez identificados los FCE hay que seleccionar las actividades críticas a desarrollar para alcanzar resultados favorables. A continuación se describe una metodología para aislar estas actividades.

El cuadro 3 resume la valoración de dieciséis actividades relacionadas con el taller de reparación de automóviles descrito en un epígrafe anterior y cuyos FCE eran, según se indicó en el cuadro 1, los siguientes:

— Servicio rápido y fiable
— Control de horas facturadas por mecánicos
— Atención a clientes
— Control de costes indirectos
— Notoriedad en el mercado local

Cada actividad se puntúa (entre 0 y 5) en base a su contribución potencial para alcanzar cada FCE. De este modo, la formación técnica del personal o la estandarización de operaciones se consideran muy importantes para lograr un servicio rápido y fiable. Por el contrario, los procesos administrativos del taller parecen irrelevantes en su incidencia sobre la notoriedad en el mercado, según la puntuación recogida en dicho cuadro.

Con el fin de favorecer un análisis cuantitativo se ha asociado un peso, de 1 a 5, a cada FCE en función de su importancia relativa, habiendo resultado ser el factor servicio el más importante y el control de los costes indirectos el de menor relevancia. El peso respectivo de cada FCE trata de valorarlo en base a su contribución a gestar la posición competitiva de la empresa, directamente, o a través de las FCE de nivel organizativo superior.

A partir de ambas valoraciones es sencillo obtener una jerarquización de las actividades por su grado de contribución a los FCE: la puntuación de cada actividad se calcula como suma de los productos de cada puntuación individual por el peso respectivo de cada FCE. Así, la formación técnica del personal resulta ser la más relevante, con una puntuación de 69. Si dividimos este valor por la puntuación máxima que puede obtenerse, 90 puntos en nuestro ejemplo, se llega a un índice de relevancia del 77% para esta actividad. La puntuación máxima se obtiene, lógicamente, como producto de la suma de los pesos de todos los FCE (dieciocho) por la puntuación máxima de las actividades (cinco). Calculados los índices para todas las actividades basta con clasificarlas por orden decreciente de importancia. Cabe concluir que ha de prestarse atención prioritaria a aquellas actividades más críticas, esto es, con índices de relevancia superiores.

El análisis del cuadro 3 permite valorar la intensidad con que las actividades incluidas influyen sobre los FCE. Para ello, la última línea del cuadro ofrece el índice de influencia del conjunto de actividades sobre cada FCE. Este índice se estima para un FCE como cociente entre la suma de las puntuaciones referidas a él de todas las actividades y el valor máximo que puede alcanzar dicha suma. Por ejemplo, para el FCE de servicio la suma de las puntuaciones de todas las actividades asciende a 51 puntos. El valor máximo posible de esta suma es de 80 (16 actividades por la puntuación máxima de 5). El índice de influencia es el cociente entre ambos valores expresado en tanto por ciento (64%).

Cuadro 3:
DETERMINACION DE LAS ACTIVIDADES CRITICAS
TALLER DE REPARACIONES

ACTIVIDADES	SERVICIO	CONTROL HORAS FACTURADAS	ATENCION CLIENTES	CONTROL INDIRECTOS	NOTORIEDAD EN EL MERCADO	PUNTUACION ACTIVIDAD	INDICE DE RELE-VANCIA
PESO	5	4	4	2	3		
1. Formación técnica del personal	5	4	4	3	2	69	77%
2. Estandarización de operaciones	5	5	3	4	0	65	72%
3. Ejecución de los trabajos	5	4	2	1	4	63	70%
4. Relaciones laborales	4	4	5	3	0	62	69%
5. Orden y limpieza del taller	4	2	5	2	3	61	68%
6. Sistema de motivación	4	4	3	4	1	59	66%
7. Programación de trabajos	5	5	2	1	1	58	64%
8. Mantenimiento del equipo	4	5	0	3	0	46	51%
9. Procesos administrativos	2	2	3	5	0	40	44%
10. Inspección de calidad	4	1	2	1	2	40	44%
11. Presupuestos de reparación	0	4	2	3	3	39	43%
12. Recepción/entrega del vehículo	2	0	5	0	2	36	40%
13. Procesos de facturación	1	3	2	4	0	33	37%
14. Control presupuestario	0	5	0	5	0	30	33%
15. Gestión de piezas de repuesto	5	0	0	2	0	29	32%
16. Propaganda del taller	1	2	0	0	5	28	31%
INDICE DE INFLUENCIA SOBRE FCE	64%	63%	48%	51%	29%	MEDIA = 47	MEDIA = 53%

En el ejemplo del cuadro 3 el FCE "servicios" es el más influenciable por las actividades contempladas pues alcanza un índice del 64%. La "notoriedad en el mercado" sólo presenta un porcentaje del 29%. Cuando este índice resulta reducido hay que revisar el repertorio de actividades para identificar si hay omisiones que influyan significativamente sobre el FCE en cuestión. Si el índice de influencia es muy reducido y no se identifican actividades adicionales, podría concluirse que el FCE no tiene esta condición pues no se puede actuar sobre él.

Siempre conviene ser cauteloso con el modelo descrito. Se basa en ponderaciones subjetivas con una influencia decisiva sobre los resultados que se obtengan. Por ello, ha de usarse sólo como ayuda para orientar y contrastar las decisiones sobre esta materia. Después de varias iteraciones y contrastes con los responsables implicados debe ser factible llegar a una solución suficientemente razonada y razonable como para que sea operativa. Decididas las actividades más críticas, es preciso definir criterios y políticas para su desarrollo así como responsables de su ejecución. Igualmente, servirán de criterio para la asignación de recursos y la concentración sobre ellas de los esfuerzos de planificación, gestión y control.

El método expuesto es válido tanto para la empresa en su conjunto como para cada una de las parcelas de gestión que la integran. Conviene recordar que, de manera similar a lo señalado para los FCE, las actividades de los distintos centros han de ser coherentes entre sí y deben coordinarse en sus fases de planificación, organización, ejecución y control, para que se refuercen mutuamente en la senda establecida de objetivos. El papel central de los FCE en los procesos gerenciales se resume en la figura 1, donde se incorporan las variables de medida y las actividades críticas y se muestra cómo las competencias de la empresa sustentan sus FCE.

8. ALGUNOS CANDIDATOS A FACTORES CLAVE

A continuación se detallan algunas áreas que pueden nutrir los FCE de una empresa. Son candidatos potenciales que, si se seleccionan, deberán ser objeto de concreción a cada situación empresarial.

— Imagen en el mercado: consiste en potenciar una imagen de confianza en la clientela y seguridad en los mercados financieros. Este factor es de especial aplicación para actividades relacionadas con productos con connotaciones de riesgo (alimentación infantil, por ejemplo) o cuando se requiere captar recursos financieros de entidad para apoyar procesos de expansión.

— Tecnología: la capacidad de la empresa para ofrecer nuevas soluciones tecnológicas, de producto o de proceso, es importante en sectores con un fuerte dinamismo técnico. Esto sucede en la actualidad en el campo de las comunicaciones.

— Flexibilidad de producción: la habilidad para adaptarse al cambio y a la variedad con un coste razonable es imprescindible para compañías que fabrican lotes reducidos.

— Calidad del producto o servicio: se aplica a aquellas situaciones en que se ha optado por una estrategia de diferenciación. Esta relevancia se agranda cuando el incumplimiento de especificaciones genera consecuencias dramáticas. Es el caso de la industria aeronáutica o de reactivos para análisis clínicos.

— Gama amplia de productos: en la industria de la distribución parece esencial ofrecer la gama completa de productos a fin de que el cliente satisfaga sus necesidades de aprovisionamiento en un solo acto de compra y, simultáneamente, aumentar el importe de la venta. Este factor es también importante cuando se pre-

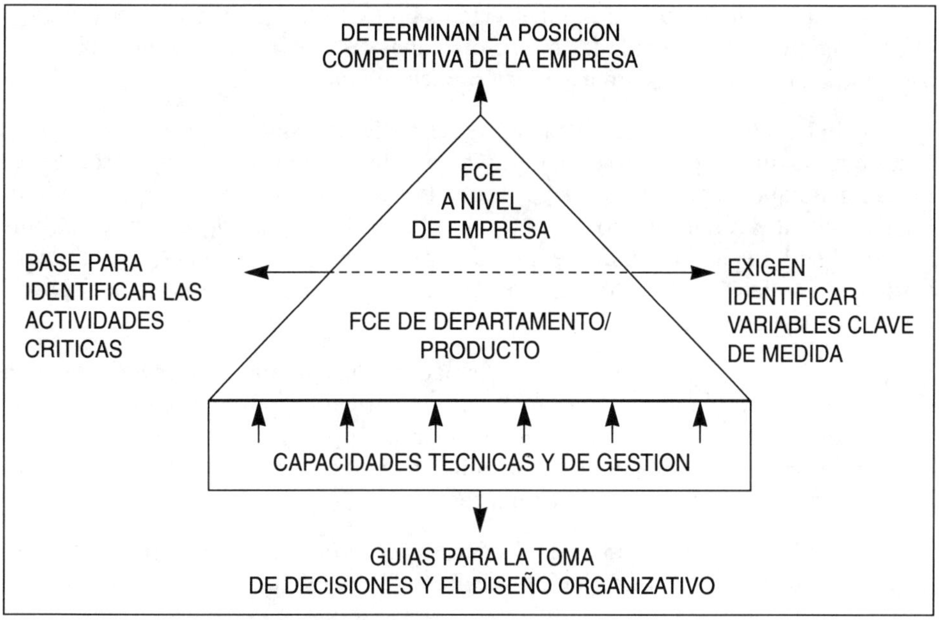

Figura 1: El papel de los factores clave de gestión

cisa bloquear la entrada de la competencia y, para ello, evitar resquicios en el catálogo que induzcan al canal o al cliente final a probar otras opciones.

— Lanzamiento de nuevos productos: aquellos sectores con fuerte desarrollo tecnológico o sujetos a modas exigen renovar, con mayor frecuencia, la cartera de productos. Este es el caso de la industria del automóvil o de la electrónica de consumo.

— Selección y configuración del canal: la gestión del canal de distribución resulta crucial, en particular, cuando ostenta una capacidad significativa de influir sobre el comprador, actuando como prescriptor.

— Colaboración con el cliente: este factor es decisivo cuando, por la complejidad del producto o servicio, se requiere que el vendedor sea capaz, primero de asesorar sobre las especificaciones más adecuadas y, posteriormente, en cómo utilizarlo. Este es el caso de los grandes sistemas informáticos o de la consultoría estratégica, que precisan de una alta cualificación de la fuerza de ventas. Igualmente, es importante para los fabricantes que producen bajo especificaciones técnicas de sus clientes, como las empresas de ingeniería.

— Cumplimiento de plazos de entrega: la fiabilidad en el suministro influye en la decisión de adjudicación del pedido, en especial, cuando el coste derivado de un incumplimiento del plazo de entrega es relevante. Este parámetro se ve reforzado en la actualidad por la extensión de los sistemas de gestión de inventarios basado en el criterio de “justo a tiempo”. Igualmente, la gestión de los tiempos es relevante en las empresas que trabajan bajo especificaciones del cliente: la respuesta en ofrecer soluciones y presentar prototipos ha de ser rápida.

— Captación de nuevos clientes: éste es un FCE obligado cuando se persigue el crecimiento de las actividades o en situaciones en que se desea reducir el riesgo asociado a una concentración excesiva en pocos clientes.

— Fidelidad de los clientes actuales: el coste asociado a perder un cliente y tener que sustituirlo por otro es, habitualmente, muy superior al de no perderlo. Se ha estimado que en el sector de seguros de vida aumentar en un 5% la tasa de fidelidad de clientes reduce los costes por póliza en un 18% [10]. Aunque para conseguir esta fidelidad no parece admisible que se tolere exigir, en la letra pequeña del contrato, una antelación de tres meses para que el asegurado comunique su decisión de no renovación.

— Servicio posventa: en el sector de maquinaria agrícola los días de parada en la época de cosecha son muy onerosos para el agricultor, por lo que el servicio de reparación ha de ser muy rápido. Algo similar sucede con el mantenimiento de los equipos informáticos de cualquier compañía en la medida en que son decisivos para desarrollar la operativa diaria de la empresa.

— Satisfacción del personal: la calidad en las empresas de servicio depende, en última instancia, del personal que se relaciona directamente con el cliente.

— Dimensión: alcanzar un volumen de actividad mayor y mantenerlo resulta clave en estrategias orientadas al liderazgo en costes. Es el caso de los denominados productos genéricos como son los abonos o productos químicos a granel, donde la economía de escala es un parámetro competitivo sobresaliente.

— Diversificación: con la saturación de los mercados tradicionales cobran especial relevancia los procesos de diversificación por sectores, canales de distribución y territorios. También, la diversificación resulta crucial para empresas con productos en declive como es el caso de la industria del tabaco.

— Fórmulas de financiación a clientes: resulta de especial aplicación para propiciar la venta de bienes de consumo duradero. Su entidad se refuerza en épocas de recesión económica, cuando más importante resulta estimular la venta, diluyendo el esfuerzo financiero del cliente, y en competencia con las actuaciones en este área de otras empresas. Un ejemplo repetido lo ofrecen las empresas de automóviles con sus ofertas de financiación agresivas en épocas de crisis económica.

— Otras áreas que nutren los FCE de la empresa se relacionan con la: gestión del precio, gestión del coste, estandarización, internacionalización, organización, gestión de plazo y duración de procesos y gestión del riesgo.

Por último, detrás de todos los factores clave se sitúa la calidad del equipo humano de la empresa, que es quien desarrolla las capacidades y actividades necesarias para alcanzarlos. Por ello, son los hombres y las mujeres de la empresa su elemento esencial, aunque algunos dirigentes sean del primero de que se desprenden cuando atisban problemas.

---

[10] *Los beneficios de la gestión basada en la lealtad*. Frederick Reichheld. Harvard Deusto, núm. 55, 1993, pág. 12.

Capítulo III

Imagen financiera de la empresa

1. Dimensión económico-financiera de la empresa
2. Rendimiento sobre la inversión
3. Parámetros financieros
4. Gestión de la rentabilidad económica
5. Incertidumbre y riesgo
6. Riesgo financiero
7. El esquema contable: una aplicación
8. La función financiera

1. DIMENSION ECONOMICO-FINANCIERA DE LA EMPRESA

Desde una perspectiva económica la empresa se compone de un conjunto organizado de bienes que, cuando se valora en términos monetarios, constituye la inversión de la compañía y es a través de su gestión como ésta es capaz de desarrollar las operaciones.

Son muchos y heterogéneos los componentes de esta inversión. Unos son materiales como es el caso de los terrenos, edificios, maquinaria, vehículos o existencias. Otros son de naturaleza inmaterial como la inversión en patentes que amparan el proceso de fabricación o la titularidad exclusiva sobre un producto. Incluso otras partidas consisten en derechos ante terceros, tal como la inversión realizada en financiar a los clientes por las compras que realizan y que se plasma en la legitimidad de la empresa a exigir el cobro, a su vencimiento, de las cuentas pendientes. Finalmente, otros elementos son de carácter financiero. Aquí se incluyen inversiones financieras a largo plazo (participación en una filial) o a corto (adquisición de un activo financiero con vencimiento inferior a un año para rentabilizar un exceso transitorio de tesorería) o incluso el mantenimiento de una posición de liquidez en cuentas corrientes bancarias para atender los pagos.

Todos estos conceptos, que conforman la inversión de la compañía y definen su dimensión económica, tienen como finalidad posibilitar la realización de las actividades de aprovisionamiento, fabricación, almacenaje, distribución y comercialización de la empresa. Para que ésta pueda operar en su mercado es preciso que invierta o inmovilice fondos en esta pluralidad de bienes necesarios para ejecutar sus procesos de gestión y que componen, en su agregación monetaria, lo que se denomina activo.

Como contrapartida, para financiar su inversión, la empresa debe captar recursos financieros acudiendo al mercado de capitales. Habrá de negociar con terceros la aportación de efectivo, en forma de deuda o de capital de riesgo, de modo que pueda adquirir y mantener los bienes que integran su activo. La deuda hace referencia a cualquier tipo de préstamo recibido por la empresa y que obliga a ésta a amortizarlo y remunerarlo en condiciones previamente pactadas. El capital de riesgo, que refleja la adquisición por inversores de parte de la propiedad de la empresa, si bien ha de ser remunerado, no exige ser amortizado. La suma de la deuda y los recursos propios integran el capital de la empresa.

Es práctica habitual en las relaciones mercantiles que algunos de los fondos obtenidos por la empresa afluyan espontáneamente por el mero hecho de realizar transacciones con terceros. Este es el caso de la financiación de suministradores: si una compañía adquiere materiales para su proceso de producción raramente abonará al contado la deuda derivada de esa transacción. Ostentando la titularidad de dichos materiales y formando éstos parte de su inversión, no los abonará sin embargo, hasta transcurrido el plazo de pago concedido por el proveedor. Consideración análoga tienen los aplazamientos de pago relacionados con la Seguridad social, el suministro eléctrico, el gasto de teléfono, los impuestos o las pagas extras de los trabajadores.

Esta porción del activo que se financia de manera automática y que no requiere la negociación explícita con inversores se denomina financiación espontánea y se caracteriza por carecer de coste explícito. La suma de la deuda, el capital de riesgo y la financiación espontánea componen el pasivo de la empresa. El total de fondos captados se materializa en la inversión, por lo que los importes del activo y del pasivo han de coincidir.

La figura 1 sintetiza lo anterior y muestra la relación entre la inversión de la empresa (o activo) y su financiación (o pasivo). Ambos conceptos se equiparan con cada una de las caras de la misma moneda. Puesto que los fondos captados tienen un coste, parece justo asociar la financiación con la cruz de dicha moneda reservando su anverso para el activo en cuanto que da la «cara» ante el mercado.

ACTIVO/INVERSION	PASIVO/FINANCIACION
• Material	• Negociada
• Inmaterial	– Capital de riesgo
• Financiera	– Deuda
• Derechos de cobro	• Espontánea

FIGURA 1. Esquema económico-financiero de la empresa

2. RENDIMIENTO SOBRE LA INVERSION

De la figura anterior se desprende que una parte de la inversión de la empresa se cubre con financiación espontánea por lo que sólo el resto de las necesidades de fondos deberá ser negociada explícitamente con terceros. Esta parte es la inversión neta y coincide, necesariamente, con el capital de la empresa.

La frontera entre la financiación negociada y la espontánea no siempre está delimitada. Con algunos suministradores es factible ampliar o reducir el importe de la financiación concedida, mediante las correspondientes compensaciones. Por ejemplo, la condición normal de pago a un proveedor podrá ser ampliada de 60 a 90 días si se añade un interés o recargo previamente pactado. Por ello, la financiación espontánea incluye sólo aquellas fuentes basadas en las denominadas condiciones básicas de pago, es decir, las aplicadas habitualmente en las transacciones mercantiles, en cada situación concreta.

La composición y dimensión de la inversión neta debe adaptarse a las necesidades derivadas de la naturaleza de las actividades de la empresa. En condiciones normales de buena gestión cada partida del activo ha de adecuarse a los requerimientos de su funcionalidad. En su conjunto, la inversión neta se constituye y mantiene con el propósito de, tras toda una serie de procesos, generar ingresos por ventas, como compensación a la prestación de un servicio o la entrega de un producto. La consecución de unas ventas determinadas ha de permitir recuperar los costes incurridos en generarlas y, además, obtener un beneficio calculado como diferencia entre ventas y costes. Si éstos omiten los de índole financiera, es decir, los generados por la deuda, el beneficio resultante es el llamado económico.

Este excedente, calculado por diferencia entre ventas y costes no financieros, mide el beneficio obtenido por el negocio operativo y con independencia de la composición y coste de la financiación que utilice. Este desglose persigue analizar el beneficio empresarial por escalones sucesivos a fin de facilitar su interpretación.

Parece lógico que el beneficio económico de la compañía sea proporcional al nivel de su actividad y si ésta fija el volumen de la inversión neta a mantener, debe existir una relación razonable entre el beneficio económico y la inversión neta que lo genera. Esta proporción es la rentabilidad económica y se calcula por:

$$\text{Rentabilidad económica} = \frac{\text{Beneficio económico}}{\text{Inversión neta}}$$

Mide la productividad o rendimiento que obtiene la empresa como consecuencia de la gestión de su inversión neta y con independencia de las decisiones de financiación que haya adoptado. Es un indicador final en cuanto que siempre interesa, en condiciones de igualdad, que sea lo mayor posible. Así, entre dos empresas es más rentable aquella que ofrezca un mayor valor del cociente anterior.

Además, éste es un ratio universal pues lo anterior es de aplicación a cualquier empresa, al margen del tipo de operaciones que realice. Hay otros indicadores que dependen del sector de actividad o de las decisiones de gestión que se tomen y que, por tanto, ofrecen valores dispares sin que se pueda juzgar uno más favorable que otro. Así, la relación entre ventas y existencias será, en general, muy elevada en empresas de servicios de transporte y más reducida en empresas industriales, pudiendo ser ambas proporciones razonables como consecuencia del distinto carácter de sus operaciones.

Esto no sucede con la rentabilidad económica que deberá ser, en todos los casos, la mayor posible, sirviendo dicho valor para evaluar la calidad de la gestión. Esta evaluación habrá de contemplar, necesariamente, la trayectoria del rendimiento en sucesivos períodos temporales y no limitarse a uno solo.

Una excepción la aportan aquellas empresas en que la inversión neta es irrelevante. Es el caso de las empresas de auditoría contable que no requieren, inversiones significativas. Por ello, otros habrán de ser los índices a utilizar para evaluar su gestión, como por ejemplo, el beneficio sobre ventas, según se comenta posteriormente.

Si combinamos la dimensión financiera de la empresa con el análisis realizado hasta ahora, enunciaremos que el propósito de la rentabilidad económica consiste en remunerar a los aportadores de fondos. Los prestamistas exigirán una remuneración a tenor del contrato de deuda suscrito y los propietarios esperarán ver satisfechas sus expectativas de rendimiento. Por ello, la remuneración de los prestamistas tendrá lugar con prioridad, siendo la rentabilidad de los accionistas residual, una vez satisfechos los gastos financieros.

La aportación de los accionistas incorpora un nivel de riesgo superior al de la deuda. Si la empresa tiene dificultades deberá atender primero los compromisos adquiridos con sus prestamistas. Sólo después podrán los propietarios tratar de recuperar su inversión. Por este mayor riesgo los accionistas esperan obtener un rendimiento superior al exigido por los prestamistas.

Para desarrollar la formulación anterior añadamos a la figura 1 el destino del beneficio económico. Según la figura 2, del beneficio económico hay que detraer, en primera instancia, los gastos financieros que genera la deuda. Estos incluyen los intereses a abonar y todos los gastos de formalización, mantenimiento y cancelación asociados a la misma, entre los que se incluyen comisiones, impuestos y honorarios de posibles intermediarios y fedatarios públicos. Todos estos conceptos son, por su naturaleza, costes vinculados a la financiación.

Del beneficio restante se deduce el impuesto de sociedades, resultando como diferencia el beneficio neto o después de impuestos de la empresa. Este excedente residual corresponde a sus propietarios y constituye su remuneración por su aportación a la financiación de la compañía. Este rendimiento suele diferir, lógicamente, con las expectativas que formularon cuando, en su día, decidieron invertir.

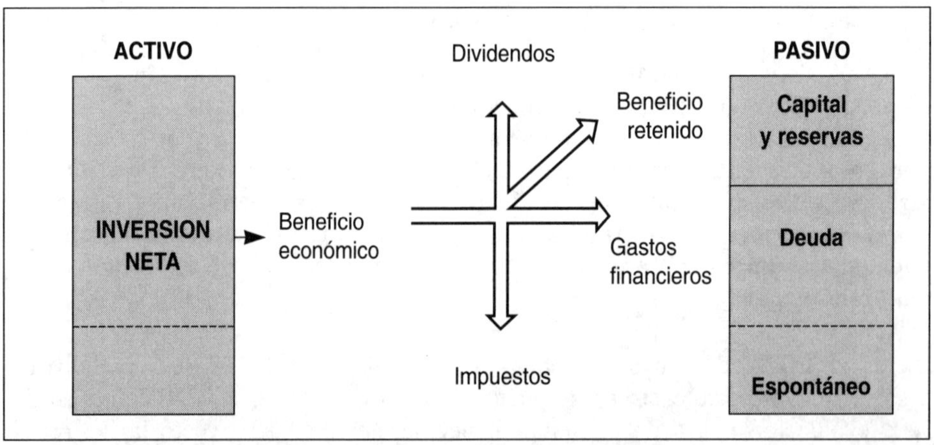

Figura 2. Aplicación del beneficio económico

Los recursos propios incluyen tanto los fondos que hayan desembolsado los accionistas en una o más contribuciones, como aquel excedente que haya ido generando la empresa, en sus sucesivos períodos de existencia, y reinvertido en el negocio. Esta parte del beneficio neto retenido alimenta las denominadas reservas de la compañía.

3. PARAMETROS FINANCIEROS

La figura 2 relaciona los distintos conceptos utilizados hasta el momento y permite introducir los siguientes índices básicos.

— La proporción existente entre la deuda y los recursos propios (capital social y reservas) estima la estructura de financiación de la empresa es decir, el peso relativo de ambas fuentes de fondos. Este ratio de endeudamiento se calcula por:

$$\text{Endeudamiento} = \frac{\text{Deuda}}{\text{Recursos propios}}$$

— El cociente entre los gastos financieros y la deuda expresa el coste medio de ésta. Puesto que el total de deuda se compone, habitualmente, de diversas operaciones individuales, este índice representa el coste medio ponderado del conjunto de operaciones de deuda de la compañía.

$$\text{Coste medio de la deuda} = \frac{\text{Gastos financieros}}{\text{Deuda}}$$

— La relación entre el beneficio neto y los recursos propios mide la remuneración que obtienen los propietarios de la empresa, sobre el montante de su inversión en la misma. Esta proporción se denomina rentabilidad financiera y se calcula por la expresión:

$$\text{Rentabilidad financiera} = \frac{\text{Beneficio neto}}{\text{Recursos propios}}$$

— Puesto que la inversión neta coincide con la suma de la deuda y los recursos propios (lo que hemos llamado capital), la rentabilidad económica, ya introducida anteriormente, se expresa también en la siguiente forma:

$$\text{Rentabilidad económica} = \frac{\text{Beneficio económico}}{\text{Deuda + recursos propios}}$$

Este cociente relaciona la dimensión económica de la empresa con su dimensión financiera y pone de manifiesto que el beneficio económico debe ser suficiente para remunerar satisfactoriamente a la financiación negociada de la empresa es decir, su capital, después de atender su gasto fiscal.

Obtener una rentabilidad económica razonable es condición necesaria para remunerar a los aportadores de fondos de acuerdo con sus expectativas. Sólo si consigue esto, la empresa obtendrá fondos adicionales para financiar su crecimiento. Por ello, superar un umbral mínimo de rentabilidad, fijado siempre por las condiciones vigentes en el mercado, constituye un requisito para la supervivencia y crecimiento de toda empresa en cualquier entorno económico.

Este modelo esquematiza la realidad económico-financiera de la empresa. Es responsabilidad de su función financiera establecer los instrumentos y técnicas adecuados para medir los parámetros manejados. Esta es, precisamente, tarea de la contabilidad que, en este contexto, es la herramienta que se utiliza para estimar las cifras de beneficio, inversión y financiación a partir de las cuales calcular los índices indicados.

En este empeño la contabilidad persigue reflejar, fiablemente y en términos monetarios, la realidad, evitando imponer criterios y modelos que la distorsionen. Para ello, es condición necesaria que la función contable no se distancie de las operaciones de la empresa lo que, desgraciadamente, sucede con frecuencia debido a la tendencia a parcelar y especializar, en exceso, los procesos de gestión. De producirse este distanciamiento, mayor será la dificultad para que la imagen contable represente, razonablemente, la realidad económica de la compañía.

No hay que olvidar, por último, que la imagen contable es sólo una de las que ofrece cualquier empresa. Juzgar a ésta sólo por esa imagen es como tratar de medir la tierra a palmos, no sólo porque la tarea sea enorme, sino por la imprecisión del resultado.

4. GESTION DE LA RENTABILIDAD ECONOMICA

Las razones aducidas en epígrafes anteriores hacen de la rentabilidad económica un pilar crítico para evaluar la calidad de la gestión económica de la empresa, entendida ésta como la gestión de sus actividades operativas y de las inversiones que se mantienen.

La rentabilidad económica constituye un criterio de primer orden, aunque no el único, para formular decisiones de asignación de recursos financieros. Es razonable que éstos se canalicen, con prelación, a aquellas actividades que ofrezcan rendimientos reales o potenciales más elevados. En cada circunstancia de tiempo y lugar, el mercado exige un rendimiento mínimo para aportar fondos, fijado en base al listón que establezcan otras opciones de inversión disponibles. Los prestamistas demandarán un tipo de interés que les proteja de la inflación, les compense de ceder sus recursos financieros y les cubra el riesgo de su inversión. Los accionistas exigirán todavía un rendimiento superior, en cuanto que mayor es el riesgo en que incurren en relación con la opción de ser prestamistas.

Por ello, la rentabilidad económica que debe obtener una empresa viene determinada por la remuneración esperada por el mercado, en cada situación concreta. Sólo si se alcanza ese mínimo podrá la empresa satisfacer las expectativas de sus financiadores. Este planteamiento constituye el fundamento de las decisiones encaminadas a acometer nuevas actividades o a desinvertir las existentes. Se invertirá cuando el rendimiento esperado alcance dicha rentabilidad de mercado. Por el contrario, se abandonarán aquellas actividades incapaces de rebasar el mencionado listón.

El modelo descrito en el epígrafe 1 también señala que las inversiones se realizan y mantienen con el fin de posibilitar las operaciones de la empresa y, a la postre, para generar ventas siendo la razón de ser de éstas producir un beneficio. Por ello, la rentabilidad económica (RE) se descompone de la siguiente manera:

$$RE = \frac{\text{Beneficio económico}}{\text{Ventas}} \times \frac{\text{Ventas}}{\text{Inversión neta}}$$

El primer cociente mide el margen económico de la empresa o, si se expresa en porcentaje, el beneficio que se obtiene, sin deducir los gastos financieros, por cada cien pesetas vendidas y cuantifica la eficiencia en los procesos de fabricación y comercialización. El segundo ratio se denomina rotación y relaciona las ventas realizadas con la inversión requerida para generarlas. Mide la productividad de la inversión de la empresa. Así pues, la rentabilidad económica es el producto de su margen por su rotación.

Si bien la rentabilidad económica es un indicador primario, cuyo valor se ha de contrastar con estándares del mercado de capitales, el margen y la rotación dependen de las características de las operaciones y de la estrategia que se aplique, además de verse influidos, por supuesto, por la calidad de la gestión. El cuadro 1 muestra cómo una misma rentabilidad económica permite distintas combinaciones de margen y rotación.

Los valores del cuadro 1 definen la curva que indica la figura 3. Cada valor de la rentabilidad económica se representa por una hipérbola que refleja las diferentes combinaciones de margen y rotación que la hacen posible.

Admitamos, por ejemplo, que el valor medio y razonable del rendimiento de mercado es el 20%. En general, las empresas tenderán a situarse en una franja alrededor de dicho valor y que en la mencionada figura se corresponde con el área comprendida entre las dos hipérbolas de trazos. Esta posible variación en torno a la rentabilidad económica del 20% corresponde a los niveles de riesgo dispares que incorporan las diferentes realidades empresariales.

También, se indica la zona en donde la rentabilidad económica supera el 20%. Las actividades en que se produzca este mayor rendimiento sobre el estándar de mercado atraerán a nuevos inversores y animará a los existentes a tratar de ampliar su nivel de actividad. El consecuente incremento de la oferta tendrá como efecto, más o menos rápido, una creciente intensidad de la competencia que forzará la

Cuadro 1.
DESCOMPOSICION DE LA RENTABILIDAD ECONOMICA

Rentabilidad económica	=	Margen	x	Rotación
20%		6,7%		3
20%		10,0%		2
20%		20,0%		1

reducción de márgenes y una menor rotación originada por la previsible reducción de las ventas. De ello, se derivará una caída de la rentabilidad económica hasta la franja de equilibrio.

La dinámica opuesta se produce en el área donde la rentabilidad económica es inferior al 20%. Las desinversiones y reducciones de capacidad previsibles en este espacio aliviará la presión competitiva y elevarán la rentabilidad económica de los competidores que se mantengan en él hasta alcanzar el nivel de mercado.

Por ello, en cada momento, distintos sectores de actividad ofrecen rendimientos diferentes en función, entre otras razones, de la intensidad competitiva respectiva. Pero en el largo plazo, la rentabilidad promedio de cada sector tiende a converger hacia la banda de equilibrio indicada.

Sectores diferentes presentan distintos comportamientos del margen y la rotación. Así, las empresas eléctricas, con un nivel de inversión enorme, con lo que ello supone de barrera de entrada a nuevos competidores, ofrecen márgenes elevados pero rotaciones reducidas en comparación con empresas de distribución. Estas suelen generar un margen limitado pero con una rotación muy alta, por ser intensa la competencia a la que hacen frente pero reducida la inversión necesaria para soportar las ventas que realizan. Los fabricantes de automóviles se sitúan en una posición intermedia entre las dos anteriores.

Pero no sólo el sector influye en la combinación de margen y rotación. Esta también depende de las estrategias aplicadas. Así, por ejemplo, los fabricantes de automóviles de lujo presentan márgenes superiores a los fabricantes de utilitarios. Como contrapartida, éstos tienen una rotación más elevada, pudiendo ambos alcanzar una rentabilidad económica similar. Análogamente, la estrategia de integración vertical aplicada por algunas compañías incrementa su inversión a cambio de redu-

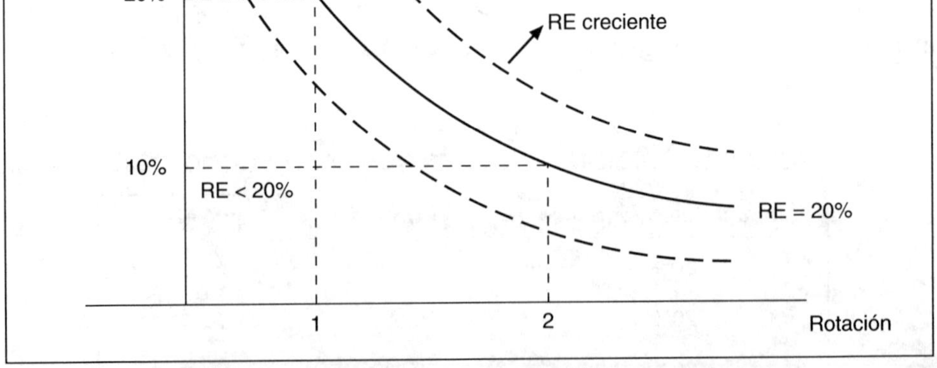

FIGURA 3: Componentes de la rentabilidad económica

cir sus costes de aprovisionamiento por retener el beneficio que los suministradores añaden a sus costes de fabricación y distribución. Esta estrategia se traducirá, previsiblemente, en una mejora del margen pero en una caída de la rotación.

Finalmente, hay decisiones de gestión que influyen en el par margen-rotación. Supongamos dos empresas hoteleras afines en todo pero con políticas opuestas respecto a su activo fijo. Una lo adquiere en propiedad mientras que la otra lo explota en régimen de alquiler. La primera, con mayor inversión y menores gastos, ofrecerá menor rotación pero con un margen más elevado que la segunda.

5. INCERTIDUMBRE Y RIESGO

Existe incertidumbre cuando se desconoce qué sucederá; cuando pueden ocurrir más hechos de los esperados. Ello se refiere tanto a la posibilidad, siempre presente, de que se produzcan acontecimientos imprevistos o a que se ignore la relación causa-efecto entre determinados sucesos y sus consecuencias.

Los resultados de la empresa dependen de las decisiones que toman sus gestores en base a información sobre numerosos factores internos y externos. La incertidumbre surge de lo no previsto. Así, por ejemplo, en 1991 la Guerra del Golfo redujo fuertemente y de improviso los ingresos de las compañías aéreas.

Como la incertidumbre nace del azar (azahar en árabe significa dado), es difícilmente gestionable. Se pueden mantener márgenes de seguridad para imprevistos pero no es factible anticipar a qué contingencias deberán de hacer frente estas holguras.

El riesgo tiene otra naturaleza. Es una situación latente de que varíen los resultados si se producen determinados sucesos, cuya factibilidad se anticipa. Por ejemplo, el incremento del tipo de interés aplicable a la financiación por deuda originará una disminución, a mayor o menor plazo, de los gastos financieros de la empresa. Aquí los mecanismos de causa-efecto son conocidos. A diferencia de la incertidumbre, el riesgo depende de las decisiones que se tomen o que se omitan. Así, la decisión de cómo asegurar los activos de la empresa afecta al riesgo de un posible siniestro.

La situación de riesgo se materializa en una exposición que puede ser identificada, medida y gestionada mediante instrumentos de cobertura. De este modo, las empresas que se encuentran expuestas a que un incendio pare su actividad y origine un quebranto, cubren esta exposición mediante actuaciones preventivas y por la negociación de pólizas de seguro que, a cambio de una prima, les proteja de esta eventualidad. Si se produce un siniestro el riesgo desaparece para convertirse en un quebranto real cuantificado en la parte de la exposición no cubierta. De una situación latente se pasa a otra patente.

El riesgo surge pues de la falta de certeza sobre cómo pueden evolucionar determinados parámetros internos o del entorno y la entidad de la exposición depende de las decisiones que se tomen para cubrir dicho riesgo.

Habitualmente, se diferencian dos grandes categorías de riesgo empresarial. Uno es el industrial o económico y otro el financiero. El primero se deriva de la gestión de las inversiones de la empresa, lo que incluye el riesgo asociado a todos los procesos operativos involucrados. Por ejemplo, depender de un solo proveedor, cliente, tecnología o producto sitúa a la empresa en una exposición elevada pues si fallan el proveedor, el cliente, la tecnología o el producto el perjuicio será importante. La aparición del fax, que redujo notablemente la actividad de los conocidos mensajeros, la del vídeo, que anuló el negocio de las cámaras de cine doméstico, y la aparición del disco compacto que sustituye al tradicional disco de vinilo, son ejemplos de las consecuencias del riesgo económico.

Para atenuar este riesgo se pueden diversificar las fuentes de suministro, la cartera de clientes, las tecnologías utilizadas o la gama de productos. Esta acción de cobertura, si bien no anula el riesgo, lo mitiga de manera significativa.

Un componente del riesgo surge de la estructura de costes de la compañía. A estos efectos distinguimos dos clases de costes según su comportamiento. Aquellos que varían al hacerlo el nivel de actividad se denominan costes variables e incluyen materiales, comisiones de vendedores o transportes. Aquellos otros que, por el contrario, no se ven afectados por alteraciones del volumen se denominan costes fijos. La relación que haya entre unos y otros determina el grado de exposición de la empresa ante variaciones en las ventas.

En una empresa en la que la mayor parte de sus costes sean fijos, ante una caída de las ventas el importe de los costes se mantendrá casi inalterable y se generará una pérdida importante. Si por el contrario los costes fuesen variables, a un declive de las ventas le seguiría una reducción proporcional de los costes, atenuando, en comparación, la entidad de la pérdida sobrevenida.

La estructura de costes en base a su comportamiento se calcula por el ratio:

$$\text{Ec} = \frac{\text{Costes fijos}}{\text{Costes totales}}$$

El valor que toma este índice, que depende de las estrategias y políticas que adopta la empresa en este campo así como de las características de sus operaciones, establece la naturaleza de la competencia. Si Ec, en un sector, es elevado, el beneficio es muy sensible al nivel de actividad. Por ello, en estos casos se precisa alcanzar una cuota de mercado alta y utilizar la capacidad instalada al máximo posible. Este tipo de sectores es más proclive a padecer guerras de precios desencadenadas con el propósito de ganar cuota. Un valor de Ec por debajo de la media indica que el beneficio es más sensible al precio que al volumen lo que inducirá a diferenciar el producto para poder aplicar un precio mayor.

6. RIESGO FINANCIERO

La segunda categoría de riesgo se relaciona con las decisiones de financiación de la empresa en su interacción con sus actuaciones operativas y con el comportamiento de su entorno. Tres son las áreas fundamentales de riesgo financiero según se exponen a continuación:

1. Riesgo de servicio a la deuda: corresponde a la posibilidad de obtener una pérdida si el beneficio económico no es suficiente para cubrir los gastos financieros. Supongamos que una empresa prevé obtener un beneficio económico de 30 millones y que los gastos financieros comprometidos para el período ascienden a 15. Si los resultados reales ofrecen un beneficio económico de sólo 10 millones, la empresa tendrá una pérdida de 5. La caída del beneficio económico impide cubrir los gastos financieros.

	PREVISION	**REAL**
Beneficio economico	30	10
Gastos financieros	15	15
	—	—
Beneficio antes de impuestos	15	(5)

Además, puesto que la deuda hay que amortizarla, existe también el riesgo de carecer de fondos para hacerlo, pudiendo provocar una crisis de liquidez.

2. Riesgo por tipo de interés: Esta exposición surge cuando una variación del tipo de interés del mercado afecta a la situación financiera de la empresa. Entre los diferentes tipos de instrumentos de financiación por deuda es relevante distinguir, a los efectos de este tipo de riesgo, los dos siguientes:

— Deuda a tipo de interés fijo: en esta modalidad la empresa contrata una operación cuyo tipo de interés permanecerá invariable durante toda la vida de la misma. Es el caso de una empresa que, por ejemplo, contrata un préstamo a devolver al cabo de tres años y a un tipo fijo, durante dicho plazo, del 10%.

— Deuda a tipo de interés variable: es aquella cuyo tipo se revisa periódicamente en base a cómo haya fluctuado una tasa de referencia. Lo que se negocia respecto al interés es un diferencial a añadir a dicha tasa de referencia. La empresa del ejemplo anterior habría cerrado su endeudamiento a tipo variable si, por ejemplo, hubiese pactado un diferencial de 1 punto sobre el interés de mercado, revisable al final de cada año. Si el tipo de mercado al origen de la operación fuese del 9%, el tipo de interés nominal a aplicar durante el primer año sería del 10%. Pero si al término de dicho año el tipo de mercado se eleva al 11%, el nuevo tipo a aplicar al préstamo durante el segundo año será del 12%.

En ambas modalidades de contratación está latente el riesgo por tipo de interés.

Supongamos que una vez cerrada la operación a tipo fijo del 10%, el tipo de interés de mercado, para operaciones análogas, se reduce al 9%. La empresa tendría una pérdida o coste de oportunidad por mantener un coste financiero por encima del razonable de mercado. Estaría pagando un 10% por utilizar una financiación que ahora sólo cuesta el 9%.

Pero si la operación se cierra a tipo variable y los tipos de mercado se incrementan, a la siguiente revisión el tipo a aplicar al préstamo se actualizará en base a las nuevas condiciones. Para el ejemplo anterior, si el tipo de mercado escala al 10%, la empresa verá incrementarse sus gastos financieros. Mejor hubiera hecho, en este caso, en haber optado por un tipo fijo.

En resumen, si se cierra la operación a tipo fijo el riesgo obedece a que el tipo de mercado puede reducirse. Por el contrario, si se pacta un tipo variable, una subida del mercado encarecerá los gastos financieros de la empresa desde la siguiente revisión. Esta paradoja de gestión dificulta la actuación en este área.

Si se espera una bajada de tipos interesará contratar la deuda a tipo variable. Si lo que se vaticina es un incremento de tipos será más conveniente la modalidad fija. Aun así el riesgo está latente pues el mercado puede evolucionar de manera contraria a la esperada. Dicha evolución no es gestionable por la función financiera de la empresa pero sí lo es el riesgo en cuanto que puede actuar sobre la entidad de la exposición y, por tanto, sobre la repercusión potencial sobre el resultado. Para ello, existen instrumentos de complejidad variada.

A título de ejemplo, sea la empresa anterior que contrata la operación de 1.000 millones a tipo variable pero añade una cláusula con el Banco por la cual se establece un techo máximo al tipo aplicable al préstamo. Si este límite es del 12% una subida del tipo de mercado por encima del 11% (recordemos que se añade un diferencial de un punto) no afectaría al coste del mencionado préstamo. Lógicamente, por aceptar este límite el Banco cobrará una prima o comisión.

Igualmente, es posible mediante operaciones de permuta de interés pasar de unas condiciones de tipo fijo a otras a tipo variable (o viceversa) permitiendo deshacer posiciones en base a las expectativas que se tengan sobre la evolución del mercado. Por ejemplo, si se mantiene un préstamo a tipo fijo y se anticipa una bajada del tipo de mercado, sería aconsejable hacer una operación de permuta para reconvertir el préstamo a tipo variable.

Lo expuesto para operaciones de financiación es también aplicable cuando existe un excedente de tesorería en inversiones financieras: el rendimiento de los fondos estará expuesto a las variaciones que experimente el tipo de interés de mercado.

3. Riesgo pór tipo de cambio: está presente siempre que eventuales fluctuaciones de la cotización de la moneda local en relación con las divisas influyan sobre la situación financiera de la empresa.

Supongamos el caso de una empresa importadora de material electrónico que tiene que abonar sus compras en dólares. En su presupuesto anual fijó el tipo de cambio previsional en 115 ptas. por dólar, con unas adquisiciones mensuales previstas de cien mil dólares. Así pues, su presupuesto de compras asciende a 11,5 millones de ptas al mes. Si iniciado el ejercicio el tipo de cambio aumenta un 10%, situándose en 126,5 ptas. por dólar, el pago mensual de las importaciones se elevará a 12,65 millones de ptas. Si la empresa no pudiese repercutir a sus clientes este encarecimiento de sus suministros, soportará una reducción equivalente de sus beneficios. En una situación similar se encuentran aquellas empresas que cobran parte de sus ventas en divisas: una apreciación de la moneda local reduce sus ingresos expresados en esta moneda.

También esta categoría de riesgo está implícita en operaciones financieras. Si se contrata un préstamo en marcos cuando el tipo de cambio está en 80 ptas. por marco y posteriormente la cotización sube a 85 ptas., al vencimiento del préstamo se precisarán más pesetas que las previstas inicialmente para su amortización y lo mismo sucederá con el pago de intereses.

Incluso aquellas compañías que no operan directamente en divisas pueden depender del tipo de cambio si existen competidores que sí lo hacen. Así, una devaluación de la moneda local encarece los productos importados mientras que una apreciación los abarata, modificando su posición competitiva. Por todo ello, un área de gestión financiera relevante se concreta en controlar la exposición de la empresa a variaciones en la cotización de las divisas.

A este fin existen instrumentos para, por ejemplo, fijar con antelación el tipo de cambio a aplicar en una transacción futura o para negociar, anticipadamente, la cotización máxima o mínima de una divisa. Igualmente, si una empresa ha de cobrar un millón de dólares dentro de un mes, una solución para cubrir el riesgo de la operación puede ser concertar un préstamo en dólares de tal manera que una eventual pérdida en el cobro del cliente, surgida de una apreciación de la moneda local, se vea compensada por una ganancia en el préstamo asociado.

7. EL ESQUEMA CONTABLE: UNA APLICACION

Este epígrafe detalla algunos aspectos de los enunciados anteriores por medio del desarrollo de un ejemplo. En concreto, se revisa el cálculo de los índices introducidos previamente, la relación que existe entre unos y otros, así como las implicaciones que se derivan del denominado riesgo del servicio a la deuda.

VELOMOTOR es una empresa que fabrica componentes para ciclomotores con una cifra de negocios anual de 1.600 millones de ptas. El total de gastos no financieros es de 1.400 millones de ptas. por lo que su beneficio económico anual es de 200 millones. El volumen total de su inversión asciende a 1.100 millones de los cuales 100 se cubren con financiación espontánea de proveedores y acreedores. El resto se financia con deuda y recursos propios a partes iguales. Si el tipo de interés de la deuda es del 10% y la tasa impositiva del 30%, con los datos anteriores podemos componer la imagen económico-financiera de VELOMOTOR en los términos del cuadro 2.

En base al contenido del cuadro 2 es sencillo calcular los cinco índices presentados en los epígrafes anteriores y que ofrecen los siguientes valores:

	Cálculo	Valor
Endeudamiento:	500/500	1
Rentabilidad económica:	200/1.000	20%
Margen:	200/1.600	12,5%
Rotación:	1.600/1.000	1,6
Rentabilidad financiera:	105/500	21%

Cuadro 2.
REPRESENTACION ECONOMICO-FINANCIERA DE VELOMOTOR

RESULTADOS	SITUACION ACTUAL
Ventas	1.600
Gastos de operaciones	–1.400
Beneficio económico	200
Intereses (10%)	–50
Beneficio antes impuestos	150
Impuestos (30%)	45
Beneficio neto	105

FINANCIACION	
Inversión total	1.100
Financiación espontánea	100
Inversión neta	1.000
Capital	
• Deuda (al 10%)	500
• Recursos propios	500

Veamos las consecuencias de alterar la proporción de deuda. Si el ratio de endeudamiento de VELOMOTOR desciende a 1/4, en una opción, o trepa al 4 en la segunda, la imagen de la empresa sería, en cada caso, la que aparece en el cuadro 3 donde se incluye también la situación actual.

Las magnitudes e índices estrictamente económicos no se alteran de una opción a otra pues sus valores dependen, únicamente, del desempeño de las operaciones y no de la estructura de financiación. Este es el caso del beneficio económico, el margen, la rotación y la rentabilidad económica. Por ello, no se repiten para cada escenario. El análisis de este nuevo cuadro desvela los siguientes hechos:

— La nueva composición de la financiación, nacida de alteraciones del ratio de endeudamiento, hace variar los gastos financieros de cada opción y, en consecuencia, el beneficio antes de impuestos, los impuestos y el beneficio neto.

— Al variar el beneficio neto y los recursos propios también lo hace la rentabilidad financiera.

La opción de menor deuda ofrece un rendimiento financiero del 15,8%, inferior al 21,0% de la situación actual. Aunque el beneficio neto (numerador) aumenta por haberse reducido los gastos financieros, los recursos propios (denominador) crecen en una proporción muy superior.

Lo contrario sucede con la opción 3 en la que el endeudamiento asciende a 4.

Es una estructura con mucha deuda y reducidos recursos propios. En este caso, aunque el beneficio neto disminuye significativamente, (de 105 millones a sólo 84) como consecuencia de los mayores gastos financieros, los recursos propios lo hacen todavía en una proporción mayor. Por ello, la rentabilidad financiera da un salto importante alcanzando el 42%. Los accionistas podrán disfrutar de un alto rendimiento si se mantiene el beneficio económico. Pero si surgen perturbaciones que lo afecten (caída de las ventas, de los precios o incremento de los costes) su rendimiento disminuirá significativamente. Supongamos que al año siguiente el beneficio económico se reduce a la mitad. En este caso y para la opción 3, la rentabilidad financiera será sólo del 7% ((100 – 80) x 0,7/200).

Si el beneficio económico cae por debajo de 80 (importe de los gastos financieros) se obtendrán pérdidas y el rendimiento de los accionistas será negativo.

En resumen, en la opción 3 los accionistas podrán percibir en principio una rentabilidad elevada pero a costa de soportar también un riesgo más alto. Es más, puesto que este riesgo será también percibido por los prestamistas, éstos exigirán un interés mayor, por lo que sería dudoso que en esta opción se pudiese mantener el coste de la deuda igual al del escenario 1.

Cuadro 3.
TRES ESCENARIOS DE ENDEUDAMIENTO

	ESCENARIO		
	1. MENOS DEUDA	2. SITUACION ACTUAL	3. MAS DEUDA
CAPITAL	1.000	1.000	1.000
RECURSOS PROPIOS	800	500	200
DEUDA	200	500	800
INTERESES (10%)	20	50	80
IMPUESTOS (30%)	54	45	36
BENEFICIO NETO	126	105	84
INDICES			
ENDEUDAMIENTO	0,25	1,00	4,00
RENTABILIDAD FINANCIERA	15,8%	21,0%	42,0%

8. LA FUNCION FINANCIERA

El objetivo de la función financiera consiste en apoyar el crecimiento rentable de la empresa, manteniendo acotado su nivel de riesgo financiero. Esta actuación, restringida a lo genuinamente financiero, se concreta en:

— Obtener los fondos necesarios, en condiciones satisfactorias de coste, para atender las necesidades de pago derivadas de las inversiones y las operaciones de la empresa, rentabilizando los excedentes de tesorería que puedan existir.

— Definir e implantar la estructura de financiación optando entre deuda y recursos propios y concretando la estructura temporal del endeudamiento.

— Gestionar el flujo de fondos de la empresa y las cuentas bancarias por las que circulan dichos fondos.

— Mantener un sistema que permita informar a los gestores, al mercado de capitales y a terceros, de modo que cada uno de estos grupos disponga del conocimiento necesario sobre la marcha de la empresa para la toma de sus respectivas decisiones.

— Colaborar en los procesos internos de decisión de la empresa, incluyendo los referentes a inversiones, aportando a los análisis la perspectiva financiera y asesorando a los responsables operativos de las repercusiones económico-financieras de sus actuaciones.

— Utilizar instrumentos de cobertura para limitar el impacto potencial sobre los resultados de parámetros pertenecientes al entorno económico.

— Implantar medidas de control interno para proteger, razonablemente, el patrimonio de la empresa.

— Cumplir los requerimientos legales, en este campo.

En las empresas de menor tamaño la función financiera puede incorporar, también, los procesos administrativos de las operaciones de venta y compra, la planificación y control económico de las actividades, la gestión fiscal e, incluso, la informática y la administración del personal. Sin embargo, en empresas de cierta dimensión estas funciones suelen contar con un responsable diferenciado.

El comportamiento financiero de la empresa, descrito por su situación de crecimiento, rentabilidad, liquidez y riesgo, se construye, fundamentalmente, a partir de la naturaleza de sus actividades, de su posición competitiva, del diseño y tecnologías que aplique para acometer sus operaciones y de la realidad de sus resultados. Sobre estas bases, que operan en cierto modo como datos de partida, el financiero añade su tecnología y capacidades propias para elaborar la configuración financiera de la empresa adoptando soluciones diferenciadas según sea la situación que presenten dichos parámetros estructurales.

Bien es cierto que entre la situación operativa del negocio y la financiera hay una interacción permanente de tal manera que una condiciona a la otra. Así, por ejemplo, una empresa en fuerte expansión puede ver limitada su capacidad de crecimiento por restricciones en la financiación. En sentido contrario, el comportamiento del mercado impone condiciones en los flujos de cobros a clientes o en la inversión en productos terminados necesarios para cumplir con los plazos competitivos de cobro y entrega respectivamente. En este mismo sentido, el volumen y la duración de los ciclos productivos determinan la inversión necesaria en producción en curso y, por ello, las necesidades de financiación de la empresa para cubrirla.

No obstante, algunos responsables funcionales piensan que las finanzas son algo tan profundo, complejo y distante que no precisan de su servicio. Sin embargo, la situación financiera resume las actuaciones del conjunto de la organización. La solvencia de los clientes, la productividad de los procesos, la utilización de los activos, ejercen un impacto financiero de primer orden. Al final, todo se vuelca en la imagen financiera de la compañía. Estos responsables no financieros, que rehúyen su parte de responsabilidad en este campo de la gestión, se comportan como esos pájaros que, por razones de supervivencia, cantan en un lugar y ponen los huevos en otro. Ellos ponen la acción en su propia área pero los resultados se explicitan, a la postre, en la situación financiera.

Por razones similares, el responsable financiero no puede dedicarse, únicamente, a cuidar de su parcela sino que es imprescindible que se inmiscuya en la marcha global de la compañía y en el detalle de las actuaciones operativas en cuanto que una y otro afectan a su posición de crecimiento, rentabilidad, liquidez y riesgo. Ello exige un contacto estrecho con el resto de las operaciones de la empresa, una vigilancia de las repercusiones financieras de decisiones no financieras y una actitud de servicio al resto de las áreas de modo que las finanzas sean siempre un colaborador del negocio y nunca un freno.

Para ello hay que alcanzar una colaboración auténtica que sólo se consigue cuando se comparten planteamientos y problemas: la unidad en la acción requiere una cierta homogeneidad en el propósito, las prioridades y las soluciones.

En esta colaboración, a la que el financiero ha de entregarse evitando ser arrastrado por el dinamismo del negocio, se han de emitir políticas y criterios de gestión, considerando todos los aspectos de las mismas y no sólo una perspectiva, bien sea la financiera o la correspondiente a otra función. El dominio de una función sobre otras elimina el contraste y sustituye la realidad multifacética por una sola imagen, adoptándose puntos de vista parciales que limitan la riqueza que toda decisión en la empresa precisa para ser atinada.

A este respecto, resulta peligroso cuando la mentalidad financiera (o contable) asume el liderato y se impone sobre el resto, lo cual suele suceder en épocas de crisis donde lo urgente se convierte en prioritario. El peligro de una mentalidad contable estrecha estriba en que da protagonismo excesivo a los números, a las formalidades y al ahorro. Es un error pensar que la empresa se gobierna a través de las cifras de la contabilidad. Es un freno anteponer la burocracia a la vitalidad que exige el desarrollo de toda empresa, en la creencia que donde no hay norma escrita surge la barbarie. Y es un suicidio bloquear la asignación de recursos en busca del ahorro a ultranza, viendo sólo gastos y facturas donde, los más perspicaces, ven oportunidades.

Una cultura de patología contable, siempre difícil de desmontar por los parapetos con que se protege, dedica más tiempo a analizar el pasado que a escudriñar lo que puede suceder en el futuro o a actuar para conseguir los objetivos que se desean. La contabilidad gestiona el pasado y ello consume tiempo en detrimento de abordar aspectos más cruciales.

Para que la relación entre áreas funcione se han de consensuar instrucciones sobre como operar en beneficio del crecimiento, la rentabilidad, la liquidez y el riesgo financiero. Estas instrucciones son más eficaces cuando se transmiten en términos generales, impulsando estrategias de progreso, y no cuando se formulan de manera exhaustiva y detallada pero sin que incorporen una finalidad ni pautas de actuación. El primer planteamiento es más sencillo, motiva a los destinatarios y añade un mecanismo interno y autorregulado que permite ajustarse a los cambios de las circunstancias.

Las finanzas disponen de un lenguaje propio, para algunos el de los negocios, y de una tecnología específica y compleja, en continuo desarrollo, que ofrece nuevas posibilidades a la gestión de este área. La evolución de los instrumentos financieros exige un planteamiento riguroso y práctico que, en el mundo empresarial acepte que una teoría sin acción es especulación y una práctica sin teoría es desordenada. En cualquier caso, la teoría precisa ser adaptada a cada situación concreta: es preciso aplicar el «manierismo» financiero entendido, en analogía con el artístico, como la adaptación a las necesidades propias de los modelos financieros clásicos o estándar. Lo contrario conduce a adoptar herramientas inadecuadas, trasplantadas desde otros contextos diferentes, o a imitar soluciones sin la debida reflexión, perdiéndose el conocimiento profundo que se desprende del esfuerzo de toda elaboración propia. El problema de vivir de ideas prestadas se agrava cuando se corta la fuente de inspiración o no existen, en el catálogo utilizado, las adecuadas para hacer frente a los problemas propios.

Otro aspecto importante es el seguimiento del entorno pues son muchos los parámetros económicos que afectan a la marcha de la empresa. Cuando la influencia del entorno es fuerte se produce, por reacción, una gran sensibilidad a su evolución. Por ello, el nivel de autoexigencia debe ser mayor cuanto menos exija aparentemente, el entorno. En uno y otro caso, es preciso planificar y no dejarse llevar por la fortuna para evitar bascular según sus vaivenes.

El financiero vive en estado de alerta permanente. Se manejan fondos y se responde de información con repercusiones legales. Muchos trabajos, de proyección interna y externa, requieren el estricto cumplimiento de plazos y se ha de disponer de los recursos necesarios para la buena marcha de las operaciones, incluso en las épocas en que falte liquidez. También, se han de afrontar riesgos nacidos del servicio a la deuda, del tipo de interés del mercado o de los tipos de cambio que, de materializarse, pueden afectar seriamente a los resultados. Las finanzas han de responder con una gestión continuada y con un sistema de planificación y control que no puede desconectarse en ningún momento.

Las finanzas mueven dinero y ello pone a prueba la integridad de los profesionales de este área, aunque en las empresas de cierta dimensión el financiero raramente llega, en su vida, a manipular efectivo, como no sea el de la caja chica. En cualquier caso, lo que algunos llaman, en un atajo impropio, ingeniería financiera y otros, directamente, actos punibles, se utilizan, en ocasiones, para quebrantar el correcto funcionamiento mercantil deteriorándose la imagen pública de este tipo de profesionales. Un testimonio de esta actitud social hacia los financieros se recoge en la película Hook, continuación moderna de la clásica Peter Pan. Cuando, al reencontrarse, Peter, ya adulto, le dice a Wendy que es asesor en fusiones y adquisiciones de empresas, ésta le responde «Vaya Peter, te has convertido en pirata». En ocasiones, el financiero se puede convertir en instrumento del dirigente de la empresa:

algunos por mantener la ética pueden perder el puesto, mientras que otros por mantener el puesto pueden perder la ética.

Si la posición en el mercado se mide por el pulso operativo de la empresa en sus actuaciones técnico-comerciales, su salud inmediata se sustenta en su posición financiera. Es más fácil que ésta se degrade de forma progresiva que conseguir que se recupere sin acudir a los traumas de la denominada reestructuración, que pasa por la reducción de personal, la venta de activos y, con frecuencia, el cambio de propiedad de la empresa. La situación financiera, cuando se deteriora, no goza del beneficio del tiempo. Por el contrario, cobija los mecanismos para que se agrave todavía más. Cuando se produce un déficit estructural que exige ser cubierto con fondos adicionales éstos tienden a crecer autónomamente como consecuencia de los intereses que producen. Por ello, la situación financiera exige un seguimiento cautelar a fin de evitar entrar en situaciones del tipo bola de nieve. Lo contradictorio es que las soluciones para atajar estos comportamientos rara vez se localizan en el ámbito financiero. Como siempre, la realidad del negocio esconde las soluciones.

Capítulo IV

Componente estratégico de los costes

1. Los costes: un parámetro clave de gestión
2. Cómo funciona un sistema de costes
3. Imputación de costes al producto
4. Gestión estratégica de los costes
   - 4.1. Economía de escala
   - 4.2. Curva de experiencia
   - 4.3. Capacidad utilizada
   - 4.4. Economías de alcance
   - 4.5. Diseño en base al coste
   - 4.6. Factores de diferenciación
   - 4.7. Factores de localización y oportunidad
   - 4.8. Factores organizativos
   - 4.9. Factores de colaboración
5. Presupuesto flexible y comportamiento del coste unitario
6. Punto de equilibrio
7. Algunos errores en la gestión de costes

1. LOS COSTES: U N PARAMETRO CLAVE DE GESTION

El desarrollo de las actividades de la empresa consume recursos de naturaleza muy diversa para llevar a cabo los procesos de fabricación de productos, la prestación de servicios y la comercialización de ambos. En términos económicos el coste representa la expresión monetaria de los consumos de recursos de todo tipo.

Existen muchas categorías de coste y son diversas las alternativas para clasificarlas de manera que sean útiles a efectos de gestión. Podemos agruparlos por naturaleza y así hablaremos de costes de: materiales, personal, acción comercial, estructura o financieros. Pero, a efectos de gestión es más conveniente ordenarlos por procesos o actividades. En este caso haremos referencia a costes de aprovisionamiento, producción, almacenamiento, calidad, distribución, publicidad o administración. Por ejemplo, en la clasificación por naturaleza todos los costes de personal aparecerán conjuntamente; en la distribución de costes por procesos se repartirán entre cada una de las actividades identificadas.

El cuadro 1 recoge la evolución, en porcentaje sobre las ventas, de los costes por naturaleza de la empresa media española durante dos décadas [1]. De su análisis se desprende un continuo crecimiento de los costes de materiales y una propensión a la baja de los costes de personal. Los gastos comerciales y generales han tendido a aumentar en relación a las ventas; algo similar, aunque más ligeramente, ha sucedido con los gastos financieros. El coste de amortización se mantuvo en 1990 en el mismo nivel que el estimado para 1972. Esta evolución de los costes por naturaleza recoge los efectos de tendencias muy dispares que nacen de los cambios experimentados por los procesos de fabricación y distribución y de las influencias de los ciclos económicos habidos durante el período, así como del desarrollo tecnológico de los procesos productivos, de distribución y de administración. En todo caso, hay una tendencia clara a que los costes de personal se reduzcan como consecuencia de la automatización de los procesos. Así, en el decenio iniciado en 1982 el coste salarial de las grandes compañías internacionales del sector de automóviles se redujo, en términos relativos sobre el total de costes, en casi un tercio.

La gestión de los costes es un factor sobresaliente en la marcha de toda empresa puesto que, en su relación con las ventas, condicionan la posición competitiva y el beneficio de las operaciones.

---

[1] Este cuadro se ha preparado en base a la información suministrada por encuestas realizadas sobre esta materia, primero por la Asociación para el Progreso de la Dirección (APD) y posteriormente, por la Central de Balances del Banco de España.

Cuadro 1:
EVOLUCION DE LA ESTRUCTURA DE COSTES EN ESPAÑA

	EN % SOBRE VENTAS			
	1972	1980	1990	EVOLUCION
VENTAS	100	100	100	
MATERIALES	41	45	50	
GASTOS DE PERSONAL	24	29	19	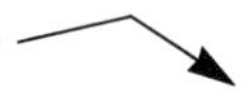
OTROS GASTOS	17	15	19	
AMORTIZACION	6	4	6	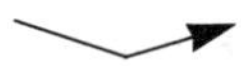
GASTOS FINANCIEROS	4	6	6	

El coste es, en primer lugar, un componente básico de la estrategia de la empresa. En la estrategia de costes se pretende reducir éstos al máximo, sin desvirtuar la esencia del producto o servicio, al objeto de poder competir con éxito en precios. En la estrategia de diferenciación el coste ha de ser también cuidadosamente afinado al objeto de evitar que un exceso de atributos del producto o servicio fuerce a fijar un precio de venta inaceptable por el mercado. Para evitar esto es preciso que el coste adicional de los factores de diferenciación no supere al valor que éstos añaden al producto o servicio, desde la perspectiva del cliente.

En este sentido, más importante que el coste de un producto o servicio es su valor, es decir, la apreciación monetaria que de él hace el mercado; el precio que el cliente está dispuesto a pagar.

Además, la relevancia de los costes se agranda durante las épocas de crisis económica. En estas coyunturas alcanzar costes reducidos es una exigencia para sobrevivir y lo es más en sectores muy competitivos, en cuanto que el debilitamiento de la demanda induce a las empresas a reducir sus precios de venta para intentar mantener su volumen de actividad.

Por ejemplo, el coste de adquisición del equipo informático se viene reduciendo significativamente en los últimos años: desde 1981 a 1989 disminuyó en promedio un 85%. En la actualidad, este declive se ha agudizado todavía más, generando una guerra de precios entre fabricantes que ha deteriorado, seriamente, la situación de algunas de las principales empresas del sector.

Pero también, los costes levantan barreras de entrada y salida que protegen a un sector de actividad de la entrada de nuevos competidores o, por el contrario, dificultan la salida del mismo, respectivamente. Así, el sector farmacéutico, con las fuertes inversiones que exige para desarrollar nuevos productos, preserva un atractivo económico superior al de otros sectores que carecen de barreras de entrada análogas. Con frecuencia, mantener unos costes reducidos posibilita aplicar unos precios de venta competitivos, capaces de disuadir la entrada de nuevos competidores.

Los costes son, igualmente, relevantes como soporte informativo para respaldar decisiones a distinto horizonte. A largo plazo, decisiones estructurales como la localización de las instalaciones, el tamaño, el diseño del producto, la tecnología o la integración vertical,se fundamentan, en parte destacada, en base a los costes asociados a cada alternativa. No menos notable es la utilización de los costes para tomar decisiones de tipo táctico, como las siguientes:

— productos a promover más agresivamente,
— lotes de producción más adecuados,
— variaciones tácticas de precios,
— tamaño de los pedidos de compra,
— clientes a atender con prioridad,
— canales de distribución más rentables,
— cotización a ofrecer en concursos de suministro,
— equipos de producción a renovar,
— procesos a automatizar,
— descuentos a aplicar.

El conocimiento y la correcta interpretación de los costes sustentan los procesos de planificación y control de cualquier empresa, permitiendo la fijación de objetivos y la evaluación de resultados por áreas de actividad y de responsabilidad.

Este repertorio de utilización de los datos de costes exige que el sistema de información de la empresa sea capaz de identificar, medir, clasificar y comunicar a las áreas de gestión los costes relevantes de las actividades y de los productos o servicios.

Es habitual que los datos sobre costes sean abundantes, dificultando la capacidad de los responsables para aplicarlos a efectos de gestión. Son muchos los recursos que se utilizan en cualquier organización y es fácil caer en la fascinación por el detalle a la hora de ofrecer datos sobre el comportamiento de los costes. Lo importante es disponer de la información relevante y ser capaz de analizarla para provocar decisiones. A este respecto, es ilustrativa la siguiente cita [2].

«Pocos hemos oído hablar de Tycho Brahe. No fueron ni Kepler ni Galileo los primeros astrónomos modernos, sino él el primero en observar y registrar con precisión los movimientos de las estrellas. Desgraciadamente, se afanó en acumular datos pero omitió estudiar su significado. Disciplinadamente, aceptó la teoría en vigor según la cual los planetas, el sol y las estrellas orbitan alrededor de la Tierra y

---

[2] *Managing on the edge. Richard Pascale*. Penguin Books 1990. Pág. 15. (Hay traducción al castellano en la Editorial Díaz de Santos).

a pesar de que sus registros lo desdecían. Tuvieron que transcurrir treinta años hasta que su protegido Kepler interpretase los datos de Brahe y confirmase el punto de vista de Copérnico según el cual son los planetas los que giran alrededor del Sol» [3].

En conclusión, no se trata de estimular la mera acumulación de datos sino de propiciar el hábito de analizarlos, para transformarlos en información relevante capaz de desencadenar decisiones.

2. COMO FUNCIONA UN SISTEMA DE COSTES

El sistema de contabilidad de las empresas tiene entre sus objetivos más importantes recoger la información de costes. Son muchas las alternativas para hacerlo y diversos los criterios para llegar a obtener una información relevante. No se pretende, en general, que los procedimientos de medición de costes sean exactos, pues es suficiente con que sean razonables. El beneficio que se desprende de una información exacta (incluso si ello fuera posible) no compensa, habitualmente, el excesivo coste en que se ha de incurrir para obtenerla. Más importante que la precisión o el detalle es conocer para qué va a ser utilizada la información que se emita y con qué nivel de aproximación ha de obtenerse.

El sistema de costes que se utilice depende, lógicamente, de la naturaleza de las operaciones de la empresa, en cuanto que ella determinará la complejidad y relevancia de sus actividades. También viene influido por la gama de recursos que utilice y su distinta entidad relativa. Finalmente, a estos efectos, habrá de tenerse en cuenta su organización ya que ésta define los centros de gestión existentes y, en consecuencia, los requerimientos necesarios para los procesos de planificación y control. Por ello, la exposición que sigue describe un sistema genérico de costes sin entrar en vericuetos y tecnicismos de detalle que, por contra y obligadamente, sí han de contemplar los profesionales de esta especialidad.

La primera diferenciación entre costes que interesa dilucidar se refiere a su tratamiento como costes del producto (o servicio) o del período en cuanto que unos y otros difieren en la forma en que inciden sobre el resultado.

Los primeros recogen, en términos monetarios, los consumos de recursos necesarios para fabricar el producto o prestar el servicio de que se trate. Entre ellos, cabe diferenciar los costes de: todo tipo de materiales, la mano de obra asociada a la producción y los denominados costes generales de fabricación. Los dos primeros, materiales y mano de obra, se incorporan al producto, bien físicamente o por el trabajo que añaden. Los costes generales de producción agrupan todas aquellas partidas que si bien no se incorporan directamente al producto sí son necesarias para apoyar el proceso de transformación. A éstos últimos es habitual denominarlos también, costes indirectos mientras que materiales y mano de obra constituyen los costes directos del producto.

---

[3] Ello no quiere decir que Kepler no escrutase el firmamento. De hecho parece que fue él quien observó, en 1604 la última explosión registrada de una estrella (supernova).

Pero ambos, directos e indirectos, sólo se reconocen como costes en la cuenta de resultados cuando se vende el producto. Hasta que esto no sucede los costes del producto se consideran una inversión y se acumulan al inventario. Así, las compras no constituyen un coste cuando se realizan; implican sólo un trueque entre un activo (efectivo) y otro (existencias de materiales). Mientras dura el proceso de producción la valoración de los recursos consumidos se añade a las existencias en curso y cuando se completa el producto su valor se incorpora a las existencias de productos terminados. El coste sólo se vuelca a la cuenta de resultados cuando se vende el producto: en ese momento se enfrenta el coste con la venta para estimar el beneficio obtenido.

En consecuencia, debemos distinguir entre el coste de producción de un período y el coste de la producción vendida durante el mismo. El primero incluye todos los costes generados durante el proceso de fabricación; el segundo sólo el coste asociado a los productos vendidos.

Supongamos el siguiente ejemplo. Si una empresa durante un año fabrica 100 unidades valoradas cada una en 5 millones de ptas. y durante el año sólo vende 80 de esas unidades, podremos calcular que:

Coste de producción = 500 millones
Coste de ventas = 400 millones

Si al principio del año no había ninguna existencia, las existencias finales serán de 20 unidades que se valorarán en 100 millones de ptas. En el caso de que inicialmente hubiesen 10 unidades con un coste unitario de 4 millones de ptas., las variables anteriores podrían ser las siguientes:

Coste de producción = 500 millones
Coste de ventas = 390 millones
Existencias finales = 150 millones

habiendo supuesto que las 80 unidades vendidas se componen de las 10 iniciales (valoradas en 40 millones) y de 70 de las producidas durante el año (valoradas en 350 millones). Hemos admitido que las primeras unidades fabricadas son las primeras en venderse pero también podríamos haber aceptado otras hipótesis como por ejemplo: que las últimas fabricadas son las primeras en venderse o que las unidades se valoran a un coste promedio. Bajo este último criterio, los resultados serían:

$$\text{Coste unitario medio} = \frac{40.000.000 + 500.000.000}{10 + 100} = 4.909.090 \text{ ptas.}$$

Coste de ventas = 80 x 4.909.090 = 392.727.200 ptas.
Existencias finales = 30 x 4.909.090 = 147.272.700 ptas.

Se mantiene el coste anual de producción de 500 millones pues se han consumido los mismos recursos y al mismo coste y se ha fabricado el mismo número de unidades físicas, con independencia del criterio contable aplicado para determinar el coste de las unidades vendidas y las existencias. En cualquier caso se han de verificar, para las dos situaciones descritas, las dos siguientes igualdades elementales:

Unidades vendidas = unidades iniciales + unidades producidas – unidades finales
Coste de ventas = Valor existencias iniciales + coste producción – valor existencias finales

La relación entre el valor de la producción y el coste de ventas proporciona, en términos globales, un indicador sencillo para evaluar la cadencia de las ventas en relación con la producción. Cuando este cociente rebasa la unidad es señal que la salida de existencias de productos terminados es menor que la producción. Si este es el caso, se podrá anticipar que se están acumulando existencias lo que exigirá, probablemente, reducir el ritmo productivo para adecuarlo a la demanda del mercado. Una relación inferior a la unidad indicará la situación contraria. Sólo cuando el mencionado cociente sea la unidad podrá concluirse un equilibrio entre ventas y producción.

Este índice se deberá ajustar según las expectativas respecto a la evolución del mercado. Ante expectativas de crecimiento de las ventas será recomendable anticipar producción de modo que este ratio superará la unidad. Si, por el contrario, se espera una caída de las ventas será aconsejable empezar a reducir la producción.

Frente a los costes del producto se encuentran los denominados costes del período. Estos son aquellos generados por actividades que no son de índole productiva y cuya finalidad estriba en amparar los procesos que giran alrededor de la comercialización y administración de lo fabricado. Los gastos del período incluyen los de naturaleza comercial, de distribución, administrativa y financiera, y se imputan como gastos cuando se producen. No se acumulan pues, en el rellano intermedio de las existencias, en cuanto que se considera que, habitualmente, no añaden valor al producto en sí. Aunque esto sea discutible, constituye la práctica habitual de los sistemas de costes utilizados por la generalidad de las empresas.

No obstante, la clasificación de los costes entre ambas categorías, del producto o del período, es en cierta medida arbitraria encontrándose soluciones muy diferentes para estimar, en última instancia, el coste del producto.

3. IMPUTACION DE COSTES AL PRODUCTO

En el caso de los costes del producto los sistemas de costes deben regular su imputación. Cuando sólo se fabrica un producto todos los costes se asocian al mismo, por lo cual la asignación es directa. Supongamos, que durante un mes se han fabricado 1.000 unidades incurriendo en unos costes de 80 millones de ptas. El coste de la unidad fabricada será pues de 80.000 ptas.

Aunque se fabriquen productos diferentes a veces es posible expresarlos en una unidad de referencia común, obteniéndose lo que se denomina «producción equivalente». Supongamos una fábrica de papel que elabora tres calidades diferentes que sólo difieren en su gramaje respectivo, siendo el gramaje el peso del papel expresado en gramos por metro cuadrado. Si el de menor gramaje se toma como base de referencia, los otros dos pueden expresarse en su equivalente a aquél sin más que aplicar la relación entre gramajes. Consideremos los siguientes datos:

Tipo de papel	Relación de gramajes	Tm producidas	Producción equivalente
Bajo gramaje	1,0	1.000	1.000
Gramaje medio	1,2	500	600
Alto gramaje	1,3	400	520
		TOTAL	**2.120 Tm**

La producción equivalente estima la capacidad utilizada. En este caso la fábrica utiliza una capacidad de producción de 2.120 Tm de producto de bajo gramaje (o 1.767 Tm del medio o 1.631 Tm del alto).

Para hallar el coste por tonelada basta dividir el coste total de producción (318 Mptas. por ejemplo) entre la producción equivalente, obteniéndose 150.000 ptas. por tonelada de producto de bajo gramaje. El coste del producto de gramaje medio es de 180.000 ptas. y el de alto gramaje de 195.000 ptas. Estos resultados concuerdan con el enunciado que establece que en producción conjunta el coste de uno de los productos puede estimarse en base a considerar que toda la capacidad utilizada se aplica a fabricar ese producto solamente, siempre y cuando los costes de producción se mantengan razonablemente estables.

En el ejemplo anterior, si calculamos el coste de cada producto suponiendo que se fabrica en exclusiva, se obtiene:

Tipo de papel	Coste de fabricación (millones de ptas.)	Tm producidas (en producción única)	Coste por Tm (ptas.)
Bajo gramaje	318	2.120	150.000
Gramaje medio	318	1.767	180.000
Alto gramaje	318	1.631	195.000

La relación entre productos debe basarse en aquel parámetro que permita ponerlos en equivalencia, como, por ejemplo, la mano de obra utilizada, el número de componentes, el tiempo de fabricación o, como en el caso descrito, el contenido de un mismo material.

Cuando se fabrican productos diferentes y no es factible homogeneizarlos por medio del concepto de producción equivalente, se hace preciso rastrear los costes a fin de asociarlos a cada producto. Para ello, se sigue el siguiente proceso:

- Los costes directos (materiales y mano de obra) se imputan directamente a cada producto según los consumos respectivos.

- Los costes generales, que son aquellos relacionados con la actividad productiva sin ostentar el carácter de directos, se reparten en dos fases. Primero se asocian a cada centro de producción y, en etapa posterior, los costes acumulados a cada centro se distribuyen entre los productos procesados. Para recoger los correspondientes a cada centro se inventarían todos los costes que se originan en el mismo. Para la sucesiva secuencia de reparto a los productos se utiliza el concepto de tasa de absorción que se calcula como cociente entre el coste a distribuir y una base de reparto. Esta ha de estar relacionada con la causa que genera los costes.

En el ejemplo de la fábrica de papel supongamos que de los 318 millones de ptas., el 25% corresponde a costes indirectos siendo el resto coste de materiales y de mano de obra directa. La tasa de absorción a aplicar a cada tipo de papel y por tonelada podría ser:

Tipo de papel	Costes indirectos (1) (millones de ptas.)	Tm producidas (2) (en producción única)	Coste por Tm (1) x (2) (ptas.)
Bajo gramaje	79,5	2.120	37.500
Gramaje medio	79,5	1.767	45.000
Alto gramaje	79,5	1.631	48.750

Para la mezcla real de fabricación se habrán absorbido la totalidad de los costes indirectos según se muestra a continuación:

Tipo de papel	Tasa de absorción (1) (ptas./Tm)	Tm producidas (2) (en producción conjunta)	Costes absorbidos (1)x(2) (millones de ptas.)
Bajo gramaje	37.500	1.000	37,5
Gramaje medio	45.000	500	22,5
Alto gramaje	48.750	400	19,5
		TOTAL	79,5

El objetivo es imputar a cada producto una proporción razonable de los costes indirectos. Para ello, el criterio fundamental es identificar la causa que los explica, esto es, en base a qué recurso se generan dichos costes generales de fabricación. A cada producto se le imputará una proporción de los costes generales en función del consumo que haga de ese recurso causal.

Supongamos un taller que fabrica piezas mecanizadas, bajo encargo de los clientes, mediante maquinaria especializada. Los costes generales de fabricación ascienden a 91 millones de pesetas al año y el número de horas máquinas utilizadas, en igual período, es de 17.500. La tasa de absorción a utilizar sería pues de:

$$\text{tasa} = \frac{91.000.000}{17.500} = 5.200 \text{ ptas. por hora máquina}$$

habiéndose supuesto que la hora máquina es el factor que explica la generación de los costes generales de producción. Para calcular el coste de una determinada pieza bastará añadir al coste de los materiales que incorpore y a la mano de obra que precise 5.200 ptas. por cada hora de máquina que se utilice para su fabricación.

Este sistema también es de aplicación cuando se fabrican piezas por lotes. En esta circunstancia, se añadirán a materiales y mano de obra requerida por el lote una porción de los costes indirectos, obteniéndose ésta como producto de la tasa de absorción por las unidades de la base de referencia consumidas por el conjunto del lote. Para calcular el coste de cada unidad se divide el coste total de fabricación del lote por el número de unidades de que se componga.

En general, la tasa de absorción se calcula por anticipado y en base a cifras presupuestadas a fin de no ser preciso aguardar a obtener los costes y la actividad reales para poder calcular el coste del producto. Por ejemplo, para la presentación de ofertas en concursos de suministro, el cálculo del coste a ofertar se basará, en esa tasa de absorción predeterminada.

El sistema anterior, descrito en su versión más sencilla, ha de aplicarse a fin de obtener valores razonablemente aproximados al teórico real pero sin caer en un detalle que ni encarezca ni oscurezca, innecesariamente, el proceso. Más importante que la precisión de los cálculos es la razonabilidad de los criterios aplicados, pues más vale acertar aproximadamente que equivocarse con exactitud.

4. GESTION ESTRATEGICA DE LOS COSTES

El comportamiento de los costes de la empresa, en el largo plazo, viene determinado por decisiones estratégicas adoptadas en períodos previos y por factores del entorno. Estas fuerzas, que se controlan con intensidad desigual, ejercen impactos muy dispares sobre la evolución de sus costes. El control de estos parámetros, mediante la acción gerencial, determina la posición competitiva de costes que se alcance en períodos amplios. De ahí el interés de comprender los procesos que regulan su comportamiento y de manejar los instrumentos disponibles para gestionarlos desde una perspectiva estratégica.

A continuación se revisan las claves de esta gestión. Quedan fuera de este análisis generadores de costes sobre los que la capacidad de influir es mínima o nula. Este es el caso, por ejemplo, del grado de desarrollo de las infraestructuras del territorio en el que se opera o de la legislación vigente.

4.1. Economía de escala

Surge cuando el coste total se incrementa en una proporción inferior al aumento de la capacidad. Este fenómeno genera, lógicamente, una reducción progresiva del coste por unidad de actividad. La existencia de economías de escala en un sector industrial fomenta su sobrecapacidad, en cuanto que todos los oferentes buscarán alcanzarlas, intensificando la competencia en el mismo.

La economía de escala se asocia a los procesos de producción pues, en general, el coste de los equipos crece más lentamente que su capacidad y los costes de operación crecen relativamente menos que la producción. En las empresas con procesos de fabricación por flujo, las químicas o refinerías, por ejemplo, la inversión aumenta a una exponencial de 0,6 del crecimiento de la capacidad. Así, duplicar la producción pasando de 50.000 a 100.000 Tm, supondrá un incremento de la inversión de sólo un 52% calculado por:

$$\left(\frac{100}{50}\right)^{0,6} - 1$$

Pero el efecto es también aplicable a otro tipo de actividades. Por ejemplo, la centralización de los procesos contables en una empresa con varios centros de trabajo debe, razonablemente, originar el mismo efecto. Análogamente, el coste del sistema de reservas de una cadena hotelera será, en términos relativos, sensiblemente inferior al de un hotel independiente.

Por supuesto que, en la búsqueda de la economía de escala se puede alcanzar un límite a partir del cual se produce el efecto contrario. El crecimiento excesivo de la dimensión puede exigir unos recursos desmesurados para gestionar, por ejemplo, la mayor complejidad. Este ha sido el caso de empresas que por propiciar una centralización excesiva gestaron unas estructuras corporativas cuyo coste excedió al beneficio de la centralización, además de haber inducido una inercia en la toma de decisiones y un distanciamiento de los órganos rectores de la realidad de las operaciones y del mercado.

Para ilustrar la dinámica de la economía de escala consideremos, un proyecto de empresa para la fabricación de transformados de papel que incluyen sobres, bolsas, carpetas, material escolar, impresos y papel de ordenador, entre otros productos similares. Tratándose de productos heterogéneos la capacidad del conjunto de la fábrica puede medirse mediante su equivalente en toneladas de papel procesadas. En este contexto, se evalúan dos posibles dimensiones en base al mercado total y al objetivo de cuota de mercado a alcanzar.

El cuadro 2 resume la estimación de costes para dos capacidades efectivas de producción: 10.000 y 15.000 toneladas/año respectivamente. En ambas opciones se considera que la producción real coincidirá con la capacidad instalada, suponiéndose pues que ésta se utiliza en su totalidad.

En el caso de la dimensión de 10.000 Tm/año el coste total de fabricación se estima en 2.650 millones de ptas., lo que supone un coste unitario por tonelada de 265.000 ptas. En la opción de 15.000 Tm/año el coste unitario se reduce a 252.280 ptas., por lo que el efecto de la economía de escala se refleja en una reducción del coste unitario del 4,8%.

Si revisamos los componentes del coste de producción en términos unitarios, vemos que, en este ejemplo, el personal indirecto de producción es el que genera una economía relativa mayor. Parece lógico que el aumento de la producción no se corresponda con incrementos de esta partida en la misma proporción. Sigue en importancia la economía de escala de los costes indirectos de producción y, a ren-

Cuadro 2:
EL COSTE EN FUNCION DE LA DIMENSION

CALCULO DE LA ECONOMIA DE ESCALA EN PRODUCCION

	FABRICA DE 10000 Tm			FABRICA DE 15000 Tm			
	Millones ptas.	Ptas./Tm	%	Millones ptas.	Ptas./Tm	%	% Disminución coste unitario
Materiales	2.000,0	200.000	75,5%	2.955,0	197.000	78,1%	1,5%
Mano de obra	280,5	28.050	10,6%	378,7	25.247	10,0%	10,0%
Personal indirecto	49,5	4.950	1,9%	54,5	3.633	1,5%	26,6%
Costes generales	80,0	8.000	3,0%	96,0	6.400	2,5%	20,0%
Amortización	240,0	24.000	9,0%	300,0	20.000	7,9%	16,7%
TOTAL COSTES	2.650,0	265.000	100,0%	3.784,2	252.280	100,0%	4,8%

glón seguido, los derivados de la amortización del equipo productivo. Menor importancia tiene la reducción que, en términos unitarios, experimenta la mano de obra directa. La repercusión de la economía de escala resulta todavía más reducida para el componente de materias primas. Pero incluso en este caso afloran ventajas derivadas del mayor volumen de compras y de los ahorros nacidos de la manipulación y gestión de almacenes.

Así pues, dimensionar la planta en una escala mayor propicia, en general, la reducción del coste unitario; en nuestro ejemplo, en un 4,8%. Como el precio de venta viene, en buena medida, fijado por el mercado, un menor coste implicará un mayor margen para la empresa y la posibilidad de agrandar su cuota de mercado.

Pero, basar la dimensión en la búsqueda exclusiva de reducir el coste unitario ha conducido a grandes fracasos, por haberse sobredimensionado la capacidad en relación a las ventas. Es preciso añadir otras consideraciones relacionadas, con las características y comportamientos del mercado.

4.2. Curva de experiencia

El coste tiende a disminuir al crecer el volumen acumulado de fabricación de un producto debido al aprendizaje. Este fenómeno se detectó en 1925 en la industria aeronáutica en la cual el coste unitario de fabricación reducía al aumentar el número de aviones terminados. Posteriormente, se identificó el mismo fenómeno en otras ramas industriales, siendo un criterio de referencia que el coste unitario puede reducirse un 15% al doblarse la producción acumulada, como consecuencia de la mejora de los procesos, de la tecnología, de la cualificación del personal, del diseño de los productos, etc. Incluso, es de esperar que la empresa se beneficie, también, de la experiencia que adquieran sus proveedores.

El proceso de aprendizaje es también válido para otras actividades empresariales como las de distribución, diseño de producto o administración. También lo es referido a servicios.

Esta ventaja, que no es función del tamaño sino de la acumulación de experiencia en el tiempo, sólo aflora si se gestiona adecuadamente. No surge automáticamente, sino que, exige el esfuerzo decidido de la organización para mejorar la productividad. Son los productos y actividades que se encuentran en la fase inicial de su ciclo de vida los que ofrecen un potencial mayor de reducción de costes como consecuencia del aprendizaje, en cuanto que la producción se dobla más rápidamente que en productos maduros. La fórmula que estima el efecto del aprendizaje viene dada por:

$$C_n = C_a \times \left(\frac{P_n}{P_a}\right)^{-b}$$

donde:

— C_n es el nuevo coste unitario para una producción acumulada P_n.

— C_a, es el coste unitario anterior cuando la producción acumulada era P_a.

— b es un parámetro que depende la intensidad del efecto aprendizaje.

El cociente P_n/P_a mide el multiplicador de experiencia alcanzada. A partir de la fórmula anterior resulta que la tasa de reducción del coste unitario, expresada en tanto por uno, y debida al efecto que se comenta, es:

$$T_e = \left(\frac{P_n}{P_a}\right)^{-b} - 1$$

Para calcular b se resuelve esta ecuación para distintas tasas T_e y suponiendo que P_n duplica a P_a, obteniéndose los siguientes resultados:

T_e	b
– 0,05	0,074
– 0,10	0,152
– 0,15	0,235
– 0,20	0,322
– 0,25	0,415
– 0,30	0,515

Para saber en qué curva de experiencia nos encontramos es preciso tomar datos por concepto de costes y analizar cómo se reduce cada uno, al expresarlo por unidad de producto, al aumentar la producción acumulada. Si no es posible diferenciar el coste por concepto siempre se puede utilizar el comportamiento pasado del coste unitario total en función de la producción acumulada.

Supongamos que la empresa ABELIO ha diseñado y desarrollado un sonómetro de bolsillo digital, capaz de medir intensidades de ruido comprendidas entre 30 y 130 decibelios. Su coste unitario de fabricación, para un lote inicial de 10.000 unidades, asciende a 10.000 ptas., y su precio de venta, con un margen bruto del 50%, es de 15.000 ptas.

Por el poco peso del aparato y la creciente preocupación social por la contaminación acústica, se estima que el sonómetro tendrá aceptación no sólo en medios profesionales sino también, en los mercados sociales y domésticos. Sin embargo, el precio de 15.000 ptas., parece excesivo para acceder a esta demanda más amplia. Por ello, siendo consciente que se producirá un efecto aprendizaje tanto en los procesos fabriles como en los comerciales, se decide poner un precio de salida no en base a los costes de hoy sino a los futuros. Con ello, se facilita la compra del sonómetro y además, se levanta una barrera de entrada para disuadir a nuevos oferentes.

Por otros productos similares, ABELIO estima que la curva de experiencia de este sonómetro es del 10%. Como ve factible conseguir unas ventas, incluido el mercado de exportación, de 50.000 unidades el primer año, con esa producción acumulada conseguirá una reducción del coste del 21,7% calculado por:

$$T_e = 5^{-0,152} - 1$$

Con esta información, y para impulsar las ventas, ABELIO decide salir con un precio de 11.745 ptas., obtenido al aplicar el margen del 50% al coste unitario de una producción de 50.000 unidades. La figura 1 representa la evolución prevista del coste unitario del sonómetro de ABELIO en función de la producción acumulada.

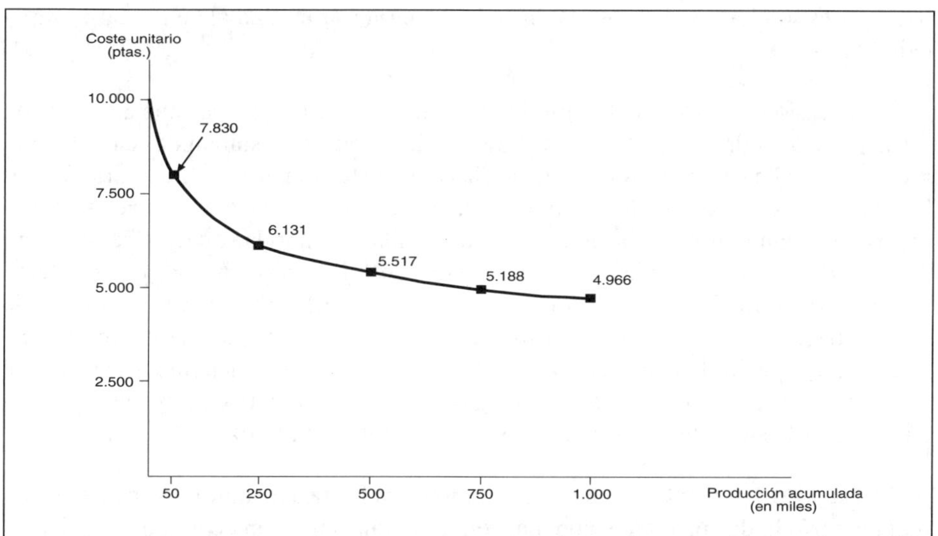

Figura 1: Curva de experiencia

4.3. Capacidad utilizada

Cuando parte de los costes de una actividad son fijos, operar a plena capacidad permite diluir éstos entre más unidades de actividad reduciéndose, de este modo el coste unitario.

Volvamos al ejemplo de la fábrica de transformados de papel para una dimensión de 15.000 toneladas año. Según el cuadro 2 la amortización del equipo productivo asciende a 300 millones de ptas., al año. Supongamos que esta cifra representa, razonablemente, la depreciación económica de los activos por razones tecnológicas y con independencia del número de toneladas manipuladas. Al incrementarse éstas disminuirá la repercusión por tonelada del coste de amortización según indica el cuadro 3.

Cuadro 3:
COSTE UNITARIO EN FUNCION DEL NIVEL DE ACTIVIDAD

FABRICA DE 15.000 Tm
COSTE DE AMORTIZACION: 300 Mptas/año

Toneladas transformadas	Coste de amortización por Tm
2.500	120.000
5.000	60.000
7.500	40.000
10.000	30.000
12.500	24.000
15.000	20.000

Este fenómeno se denomina de dilución de costes fijos y su entidad es función de la proporción que representan los costes fijos en relación al total de costes: cuanto mayores son los costes fijos mayor es la dilución por unidad al aumentar la capacidad utilizada.

En ocasiones, el exceso de capacidad en un sector se origina por una disminución estructural de la demanda. Este fue el caso de las fábricas de sulfamidas cuando apareció la penicilina. Con mayor frecuencia la caída de la demanda es transitoria. En los bienes de consumo duradero (automóviles, electrodomésticos, etc.) los ciclos económicos propician fuertes oscilaciones en la demanda. Cuando la situación se deteriora la caída de las ventas obliga a una reducción de la producción que, por el efecto comentado, eleva el coste unitario. Si, ante este incremento, se elevase el precio de venta todavía se debilitaría más la demanda. Por ello, las empresas en este tipo de sectores, en los que la demanda si no se materializa en ventas se acumula para hacerse efectiva en períodos posteriores, han de gestionar los parámetros de costes y precios en base a ciclos más dilatados que el correspondiente a un horizonte anual.

El cuadro 4 presenta el caso de una hipotética fábrica de automóviles y se refiere a un período de cinco años que, partiendo de una situación económica de depresión contempla una fase de recuperación para alcanzar un punto de auge en el quin-

Cuadro 4:
OPCIONES TEMPORALES PARA CALCULAR LA TASA DE ABSORCION

AÑO	1	2	3	4	5	Total
UNIDADES FABRICADAS(miles)	300	350	400	450	500	2.000
COSTES FIJOS PRODUCCION (Millones de ptas)	50.000	50.000	50.000	50.000	50.000	250.000
CALCULO ANUAL TASA ABSORCION (Miles ptas)	166,7	142,9	125,0	111,1	100,0	125,0
CALCULO QUINQUENAL TASA ABSORCION (Miles ptas.)	125,0	125,0	125,0	125,0	125,0	125,0

to año. Por ello, la producción ajustada a la situación del mercado pasa de 300.000 automóviles en el año 1 a 500.000 en el último ejercicio del período. Dicho cuadro contempla sólo el coste fijo de fabricación por automóvil previsto para el período o tasa de absorción por unidad y en ausencia de inflación de costes.

Inicialmente, se opta por utilizar una tasa de absorción distinta cada año, en base a los costes fijos y unidades fabricadas cada año aislado. Así, el coste fijo por vehículo se desliza de 166.666 ptas. por unidad en el año 1 a 100.000 ptas. en el quinto, reflejando el impacto de la dilución de costes que nace del aumento progresivo de la capacidad utilizada. Cuanto menor es la producción (y las ventas) mayor es el coste fijo de fabricación unitario, deteriorándose el beneficio empresarial por un doble efecto: caída de la demanda y reducción del margen unitario.

Alternativamente, el cuadro 4 considera una tasa de absorción idéntica para el ciclo económico completo y obtenida como cociente entre los costes fijos estimados para el período global de cinco años (250.000 millones de ptas.) y el total de automóviles a fabricar en dicho intervalo (2 millones de unidades). Así, se obtiene una repercusión constante por vehículo de 125.000 ptas., más razonable en cuanto que la capacidad instalada será aquella necesaria para atender la demanda no de un año aislado sino de un período amplio. No parece justo que el exceso de capacidad que se produce en el año 1, por ejemplo, sea soportado por dicho ejercicio cuando si se mantiene es para poder atender al mercado en años como el quinto. Aplicar una tasa única para un ciclo económico completo ayuda a estabilizar los resultados de este tipo de productos, tan sensibles a los vaivenes de la situación económica.

Por último, la figura 2 muestra la evolución de la utilización de la capacidad productiva instalada en España para el período comprendido entre 1989 y 1994 [4].

---

[4] Ministerio de Industria y Energía. *Encuesta de coyuntura industrial.*

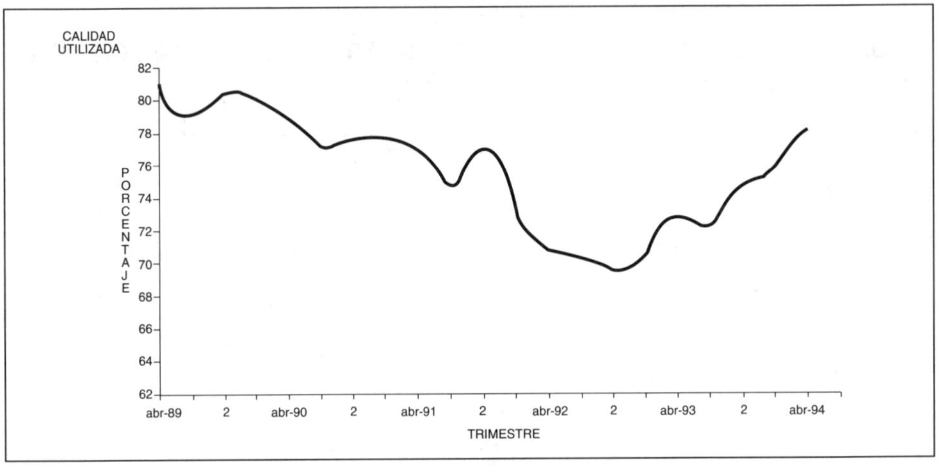

Figura 2: Utilización de la capacidad productiva instalada

Para calcular el incremento de coste unitario por operar por debajo de la capacidad máxima posible se propone la fórmula que se deduce a continuación y basada en la ecuación:

$$\text{Coste unitario (Cu)} = \text{Coste variable unitario (Cv)} + \frac{\text{Costes fijos (CF)}}{\text{Producción en unidades (P)}}$$

A plena capacidad, equivalente a una producción Pm, se cumple:

$$Cu_m = Cv + \frac{CF}{P_m}$$

y a una capacidad x:

$$Cu_x = Cv + \frac{CF}{P_x}$$

Restando de la segunda fórmula la primera se obtiene el incremento del coste unitario del nivel de producción P_x en relación al coste a plena capacidad, es decir:

$$Cu_x - Cu_m = CF \times \left(\frac{1}{P_x} - \frac{1}{P_m}\right) = CF \times \left(\frac{1 - CUT}{P_x}\right)$$

donde CUT es la capacidad utilizada expresada en tanto por uno y calculada por el cociente P_x/P_m. Dividiendo la expresión anterior por:

$$Cu_m = \frac{CT_m}{P_m}$$

donde CT_m es el coste total a plena capacidad, obtenemos:

$$\frac{Cu_x - Cu_m}{Cu_m} = CF \times \left(\frac{1 - CUT}{P_x}\right) \times \frac{P_m}{CT_m}$$

que se simplifica a:

$$I_c = Ec_m \times \left(\frac{1 - CUT}{CUT} \right) \qquad (1)$$

donde I_c, es el incremento del coste unitario en tanto por uno y Ec_m, es la estructura de costes o relación entre costes fijos y costes totales, en situación de plena capacidad, también en tanto por uno. Si no hay costes fijos ($Ec_m = 0$) no se produce ningún incremento por operar por debajo de la capacidad máxima ($I_c = 0$). Si Ec_m=1 (todos los costes son fijos) se produce el incremento máximo de costes al caer la capacidad utilizada.

Una empresa que tenga un valor Ec_m del 40%, si utiliza el 70% de su capacidad máxima, soportará un incremento de su coste unitario en relación al de plena capacidad del 17,1%, calculado por:

$$I_c = 0{,}4 \times \left(\frac{1 - 0{,}7}{0{,}7} \right)$$

El cuadro 5 muestra los valores de I_c en porcentaje para diversas combinaciones de Ec_m y CUT.

Cuadro 5:
INCREMENTO DEL COSTE UNITARIO AL VARIAR LA UTILIZACION

		CAPACIDAD UTILIZADA EN % (CUT)							
		60%	65%	70%	75%	80%	85%	90%	95%
ESTRUCTURA	10%	6,7	5,4	4,3	3,3	2,5	1,8	1,1	0,5
DE COSTES	20%	13,3	10,8	8,6	6,7	5,0	3,5	2,2	1,1
EN %	30%	20,0	16,2	12,9	10,0	7,5	5,3	3,3	1,6
(Ec_m)	40%	26,7	21,5	17,1	13,3	10,0	7,1	4,4	2,1
	50%	33,3	26,9	21,4	16,7	12,5	8,8	5,6	2,6
	60%	40,0	32,3	25,7	20,0	15,0	10,6	6,7	3,2
	70%	46,7	37,7	30,0	23,3	17,5	12,4	7,8	3,7
	80%	53,3	43,1	34,3	26,7	20,0	14,1	8,9	4,2
	90%	60,0	48,5	38,6	30,0	22,5	15,9	10,0	4,7
	100%	66,7	53,8	42,9	33,3	25,0	17,6	11,1	5,3

4.4. ECONOMÍAS DE ALCANCE

Surgen cuando es posible compartir recursos y, en consecuencia, repartir costes, para llevar a cabo varias actividades relacionadas. Por ejemplo, una fábrica que produzca automóviles y camiones obtiene economías de alcance tanto en los procesos de producción y desarrollo tecnológico, como en los de comercialización y servicio posventa. Así lo hacen algunas de las principales empresas de automoción a nivel internacional. Igualmente, la integración física de las actividades de refino y de petroquímica básica presentan economías de alcance en el aprovisionamiento de materias primas y utilización de subproductos, entre otras sinergias de gestión.

Una forma eficaz de obtener economías de alcance consiste en utilizar la misma tecnología para aplicaciones diversas. Por ejemplo, una empresa de material fotográfico utilizó su capacidad en pigmentación para entrar en el negocio de reactivos para análisis clínicos.

La economía de alcance en producción se manifiesta cuando la fabricación conjunta de dos o más productos incurre en costes inferiores a los originados por alcanzar la misma producción, en volumen, pero en fábricas independientes.

Este concepto es de aplicación a actividades no necesariamente fabriles. Por ejemplo, usar el mismo canal para distribuir varias líneas de productos (bolígrafos, mecheros y maquinillas de afeitar) da ventaja a quien lo hace sobre oferentes que sólo se involucran en una línea de producto. Las marcas de prestigio son un instrumento valioso para obtener economías de alcance: un nuevo producto se acepta por el mercado de inmediato.

4.5. Diseño en base al coste

Frente al enfoque tradicional que calcula el coste a partir del diseño del producto, la técnica del diseño en base al coste recorre el camino inverso, tanto en su aplicación para lanzar un nuevo producto como para mejorar uno existente. Los pasos que sigue esta técnica son, los siguientes:

— Mediante paneles de consumidores se fijan las funciones y atributos que ha de incorporar el producto y el precio de venta al que puede venderse. Se trata de estimar el valor del producto o servicio según lo percibe el mercado, así como el coste de los posibles competidores. No olvidemos que el coste más relevante nace del que acepta el comprador y de los costes de la competencia.

— Se cuantifica el tamaño potencial del mercado del producto en su evolución temporal y se estima un objetivo de cuota de mercado en base al precio de venta a aplicar, considerando la reacción del consumidor al precio y el comportamiento previsible de la competencia.

— Conocido en el tiempo el volumen de producción necesario se formula un calendario de costes unitarios compatible con la evolución fijada para el precio y teniendo en cuenta los efectos de economías de escala y experiencia.

— A partir del calendario previsto de costes unitarios se realiza el diseño del producto: este ha de ajustarse al objetivo de costes establecido a lo largo de la curva del ciclo de vida del producto.

El diseño en base al coste permite, según se desprende del proceso descrito, calcular el rendimiento del mismo a lo largo de su vida útil [5].

Un ejemplo de diseño en base al coste nos lo ofrece el sector de fotocopiadoras.

---

[5] Se puede encontrar una aplicación del método en el caso «Texas Instruments Speak and Spell product». 1979 Harvard College.

«En 1979, Canon se fijó el objetivo de producir una fotocopiadora por 1.000 dólares. En esa época la fotocopiadora menos cara de Xerox costaba varios miles de dólares más» [6] Canon consiguió diseñar fotocopiadoras personales de éxito, a partir de su objetivo de coste, desarrollando la tecnología basada en cartuchos de tóner.

4.6. FACTORES DE DIFERENCIACIÓN

Los atributos que incorpore un producto o servicio generan un coste adicional. Cuanto más atributos se añadan y mayor sea su complejidad, más elevados serán los costes de la empresa. El diseño y las prestaciones, la presentación, la gama ofrecida, el servicio posventa y el canal de distribución que se utilice repercutirán decisivamente sobre el coste final. Se trata pues de equilibrar el coste de la diferenciación con el valor que de ella perciba el mercado. No se añadirán atributos que no añadan valor al producto o servicio pero tampoco se eliminarán aquéllos que constituyan la base de la diferenciación

4.7. FACTORES DE LOCALIZACIÓN Y OPORTUNIDAD

El coste de los recursos difiere según se ubiquen las actividades, en función de la oferta y demanda local de los mismos. Así, por ejemplo, instalaciones productivas de Estados Unidos de América se desplazaron a la cuenca del Pacífico en búsqueda de un coste laboral inferior. Los costes de aprovisionamiento son distintos según el grado de proximidad de las fuentes de suministro, lo que explica el emplazamiento de algunas fábricas. Para otras empresas resulta más conveniente la proximidad a sus clientes a fin de reducir los costes de distribución.

La localización próxima a las fuentes de suministro o a los clientes se produce, en especial, en los casos de productos no diferenciados (genéricos químicos a granel, por ejemplo) donde la estrategia de coste es decisiva para el éxito.

Un resultado análogo se busca con el denominado «efecto frontera» que consiste en seleccionar localizaciones que se puedan beneficiar de un menor coste del terreno o de subvenciones otorgadas por administraciones locales que propician desarrollar el tejido industrial en su zona de competencia, aun a costa de esquilmar las limítrofes.

También los costes varían en base a decisiones relacionadas con la dimensión temporal. Así, por ejemplo, cuándo se entra en el mercado con un nuevo producto influye en los costes. Ser pionero puede permitir consolidar una posición de privilegio incurriendo en costes de publicidad y promoción menores al carecer de competencia. Entrar después que lo hayan hecho otros favorece aprovecharse de la experiencia de los pioneros y del esfuerzo de éstos en dar a conocer el nuevo producto.

Junto a esta dimensión estratégica de la oportunidad también conviven otras más coyunturales. En épocas de crisis económica el valor de los activos tiende a dis-

---

[6] *Compitiendo por el futuro.* Hamel y Prahalad. Ariel, 1995.

minuir, siendo el momento oportuno para adquisiciones en condiciones de precio ventajosas. Es el caso de la adquisición de inmuebles, de buques petroleros o incluso, de compras de empresas en las estrategias de crecimiento externo. Por último, algunos pozos de petróleo, en los que la extracción es cara, sólo entran en explotación cuando se incrementa el precio de venta del barril de crudo.

4.8. Factores organizativos

Los costes en la empresa se originan como consecuencia de la realización de actividades que consumiendo recursos posibilitan entregar el producto o el servicio al cliente. El primer objetivo es eliminar todas aquellas actividades que no añaden valor al producto o servicio. Por ejemplo, el tiempo de espera de un producto intermedio para ser terminado, con los costes asociados a esta «actividad», no añaden ningún valor para el cliente. Su eliminación supondrá una reducción de costes sin erosionar el precio que el mercado estará dispuesto a pagar por el mismo.

En segundo lugar, es relevante el modo en que se organicen estas actividades y su relación con el resto. Acciones tendentes a optimizar, en sí mismas, y a coordinar la ejecución de las actividades ofrecen oportunidades de obtención de ahorros. La optimización permite hacer lo mismo pero de forma más económica. La coordinación entre actividades es una acción que persigue evitar duplicaciones y mejorar la eficacia y eficiencia de procesos, agrupando conocimientos y esfuerzos.

Pero también son importantes las decisiones respecto a centralización y descentralización de actividades. La centralización, desde la perspectiva de la reducción de costes, a fin de compartir recursos. La descentralización, para evitar trasiegos físicos o de información que no añadan valor adicional y dificulten la toma de decisiones.

Finalmente, cabe señalar la relevancia de la «cultura» de costes que impere en la empresa. Si se evitan ornamentos, lujos y retribuciones y gastos discrecionales desmedidos, se estará mandando un mensaje preciso y ejemplar a la organización, que razonablemente, se sumará con mayor ahínco al esfuerzo de reducir costes que en aquellos casos donde reine el despilfarro en determinados niveles.

4.9. Factores de colaboración

Toda empresa tiene la oportunidad de reducir sus costes, simultáneamente a la obtención de otras ventajas potenciales, mediante la colaboración con sus proveedores, con el canal de distribución, con la Administración y con los trabajadores.

Con los proveedores se ha de tratar que el coste conjunto proveedor-empresa se reduzca en base a acciones de mejora combinadas de modo que el ahorro generado se reparta. Por ejemplo, el suministrador puede diseñar o embalar el producto de manera diferente con el objeto de reducir el coste de manipulación de la empresa. También, la filosofía de gestión «justo a tiempo», que exige una contribución del proveedor, constituye una forma eficaz de colaboración en cuanto que reduce los costes de posesión de las existencias de la empresa.

Igualmente, se alcanzan ahorros de coste mediante conciertos con el canal de distribución. Por ejemplo, los fabricantes de automóviles prestan a sus concesionarios servicios de gestión, concretados en sistemas informáticos interconectados, para programar su producción y reducir sus existencias de vehículos y repuestos.

En la medida en que las regulaciones oficiales respecto a estándares de operaciones, especificaciones o restricciones medioambientales repercuten sobre los costes de la empresa, la capacidad de ésta para conseguir la aceptación por la Administración de soluciones alternativas que satisfagan dichas regulaciones, constituye una fuente potencial de reducción de costes.

Finalmente, la actitud de la empresa en su relación con los trabajadores influirá sobre sus costes. El grado de este efecto, en el entorno y cultura actuales, será mayor cuanto más se considere al personal como un fin en sí mismo y no como un recurso o mero medio para conseguir unos fines como, desafortunadamente, suele ser la óptica aplicada por numerosas organizaciones.

5. PRESUPUESTO FLEXIBLE Y COMPORTAMIENTO DEL COSTE UNITARIO

La elaboración de presupuestos tiene como principales finalidades las siguientes:

1. Decidir el nivel de actividad más adecuado en función de las condiciones del mercado, los precios de venta y los costes y gastos precisos para alcanzar el nivel de actividad decidido.
2. Conocer los recursos necesarios a fin de planificar su disponibilidad durante el período presupuestario.
3. Coordinar las distintas áreas de gestión de la empresa de modo que se complementen los esfuerzos de las mismas para la consecución de los objetivos.
4. Disponer de objetivos a fin de controlar los resultados reales.
5. Establecer autorizaciones previas de gastos e inversión.

A efectos de determinar el presupuesto de ventas basta con identificar los precios de cada producto, de modo que multiplicando precios por cantidades se establece el volumen de ingresos. Este variará, lógicamente, con el número real de unidades vendidas de modo que es sencillo controlar los ingresos, diferenciando las desviaciones por volumen y por precio.

Sin embargo, la elaboración del presupuesto de costes se ve afectado por el comportamiento de los mismos según sean fijos o variables. Así, en el ejemplo de la fábrica de manipulados de papel expuesto en el epígrafe 3 anterior, para una capacidad instalada de 15.000 toneladas año, el coste total de producción asciende, según el cuadro 2, a 3.784,2 millones de ptas., con un coste por tonelada de 252.280 ptas. Pero si el volumen de actividad real, manteniendo la dimensión de 15.000 Tm/año, desciende a 10.000 millones de toneladas, ¿cuál será el coste razonable de producción?

Una primera aproximación consiste en establecer una simple regla de tres de forma que el coste total se supone reducido proporcionalmente a 2.522,8 Mptas. y manteniéndose el coste unitario.

Sin embargo, este planteamiento no es razonable pues parte de los costes tiene una evolución de carácter fijo. Es decir, variaciones en el nivel de actividad no supondrán cambios proporcionales en el nivel de costes.

Supongamos que la mencionada empresa, después de análisis detallados del comportamiento de sus costes fabriles, para una dimensión instalada de 15.000 Tm, ha estimado las siguientes pautas de comportamiento de las partidas de coste agregadas y expresadas en millones de ptas.

Materiales	=	105,0 + 0,190 x V
Mano de obra	=	123,7 + 0,017 x V
Personal indirecto	=	39,5 + 0,001 x V
Costes generales	=	66,0 + 0,002 x V
Amortización	=	300,0

siendo V el volumen de actividad expresado en toneladas año. Como se observa, todos los conceptos de coste excepto la amortización, tienen un componente fijo, es decir, independiente de la actividad, y otro variable. Aceptando las fórmulas anteriores, podemos estimar el coste de cada partida para cualquier nivel de actividad. Así, por ejemplo, para 10.000 Tm/año se obtendrían los costes recogidos en el cuadro 6, que indican un coste por tonelada de 273.420 ptas.

El coste total obtenido para la planta de 15.000 Tm, operando a un nivel de 10.000, asciende pues a 2.734,2 millones de ptas., en vez de los 2.522,8 millones obtenidos anteriormente en base a establecer una regla de proporcionalidad. Este encarecimiento del 8,4% [7] obedece a la existencia de costes fijos que se originan con independencia del nivel de actividad. Así para 15.000 Tm, los costes fijos coincidirán con los originados para 10.000 Tm, ascendiendo en ambos casos a 634,2 millones de ptas. Si se fabrican 15.000 toneladas el coste fijo por tonelada se eleva a

Cuadro 6:
COSTES DE PRODUCCION FLEXIBLES

Capacidad instalada: 15.000 Tm	Producción: 10.000 Tm		Millones pts.
Materiales:	105,0 + 0,190 x 10.000	=	2.005,0
Mano de obra:	123,7 + 0,017 x 10.000	=	293,7
Personal indirecto:	39,5 + 0,001 x 10.000	=	49,5
Costes generales:	66,0 + 0,002 x 10.000	=	86,0
Amortización:	300,0	=	300,0
	634,2 0,210 x 10.000	=	2.734,2

[7] Este resultado se obtiene también aplicando la fórmula (1) del epígrafe 4.3, sabiendo que Ec_m = 634,2/3.784,2 y CUT = 10/15.

42.280 ptas. En el caso de 10.000 Tm la cifra es de 63.420 ptas. La diferencia de 21.140 ptas., representa el mayor coste por utilizar con menos intensidad los recursos disponibles. Esta diferencia coincide, lógicamente, con el incremento del coste unitario al reducir la capacidad utilizada. Este planteamiento supone que el coste variable unitario permanece constante en 210.000 ptas. por tonelada.

El método descrito permite obtener el presupuesto para cualquier nivel de actividad siempre y cuando éste se encuentre dentro del rango de validez de las fórmulas que expresan el comportamiento de los costes.

De forma similar a lo realizado para los costes de producción, es factible relacionar los costes comerciales y generales con el volumen de las operaciones. Al variar las toneladas de papel, razonablemente, variarán los mencionados costes. Para la fábrica de 15.000 Tm, después de realizado el correspondiente estudio de comportamiento de costes, se han obtenido las siguientes pautas:

Gastos comerciales	=	156,0 + 0,021 x V
Gastos generales	=	310,4 + 0,001 x V

Para un volumen de actividad de 10.000 toneladas resultan unos gastos de:

Gastos comerciales	=	366,0 Millones ptas.
Gastos generales	=	320,4 Millones ptas.

De este modo, para una producción de 10.000 Tm los costes totales serían de 3.420,6 millones de ptas. incluyendo los de producción, comerciales y generales. Y la ecuación que resume la función de costes de explotación de la empresa resulta ser:

$$CT = 1.100,6 + 0,232 \times V$$

6. PUNTO DE EQUILIBRIO

Conocido el comportamiento de los costes en función del nivel de actividad se puede trazar un gráfico que relacione ingresos con costes. El volumen en que se cortan ambas líneas se denomina punto de equilibrio, que corresponde al nivel de actividad en el que el beneficio económico es nulo. Así pues, a partir de dicho punto se empezará a obtener beneficio, mientras que si se opera por debajo de este umbral de actividad se producirán pérdidas.

Volviendo al ejemplo del epígrafe anterior, si sabemos que el precio medio de la tonelada de producto asciende a 400.000 ptas., el punto de equilibrio se obtiene igualando los ingresos con los costes a dicho nivel de actividad, es decir:

$$0,4 \times V = 1.100,6 + 0,232 \times V$$

obteniendo como umbral de beneficio V = 6.551,19 Tm.

La figura 3 representa la evolución de la cifra de ingresos y de los costes en función del volumen de actividad, así como el punto de equilibrio, suponiendo que la producción y las ventas, ambas en toneladas, coinciden.

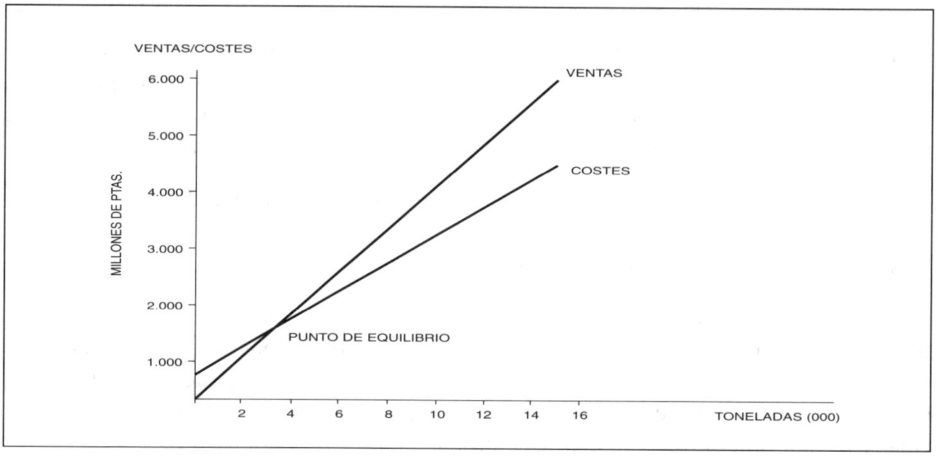

Figura 3: Representación del punto de equilibrio

7. ALGUNOS ERRORES EN LA GESTION DE COSTES

En los epígrafes anteriores se han descrito los principales instrumentos de gestión de los costes de la empresa. Lógicamente, la puesta en práctica de los mencionados instrumentos ha de estar coordinada entre sí y con los objetivos estratégicos de la empresa. A continuación, se describen algunos posibles errores en la aplicación práctica de la gestión de costes.

— No adaptar el diseño del sistema de costes a la estrategia de la empresa. Por ejemplo, el método de reparto de los costes generales de fabricación ha de reforzar las estrategias de la compañía Así, una fábrica de equipos de aire acondicionado distribuye, entre los distintos productos, una parte de los costes indirectos de fabricación en función al número de componentes que incorpora cada uno, a fin de influir en las decisiones de diseño y estimular la estandarización de piezas.

— Dar prioridad a la reducción de costes cuando la estrategia se apoya en la diferenciación del producto o servicio, atenuando esta diferenciación. Sería el caso de una empresa que, siendo un atributo crítico de su producto el servicio posventa, redujese por encima de lo razonable los costes asociados a esa función.

— No coordinar la aplicación de los instrumentos de gestión de costes. Es el caso del ejemplo descrito de la fábrica de productos manipulados de papel: buscando la economía de escala para reducir costes se optó por la dimensión de 15.000 toneladas, cuando la realidad del mercado reduce la utilización de la planta a 10.000 Tm. Ello genera un coste unitario superior a la opción de haber decidido una dimensión menor, debido a la existencia de capacidad ociosa.

— Limitarse a los costes directos de producción, omitiendo otros también relevantes. Es frecuente que se afine con rigor el importe de los costes de producción relegando los comerciales y generales por ser más complicado relacionarlos con el nivel de actividad o por resistencias de grupos de poder bien situados en la escalera jerárquica de la empresa, que bloquean iniciativas en este sentido.

— No centrarse en los recursos y actividades más críticos y relevantes económicamente. Por ejemplo, las empresas de electrónica profesional, que dependen en el largo plazo de su capacidad para introducir en el mercado nuevos productos, han de controlar rigurosamente sus costes de investigación y desarrollo pues representan una parte muy importante en el escandallo de costes de sus productos.

— No medir razonablemente los costes por aplicar criterios de reparto que distorsionan la validez de la información. Por ejemplo, cuando los costes de mano de obra directa son reducidos, los productos heterogéneos y los costes indirectos elevados, utilizar la mano de obra como base de reparto da lugar a una tasa de absorción alta y, en general, a una distribución de costes poco equitativa entre los productos, perjudicando a los de gran volumen y sencillos en beneficio de los de poco volumen y complejos. Por ello, los costes se han de repartir en función de las causas que los generan.

— Carecer de mecanismos adecuados para controlar los denominados costes dispersos. Es el caso de los costes relacionados con la calidad del producto, que se recogen en apartados muy diversos (inspección de materias primas, reprocesos de productos, control de productos terminados, etc.) e incluso para algunos conceptos de coste puede llegar a omitirse su registro contable (coste inducido en el cliente y pérdida de imagen de la empresa). Sin embargo, los costes relacionados con la calidad pueden llegar a alcanzar el 20% de la cifra de ventas y han de ser correctamente valorados en su conjunto. El cuadro 7 recoge un posible desglose de los mismos.

Cuadro 7:
COSTE DE LA FALTA DE CALIDAD

1. PREVENCION
• Diseño del producto y procesos. • Mejora de materiales y supervisión de proveedores. • Selección de equipos y mantenimiento preventivo. • Formación del personal.
2. INSPECCION DE LA CALIDAD
• De procesos y equipos. • De materiales. • De productos terminados.
3. ACCIONES CORRECTORAS
• Reprocesos. • Materiales y productos desechados. • Paradas de los flujos.
4. COSTES RELACIONADOS CON EL CLIENTE
• Reclamaciones y devoluciones. • Costes de garantía. • Pérdida de imagen en el mercado.

— Aplicar políticas generales de costes en vez de un enfoque específico por actividades. Esto sucede cuando el recorte de costes afecta indiscriminadamente a todas las actividades de la empresa y en un mismo porcentaje reductor. Especialmente grave resulta este tipo de directrices en período de crisis, cuando lo sencillo es reducir los denominados costes discrecionales, no proporcionales al nivel de actividad a corto plazo, y sin embargo asociados a actividades que soportan el desarrollo estratégico de la empresa (investigación, mejora de procesos, etc...). Este comportamiento puede conducir a la empresa a un deterioro por anorexia, con un desenlace a veces fatal.

— Intentar hacer convivir una cultura basada en la austeridad de costes con actitudes de despilfarro o excesos. Es el caso de planes de ajuste tendentes a reducir el coste salarial, manteniendo a la vez políticas de retribución generosas con el personal de mayor jerarquía. En estos contextos parece más difícil poder contar con la colaboración de la plantilla para contener los costes de la empresa.

Capítulo V

Dinámicas financieras

1. DINAMICAS DE LOS ESTADOS FINANCIEROS

El progreso de la empresa es, como la historia, un proceso de acumulación. Las etapas sucesivas por las que atraviesa una organización a lo largo de su vida dejan estratos que, si bien se van comprimiendo y desdibujando con el transcurso del tiempo, testimonian su realidad. Aunque en el seno de la empresa se produzcan cambios continuamente, en general de forma pausada pero a veces bruscamente rompiendo con lo anterior, lo acumulado a la fecha nunca desaparece en su totalidad.

La configuración de lo que es una empresa con éxito se sustenta en tres principios elementales. El primero hace referencia a su carácter unitario, entendido éste como la unidad en la acción de sus componentes. Todos ellos contribuyen, reforzándose mutuamente, a alcanzar un propósito común. El segundo principio postula que la empresa ha de seguir una senda de continuidad, avanzando, peldaño a peldaño, en lo que es la construcción de su posición en el mercado y su capacidad para competir con éxito. El tercero hace referencia a la imprescindible armonía que debe existir entre el rumbo que siga la empresa y las características del medio en el que actúa.

Estos principios limitan las posibilidades de cambio efectivo en cuanto que éste ha de respetar el carácter unitario de la empresa y su propósito, sin romper su continuidad e integración con su entorno. Lo contrario provocará la desvertebración de la compañía, con la dificultad de recomposición que ello conlleva y que, ahora sí, forzará decisiones que rompan con la trayectoria y situación vigentes.

Es esta historia acumulada referida a las distintas facetas que componen la empresa, en concreto su estrategia, relación con sus clientes, organización, tecnología y el modo de hacer las cosas, lo que conforma su identidad y esencia. De hecho, esta realidad refleja la confrontación entre lo antiguo que pretende pervivir y lo nuevo que pugna por asentarse. Este contraste configura un equilibrio, en el que conviven fuerzas enfrentadas impulsoras del cambio, pero cuya ruptura forzada y discrecional incorpora un alto riesgo de quebrar la identidad de la organización.

De esta colisión nace el cambio que, como síntesis entre el empuje de la novedad y la resistencia de lo viejo, aúna elementos de una y otro. La gestión decidida y activa de esta tensión entre ambas fuerzas encontradas explica el progreso sostenido de la empresa. Por el contrario, la anulación de esta oposición por el dominio discrecional de un opuesto sobre otro lo debilita.

Quizás por todo lo anterior, los auténticos innovadores son, ante todo, continuadores del proceso de acumulación continuo que tiene lugar en toda organización, que evitan caer en la trampa del cambio como fin en sí mismo y que rehuyen desmantelar lo que funciona bien por el ansia de rendir tributo a modas importadas y estériles. Pero que tampoco dudan, en ocasiones extremas, en desarbolar estructuras y funcionamientos caducos e inoperantes, para dar paso a nuevos planteamientos, desembarazados del lastre del pasado. Para que esta transición sea auténtica y perdure es preciso romper con lo anterior para que nada de lo abatido pueda continuar gobernando.

Y este fenómeno de acumulación que anida en la empresa, está también vivo en sus estados contables, como imágenes que pretenden ser de su realidad económico-financiera.

En el Balance en cuanto que recoge, en cada instante, todas las inversiones y operaciones de financiación realizadas por la empresa, desde su origen, que no hayan sido canceladas. Por ello, la dimensión y estructura del Balance se transforman lentamente. Las acciones de inversión, diversificación, desinversión y sus consecuencias sobre la financiación de la empresa, así como las decisiones de refinanciación, se agregan a las adoptadas previamente, reconfigurando la imagen del Balance pero desplazando, sólo poco a poco, lo acumulado hasta la fecha.

La Cuenta de resultados, aunque se reinicie en cada período, sigue una senda similar. Su comportamiento incorpora la inercia de decisiones previas de muy distinto alcance temporal y contenido. Este informe contable muestra la materialización, en términos de ingresos y costes, de estrategias diseñadas en el marco de un entorno cambiante. No es frecuente que los ingresos y los costes experimenten, un año con otro, alteraciones bruscas en cuanto que ambos responden a la posición competitiva de la empresa en su mercado y ni la posición competitiva ni el mercado sufren, habitualmente, virajes fuertes. En ocasiones sí tienen lugar cambios significativos en los ingresos o en los costes, bien por actuaciones puntuales de la dirección de la empresa (fuerte reducción de la plantilla, por ejemplo) o por una gran sensibilidad de las ventas al ciclo económico.

Ello no evita que sucesos extraordinarios, en general causantes de una crisis empresarial, produzcan cambios bruscos en los estados contables. Mas en la Cuenta de resultados, por estar integrada por variables flujo, que en el Balance, compuesto de variables fondo. La traslación contable de estos incidentes se ve amplificada cuando, por los criterios aplicados, los estados contables desfiguren la realidad económico-financiera de la empresa, por omitir conceptos de coste o por sobrevalorar su patrimonio.

Ambos informes se gestan como consecuencia de las actividades de la empresa reflejando, desde una perspectiva monetaria, su patrimonio en cada instante (el Balance) o su beneficio durante un determinado período (la Cuenta de resultados). Este proceso de gestación se sustenta en base a unas leyes de comportamiento que, en lo sucesivo, denominamos dinámicas económico-financieras.

Si la estática estudia las cosas que permanecen en un mismo estado, sin experimentar mudanza, asociaremos el término dinámica, en este contexto, con las leyes que rigen la evolución de la información contable y que permiten comprender su cambio en relación con las causas que lo determinan.

Estas dinámicas no nacen del modelo contable utilizado ni son, en su origen, invención de los contables. Por el contrario, responden al comportamiento intrínseco de la realidad de la empresa y afloran cuando se escudriña su comportamiento económico-financiero. Sin embargo, para entender estas leyes sí es preciso identificarlas, conceptualizarlas, sistematizarlas y desarrollar una terminología que haga posible su transmisión. Pero lo sustancial es, como siempre, comprender los hechos, evitando confundir la forma o el signo con la esencia de la realidad. El concepto, de aplicación general, ha de dominar sobre los tecnicismos contables que puedan utilizarse en cada circunstancia.

Para introducir este conjunto de dinámicas, que extendemos a once, vamos a desarrollar un ejemplo referido a una situación empresarial hipotética. Aunque ésta sea sencilla, las dinámicas que la rigen son universales, con vigencia para situaciones más complejas. En cualquier caso, lo relevante no es el contenido ni el realismo del ejemplo sino la oportunidad que nos brinda para adentrarnos en las mencionadas leyes de comportamiento económico-financiero de la empresa.

2. DINAMICA BASICA

Pablo Villar ha desarrollado el prototipo de un pequeño electrodoméstico, al que denominaremos ZORA, cuya fabricación y comercialización se propone iniciar. Piensa que dispone de dos años para operar en cuanto que, transcurrido ese plazo, anticipa que las grandes compañías del sector pondrán a punto sus propios productos alternativos con los que no podrá competir. De hecho, la fabricación del ZORA se basa sólo en el ensamblaje de componentes estándar de mercado. Aunque el plazo de dos años lo estima breve, cree que ha de obtenerse un rendimiento razonable a ese término y confía que a la conclusión del mismo se le abran oportunidades que hoy desconoce.

Ahora Pablo se dispone a elaborar las proyecciones económico-financieras, al mencionado horizonte de dos años, para bosquejar los resultados de lo que espera sea una buena idea empresarial. Estas previsiones las va a realizar secuencialmente de modo que en cada etapa añadirá, sucesivamente, el efecto económico-financiero de nuevas decisiones de diseño del negocio. El período de previsión lo estableceremos en base anual para simplificar el propósito que se pretende, sin que con ello se reste ni entidad ni verosimilitud al desarrollo que sigue a continuación.

En su primera formulación el contenido del plan se compone de los siguientes parámetros:

- Adquirir maquinaria, valorada en 3 millones de ptas., capaz de montar 5.000 ZORAS al año en condiciones normales, con un máximo de 6.000 unidades si se fuerza el ritmo de trabajo. Para su adquisición Pablo aportará de sus ahorros los 3 millones de ptas. necesarios.

— Vender 5.000 ZORAS al año a un precio de venta de 4.000 ptas. la unidad, sin incluir IVA.

— El coste de fabricación que ha previsto es de 3.700 ptas. la unidad, incluyendo en esta cifra todos los componentes y mano de obra precisos. Los materiales supondrán el 50% del mencionado coste [1].

— Inicialmente, espera cobrar y pagar al contado y no mantener ningún tipo de almacén. La compra de materiales entrará directamente al proceso de fabricación y el producto terminado se despachará de inmediato al canal de distribución.

— Finalmente, no anticipa estacionalidades significativas en las ventas (Pablo se olvida de que este tipo de productos constituye un regalo habitual a las amas de casa).

Al arranque de la empresa empleará los 3 millones de ptas. desembolsados para adquirir la maquinaria, siendo su Balance en ese origen y en miles de ptas.

	ACTIVO		PASIVO
Maquinaria	3.000	Capital social	3.000

no existiendo Cuenta de resultados por no haber todavía actividad. Obsérvese que la adquisición de la maquinaria no conlleva un coste: se limita a una inversión que permuta efectivo por un bien físico. El coste de usar la maquinaria se registrará cuando se utilice, esto es, durante los dos años de vida del proyecto, período durante el que por el uso y por razones de mercado, la maquinaria se depreciará, es decir, irá perdiendo valor.

Los estados contables correspondientes a esta dinámica elemental se recogen en el cuadro 1, desglosados para los dos años previstos para la operación y expresados en miles de ptas. La Cuenta de resultados de cada año enfrenta los ingresos previstos con los costes necesarios para generarlos, dando así, por diferencia, el beneficio del período. El Balance respectivo se refiere a la inversión y a la financiación mantenidas al final de ambos años.

Para obtener las ventas de uno y otro año basta con multiplicar el precio de venta por las unidades vendidas (4.000 ptas. por 5.000 unidades). El coste de ventas se halla de manera análoga, como producto del coste unitario (3.700 ptas.) por las unidades vendidas. La diferencia entre ambas magnitudes no ofrece todavía el beneficio pues debemos deducir también el coste por utilizar la maquinaria. Ya que la vida comercial de ésta se cifra en dos años, si admitimos que a este término no tendrá ningún valor residual, el coste anual por su utilización será de 1.500 miles de ptas. calculado por:

$$\frac{\text{Importe de la maquinaria}}{\text{Vida útil}} = \frac{3.000}{2}$$

[1] El coste de fabricación incluye también el coste de utilización de los equipos de producción, pero en este ejemplo vamos a diferenciar este último concepto con fines meramente expositivos. Este coste aparecerá en la cuenta de resultados bajo la denominación de amortización.

Al cabo de dos años se habrá consumido su valor total de compra. Añadiendo este concepto de coste resulta un beneficio nulo, según muestra el cuadro 1. Obsérvese que sería inadecuado reconocer el coste de la maquinaria en el momento de su adquisición, pues en este acto sólo se produce un intercambio donde la contrapartida es efectivo; tampoco sería razonable asociarlo sólo al primer año de operación, puesto que la maquinaria se utilizará también durante otro año más.

En paralelo, si el Balance ha de reflejar el valor de los activos de ZORA, al final de cada uno de los dos años habrá que reducir el valor inicial de la maquinaria en lo que se estima va a ser su depreciación.

Junto a esta cuenta, que se denomina amortización acumulada, aparece otra nueva que es la tesorería, es decir las disponibilidades en efectivo con que contará ZORA y que podrán estar materializadas en efectivo en caja, en disponible en una cuenta bancaria o, lo que será mas aconsejable, invertidas en algún activo financiero con rendimiento.

Cuadro 1:
DINAMICA BASICA

BALANCE	AÑO 1	AÑO 2
Tesorería	1.500	3.000
Activo fijo	3.000	3.000
Amortización acumulada	–1.500	–3.000
Total activo	3.000	3.000
Capital social	3.000	3.000
Total pasivo	3.000	3.000

CUENTA DE RESULTADOS	AÑO 1	AÑO 2
Ventas	20.000	20.000
Coste de ventas	–18.500	–18.500
Amortización	–1.500	–1.500
Beneficio	0	0

Su importe se estima restando de los ingresos los pagos; para el año 1 y recordando las hipótesis recogidas anteriormente (cobros y pagos al contado), sería:

Del año	Miles de ptas.
Cobros = Ventas	20.000
Pagos = Coste de ventas	–18.500
Incremento de tesorería	1.500

La amortización no aparece en esta cuenta de tesorería en cuanto que este coste no supone ningún movimiento de fondos. Este ya se computó cuando se pagó la maquinaria. Puesto que la aportación inicial de 3.000 se aplicó en su totalidad a adquirir la maquinaria, la tesorería inicial del año 1 será nula, con lo cual, al final de dicho año, el efectivo disponible coincide, en este caso, con su incremento, es decir 1.500.

Observamos también, que la tesorería coincide en nuestro ejemplo, en el que el beneficio es nulo, con la amortización de la maquinaria durante el año 1. Es como si la pérdida de valor de la maquinaria se hubiese convertido en efectivo. En realidad no es así, lo que sucede es que a efectos de tesorería, de las ventas (20.000) se han deducido sólo los costes que suponen un desembolso durante el año (18.500) resultando la diferencia de 1.500, en este caso, igual al coste (amortización) que no se desembolsa.

Finalmente, como se deduce de lo anterior, es lógico que al término de los dos años se acumule en la tesorería justo el valor inicial de la maquinaria. Ello quiere decir que en ese momento se podría reponer el equipo consumido en las operaciones y volver a empezar. Como no ha habido ni beneficio ni pérdida el negocio retorna a su posición original.

3. DINAMICA DEL BENEFICIO

Pero al revisar el plan, Pablo Villar considera que si va a arriesgar su tiempo y su dinero debe obtener una ganancia. Por ello, decide que es viable aumentar el precio de venta del ZORA hasta 4.800 ptas. (un 20%) la unidad. Con ello, los estados financieros se convierten en los recogidos en el cuadro 2. Este cuadro indica con una flecha horizontal las partidas que se modifican en relación con el plan anterior.

Si empezamos por la cuenta de resultados, el incremento del precio produce, el efecto deseado: cada año se obtiene un beneficio de 4 millones de ptas.

En el balance resulta una tesorería mayor, según muestran los cálculos siguientes:

(en miles de ptas.)	Año 1	Año 2
Tesorería inicial	0	5.500
Cobros	24.000	24.000
–Pagos	–18.500	–18.500
Tesorería final	5.500	11.000

Hay que insistir en que este comportamiento de la tesorería es sólo válido en ausencia de otras posibles utilizaciones de los fondos generados por las operaciones o de nueva financiación.

El Balance del cuadro 2 muestra cómo el patrimonio de Pablo Villar en ZORA se ha incrementado: lo hace como consecuencia del beneficio generado que se acumula en la cuenta de reservas.

En esta fase del ejemplo el incremento de la tesorería coincide con la suma del beneficio y de la amortización del año. De acuerdo con las hipótesis manejadas hasta ahora todo el beneficio se materializa en efectivo por lo que se añade a la amortización para fijar el aumento de la tesorería. En general, el beneficio acrecienta el valor de la empresa y mejora su liquidez, aunque esto último no siempre se explicite. Incluso, la liquidez puede ser muy reducida en una empresa muy rentable pero que, por ejemplo, realice fuertes inversiones en activos fijos sin financiación externa.

En sentido contrario, cuando una empresa genera pérdidas (los costes del período superan a las ventas) se producen los efectos contrarios. El patrimonio de los accionistas se reduce en igual importe que el de las pérdidas. Además, será preciso financiar el quebranto producido.

Cuadro 2:
DINAMICA DEL BENEFICIO

BALANCE	AÑO 1	AÑO 2	
Tesorería	5.500	11.000	←
Activo fijo	3.000	3.000	
Amortización acumulada	–1.500	–3.000	
Total activo	7.000	11.000	←
Capital social	3.000	3.000	
Reservas	4.000	8.000	←
Total pasivo	7.000	11.000	←

CUENTA DE RESULTADOS	AÑO 1	AÑO 2	
Ventas	24.000	24.000	←
Coste de ventas	–18.500	–18.500	
Amortización	–1.500	–1.500	
Beneficio	4.000	4.000	←

4. DINAMICA DE LA INFLACION

Llegado a este punto del análisis Pablo Villar decide incorporar a las previsiones sus expectativas respecto a la inflación, que cifra en un 5% al año. Así, estima que el precio de venta unitario del año 2 se podrá incrementar en ese porcentaje respecto al del año 1, alcanzando las 5.040 ptas. Por ello, la cifra de ventas del último año se eleva a 25,2 millones de ptas. Pero algo similar sucederá con el coste de ventas unitario que de las 3.700 ptas. del año 1 pasarán a 3.885 en el año 2, dando lugar a un coste de ventas de 19.425 miles de ptas. Si calculamos el margen bruto como diferencia entre las ventas y el coste de las ventas, obtenemos:

	Año 1	**Año 2**
Ventas	24.000	25.200
Coste de ventas	–18.500	–19.425
Margen bruto	5.500	5.775

En esta fase del ejemplo el incremento de la tesorería coincide con la suma del beneficio y de la amortización del año. De acuerdo con las hipótesis manejadas hasta ahora todo el beneficio se materializa en efectivo por lo que se añade a la amortización para fijar el aumento de la tesorería. En general, el beneficio acrecienta el valor de la empresa y mejora su liquidez, aunque esto último no siempre se explicite. Incluso, la liquidez puede ser muy reducida en una empresa muy rentable pero que, por ejemplo, realice fuertes inversiones en activos fijos sin financiación externa.

Sin embargo, el beneficio después de amortización del año 2 es casi un 7% superior al del año inicial, según el cuadro 3 correspondiente a esta dinámica. La razón de ello es que el coste relativo a la amortización no se ha visto afectado, en cuanto que este coste se calcula, habitualmente, sobre el valor de compra histórico de la inversión. Este efecto hace que, a diferencia de lo expuesto en la dinámica básica, cuando hay inflación el efectivo generado por las operaciones, con beneficio nulo, sea insuficiente para reponer el activo fijo una vez consumido. Este fenómeno es especialmente significativo en aquellas empresas que precisan un inmovilizado elevado.

El resto de las cuentas se comportan como se explicó en los planes anteriores, aunque con los importes que resultan de los nuevos datos.

Cuadro 3:
DINAMICA DE LA INFLACION

BALANCE	AÑO 1	AÑO 2	
Tesorería	5.500	11.275	←
Activo fijo	3.000	3.000	
Amortización acumulada	–1.500	–3.000	
Total activo	7.000	11.275	←
Capital social	3.000	3.000	
Reservas	4.000	8.275	←
Total pasivo	7.000	11.275	←

CUENTA DE RESULTADOS	AÑO 1	AÑO 2	
Ventas	24.000	25.200	←
Coste de ventas	–18.500	–19.425	
Amortización	–1.500	–1.500	
Beneficio	4.000	4.275	←

5. DINAMICA FISCAL

En conversación con un amigo Pablo Villar advierte que, sobre el beneficio que obtenga, deberá pagar el impuesto de sociedades a una tasa del 35%. Aunque el beneficio contable no tiene por qué coincidir con el fiscal, ya que hay partidas de gasto que no son deducibles, y aun sabiendo que puede acogerse a ventajas fiscales derivadas de las inversiones y la creación de empleo respectivamente, decide aplicar la mencionada tasa sobre el beneficio contable para estimar el impuesto a pagar.

Por ello, los estados financieros previsionales del cuadro 3 se convierten en los recogidos en el 4. Veamos, en este caso, cómo evoluciona la tesorería de cada año.

	Año 1	Año 2
Tesorería inicial	0	4.100
+Cobros	24.000	25.200
–Coste ventas	–18.500	–19.425
–Impuestos	–1.400	–1.496
Tesorería final	4.100	8.379

Aunque el impuesto de sociedades de un año se suele abonar bien adentrado el ejercicio siguiente y una vez aprobadas las cuentas por la Junta de accionistas, hemos supuesto que se liquida al final del ejercicio corriente para simplificar el ejemplo. Si quisiésemos reflejar la realidad con precisión bastaría con incrementar la tesorería al 31 de Diciembre de cada año y hacer aparecer, en el Pasivo, el impuesto a pagar como una deuda a corto plazo.

Otra forma de calcular la tesorería consiste en estimarla a partir del resto de las cuentas del Balance, dándole un tratamiento residual. En efecto, si conocemos todas las partidas que componen el balance, menos la tesorería, el valor que tome ésta debe ser aquél que iguale el Activo con el Pasivo, según se muestra a continuación:

	Año 1	Año 2
Pasivo	5.600	8.379
–Activo fijo	–3.000	–3.000
+Amortización acumulada	1.500	3.000
Tesorería	4.100	8.379

Este método de calcular la tesorería, denominado por saldos, se utiliza especialmente en los procesos de previsión financiera a medio y largo plazo.

Cuadro 4:
DINAMICA FISCAL

BALANCE	AÑO 1	AÑO 2	
Tesorería	4.100	8.379	←
Activo fijo	3.000	3.000	
Amortización acumulada	-1.500	-3.000	
Total activo	5.600	8.379	←
Capital social	3.000	3.000	
Reservas	2.600	5.379	←
Total pasivo	5.600	8.379	←

CUENTA DE RESULTADOS	AÑO 1	AÑO 2	
Ventas	24.000	25.200	
Coste de ventas	-18.500	-19.425	
Amortización	-1.500	-1.500	
Beneficio	4.000	4.275	
Impuestos	-1.400	-1.496	←
Beneficio neto	2.600	2.779	←

6. DINAMICA DEL DIVIDENDO

En esta etapa de las previsiones Pablo Villar decide incorporar el pago de dividendos. El dividendo es la parte del beneficio después de impuestos que la empresa abona a sus accionistas. Constituye la remuneración en efectivo de los propietarios que complementa la que puedan obtener por plusvalía es decir, por aumento del valor de su inversión. Hasta ahora ZORA preveía retener todo el beneficio y por ello la cuenta de reservas del Balance coincide cada año con el beneficio acumulado respectivo.

En este caso, Pablo Villar, como único propietario de ZORA, decide que distribuirá el 50% del beneficio neto, obteniéndose los estados financieros del cuadro 5. De este modo, la cuenta de reservas es menor que en el plan anterior y lo es justo en el dividendo repartido. Así en el año 1 las reservas en esta etapa suponen la mitad que en el cuadro 4.

Si suponemos que el dividendo se paga al 31 de Diciembre de cada año, la cuenta de tesorería será la siguiente:

	Año 1	Año 2
Tesorería inicial	0	2.800
+ Ingresos	24.000	25.200
– Coste de ventas	–18.500	–19.425
– Impuestos	–1.400	–1.496
– Dividendos	–1.300	–1.389
= Tesorería final	2.800	5.689 [2]

En realidad, y al igual que el impuesto sobre sociedades, el dividendo suele hacerse efectivo durante el primer semestre del año siguiente. En este caso, en el Balance al 31 de Diciembre no se habría deducido la salida de dinero de tesorería por este concepto y en el Pasivo aparecería una deuda con los accionistas. También es cierto que la empresa puede abonar dividendos con anterioridad a la aprobación de las cuentas anuales por sus órganos rectores. A estos pagos previos se les denomina dividendos a cuenta y al que resta para cumplir con el acuerdo de la Junta de accionistas, se le conoce como dividendo complementario.

Cuadro 5:
DINAMICA DEL DIVIDENDO

BALANCE	AÑO 1	AÑO 2	
Tesorería	2.800	5.689	←
Activo fijo	3.000	3.000	
Amortización acumulada	–1.500	–3.000	
Total activo	4.300	5.689	←
Capital social	3.000	3.000	
Reservas	1.300	2.689	←
Total pasivo	4.300	5.689	←

CUENTA DE RESULTADOS	AÑO 1	AÑO 2	
Ventas	24.000	25.200	
Coste de ventas	–18.500	–19.425	
Amortización	–1.500	–1.500	
Beneficio	4.000	4.275	
Impuestos	–1.400	–1.496	
Beneficio neto	2.600	2.779	
Dividendos	–1.300	–1.389	←
Beneficio retenido	1.300	1.389	←

[2] Por operar en miles de ptas., de aquí en adelante se puede producir, como en esta cifra, alguna diferencia por redondeo.

7. DINAMICA DEL APLAZAMIENTO DE COBRO

Animado por sus progresos en finanzas pero preocupado por haber incrementado el precio de venta en un 20% sobre su idea inicial, Pablo Villar decide reforzar sus argumentos comerciales; para ello incorpora conceder a sus clientes un aplazamiento de pago de un mes: las ventas que realice ZORA las cobrará un mes después. Si admitimos que las ventas de este pequeño electrodoméstico carecen de estacionalidad, las ventas de cada mes del año 1 serán de 2.000 miles de ptas.

Por ello, las cuentas a cobrar de sus clientes, al 31 de Diciembre, serán de 2 millones de ptas. en el año 1. Para el 2 el cálculo es igualmente sencillo, obteniéndose unas ventas mensuales de 2.100.000 ptas., cifra que coincidirá con las deudas de los clientes.

Lógicamente, la tesorería disminuye puesto que son ventas que, a final de año, están pendientes de cobro. El resto de las partidas, según muestra el cuadro 6 no cambian. La decisión de conceder crédito a clientes, además de que retrasa el cobro de las ventas, tiene el riesgo de poder generar impagados pero como contrapartida refuerza la acción comercial de la empresa.

Por supuesto que si en vez de un plazo de 30 días ZORA concediese a sus clientes 60 días, el importe de las cuentas a cobrar se duplicaría. La inversión en este concepto aumenta al hacerlo las ventas y el plazo de cobro de las mismas.

Cuadro 6:
DINAMICA DEL APLAZAMIENTO DE COBRO

BALANCE	AÑO 1	AÑO 2
Tesorería	800	3.589 ←
Clientes	2.000	2.100 ←
Activo fijo	3.000	3.000
Amortización acumulada	–1.500	–3.000
Total activo	4.300	5.689
Capital social	3.000	3.000
Reservas	1.300	2.689
Total pasivo	4.300	5.689

CUENTA DE RESULTADOS	AÑO 1	AÑO 2
Ventas	24.000	25.200
Coste de ventas	–18.500	–19.425
Amortización	–1.500	–1.500
Beneficio	4.000	4.275
Impuestos	–1.400	–1.496
Beneficio neto	2.600	2.779
Dividendos	–1.300	–1.389
Beneficio retenido	1.300	1.389

8. DINAMICA DEL APLAZAMIENTO DE PAGO

Revisando lo hecho hasta el momento Pablo Villar reconoce que al igual que sus clientes no le pagarán al contado, también ZORA podrá abonar a sus proveedores a plazo. Investigada la extensión factible de este aplazamiento, concluye que puede ser de dos meses, aplicados a las compras de materiales. Puesto que éstas representan el 50% del coste de ventas, la deuda a proveedores al final del primer año será de 1.542 miles de ptas., calculada por:

$$18.500 \text{ ptas / año} \times 0{,}5 \times \frac{2 \text{ meses}}{12 \text{ meses / año}}$$

Al incorporar esto al Balance la partida de proveedores, que refleja la deuda de ZORA, aparece como una cuenta nueva del pasivo. Como contrapartida, Pablo Villar ve incrementar su tesorería en el mismo importe, según indica el cuadro 7, obteniéndose un saldo, en el año 1, de 2.342 miles de ptas. (800 + 1.542).

Para el año 2, la deuda a proveedores será de 1.619 miles de ptas.

Existen otros conceptos de pago, exigibles por terceros como consecuencia de la adquisición de bienes, servicios u obligaciones fiscales, que tampoco se abonan al contado. Estas deudas aparecen también en el Pasivo, hasta su abono efectivo, aunque incluidas en cuentas específicas diferentes a las de proveedores.

Calculemos la tesorería por el método de saldos expuesto en el epígrafe 5. Conocido el pasivo total basta con restar los importes de los conceptos operativos del activo para estimar el saldo de tesorería, según lo siguiente:

	Año 1	**Año 2**
Pasivo Total	5.842	7.308
– Clientes	–2.000	–2.100
– Activo Fijo	–3.000	–3.000
+ Amortización acumulada	1.500	3.000
Tesorería	2.342	5.208

Cuadro 7:
DINAMICA DEL APLAZAMIENTO DE PAGO

BALANCE	**AÑO 1**	**AÑO 2**
Tesorería	2.342	5.208 ←
Clientes	2.000	2.100
Activo fijo	3.000	3.000
Amortización acumulada	–1.500	–3.000
Total activo	5.842	7.308 ←
Capital social	3.000	3.000
Reservas	1.300	2.689
Proveedores	1.542	1.619 ←
Total pasivo	5.842	7.308 ←

CUENTA DE RESULTADOS	**AÑO 1**	**AÑO 2**
Ventas	24.000	25.200
Coste de ventas	–18.500	–19.425
Amortización	–1.500	–1.500
Beneficio	4.000	4.275
Impuestos	–1.400	–1.496
Beneficio neto	2.600	2.779
Dividendos	–1.300	–1.389
Beneficio retenido	1.300	1.389

9. DINAMICA DE LAS EXISTENCIAS

Animado por las expectativas de su proyecto, Pablo Villar desea revisar su decisión de no mantener existencias. Después de un análisis pormenorizado decide corregir las hipótesis iniciales en los siguientes términos:

1. Debe tener materiales suficientes para producir durante un mes a fin de evitar el riesgo de interrumpir la producción por eventuales fallos en el suministro.

2. Sigue sin preverse producción en curso pues el montaje de los componentes de cada ZORA se hace en el día.

3. Prevé mantener un inventario de producto terminado de un mes de venta de modo que pueda atender pedidos imprevistos de su canal de distribución.

La cuantificación de las nuevas políticas arroja las siguientes inversiones:

1. Existencias de materiales.

   Como el coste de materiales asciende a un 50% del coste de ventas, se obtiene:

$$\text{Año 1: } \frac{18.500 \times 0{,}5}{12} = 771 \text{ miles de ptas.}$$

$$\text{Año 2: } \frac{19.425 \times 0{,}5}{12} = 809 \text{ miles de ptas.}$$

   Puesto que el numerador refleja el coste de materiales del año (coste de ventas anual por la proporción que representan los materiales) el cociente estima el consumo mensual.

2. Productos en curso.

   Es nulo ya que la producción pasa en el día a producto terminado.

3. Productos terminados.

   Como las ventas anuales valoradas al coste se cifran en 18.500 miles de ptas., el coste de las ventas por mes, será de 1.542 en el año 1. En el año 2 supondrá 1.619 miles de ptas. Ambos importes coincidirán, respectivamente, con las existencias de uno y otro año en cuanto que se desea mantener producto terminado para la venta de un mes.

Según lo anterior, en el activo de ZORA habrá que incorporar las cuentas de existencias por los siguientes importes, según refleja el cuadro 8:

	Año 1	**Año 2**
Materiales	771	809
Productos terminados	1.542	1.619
Existencias totales	2.313	2.428 miles ptas.

Cuadro 8:
DINAMICA DE LAS EXISTENCIAS

BALANCE	AÑO 1	AÑO 2
Tesorería	29	2.780 ←
Clientes	2.000	2.100
Existencias materiales	771	809 ←
Existencias productos terminados	1.542	1.619 ←
Activo fijo	3.000	3.000
Amortización acumulada	–1.500	–3.000
Total activo	5.842	7.308
Capital social	3.000	3.000
Reservas	1.300	2.689
Proveedores	1.542	1.619
Total pasivo	5.842	7.308

CUENTA DE RESULTADOS	AÑO 1	AÑO 2
Ventas	24.000	25.200
Coste de ventas	–18.500	–19.425
Amortización	–1.500	–1.500
Beneficio	4.000	4.275
Impuestos	–1.400	–1.496
Beneficio neto	2.600	2.779
Dividendos	–1.300	–1.389
Beneficio retenido	1.300	1.389

Como por aplicar estas políticas de gestión de existencias ZORA no contrae nuevas deudas a fin de año, el pasivo permanecerá idéntico al del plan anterior. La contrapartida del incremento de los almacenes es una disminución de la tesorería.

Sí podemos anticipar un efecto transitorio en la cuenta de proveedores pues ahora la cifra anual de compras de materiales será superior a la dinámica anterior. En efecto, tendrá que adquirir materiales para atender las exigencias de la producción vendida y, además, para constituir sus existencias de materiales y productos terminados. Pero si suponemos que esto se realiza a principios de cada año, el aumento transitorio de la deuda a proveedores quedará anulado al final de año, por ser el plazo de pago a los mismos de 60 días.

En base a los estados contables del cuadro 8, Villar desea programar el valor de la producción anual a realizar y las compras de materiales.

Para estimar la producción aplicará una ecuación de flujo que establece que la producción (P) habrá de cubrir las ventas mas el aumento de las existencias de productos terminados, es decir

Producción = Coste de ventas + Existencias finales – Existencias iniciales

Año 1 P = 18.500 + 1.542 – 0 = 20.042 miles ptas.

Año 2 P = 19.425 + 1.619 – 1.542 = 19.502 miles ptas.

Pablo se queda sorprendido por tener mayor coste de producción el primer año que el segundo. Después de reflexionar comprende que en el año de arranque ha de fabricar lo necesario para atender la demanda y, además, para acumular las existencias de reserva de productos terminados equivalentes a un mes de ventas. El año 2 este almacén se incrementa sólo por la repercusión de la inflación prevista.

Para estimar la cifra de compras anual (C) se utilizará una ecuación de flujo similar a la anterior y que expresa que la cantidad a comprar deberá ser igual al consumo de materiales mas el incremento de los almacenes de materiales.

Compras = Consumo de materiales + Existencias finales – Existencias iniciales

donde el consumo de materiales asciende a un 50% del coste de la producción. Aplicada a ambos años planificados, se obtienen los siguientes importes de compras:

Año 1	C = 20.042 x 0,5 + 771 – 0	= 10.792
Año 2	C = 19.502 x 0,5 + 809 – 771	= 9.789

La razón por la que las compras del primer año exceden a las del segundo es similar al fenómeno explicado anteriormente para la producción: el primer año ha de constituir el almacén de reserva de un mes de consumo mientras que en el año 2 ese almacén se incrementa sólo por la repercusión de la inflación prevista.

Si calculamos la relación entre la producción (P) y las ventas al coste (CV) se obtienen los siguientes índices:

Año 1:	P/CV = 20.042/18.500 = 1,083
Año 2:	P/CV = 19.502/19.425 = 1,004

que muestran que la producción valorada al coste supera al coste de las ventas como consecuencia del proceso de acumulación de existencias. Esta relación es un importante instrumento de control que permite comparar las entradas al almacén de productos terminados (producción) con las salidas del mismo (coste de las ventas). Mide, en definitiva, la adecuación de la producción a la demanda del mercado.

10. DINAMICA DEL AUMENTO DE ACTIVIDAD

Revisando sus hipótesis de ventas, Pablo Villar considera que el segundo año podría llegar a vender 6.000 ZORAS en vez de las 5.000 previstas inicialmente. Al incorporar esta nueva hipótesis, obtiene los estados contables del cuadro 9.

Las ventas y el coste de las mismas del segundo año se ven incrementadas de acuerdo con lo siguiente:

	Unidades		**Por unidad**		**Total**	
Ventas	6.000	x	5.040	=	30.240	miles ptas.
Coste ventas	6.000	x	3.885	=	23.310	miles ptas.

Por ello, el beneficio de ese año pasa de 4.275 a 5.430 miles de ptas.

Esta dinámica del aumento del volumen activa otras dinámicas y su resultado final se ve influido, a su vez, por el efecto de las mismas. Así, la comparación del cuadro 9 con el 8 permite identificar los efectos derivados sobre impuestos, dividendos, beneficio retenido, clientes, existencias y reservas.

Un efecto muy importante de esta dinámica es su repercusión sobre el capital circulante operativo de la empresa, calculado como la diferencia entre las partidas del activo circulante, integrado por aquellas, que razonablemente se convertirán en efectivo en el plazo máximo de un año, y el pasivo circulante (deudas con vencimiento a corto plazo). Los estados contables para el primer año son idénticos a las del plan

Cuadro 9:
DINAMICA DE AUMENTO DE ACTIVIDAD

BALANCE	AÑO 1	AÑO 2	
Tesorería	29	2.573	←
Clientes	2.000	2.520	←
Existencias materiales	771	971	←
Existencias productos terminados	1.542	1.943	←
Activo fijo	3.000	3.000	
Amortización acumulada	–1.500	–3.000	
Total activo	5.842	8.007	←
Capital social	3.000	3.000	
Reservas	1.300	3.065	←
Proveedores	1.542	1.943	
Total pasivo	5.842	8.007	←

CUENTA DE RESULTADOS	AÑO 1	AÑO 2	
Ventas	24.000	30.240	←
Coste de ventas	–18.500	–23.310	←
Amortización	–1.500	–1.500	
Beneficio	4.000	5.430	←
Impuestos	–1.400	–1.901	←
Beneficio neto	2.600	3.530	←
Dividendos	–1.300	–1.765	←
Beneficio retenido	1.300	1.765	←

anterior pues no se ha producido ningún cambio de hipótesis. No sucede así cuando comparamos los correspondientes al año 2: menos el activo fijo y las dos cuentas de amortización (la del Balance y la de la Cuenta de resultados), el resto se han visto modificadas por el aumento de la actividad. Si calculamos el capital circulante operativo (excluye la tesorería) en ambos planes, para el año 2, obtenemos:

	PLAN 8	PLAN 9	INCREMENTO EN %
Clientes	2.100	2.520	20
Existencias de materiales	809	971	20
Existencias prod.terminados	1.619	1.943	20
Activo circulante operativo	4.528	5.434	20
– Proveedores	1.619	1.943	20
Capital circulante	2.909	3.491	20

Todas las partidas crecen en un 20%, porcentaje que coincide con el incremento en unidades de las ventas. Ello es así porque los elementos que componen el capital circulante son, en este ejemplo, una función lineal de las ventas. La conclusión de este análisis es que un incremento de la actividad propicia un aumento de la inversión de la empresa, al menos en su capital circulante, lo que entraña un aumento de las necesidades de financiación. Por ello, en ocasiones las posibilidades de crecimiento se ven limitadas por la capacidad de financiarlo. En sentido contrario, problemas de liquidez pueden solventarse reduciendo el nivel de actividad y, en consecuencia, liberando recursos financieros inmovilizados por el circulante.

11. DINAMICA DE GASTOS DEL PERIODO

Al revisar sus estimaciones echa en falta los gastos para distribuir y vender el producto y para administrar el negocio. Después de revisar los conceptos de gasto estima que ambos conceptos para cada año serán de 2.000 y 2.500 miles de ptas. respectivamente. El cuadro 10 muestra los estados contables actualizados al incorporar los mencionados gastos y suponiendo que se pagan al contado. Lógicamente, se reduce el beneficio sobre el plan anterior y todas las partidas que se derivan del mismo (tesorería, impuestos, dividendos y reservas).

Al analizarlos, Pablo Villar advierte que la tesorería al final del primer año se hace negativa en 621 miles de ptas. Para subsanarlo podría modificar algún parámetro del diseño operativo de la actividad, como por ejemplo:

— reducir el plazo de cobro a clientes
— reducir las existencias
— aumentar el aplazamiento de pago a proveedores

Cuadro 10:
DINAMICA DE GASTOS DEL PERIODO

BALANCE	AÑO 1	AÑO 2	
Tesorería	–621	1.111	←
Clientes	2.000	2.520	
Existencias materiales	771	971	
Existencias productos terminados	1.542	1.943	
Activo fijo	3.000	3.000	
Amortización acumulada	–1.500	–3.000	
Total activo	5.192	6.545	←
Capital social	3.000	3.000	
Reservas	650	1.602	←
Proveedores	1.542	1.943	
Total pasivo	5.192	6.545	←

CUENTA DE RESULTADOS	AÑO 1	AÑO 2	
Ventas	24.000	30.240	
Coste de ventas	–18.500	–23.310	
Amortización	–1.500	–1.500	
Gastos comerciales y generales	–2.000	–2.500	←
Beneficio	2.000	2.930	←
Impuestos	–700	–1.026	←
Beneficio neto	1.300	1.905	←
Dividendos	–650	–952	←
Beneficio retenido	650	952	←

También podría cancelar el dividendo del primer año. Con ello evitaría una salida de caja de 650.000 ptas. suficiente para cubrir el déficit de tesorería. Sin embargo, decide solicitar un préstamo y dejar las otras opciones como margen de seguridad para cubrir imprevistos, introduciendo así la siguiente dinámica.

12. DINAMICA FINANCIERA

Se pone pues a calcular el préstamo a solicitar al principio del primer año, sabiendo que el déficit es de 621 miles de ptas. De inmediato acepta que el préstamo deberá ser superior a dicha cifra en los intereses a abonar sobre el principal del préstamo, de modo que al deducir aquellos de éste le resten las 621 miles de ptas. Pero también advierte que se producirán efectos sobre los impuestos a pagar (al ser el gasto financiero un gasto fiscal) y sobre los dividendos (si el beneficio neto se reduce por haber más gastos también lo hará el dividendo al ser el 50% de aquél).

Consultado el tipo de interés que le aplicaría su banco obtiene como respuesta una tasa del 10% al año.

En base a lo anterior, concluye que el préstamo Pr será igual a:

	Pr =
Déficit	621 mil ptas.
+ Intereses sobre el principal del préstamo (interés del 10 %)	+ 0,1 x Pr
– Ahorro de impuestos (tasa impositiva del 35%)	– 0,35 x 0,1 x Pr
– Ahorro de dividendos (se paga el 50% del beneficio neto)	– 0,5 x 0,65 x 0,1xPr

En consecuencia, formula la siguiente ecuación, que resuelta da un valor de Pr de 642 miles de ptas.

$$Pr = 621 + 0,1 \times Pr - 0,35 \times 0,1 \times Pr - 0,5 \times 0,65 \times 0,1 \times Pr$$

Incorporando este resultado a los estados del cuadro 10, se obtiene el 11 que recoge los siguientes cambios:

1. En el pasivo se reconoce una deuda de 642 miles de ptas. al banco.

2. Al ingresar el préstamo, sus cobros se incrementan cancelando el déficit de tesorería anterior.

3. En la cuenta de resultados se reconocen los gastos financieros y los efectos inducidos sobre impuestos y dividendos.

4. En el Balance disminuye el saldo de la cuenta de reservas.

Quizás Pablo debería planificar tener un saldo mínimo en tesorería, para cubrir imprevistos, o negociar con el Banco la posibilidad de poder utilizar fondos adicionales si, eventualmente, fuese necesario. La tesorería cero del año 1 y la ausencia de créditos de reserva (contratados pero no dispuestos) puede ser arriesgada en caso de sucesos adversos que reduzcan los ingresos o aumenten los pagos sobre el plan.

Cuadro 11:
DINAMICA FINANCIERA

BALANCE	AÑO 1	AÑO 2
Tesorería	0	1.090 ←
Clientes	2.000	2.520
Existencias materiales	771	971
Existencias productos terminados	1.542	1.943
Activo fijo	3.000	3.000
Amortización acumulada	−1.500	−3.000
Total activo	5.813	6.524 ←
Capital social	3.000	3.000
Reservas	629	1.581 ←
Proveedores	1.542	1.943
Préstamo bancario	642	0 ←
Total pasivo	5.813	6.524 ←

CUENTA DE RESULTADOS	AÑO 1	AÑO 2
Ventas	24.000	30.240
Coste de ventas	−18.500	−23.310
Amortización	−1.500	−1.500
Gastos comerciales y generales	−2.000	−2.500
Beneficio económico	2.000	2.930
Gastos financieros	−64	0 ←
Beneficio	1.936	2.930 ←
Impuestos	−678	−1.026 ←
Beneficio neto	1.258	1.905 ←
Dividendos	−629	−952 ←
Beneficio retenido	629	952 ←

13. TESORERIA GENERADA POR LAS OPERACIONES

Las operaciones de la empresa generan unos fondos que equivalen a la suma del beneficio neto y la amortización. Sin embargo, este importe no se traduce, necesariamente, en un incremento igual de la tesorería en cuanto que las propias operaciones han podido demandar o liberar recursos financieros para otras finalidades. Además, la tesorería se ve afectada por variaciones en el endeudamiento oneroso. De hecho, en el caso de ZORA, al revisar sus estados financieros previsionales, se obtiene:

Año 2	Miles de Ptas.
Beneficio neto	1.905
Amortización	1.500
Fondos generados	3.405

Sin embargo, la tesorería se ha incrementado del año 1 al 2 en sólo 1.090 miles de ptas. Cabe preguntarse, pues, a qué se debe esta diferencia. Del cuadro 11 se desprende que se han distribuido en dividendos 952 miles de ptas., que explican parte de la diferencia: son fondos generados que no se han retenido y en consecuencia han disminuido la tesorería al ser abonados a los accionistas.

Además, hay que reconocer que ni las ventas ni todos los gastos se traducen en un movimiento inmediato de la tesorería. En el caso de ZORA las ventas se cobran a 30 días y las compras se pagan a 60.

También, el ritmo de producción supera al ritmo de las ventas, por lo cual la diferencia incrementará el saldo en existencias, detrayendo recursos monetarios para cubrir este aumento.

En concreto, comparando los Balances de ambos años, según en el cuadro 11, se obtienen las siguientes variaciones, que reflejan la inversión prevista.

	Año 2	Año 1	Inversión
Clientes	2.520	2.000	520
Existencias de materiales	971	771	200
Existencias de productos	1.943	1.542	401
Proveedores	–1.943	–1.542	–401
Fondos absorbidos	3.491	2.771	720

Del cuadro anterior se deduce que las operaciones de la empresa han absorbido 720 miles de ptas., como consecuencia del aumento de las partidas del activo circulante operativo minorado en la financiación adicional que han aportado los proveedores.

En este caso el activo fijo no ha experimentado variación alguna por ello no se han precisado fondos adicionales para financiar inversión en inmovilizado.

Si agrupamos los datos obtenidos hasta ahora obtenemos:

Fondos generados	3.405
– Fondos absorbidos	–720
= Tesorería generada por las operaciones	2.685
– Dividendos	–952
Incremento de la tesorería	1.733

Teniendo en cuenta que, según muestra el cuadro 11, se ha amortizado el préstamo solicitado el año anterior por importe de 642 miles de ptas., de la tesorería generada sólo la diferencia supondrá un incremento del saldo de tesorería, esto es:

Tesorería generada por las operaciones	2.685
– Dividendos	–952
– Amortización del préstamo	–642
= Incremento de la tesorería	1.091

La discrepancia entre las 1.090 en que según el cuadro 11 se incrementa la tesorería y las 1.091 que se obtienen del cuadro anterior, obedece al redondeo resultante por operar en miles de ptas.

Por supuesto que si se hubiese realizado una inversión en activo fijo habría que incorporarla a la tesorería absorbida por las operaciones. Igualmente, habría que tener en cuenta la eventual realización de una ampliación de capital o la negociación de un préstamo como fuentes que alimentan la tesorería de la empresa. En términos generales, la variación del saldo de tesorería se calcula por el esquema del cuadro 12, donde aparecen las cifras de ZORA del año 2:

Cuadro 12:
CALCULO DE LA VARIACION DE TESORERIA

		Miles de pesetas
+ Fondos generados por las operaciones		3.405
– Fondos absorbidos por las operaciones		–720
+ activo circulante operativo	1.121	
– proveedores y acreedores	–401	
+ inversión en activo fijo	0	
= Tesorería generada por las operaciones		2.685
– Dividendos repartidos		–952
+ Ampliación de capital		0
+ Incremento de la deuda onerosa		–642
= Incremento de la tesorería		1.091

14. LA GESTION DEL BENEFICIO

Pablo Villar ha culminado el diseño económico-financiero de su proyecto de negocio y lo ha plasmado en los estados contables previsionales del cuadro 11. Estos reflejan en términos monetarios, los hechos que espera que tengan lugar durante los dos próximos años. Cuando de verdad ocurran, una vez iniciadas las actividades y al compás de las operaciones reales, los estados contables mostrarán, en cada momento, el resultado de las transacciones producidas, análogamente al proceso previsional descrito en las páginas previas.

Es preciso señalar que las once dinámicas introducidas anteriormente actúan de una manera continua e integrada en el día a día de cualquier empresa. En el caso de ZORA se han incorporado una a una en cada etapa del análisis. No sucede así en la realidad empresarial, donde las dinámicas operan simultáneamente y con influencias mutuas. Así, la dinámica de aumento de la actividad desencadena efectos que proceden de otras, como las de cobro o pago aplazados, existencias o financiación.

El cuadro 13 resume las implicaciones de cada una de las once dinámicas sobre cuatro de los parámetros mas relevantes para representar la situación económico-financiera de la empresa que son:

— El beneficio neto, obtenido al deducir de las ventas todos los gastos del período incluido el impuesto sobre sociedades.

— La liquidez, entendida como diferencia entre el efectivo disponible y las deudas por préstamo.

— El capital circulante operativo, calculado como diferencia entre cuentas a cobrar más existencias y el exigible de proveedores.

— El patrimonio o recursos propios de la empresa, estimado por suma del capital social más las reservas.

Cuadro 13:
REPERCUSIONES FINANCIERAS DE LAS DINAMICAS

DINAMICA	BENEFICIO NETO	LIQUIDEZ	CAPITAL CIRCULANTE OPERATIVO	PATRIMONIO
1. BASICA				•
2. DEL BENEFICIO	•	•		•
3. DE LA INFLACION	•	•	•	•
4. FISCAL	•	•		•
5. DEL DIVIDENDO		•		•
6. DEL APLAZAMIENTO DE COBRO		•	•	
7. DEL APLAZAMIENTO DE PAGO		•	•	
8. DE LAS EXISTENCIAS		•	•	
9. DEL AUMENTO DE ACTIVIDAD	•	•	•	•
10. DE GASTOS DEL PERIODO	•	•		•
11. FINANCIERA	•	•		•

En dicho cuadro sólo se apuntan las repercusiones directas. Así, el aplazamiento de cobro a clientes influye sobre la liquidez, reduciendo la tesorería (y los eventuales ingresos financieros fruto de su inversión) o aumentando la financiación crediticia (y, en consecuencia, los gastos financieros). Por ello, el efecto sobre el beneficio neto es indirecto y por medio de los escalones descritos. Igualmente, la dinámica del dividendo repercute directamente sobre la tesorería y el patrimonio pero, indirectamente, y quizás con un cierto desfase temporal, también incidirá sobre el beneficio en cuanto que afectará a los ingresos o gastos financieros.

Si bien el Balance y la Cuenta de resultados se presentan habitualmente en formatos y terminología estandarizados, que en España se regulan en un Plan oficial de contabilidad, su contenido responde a las características propias de cada empresa. En este sentido, empresas englobadas en un mismo sector de actividad ofrecen una estructura parecida de sus cuentas, respondiendo los importes absolutos y relativos de las mismas a las diferencias en dimensión, estrategia, tecnología y calidad de la gestión respectivas.

Ahora, después de haber ido analizando el impacto de cada una de las dinámicas descritas sobre el Balance y la Cuenta de resultados de ZORA, Pablo se pregunta sobre la fiabilidad de las previsiones obtenidas. Estas sólo son una aproximación, es de esperar que razonable, de lo que previsiblemente sucederá. En general, el grado de fiabilidad depende de cuatro factores principales:

1. En primer lugar, de las estimaciones efectuadas sobre los denominados parámetros operativos de la actividad, pues si las unidades fabricadas y vendidas, su

precio de venta o su coste de producción o el valor de adquisición de la maquinaria varían, también lo harán las partidas asociadas de la Cuenta de resultados y del Balance. Así, una desviación de la cifra de ventas originará, por sí sola, una variación del beneficio o de las cuentas de clientes, entre otros conceptos.

Por ejemplo, si las ventas de ZORA durante el primer año se redujeran desde los 24 millones previstos a sólo 18, el saldo de las cuentas a cobrar recogería, previsiblemente, un importe equivalente a un mes de la nueva cifra de ventas, pasando a ser de 1,5 millones (18/12) en vez de los 2 anticipados en el cuadro 11. Ello suponiendo que se mantiene la política de cobro de las ventas a 30 días.

2. Igualmente, influye el comportamiento de determinados parámetros del entorno económico como por ejemplo: el tipo de interés aplicable al endeudamiento o el tipo impositivo. En uno y otro caso se vería afectado el beneficio después de impuestos de ZORA y, en consecuencia, la denominada cuenta de reservas.

3. También, la imagen de los estados contables de la empresa se ve afectada por el grado de cumplimiento de las políticas de gestión que se anticipen. Modificaciones en la duración del proceso de producción o en el nivel de los almacenes de productos terminados, repercutirán sobre la inversión mantenida en existencias. Igualmente, el alargamiento del pago a proveedores sobre el plazo previsto inicialmente, engordará el importe de la deuda con los suministradores. En este mismo sentido, si las condiciones de cobro a clientes se deterioran sobre el objetivo fijado, aumentará el saldo de las cuentas a cobrar.

4. Por último, la cuarta causa que influye sobre los informes que se comentan se relaciona con los criterios contables que se apliquen. Al revisar los empleados para realizar las previsiones de ZORA podemos espigar, entre otros, los siguientes:

— el coste de amortización anual de la maquinaria depende del importe de la inversión, del plazo de amortización de dos años, de haber aplicado el mismo importe en cada año y de considerar un valor nulo de la maquinaria a dicho término. En vez de estos cuatro criterios se podrían haber aplicado otros alternativos, como por ejemplo una cuota anual de amortización creciente, con lo que se alteraría este concepto anual de coste y, por ello, el beneficio de cada año y el valor contable de la maquinaria al final del año 1.

— se ha considerado que todas las ventas se cobran a su vencimiento y, por tanto, que el saldo de clientes está correctamente valorado. Es habitual, sin embargo, que en la práctica empresarial se produzcan impagados que, además de reducir los ingresos, acarreen gastos de muy distinta naturaleza, relacionados con la gestión de su cobro.

En empresas con historia se puede anticipar un porcentaje de impagados que incorpore la experiencia anterior y esté matizado por la coyuntura económica del momento. En el caso de ZORA hacerlo resulta más complejo, pero ello no debe impedir reconocer que el saldo de clientes cobija impagados potenciales. Si así fuese, como es lo razonable, el importe del cuadro 11 figuraría sobrevalorado. Para imputar este quebranto al ejercicio en que se realizan las ventas de cobro fallido es preciso estimar el coste que razonablemente producirán dichos impagos.

— en lo que se refiere a las existencias es posible utilizar distintos criterios de valoración de las mismas. Se pueden valorar al último precio de compra o al más antiguo o al precio promedio ponderado de las adquisiciones realizadas. Según se utilice un criterio u otro variará el saldo de almacenes y, por lo tanto, el coste de las ventas del período respectivo.

Como consecuencia de lo expuesto, ha de entenderse que la información contable sólo pretende ofrecer una representación razonable de la dimensión económico-financiera de la empresa, derivada de la realidad de las operaciones. A los ejemplos señalados es posible añadir otros criterios contables para los que no existe una única opción. La elección de una u otra afectará, como se ha dicho, a la información económico-financiera de la empresa.

Pero además de la repercusión de los criterios contables utilizados, los estados financieros varían debido a decisiones discrecionales que se adopten. En concreto, el beneficio de un período se verá afectado si se deciden acciones tales como las siguientes:

— propiciar el adelanto de pedidos de clientes a cambio de ofrecerles un descuento. Las ventas del período aumentarán a costa de las del siguiente.

— tratar de retrasar pedidos de clientes al próximo período, produciendo un efecto contrario al anterior.

— retrasar o cancelar determinados gastos, como los de investigación y desarrollo, mantenimiento, formación o publicidad que no comprometen a corto plazo la operatividad de la empresa.

En resumen, el beneficio de la empresa es gestionable entre ciertos límites lo que permite hacerlo más estable en el tiempo, en cuanto que los accionistas, el mercado de capitales y los analistas externos valoran mejor una senda moderada y sostenidamente alcista que otra con altibajos pronunciados, aunque sea creciente.

Pero en otras ocasiones se llega más lejos, pretendiendo manejar el beneficio con la intención de ofrecer una calidad de la gestión mas favorable o, incluso, para poder repartir dividendos o reducir la carga fiscal. En estos casos se puede sobrepasar el límite de lo razonable, dejando de ser fiable la información presentada en los estados contables de la empresa. Estas prácticas explican los sorprendentes y súbitos agujeros que, a veces, padecen empresas que han manipulado, persistentemente, su contabilidad.

Procusto es un personaje de la mitología griega que ajustaba el tamaño de sus víctimas, estirándolas o recortándolas según el caso, para que encajasen con la longitud de su potro de tortura. Algo similar puede suceder con el beneficio de algunas empresas, que se agranda o se reduce para adecuarlo a las expectativas del mercado o a los intereses de sus dirigentes. El oficio del contable y la responsabilidad de la Dirección, matizados por la intervención de instituciones que vigilan estos aspectos, han de ser capaces de poner frontera entre una gestión razonable del beneficio y su grosera manipulación.

Se entiende pues que una faceta relevante al analizar los estados contables de una compañía y en concreto de su beneficio, consista en valorar su calidad, es decir, en qué medida responde a las operaciones normales de la empresa, sin verse afectado por sucesos extraordinarios, y se calcula en base a criterios contables razonables. Es decir, un beneficio procedente de las operaciones propias de la empresa, capaz de mantenerse en el tiempo, que recoja todos los ingresos y gastos del período al que se refiere y que no sobrevalore las partidas del activo ni infravalore las deudas mantenidas. Sólo si se cumplen estas condiciones, tendrán validez las conclusiones que se extraigan del estudio de la información contable.

Capítulo VI

La información contable

1. El diagnóstico de empresas y el papel del analista
2. El mercado cervecero en España
3. Las operaciones de la empresa
4. Análisis de la cuenta de resultados
5. Análisis del balance
6. El movimiento de fondos en la empresa

1. EL DIAGNOSTICO DE EMPRESAS Y EL PAPEL DEL ANALISTA

El diagnóstico de una empresa consiste en valorar su capacidad para competir en el mercado, en términos globales o en referencia a algún aspecto parcial de su gestión. No debe pretender, únicamente, describir los síntomas, positivos o desfavorables, que presente sino adentrarse en explicar las causas que los originan, como etapa previa para formular planes de acción y tomar decisiones. En realidad, para que el diagnóstico sea útil no puede limitarse a interpretar situaciones en base al análisis de los hechos, sino que debe contribuir a transformarlas.

La evaluación de la empresa se articula siguiendo dos ejes principales e incorporando las conexiones entre uno y otro. El primero arranca del marco en el que opera la compañía, con el propósito de identificar los requisitos necesarios para tener éxito en el mismo, así como las oportunidades y amenazas que, en cada momento, aniden en su seno. El segundo eje recorre el ámbito de las operaciones internas de la compañía, contemplando el conjunto de funciones y actividades que tienen lugar en ella. La conexión entre ambos exige contrastar la situación interna de la empresa con los patrones de su mercado, posibilitando así identificar sus puntos fuertes y débiles y, en definitiva, establecer su posición competitiva en relación al resto de oferentes y ante sus clientes.

Sólo un análisis global de la empresa y de su entorno permitirá trazar un esbozo que responda a la realidad de cada circunstancia, debido a la maraña de influencias mutuas que existen entre las múltiples parcelas susceptibles de ser analizadas.

Evaluar la situación de una empresa determinada es de interés para un amplio abanico de fines. Desde la perspectiva de la gerencia, en sus variados escalones de responsabilidad, resulta imprescindible para impulsar acciones de cambio que potencien los primeros y corrijan los segundos. El analista externo basará sus decisiones de inversión, bien en forma de capital de riesgo o de financiación por créditos, apoyándose en las conclusiones de su evaluación.

También, proveedores y clientes realizan, periódicamente, este tipo de análisis. Unos, para controlar el riesgo derivado de aplazar el cobro de sus entregas. Los segundos, a fin de cerciorarse de la capacidad de su suministrador para ser una fuente fiable de aprovisionamiento. Además, los trabajadores, como partícipes de la empresa, estarán interesados en conocer su situación y perspectivas.

Finalmente, los diversos estamentos de la Administración fundamentan su política económico-industrial, en un sentido amplio del término, en base a conclusiones derivadas de este tipo de análisis, referido a una empresa, un sector, una región, o ámbitos más amplios. La eficacia de sus actuaciones, tan necesarias en un Estado que pretenda favorecer el bienestar de todos sus ciudadanos, dependerá en buena medida, del conocimiento que acumule del mundo empresarial.

En cuanto al contenido del estudio éste ha de ser selectivo en el enfoque a aplicar ya que, como dice Sherlock Holmes, «en el arte de la deducción es elemento fundamental saber discernir cuáles, entre diversos hechos, son relevantes y cuáles triviales. De otro modo, las energías y la atención, en lugar de concentrarse se disipan». Por ello, antes de iniciar el estudio debe establecerse claramente su propósito, esto es, qué tipo de decisiones se tomarán en base al mismo, a fin de definir las áreas que deben ser indagadas.

El análisis ha de enfocarse hacia el futuro, puesto que su fin último radica en apoyar la toma de decisiones. Como con frecuencia, el pasado es prólogo del porvenir el analista recabará y analizará datos relevantes de la historia de la empresa y de su entorno, como base para adentrarse en conjeturas razonadas sobre lo que pueda suceder en el futuro. Hay profesiones que piensan hacia el pasado, como por ejemplo el arqueólogo, quién del estudio de las ruinas actuales trata de recomponer lo que sucedió. El analista de empresas, como el médico, debe trabajar al revés: de la revisión del pasado ha de ser capaz de escudriñar lo que, probablemente, sucederá y adoptar las acciones oportunas para que lo que suceda sea lo deseado. Y todo ello, con una actitud científica, es decir, con un decidido propósito de conocer y entender y con disposición a aceptar ser convencido.

En realidad, de un mismo hecho pueden deducirse consecuencias muy diferentes. Así, la caída de una manzana desde la rama de un frutal puede interpretarse como que ya está madura o como prueba de que existe una fuerza que, actuando a distancia, tiende a aproximar cuerpos aislados. Lo importante es contemplar los hechos desde enfoques nuevos, sin precedentes, capaces de alumbrar conclusiones útiles y novedosas. El analista debe comportarse con rigor intelectual que obliga a no dar como definitivamente cierto nada de lo que, siendo susceptible de ser probado, carezca de pruebas para ello.

Si el propio analista tiene capacidad para alterar el rumbo previsible mediante las acciones que acometa, las conclusiones del análisis adquieren todo su valor como palanca de cambio. En caso contrario, el analista acepta la posición de espectador, pero aun así estará interesado en tratar de anticipar el futuro dada la naturaleza de las decisiones que debe adoptar (conceder un préstamo, por ejemplo).

En este contexto, una parte importante del diagnóstico de la empresa consiste en analizar el comportamiento de sus magnitudes económico financieras y en concreto, de sus estados contables más recientes. Esto exige interpretar el Balance, la Cuenta de resultados, el Cuadro de financiación y los ratios más significativos, según sea el propósito del estudio, que relacionen determinadas partidas de los anteriores informes. Esta evaluación de la dimensión económico-financiera ha de realizarse con:

— perspectiva temporal para poder identificar tendencias.
— contraste con el comportamiento de otras empresas similares de modo que se comparen resultados.
— referencia a objetivos a fin de pulsar su grado de cumplimiento.

La relevancia de este análisis económico-financiero nace de la capacidad de la contabilidad para expresar en términos monetarios las consecuencias de actuaciones muy amplias del proceso gerencial. La gestión comercial, el aprovisionamiento, la producción, la investigación, el almacenamiento, o los recursos humanos, tienen su reflejo, en un momento u otro y aunque sólo sea parcialmente, en la contabilidad. Como ésta ofrece una síntesis valiosa del conjunto de actuaciones de la empresa su estudio constituye un valioso instrumento de diagnóstico, reforzado por:

— el propio interés de analizar la parcela económico-financiera como parte crucial de la marcha de la compañía.
— ser el arranque de otros tipos de análisis en cuanto que desvela aspectos sobre los que será preciso profundizar.
— porque la valoración que de una empresa hace el mercado contempla su rendimiento, solvencia, crecimiento, liquidez y riesgo.

Sin embargo, el analista debe ser consciente que la contabilidad no refleja toda la realidad de la empresa incluso, que omite aspectos importantes en cuanto que sólo contempla el pasado y magnitudes monetarias. Además, la imagen contable de decisiones operativas se manifiesta con retardo en función de la naturaleza de las mismas. De ahí que sea habitual que el diagnóstico económico-financiero ayude más a plantear interrogantes que a resolverlos. Ello exige del analista que no tenga temor a formular hipótesis que, posteriormente, deberá contrastar. Ha de ser capaz de adelantar tesis para llegar a establecer síntesis, pues carece de sentido enunciar una síntesis sin tesis previa. Ello tampoco justifica que se desprecie la realidad de los hechos por anteponer la validez de las hipótesis.

Limitarse a revisar la representación numérica de la empresa, soslayando su perspectiva estratégica y operativa, impide identificar a tiempo situaciones de crisis larvadas, que no son advertidas hasta que los números las muestran en toda su evidencia y crudeza, cuando ya son difícilmente reversibles.

Esta situación es propia de empresas con un fuerte control contable pero con débil control táctico y estratégico de las operaciones, es decir, de su posición competitiva en el mercado. Quizás, esto también explique los súbitos «agujeros» y crisis que afloran en algunas empresas, a pesar de ser auditadas por firmas de reconocido prestigio pero que aplican un enfoque en exceso estandarizado y estrictamente contable.

No es superfluo insistir en lo decisivo que es asentar adecuadamente el objetivo del análisis a realizar, esto es, identificar a qué cuestiones se pretende responder con el diagnóstico y qué parámetros han de revisarse para ello. El analista no ha de ir rondando al azar sino que debe arrancar con un propósito preciso, con un problema a dilucidar, que oriente su esfuerzo. En la actualidad se cuenta con potentes herramientas de cálculo, pero el analista depende de sus propias capacidades para plantear adecuadamente, el problema a resolver. Su experiencia debe permitirle apreciar qué causas producen los mismos efectos, sin olvidar que diferentes hechos pueden obedecer a la misma causa igual que algunos gases suben por la misma razón que otros bajan.

Se ha de huir de aplicar rutinas preestablecidas y mecánicas pues cada circunstancia exigirá un enfoque singular. Hacer números más o menos complicados es muy fácil pero puede dar lugar a situaciones de las que, como en un laberinto, sea sencillo entrar pero difícil salir. Hacer los cálculos por hábito, replicando siempre los mismos índices y formatos, es una buena forma de reconocer que sabemos cosas que no entendemos.

En conclusión, frente a describir lo que se ve, que es lo habitual y fácil, el analista ha de ser capaz de identificar aquello que debe explicar para cumplir con el objetivo de su estudio. Ha de ser consciente que, con frecuencia, es más importante lo que se deja de hacer en la empresa que lo que se ha hecho. Por ello, el diagnóstico, y sobre todo en su dimensión estratégica, ha de revisar también las oportunidades perdidas y las exigencias de gestión no realizadas, por si son recuperables.

En los epígrafes que siguen y en los dos capítulos próximos se revisan las herramientas y criterios que soportan este tipo de análisis. Para ello, nos referiremos a los estados contables de una empresa hipotética que opera en la fabricación y venta de cerveza en el mercado español.

2. EL MERCADO CERVECERO EN ESPAÑA

Las ventas de cerveza rondan los 30 millones de hectolitros al año, lo que equivale a un consumo per cápita de 75 litros. Aunque el consumo durante la última década creció en promedio un 3% al año, en los años más recientes se ha estabilizado en dicha cifra de 75 litros. La producción nacional cubre algo más del 95% de la demanda quedando el resto para producto de importación. Las exportaciones son muy reducidas, no superando el 1% de la producción total.

La oferta se ha ido concentrando, progresivamente, en los últimos años. Si bien existe más de una docena de fabricantes, los cinco mayores controlan el 90% del mercado. Este proceso de concentración, todavía en pleno vigor, nace de:

— el estancamiento del consumo, que ha debilitado a las empresas más pequeñas cuestionando su capacidad para competir como unidades independientes,

— la mayor intensidad de las fuerzas competitivas, que obligan a importantes inversiones de automatización de procesos y de acción comercial,

— la entrada de importantes grupos cerveceros europeos que han ido adquiriendo, sin interrupción, participaciones significativas en las principales compañías nacionales y absorbiendo pequeñas empresas locales.

Dada la entidad de los costes en que se incurre para transportar el producto terminado hasta el canal de distribución, el mercado, tradicionalmente, se ha segmentado por regiones de manera que el territorio atendido por cada fábrica es el incluido dentro de su ámbito geográfico más próximo. Sin embargo, la reciente mejora de las infraestructuras así como la mayor importancia de contar con el prestigio de una marca, con los gastos comerciales y publicitarios que ello exige, han ido atenuando la entidad de esta limitación geográfica. Aunque, bien es cierto, que cada región se ha acostumbrado al gusto de la cerveza local por lo que existe una fuerte fidelidad geográfica a las marcas tradicionales.

Las ventas de cerveza en el mercado final son estacionales con pautas de comportamiento reguladas por la temperatura y el turismo. Cerca del 30% del consumo tiene lugar durante los meses de Julio y Agosto. Sin embargo, puesto que la caducidad de la cerveza una vez embotellada es del orden de un año, el ritmo de producción no presenta picos tan acusados.

El canal de distribución se encuentra muy fragmentado y se compone de establecimientos de hostelería, que absorben el 70% del consumo, y de una amplia gama de centros comerciales dedicados a la alimentación. Entre éstos, las grandes superficies muestran un protagonismo en continuo aumento lo que se traduce, debido a su fuerte poder de negociación, en presiones a la baja del precio al que adquieren el producto y en alargamientos del plazo de pago. Aunque matizado por las condiciones coyunturales, éste puede superar, en el caso de las grandes superficies, los cien días, lo que les proporciona un margen financiero importante si se tiene en cuenta la rápida rotación de sus existencias y las condiciones de cobro al contado que aplican a sus ventas.

Los proveedores de los fabricantes cerveceros se encuentran, por el contrario, muy concentrados. Ello les otorga, también, un poder de negociación destacado que deteriora, aún más, el atractivo económico de este sector.

La intensa competitividad comentada, con su repercusión sobre márgenes y volúmenes de venta, se ha visto reforzada, además de por los factores ya aludidos, por el desarme arancelario, que favorece la entrada de producto de importación, y por la mayor internacionalización de los capitales, que propicia la adquisición de compañías autóctonas por otras foráneas.

Algunas otras tendencias nacidas en los últimos años se relacionan con:

— la comercialización de cerveza sin alcohol, que supone el 5% del consumo.

— la importación de cervezas de baja calidad, a precios reducidos.

— la diversificación de los fabricantes de cerveza en actividades relacionadas (agua mineral y zumos) que aprovechan su conocimiento del proceso de embotellado y su red logística de distribución.

En resumen, la mayor competitividad del mercado viene forzando a los fabricantes a realizar importantes inversiones para automatizar sus procesos, en la búsqueda continua de ahorros de costes, y a tratar de aumentar su volumen mediante la captura de cuota a sus rivales, con el fin de diluir los costes asociados a la automatización y a la potenciación de la notoriedad de su marca.

En cuanto al perfil del entorno económico sus principales rasgos son los siguientes, para el momento en que se realiza el análisis:

— la tasa de inflación viene oscilando alrededor del 5%.

— el coste efectivo de la financiación ajena se sitúa en torno al 13% para empresas grandes y de solvencia razonable.

— el inicio del último trienio coincidió con el brote de una situación económica recesiva, aunque ya con perspectivas de recuperación.

En este marco, con los trazos descritos, opera CERAL, cuyos estados financieros se presentan y analizan en los epígrafes que siguen, a fin de desentrañar la situación por la que atraviesa.

3. LAS OPERACIONES DE LA EMPRESA

Las materias primas que adquiere CERAL a sus proveedores externos son: malta, lúpulo, levadura y maíz. Además, compra otras de menor entidad como: enzimas, ácido carbónico y aditivos. Unas y otras, junto al ingrediente principal que es el agua, son precisas para elaborar la cerveza.

Como materiales auxiliares se adquieren envases, embalajes y productos diversos que, sin incorporarse al producto final, se aplican en las fases de filtrado y esterilización que tienen lugar durante el proceso productivo. Este, que arranca con el molido de la malta, se compone de etapas sucesivas de filtrado, cocción, enfriamiento y fermentación, durante las que se añaden el resto de los componentes, y finaliza con el envejecimiento y envasado de la cerveza. Este envasado se realiza en distintos tipos de recipientes que se diferencian por su tamaño y funcionalidad. El predominante es el barril que supone un 50% del volumen total. También, se utilizan presentaciones en lata y botellas. En los últimos años la botella desechable ha ido ganando importancia en el segmento del mercado doméstico.

Un aspecto relevante para valorar la situación de una empresa se relaciona con la estimación de su tamaño. Para ello, es preciso identificar un indicador representativo de su nivel de actividad a fin de estudiar la razonabilidad de sus costes en cuanto que éstos dependen, en mayor o menor medida de la actividad realizada. También, permite establecer comparaciones con períodos anteriores y con otros fabricantes, teniendo en cuenta, en ambos casos, el volumen de producción respectivo.

A falta de un parámetro más apropiado, la cifra de ventas ofrece una solución, en general, razonable aunque sus fluctuaciones puedan obedecer no a variaciones de la actividad operativa sino a cambios de las existencias de productos terminados o a fluctuaciones de los precios de venta. Más adecuado parece utilizar el valor de la producción realizada durante el período en estudio, aunque en este caso dicho importe se vea afectado por eventuales variaciones de su componente económica. Por ello, siempre será más aconsejable usar una magnitud de naturaleza física, como la producción en unidades.

En el caso de CERAL no cabe duda de que los litros de cerveza producidos durante el período ofrecen un indicador razonable de su nivel de actividad. Ello es así por la homogeneidad del producto final, con independencia de los diferentes envases usados, y por la facilidad de sincronizar, en este caso, la producción con las ventas físicas. El número de litros elaborados explicará, razonablemente, el comportamiento de los costes de la empresa aunque, sin duda, existan otros factores relevantes como: la variación de los precios de compra unitarios, la mezcla o proporción de los productos por su repercusión sobre los envases utilizados, el canal de distribución por el que se comercialice el producto, la distancia al mercado servido y, por añadidura, la eficiencia con que se ejecuten los procesos y las tecnologías utilizadas en los procesos de producción, distribución y administración.

Finalmente, CERAL dispone de dos plantas de producción gemelas, una en el centro y otra en el sur de España; ambas con una capacidad anual de producción de 1,5 millones de hectolitros cada una. Su cuota de mercado ronda el 9,5% lo que si bien la sitúa entre las empresas de mayor dimensión, sólo supone poco más de un tercio de la empresa líder.

4. ANALISIS DE LA CUENTA DE RESULTADOS

El cuadro 1 recoge la Cuenta de resultados de CERAL para los tres últimos ejercicios, siendo el tercero el más reciente. Este estado contable, referido en nuestro caso a un año, tiene el objetivo de estimar el beneficio generado durante el período que se contempla. El cálculo del beneficio exige aplicar el principio de relacionar los ingresos con los costes necesarios para generarlos. Para ello, del total de ingresos hay que restar las distintas partidas de costes en los que se ha incurrido para desarrollar las operaciones, a fin de calcular el beneficio económico del negocio. Si de éste se deducen los gastos financieros, se obtiene el beneficio antes de impuestos. La incorporación del efecto fiscal, concretado en el impuesto sobre beneficios, ofrece el beneficio neto de la compañía durante el período de referencia.

Una vez hallado este beneficio anual, los órganos rectores de la empresa deciden su distribución entre dividendos a pagar a los accionistas o su acumulación a las reservas del Balance, reteniendo parte o la totalidad del excedente generado.

El beneficio es un indicador de la calidad de la gestión de las operaciones aunque, sobre su importe, influyen también la coyuntura económica y el atractivo económico del sector al que pertenezca la empresa. El efecto de la coyuntura dependerá de la sensibilidad del sector a las condiciones económicas imperantes en cada momento. Las actividades relacionadas con la alimentación o la sanidad son menos sensibles que, por ejemplo, las que tienen que ver con productos de consumo duraderos o el ocio. La repercusión del atractivo económico del sector, depende de la intensidad de las fuerzas competitivas del mismo: cuanto menores sean más débil será la competencia y mayor el beneficio de las empresas de esa industria.

En cualquier caso, el beneficio constituye sólo un indicador primario de la calidad de la gestión, de la coyuntura económica y del atractivo sectorial. Para apreciar su auténtico valor es imprescindible relacionarlo, en su progresión temporal, con la inversión requerida para obtenerlo, mediante los denominados ratios de rendimiento.

Pero además, será preciso contemplar su evolución temporal y también su calidad, es decir, en qué grado se gesta como consecuencia de las operaciones habituales de la empresa y no de incidentes extraordinarios de difícil repetición.

En el caso de la Cuenta de resultados de CERAL se observa un práctico estancamiento de sus ventas y una importante disminución de sus beneficios económico y neto. Los costes de las materias primas muestran una aparente estabilidad, pero la evolución a la baja de los costes de personal, a pesar de la inflación, sugiere que la plantilla de producción se ha reducido. Mayor importancia adquieren los costes indirectos y más aún la amortización. Esto último es señal de que, durante el período en estudio, se han realizado inversiones en las fábricas. Los gastos comerciales y generales evolucionan al alza durante el trienio.

Cuadro 1:
CUENTAS DE RESULTADOS DE CERAL

CUENTA DE RESULTADOS (MILLONES DE PESETAS)		**AÑO**	
	1	**2**	**3**
VENTAS	23.115	23.231	23.349
OTROS INGRESOS	37	41	39
TOTAL INGRESOS	23.152	23.272	23.388
COSTE DE LAS VENTAS	14.702	14.752	14.892
MATERIAS PRIMAS	7.399	7.415	7.446
PERSONAL	4.620	4.489	4.371
COSTES INDIRECTOS	1.783	1.810	1.902
AMORTIZACION	900	1.038	1.173
GASTOS COMERCIALES Y DISTRIBUCION	3.989	4.109	4.315
GASTOS GENERALES	1.975	2.145	2.238
BENEFICIO ECONOMICO	2.486	2.266	1.943
GASTOS FINANCIEROS	549	565	573
BENEFICIO ANTES DE IMPUESTOS	1.937	1.701	1.370
IMPUESTOS	575	485	377
BENEFICIO NETO	1.362	1.216	993
DIVIDENDOS	488	488	512
A RESERVAS	874	728	481

Los dividendos se mantienen a costa de reducir a casi la mitad la acumulación a reservas, es decir, la autofinanciación. Puesto que la Cuenta de resultados se presenta en pesetas nominales, la degradación real de los resultados se acrecienta si se comparan las cifras de cada año en pesetas constantes, esto es del mismo poder adquisitivo. Así, el beneficio neto del año 1 expresado en pesetas del tercero exige incrementarlo en la inflación del bienio. Puesto que la tasa anual asciende al 5%, los 1.362 millones de pesetas se convierten en 1.502 que comparados con los 993 millones del año tercero, agravan todavía más la caída del beneficio de CERAL.

Para profundizar en el análisis de este estado contable es conveniente añadir dos evaluaciones adicionales, basadas en su estructura y en su evolución en el tiempo.

La primera, mostrada en el cuadro 2, representa la dimensión estructural de la Cuenta de resultados, es decir, la relación de cada partida con la cifra de ventas, a fin de ponderar la relevancia cuantitativa de cada una de ellas. El seguimiento en el tiempo de los pesos respectivos facilita identificar tendencias en cuanto a la estructura de la Cuenta de resultados. Además, permite hacer comparaciones con otras empresas del sector, más reveladoras que si sólo se comparan los importes absolutos pues al enfrentar proporciones se orilla el efecto de los distintos tamaños.

La estructura que se comenta depende, en parte, de la naturaleza de las operaciones de la compañía. Por ejemplo, las empresas de servicios tienen una proporción de coste de materiales muy inferior a las manufactureras. Pero, también depende de las estrategias aplicadas: la adquisición externa de materiales y servicios reduce los costes de personal pero incrementa los costes de compra. La alternativa de alquilar inmovilizado en vez de comprarlo aminora la amortización a cambio de incrementar los arrendamientos.

El peso de una determinada partida depende de su magnitud, pero también de la asociada al denominador, es decir, la cifra de ventas en este caso. Por ello, cada porcentaje desvela cómo se ajusta la partida de coste correspondiente a la actividad de la empresa en comparación con su objetivo. Una tasa elevada, en relación con la de referencia, indica que el coste incurrido es excesivo al confrontarlo con la actividad a que da lugar. Corregir esta situación obliga a actuar para incrementar el volumen de las ventas, reducir el nivel del coste o acometer ambas acciones.

El análisis del cuadro 2 ofrece las siguientes conclusiones:

— Las materias primas representan, como es habitual en las empresas de transformación, el concepto de coste más importante. En este caso, ascienden, prácticamente, a un 32% de las ventas en cada uno de los tres años. La evolución de esta tasa depende de la trayectoria que sigan los tres siguientes parámetros, dada la naturaleza de coste variable que incorporan los materiales: precio de venta, coste unitario de las materias primas y productividad del consumo de materiales.

— La proporción de los gastos de personal incorporados a la producción vendida se ha reducido durante el trienio, del 20% al 18,7%. Esta senda descendente se explica por las pautas seguidas por: precio de venta, plantilla, coste salarial y asimilados y productividad de la mano de obra. Pero, puesto que los gastos de personal tienen un componente fijo y otro variable, una caída de las ventas puede inducir el ajuste, más o menos simultáneo del segundo, pero no será tan factible ni inmediato reducir el componente fijo. Por ello, un declive o estancamiento de la actividad, como es el caso de CERAL, acarrea, habitualmente, un mayor peso del coste de personal. Como, según el cuadro 2, la proporción de este coste ha disminuido, probablemente, se ha producido una reducción de la plantilla de producción, ya anticipada por el cuadro 1.

— Por el contrario, los costes indirectos de producción y la amortización incrementan su entidad en relación a las ventas. La razón habrá que asociarla con la mencionada estabilidad de las ventas y con cambios en el diseño del proceso productivo. Un aumento de la automatización, por ejemplo, conlleva mayores costes indirectos y de amortización, a la vez que reduce la plantilla de fábrica.

— La suma de materias primas, personal, costes indirectos y amortización asociados a la función fabril y relativos a la producción vendida componen el coste de ventas. Si bien cambian los pesos individuales de esas cuatro partidas, su importe conjunto sólo varía, durante el trienio, del 63,6% al 63,8%. Suben los costes indirectos y la amortización en relación a las ventas, pero caen ligeramente las materias primas y, sobre todo lo hacen los gastos de personal. Las inversiones realizadas y el estancamiento de las ventas han de explicar, en parte importante, estos comportamientos.

Cuadro 2:
ESTRUCTURA DE LA CUENTA DE RESULTADOS DE CERAL.

CUENTA DE RESULTADOS (EN % S/VENTAS)	AÑO		
	1	2	3
VENTAS	100,0	100,0	100,0
OTROS INGRESOS	0,2	0,2	0,2
TOTAL INGRESOS	100,2	100,2	100,2
COSTE DE LAS VENTAS	63,6	63,5	63,8
MATERIAS PRIMAS	32,0	31,9	31,9
PERSONAL	20,0	19,3	18,7
COSTES INDIRECTOS	7,7	7,8	8,1
AMORTIZACION	3,9	4,5	5,0
GASTOS COMERCIALES	17,3	17,7	18,5
GASTOS GENERALES	8,5	9,2	9,6
BENEFICIO ECONOMICO	10,8	9,8	8,3
GASTOS FINANCIEROS	2,4	2,4	2,5
BENEFICIO ANTES DE IMPUESTOS	8,4	7,3	5,9
IMPUESTOS	2,5	2,1	1,6
BENEFICIO NETO	5,9	5,2	4,3
DIVIDENDOS	2,1	2,1	2,2
A RESERVAS	3,8	3,1	2,1

— Los gastos comerciales y generales, denominados gastos del período ya que no se incorporan al valor contable del producto, suponen en su conjunto un 28,1 % en el tercer año, habiendo sido el 25,8% dos años antes. Si importante es esta proporción, indicio probablemente del endurecimiento de la competencia en el sector y de la estabilidad de las ventas, no lo es menos su aumento durante el trienio. El mayor peso de los gastos comerciales debe reflejar el esfuerzo que las condiciones del mercado exige a CERAL para comercializar su producto. El alza de la proporción de los gastos generales, con un componente fijo mayor, puede obedecer a la mencionada estabilidad de las ventas y a no haberse ajustado la estructura de la empresa a la evolución de su actividad.

— El beneficio económico, calculado antes de intereses, se ha deslizado del 10,8% en relación a las ventas al 8,3%. Este descenso de 2,5 puntos responde, como se ha mostrado, al mayor peso de los gastos comerciales y generales, pues el coste de las ventas sólo sube dos décimas.

— Los gastos financieros representan en torno al 2,5% de la cifra de ventas, habiéndose mantenido constante esta tasa durante el trienio. Los factores que explican su comportamiento se relacionan con el tipo de interés y el volumen de financiación externa y onerosa utilizado. Además, influirá también, como en los conceptos anteriores, el importe absoluto de las ventas. Así, la mera caída de éstas propiciará un aumento de la tasa de gastos financieros aunque el tipo de interés y el volumen de deuda se mantengan constantes.

— La acumulación de los efectos anteriores provoca que el beneficio antes de impuestos se reduzca del 8,4% al 5,9%. El porcentaje relativo del impuesto de sociedades, que gira en función del beneficio y del tipo impositivo, ha disminuido durante el período analizado ya que también lo ha hecho, y notablemente, la base sobre la que se aplica el tipo impositivo.

— Por último, el beneficio neto ha declinado del 5,9% al 4,3% lo que pone de manifiesto el menor rendimiento de la actividad, originando una reducción, a casi la mitad, de la tasa de retención de beneficios, erosionando la autofinanciación de la empresa.

La dimensión temporal de la Cuenta de resultados se refuerza cuando, para cada partida se calcula su incremento sobre el año anterior. Este formato, que presenta el cuadro 3, indica la variación anual de cada concepto referida a los dos últimos años del trienio. En principio, es de esperar que los costes variables evolucionen de manera similar a las ventas aunque aparecerán distorsiones debido a diferencias en las pautas del precio de venta, coste unitario y productividad. En el caso de los costes fijos, sus fluctuaciones son más atenuadas, debido a su inercia al cambio.

Recordemos, además, que al expresarse la Cuenta de resultados en pesetas corrientes, la variación de cada partida incorpora un componente inflacionario.

El análisis del cuadro 3 ofrece las siguientes conclusiones:

— La cifra de ventas crece muy por debajo de la inflación: o se ha reducido el volumen físico de las ventas o el incremento de precios ha sido muy reducido.

— Las trayectorias de los costes de materias primas y personal parecen positivas desde la perspectiva de su contribución al beneficio. Se ratifica el escaso aumento de las primeras y la reducción de los segundos.

— No sucede así con los costes indirectos y la amortización, que crecen más que las ventas. Los primeros, sin embargo, se sitúan por debajo de la inflación del bienio pero la amortización crece de manera importante en uno y otro año. El incremento del inmovilizado amortizable, derivado de las inversiones realizadas, ha de explicar este comportamiento.

— El aumento de los gastos comerciales se sitúa igual o por debajo de la inflación aunque excede el de las ventas. Los gastos generales crecen muy por encima de la inflación y de la actividad, en particular durante el segundo año.

— Los gastos financieros aumentan más que las ventas.

— Por todo lo anterior, el beneficio antes de impuestos se reduce significativamente durante el período analizado. También lo hacen los impuestos pero en una proporción superior, lo que indica que el tipo impositivo ha ido disminuyendo.

Cuadro 3:
TASAS DE CRECIMIENTO DE LA CUENTA DE RESULTADOS DE CERAL

CUENTA DE RESULTADOS (EN % DE INCREMENTO)	AÑO	
	2	3
VENTAS	0,5	0,5
OTROS INGRESOS	10,8	–4,9
TOTAL INGRESOS	0,5	0,5
COSTE DE LAS VENTAS	0,3	0,9
MATERIAS PRIMAS	0,2	0,4
PERSONAL	–2,8	–2,6
COSTES INDIRECTOS	1,5	5,1
AMORTIZACION	15,4	13,0
GASTOS COMERCIALES	3,0	5,0
GASTOS GENERALES	8,6	4,3
BENEFICIO ECONOMICO	–8,9	–14,2
GASTOS FINANCIEROS	3,0	1,4
BENEFICIO ANTES DE IMPUESTOS	–12,2	–19,4
IMPUESTOS	–15,8	–22,3
BENEFICIO NETO	–10,7	–18,3
DIVIDENDOS	0,0	5,0
A RESERVAS	–16,7	–33,9

— Finalmente, se ratifica la caída del beneficio neto y del beneficio retenido. Los dividendos, por el contrario, se han mantenido en el año 2 y han aumentado en un 5% en el 3. Esto último puede ser debido a un incremento del dividendo por acción o a una ampliación del capital social. En este último caso el dividendo por acción se puede haber mantenido pero al haber más acciones aumentaría el dividendo total. Para dilucidar este punto habrá que analizar el Balance de CERAL.

5. ANALISIS DEL BALANCE

Este informe detalla los derechos y propiedades de la empresa, en un momento determinado, y las fuentes que los financian. Los primeros los agrupa en el activo. Las segundas constituyen el pasivo de la compañía a la fecha de referencia. El activo y el pasivo coinciden en importe pues toda la financiación obtenida y mantenida deberá estar materializada en algún bien del activo.

Si la Cuenta de resultados se refiere a un período temporal, definido por un origen y un término, y se compone de variables flujo, el Balance, por el contrario, ofrece una representación de corte, imagen de la realidad de un instante, e integrado por variables fondo que se acumulan a lo largo del tiempo.

El cuadro 4 incluye el Balance de CERAL para el trienio que se analiza. De una visión rápida aunque atenta de este cuadro se deduce que:

— El inmovilizado neto se incrementa a lo largo del trienio, a pesar del fuerte crecimiento de la partida de amortización que actúa como cuenta reductora, que confirma la conclusión, ya anticipada al analizar la cuenta de resultados, referente a las inversiones realizadas por CERAL, en edificios y maquinaria principalmente.

— Si bien las existencias crecen ligeramente no sucede lo mismo con la cuenta de clientes que aumenta, en sólo dos años, en más de 1.000 millones de ptas. Puesto que las ventas han permanecido estables ello obedece a un aumento del plazo de cobro a clientes derivado, probablemente, del creciente protagonismo de las grandes superficies que presionan a favor de este alargamiento.

— Las cuentas financieras, que recogen el efectivo disponible en inversiones financieras a corto plazo, en cuentas con entidades financieras o en la tesorería interna de la empresa, se han reducido significativamente.

— Del lado del pasivo, comprobamos que el tercer año hubo una ampliación de capital que explica el incremento de los dividendos adelantados en el epígrafe anterior. Igualmente, se observa el aumento de la deuda a largo plazo en casi 1.000 millones de ptas., habiéndose producido una emisión de obligaciones, por ese importe, en el año segundo. Finalmente, los acreedores a corto plazo han subido sólo ligeramente. Este aumento sintetiza la disminución producida en los préstamos a corto plazo y el incremento de proveedores y otros acreedores.

— Cabe concluir que el tamaño económico de CERAL, medido por su activo total, experimenta un significativo aumento de más de 2.600 millones de ptas. y que contrasta con el parón experimentado por las ventas.

A partir del cuadro 4 es sencillo elaborar sus evoluciones estructural y temporal en semejanza a lo realizado previamente con la Cuenta de resultados.

La primera dimensión contempla la composición relativa del Balance, es decir, la proporción que representa cada partida del activo y del pasivo en relación a su total. La estructura del Balance difiere según sea el tipo de actividad que se desarrolle y la estrategia que se aplique. Así, por ejemplo, los conceptos asociados al activo y pasivo circulantes son mayores en el sector de distribución de productos de consumo que en el hotelero. En ambos las cuentas de clientes, en relación al activo total, pueden ser análogas, dada la similitud en sus políticas de cobro, pero las existencias y las cuentas a pagar a proveedores deben ser muy superiores en el primero de los dos sectores aludidos.

Cuadro 4:
BALANCES DE CERAL

(MILLONES DE PTAS)	AÑO		
ACTIVO	**1**	**2**	**3**
INMOVILIZADO NETO	7.803	8.654	9.276
TERRENOS	512	512	512
EDIFICIOS	1.798	2.135	2.436
MAQUINARIA	9.122	10.622	11.934
MOBILIARIO Y ENSERES	609	632	773
ELEMENTOS DE TRANSPORTE	299	328	369
– AMORTIZACIONES	–4.537	–5.575	–6.748
CIRCULANTE	6.721	7.118	7.877
EXISTENCIAS	895	919	953
MATERIAS PRIMAS	189	197	203
PRODUCTOS EN CURSO	255	235	228
PRODUCTOS TERMINADOS	451	487	522
CLIENTES	5.168	5.543	6.175
OTROS DEUDORES	423	532	657
CUENTAS FINANCIERAS	235	124	92
TOTAL ACTIVO	14.524	15.772	17.153
PASIVO	**1**	**2**	**3**
FONDOS PROPIOS	8.654	9.382	10.168
CAPITAL SOCIAL	6.100	6.100	6.405
RESERVAS	2.554	3.282	3.763
ACREEDORES A LARGO PLAZO	1.761	2.221	2.629
EMISION DE OBLIGACIONES	0	1.000	1.000
PRESTAMOS A LARGO PLAZO	1.761	1.221	1.629
ACREEDORES A CORTO PLAZO	4.109	4.169	4.356
PRESTAMOS A CORTO	1.872	1.622	1.640
PROVEEDORES	1.504	1.612	1.754
OTROS ACREEDORES	733	935	962
TOTAL PASIVO	14.524	15.772	17.153

Pero también influye el diseño del negocio sobre la estructura que se comenta. Las empresas integradas verticalmente mostrarán un inmovilizado relativo mayor que aquellas otras que sin estar integradas opten además, por alquilar sus instalaciones y equipos.

La dimensión temporal del Balance muestra la variación porcentual de cada cuenta en relación a su valor del período anterior. Es de esperar que, en plazos amplios, dichas variaciones acompañen a la experimentada por la actividad de la empresa. Esta correlación es mayor y más inmediata para los conceptos relacionados con el activo y el pasivo circulantes que con los asociados con el inmovilizado y la financiación a largo plazo.

El análisis del cuadro 5, que recoge la estructura del Balance, arroja los siguientes hechos:

— Todas las partidas del inmovilizado, con excepción de los terrenos, incrementan su participación y especialmente edificios y maquinaria. La amortización acumulada también aumenta considerablemente, durante el período. El efecto conjunto supone un ligero aumento del peso del inmovilizado neto.

Cuadro 5:
ESTRUCTURA DEL BALANCE DE CERAL

	AÑO		
ACTIVO (EN % S/ACTIVO TOTAL)	1	2	3
INMOVILIZADO NETO	53,7	54,9	54,1
TERRENOS	3,5	3,2	3,0
EDIFICIOS	12,4	13,5	14,2
MAQUINARIA	62,8	67,3	69,6
MOBILIARIO Y ENSERES	4,2	4,0	4,5
ELEMENTOS DE TRANSPORTE	2,1	2,1	2,2
– AMORTIZACIONES	–31,2	–35,3	–39,3
CIRCULANTE	46,3	45,1	45,9
EXISTENCIAS	6,2	5,8	5,6
MATERIAS PRIMAS	1,3	1,2	1,2
PRODUCTOS EN CURSO	1,8	1,5	1,3
PRODUCTOS TERMINADOS	3,1	3,1	3,0
CLIENTES	35,6	35,1	36,0
OTROS DEUDORES	2,9	3,4	3,8
CUENTAS FINANCIERAS	1,6	0,8	0,5
TOTAL ACTIVO	100,0	100,0	100,0
PASIVO (EN % S/PASIVO TOTAL)	1	2	3
FONDOS PROPIOS	59,6	59,5	59,3
CAPITAL SOCIAL	42,0	38,7	37,3
RESERVAS	17,6	20,8	21,9
ACREEDORES A LARGO PLAZO	12,1	14,1	15,3
EMISION DE OBLIGACIONES	0,0	6,3	5,8
PRESTAMOS A LARGO PLAZO	12,1	7,7	9,5
ACREEDORES A CORTO PLAZO	28,3	26,4	25,4
PRESTAMOS A CORTO	12,9	10,3	9,6
PROVEEDORES	10,4	10,2	10,2
OTROS ACREEDORES	5,0	5,9	5,6
TOTAL PASIVO	100,0	100,0	100,0

— El incremento de la participación del inmovilizado implica una reducción igual del activo circulante. Dentro de éste se reduce el peso de las existencias y de las cuentas financieras y suben clientes y otros deudores.

— En el pasivo, disminuye ligeramente, la participación de los fondos propios a pesar del incremento relativo de las reservas y de la ampliación de capital realizada. La deuda a largo plazo aumenta su peso debido a la emisión de obligaciones en el año 2 y a pesar de la caída de los préstamos. Por último, el pasivo circulante reduce su participación como consecuencia, principalmente, del menor peso de los préstamos a corto plazo.

El componente estrictamente temporal del Balance aparece en el cuadro 6, donde se expresa el incremento de cada partida en relación a su valor del año anterior. Una mirada detenida a dicho cuadro permite identificar las tendencias siguientes:

Cuadro 6:
TASAS DE CRECIMIENTO DE LAS PARTIDAS DEL BALANCE

(INCREMENTO ANUAL EN %)	VARIACION CON EL AÑO ANTERIOR	
ACTIVO	**2**	**3**
INMOVILIZADO NETO	10,9	7,2
TERRENOS	0,0	0,0
EDIFICIOS	18,7	14,1
MAQUINARIA	16,4	12,4
MOBILIARIO Y ENSERES	3,8	22,3
ELEMENTOS DE TRANSPORTE	9,7	12,5
- AMORTIZACIONES	22,9	21,0
CIRCULANTE	5,9	10,7
EXISTENCIAS	2,7	3,7
MATERIAS PRIMAS	4,2	3,0
PRODUCTOS EN CURSO	–7,8	–3,0
PRODUCTOS TERMINADOS	8,0	7,2
CLIENTES	7,3	11,4
OTROS DEUDORES	25,8	23,5
CUENTAS FINANCIERAS	–47,2	–25,8
TOTAL ACTIVO	8,6	8,8
PASIVO (INCREMENTO ANUAL EN %)	**2**	**3**
FONDOS PROPIOS	8,4	8,4
CAPITAL SOCIAL	0,0	5,0
RESERVAS	28,5	14,7
ACREEDORES A LARGO PLAZO	26,1	18,4
EMISION DE OBLIGACIONES	–	0,0
PRESTAMOS A LARGO PLAZO	–30,7	33,4
ACREEDORES A CORTO PLAZO	1,5	4,5
PRESTAMOS A CORTO	–13,3	1,1
PROVEEDORES	7,2	8,8
OTROS ACREEDORES	27,6	2,9
TOTAL PASIVO	8,6	8,8

— El inmovilizado crece por encima de las ventas y de la inflación y a pesar del aumento superior al 20% anual de la amortización acumulada. Aumenta el activo circulante, empujado por las existencias y con más vigor por clientes y otros deudores. Destaca la disminución de existencias en curso y cuentas financieras.

— En el pasivo, el mayor incremento anual corresponde a la deuda a largo plazo seguida de los fondos propios. Sólo el pasivo circulante crece por debajo de la inflación aunque muy por encima de las ventas.

6. EL MOVIMIENTO DE FONDOS EN LA EMPRESA

Con la información suministrada por la Cuenta de resultados de un período determinado y los Balances al inicio y término del mismo, es posible analizar en qué conceptos ha aplicado fondos la empresa y cómo ha financiado dichas aplicaciones.

La aplicación de fondos se relaciona con el concepto de inversión en un sentido amplio. Así, se aplican fondos cuando se adquiere un activo fijo (aumento del inmovilizado) o se incrementa alguna partida del activo circulante. Por ejemplo, la extensión del crédito a clientes supone un inmediato aumento de la inversión en cuentas por cobrar. Pero también hay aplicación cuando se cancela una deuda pues se invierten fondos para su amortización.

La financiación consiste en la captura de fondos para hacer frente a alguna inversión. Representa, pues, un origen de fondos. Este es el caso de la obtención de un crédito. Pero también hay origen de fondos cuando se desinvierte algún activo: la venta de un equipo o la reducción de las existencias liberan recursos financieros.

La aplicación de fondos supone pues una inmovilización de recursos financieros mientras que el origen de fondos implica una nueva financiación.

La presentación ordenada de los orígenes y aplicaciones de fondos durante un período temporal determinado ofrece un instrumento valioso de análisis para estudiar los cambios producidos en la estructura de inversión y financiación de una empresa. Esta presentación se materializa en el Cuadro de financiación, cuyo análisis permite:

— identificar en qué se han invertido fondos durante un cierto período.
— evaluar cómo ha financiado la empresa dicha inversión.

Para obtenerlo, se enfrentan los dos Balances, el final y el inicial del período, a fin de calcular las variaciones experimentadas por las distintas cuentas. De este modo, si una partida del activo se incrementa es que ha habido una aplicación o inversión. Si disminuye se produce una desinversión o un origen de fondos. Lo contrario sucede, con las partidas del pasivo: un incremento será un origen, pues denota una financiación adicional, y una disminución será una aplicación, en cuanto que se reduce la financiación disponible.

También es preciso contemplar la Cuenta de resultados a fin de:

— Incluir como origen los fondos generados por las operaciones durante el período. Estos fondos, que constituyen una financiación interna, expresan la diferencia entre los ingresos y los costes desembolsados para generar dichos ingresos. Esta autofinanciación se obtiene sumando al beneficio del período la correspondiente amortización, en cuanto que ésta es un coste no desembolsado.

— Calcular la inversión en activo fijo realizada por la empresa durante el intervalo temporal analizado en base a las ecuaciones de flujo siguientes:

$$\text{INMOVILIZADO BRUTO}_f = \text{INMOVILIZADO BRUTO}_i + \text{INVERSION}$$

$$\text{INMOVILIZADO NETO}_f = \text{INMOVILIZADO NETO}_i + \text{INVERSION} - \text{AMORTIZACION ANUAL}$$

donde «f» hace referencia al final del período e «i» al inicio del mismo y suponiendo que no se ha dado de baja ningún inmovilizado material o que la inversión es neta de desinversiones.

El Cuadro 7 presenta los Cuadros de financiación de CERAL para cada uno de los dos años que se pueden calcular. Para analizar lo sucedido en el trienio desde la perspectiva del origen y aplicación de fondos podemos sumar la inversión y la financiación de ambos años agrupados por conceptos. Así, el cuadro 7 muestra cómo los préstamos, tanto a largo como a corto, son una aplicación en el año 2 y un origen en el 3, siendo su efecto neto una aplicación. El cuadro 8 ofrece el Cuadro de financiación del bienio y, además, su estructura expresada como porcentaje sobre el total. Las principales conclusiones del análisis de los cuadros 7 y 8 son:

— Los fondos generados por las operaciones, integrados por el beneficio neto y la amortización, en los dos años han ascendido a 3.420 millones de ptas. suponiendo cerca del 64% de la financiación total.

Cuadro 7:
CUADRO DE FINANCIACION DE CERAL

(MILLONES DE PTAS)	AÑO		
	2	3	TOTAL
ORIGENES	3.187	2.586	5.773
BENEFICIO RETENIDO	728	481	1.209
AMORTIZACIONES	1.038	1.173	2.211
AMPLIACION DE CAPITAL	0	305	305
EMISION DE OBLIGACIONES	1.000	0	1.000
PRESTAMOS A LARGO	0	408	408
PRESTAMOS A CORTO	0	18	18
PROVEEDORES	108	142	250
OTROS ACREEDORES	202	27	229
CUENTAS FINANCIERAS	111	32	143
APLICACIONES	3.187	2.586	5.773
INMOVILIZADO MATERIAL	1.889	1.795	3.684
EXISTENCIAS	24	34	58
CLIENTES	375	632	1.007
OTROS DEUDORES	109	125	234
PRESTAMOS A LARGO	540	0	540
PRESTAMOS A CORTO	250	0	250

Cuadro 8:
CUADRO DE FINANCIACION DE CERAL PARA EL TRIENIO

	MILLONES PTAS	% SOBRE TOTAL
ORIGENES	5.347	100,0
BENEFICIO RETENIDO	1.209	22,6
AMORTIZACIONES	2.211	41,3
AMPLIACION DE CAPITAL	305	5,7
EMISION DE OBLIGACIONES	1.000	18,7
PROVEEDORES	250	4,7
OTROS ACREEDORES	229	4,3
CUENTAS FINANCIERAS	143	2,7
APLICACIONES	5.347	
INVERSION MATERIAL	3.684	68,9
EXISTENCIAS	58	1,1
CLIENTES	1.007	18,8
OTROS DEUDORES	234	4,4
PRESTAMOS A LARGO	132	2,5
PRESTAMOS A CORTO	232	4,3
DIFERENCIA		

— Esta cifra, prácticamente, ha sido suficiente para financiar la inversión en inmovilizado material que, para ambos años ascendió a 3.684 millones. La inversión material ha supuesto casi el 69% de las aplicaciones totales.

— Puesto que en el año 3 tuvo lugar una ampliación de capital por importe de 305 millones de ptas, la totalidad de la inversión de la empresa se ha financiado con recursos propios bien generados internamente o captados en el mercado de capitales.

— En cuanto a la financiación por deuda se ha producido un incremento de 1.000 millones procedente de la emisión de obligaciones en el segundo año. Sin embargo, los préstamos a largo y a corto se han reducido, conjuntamente, en 364 millones. Obsérvese cómo los movimientos se calculan en términos netos lo que implica que si se pide un préstamo de 1.000 millones pero se amortiza otro de 1.364 millones, en el Cuadro de financiación sólo aparecerá una aplicación por 364 millones. Por supuesto que si el analista dispone de toda la información podrá diferenciar, para una determinada cuenta, sus incrementos de sus disminuciones. Pero esto, en general sólo es de utilidad en la cuenta de inmovilizado donde conviene distinguir entre inversión y desinversión.

— Se ha invertido en financiar a los clientes 1.007 millones de ptas. mientras que las existencias sólo se han incrementado en 58 millones. La tesorería ha disminuido durante el período dando lugar a un origen de fondos. Añadiendo las cuentas financieras, el activo circulante se ha incrementado en total en 1.156 millones de ptas.

— Las cuentas de proveedores y acreedores han aportado financiación por 479 millones de ptas. entre ambas. Por ello, el capital circulante de CERAL ha aumentado en estos dos años en 677 millones de ptas.

También, es posible mostrar, simplificadamente, el Cuadro de financiación a fin de sintetizar los flujos en partidas agregadas. Una posible síntesis, para el total de ambos años, es la del cuadro 9.

Este cuadro resalta la fuerte inversión material realizada, el limitado incremento del capital circulante, como consecuencia del estancamiento de la actividad, y la fuerte financiación con fondos generados por las operaciones. La participación de la financiación por ampliación de capital y aumento de la deuda a largo plazo ha sido, en proporción, reducida.

Cuadro 9:
CUADRO DE FINANCIACION RESUMIDO

ORIGENES	MILLONES PTAS	%
Fondos generados	3.420	78,4
Ampliación de capital	305	7,0
Obligaciones y préstamos	636	14,6
	4.361	100,0
APLICACIONES		
Inversiones materiales	3.684	84,5
Capital circulante no financiero	677	15,5
	4.361	100,0

Capítulo VII

Interpretación de la información económica-financiera

1. Los ratios como instrumento de diagnóstico
2. Análisis de las ventas
3. La estructura de costes
4. Análisis del beneficio en relación a la inversión
5. Génesis de la rentabilidad financiera
6. Evaluación del capital circulante operativo
7. Estudio de la liquidez
8. Evaluación financiera del activo fijo
9. Análisis del riesgo financiero derivado del servicio a la deuda
10. Un resumen de la evaluación de la empresa

1. LOS RATIOS COMO INSTRUMENTO DE DIAGNOSTICO

Un ratio es una relación entre dos variables que ofrece información significativa y adicional a la suministrada por ambas tomadas independientemente. Con frecuencia, las variables que componen un ratio mantienen una relación de causa y efecto o, al menos, se hallan relacionadas entre sí. Cuanto mayor sea la intensidad de esta relación mayor será el valor informativo de su cociente. Un ratio permite realizar comparaciones entre empresas distintas, pues al expresarse como relación elimina el efecto del tamaño.

En la evaluación de empresas se utilizan ratios de índole operativa y otros de naturaleza económico-financiera. Los primeros utilizan magnitudes físicas, extraídas de la actividad del negocio. Una empresa de transporte eléctrico aplica la tasa de indisponibilidad de las líneas como índice para valorar la calidad del servicio y lo estima como cociente entre el tiempo en que las líneas no han estado disponibles y el tiempo total de operación. Los hoteles utilizan el índice de ocupación para medir su nivel de actividad. Las empresas petroleras calculan la relación entre las reservas de crudo de que disponen y la producción anual, a fin de medir el margen de seguridad en el autosuministro. Todos estos son ejemplos de ratios operativos.

Los ratios económico financieros incorporan variables de naturaleza contable, como el cociente entre los gastos financieros y la deuda de la empresa como índice para estimar el coste medio de sus recursos ajenos.

Lógicamente, se pueden elaborar ratios mixtos, que integren parámetros operativos y contables. Por ejemplo, una empresa de distribución calcula las ventas por metro cuadrado o las ventas por persona para evaluar su productividad.

Los ratios relevantes han de ser identificados para cada circunstancia, según la naturaleza de las actividades, la estrategia de la empresa y el propósito del estudio, para que aporten información para el análisis y las decisiones a adoptar. Los ratios sirven para medir hechos y por ello lo primero es establecer qué es lo que se precisa medir y lo segundo analizar la forma adecuada de realizar dicha medición.

La interpretación correcta de un ratio exige reconocer las hipótesis bajo las cuales se calcula a fin de identificar las limitaciones e hipótesis de cálculo que incorpora y, si es preciso, proceder a ajustar el método para su cómputo. A continuación se recogen algunas consideraciones a tener en cuenta.

— Cuando se relaciona una variable flujo (gastos financieros) con una variable fondo (deuda), ha de reconocerse que el valor de la primera se gesta durante todo el período al que se refiera el estudio, mientras que el de la variable fondo corresponde al que toma en un momento determinado.

Consideremos una empresa de confección de modas que al 31 de Diciembre ha culminado, con éxito, su temporada de ventas de Otoño y se dispone a iniciar el aprovisionamiento y fabricación para la temporada de Primavera. A final de año sus cuentas a cobrar y sus existencias serán muy reducidas. Aunque también lo será el saldo a pagar a proveedores, su capital circulante habrá encogido considerablemente y en consecuencia, las necesidades de financiación bancaria a corto plazo serán muy inferiores al promedio anual. De este modo, el cociente entre los gastos financieros del año y la deuda a final de año arrojará un valor muy elevado, poco representativo del coste medio real de la deuda. La situación descrita nace de la pauta estacional de las operaciones que afecta a todos los ratios en que concurran las circunstancias expuestas.

Los índices que mezclan variables flujo con variables fondo son válidos a efectos de contraste con otras empresas del sector, con años anteriores y con los objetivos presupuestados, pues en todos estos casos el efecto estacional incidirá de manera similar. Sin embargo, no son útiles para reflejar la realidad correctamente. Para este último fin es preciso utilizar el saldo medio de la variable fondo durante todo el período al que se extienda el análisis.

— Una situación parecida aflora cuando se estudia una empresa que se encuentre en fase de expansión o de declive. Consideremos los resultados de una empresa, en fuerte crecimiento, reflejados en el cuadro 1. El período medio de cobro que se incluye estima el número de días a que la empresa cobra sus facturas y se calcula como cociente entre el saldo de las cuentas a cobrar y la venta diaria durante el período. Si esta empresa vende 100 Mptas. en el primer trimestre y al final del mismo le resta por cobrar 100 Mptas., su período medio de cobro es de tres meses.

Cuadro 1:
CALCULO DEL PERIODO MEDIO DE COBRO

	FINAL AÑO ANTERIOR	TRIMESTRE 1	2	3	4	TOTAL AÑO
Ventas (Mptas.)		100	115	132	152	499
Cuentas a cobrar (Mptas.)	87	100	115	132	152	
Período medio de cobro (días)		90	90	90	90	

Como la empresa cobra sus ventas a 90 días el saldo de las cuentas de clientes al final de cada trimestre coincide con las ventas trimestrales. Sin embargo, un analista externo que, como es habitual, disponga sólo de la información a final de año estimaría un período medio de cobro de 111 días [152/(499/365)], 21 días sobre su valor real. Un efecto parejo surge cuando la actividad en vez de crecer, se contrae.

Una aproximación más razonable para paliar estas divergencias surgidas de las fluctuaciones del nivel de actividad, consiste en utilizar, para las variables fondo, su saldo promedio. En el ejemplo anterior, el valor medio entre el saldo al principio del año (87) y al final de año (152) es de 119,5 millones de ptas., que aplicado al cálculo del período medio de cobro estima un plazo de 86 días, más acorde con la realidad que el anterior. Por supuesto que el analista interno de la empresa tendrá acceso a los datos necesarios para realizar las cuentas según el cuadro 1. El ejemplo muestra como algunas partidas del activo y del pasivo (cuentas a cobrar en este caso) responden significativamente a la estacionalidad de la actividad. En general, los componentes del capital circulante son muy sensibles a estos fenómenos. Los conceptos más estructurales (inmovilizado y capital), tienen mayor inercia a fluctuar.

— De la misma manera, un ratio se ve afectado por sucesos puntuales que distorsionan los saldos habituales de las cuentas que lo componen. Imaginemos un astillero que entrega un buque a final de ejercicio: sus almacenes de productos en curso o terminados en ese momento caerán súbita y significativamente, mejorando, aparentemente, la rotación de existencias.

— Otro aspecto a considerar se deriva de que la contabilidad no muestra toda la información económica relevante. En realidad, la contabilidad sólo informa, en términos monetarios, de lo sucedido pero no recoge lo que no ha tenido lugar, aunque esté en situación latente y pueda afectar enormemente a la situación de la empresa.

Sea el caso de una mediana empresa industrial que mantiene un activo circulante de 500 millones de ptas., un pasivo circulante de 600 millones y una línea de crédito no utilizada de 100 millones. El ratio de liquidez a corto plazo, calculado como cociente entre activo y pasivo circulantes, arroja un valor de 0,83 lo que, en principio, debe alertar sobre posibles apuros de liquidez. Sin embargo, estos eventuales problemas se disipan al incorporar al análisis la financiación potencial disponible de 100 millones de ptas.

Algo similar sucede con los denominados productos derivados que materializan operaciones financieras fuera de Balance. Son operaciones montadas con el fin de cubrir exposiciones o de asumir posiciones especulativas [1]. Los estados contables no informan sobre el posible resultado de las mismas ni sobre su impacto potencial sobre la situación económico-financiera de la empresa. Si se tratan de actuaciones de cobertura, su eventual resultado adverso se compensará total o parcialmente con el resultado favorable de la exposición cubierta. Pero si obedecen a actuaciones especulativas no se producirá esta compensación.

Supongamos que una empresa A concede a otra B la opción de poder comprar, dentro de 90 días, dólares a su cotización actual de 120 ptas., hasta un importe de 1 millón de dólares. Si a este plazo el dólar escala a 140 ptas. la empresa B ejercitará

---

[1] Ver capítulo 13, epígrafes 4 y 5.

la opción con lo que la empresa A deberá comprar dólares a 140 ptas. para cederlos a 20 ptas. menos cada uno. Esta operación se saldará con una pérdida de 20 millones de ptas. para la empresa A. Si ésta montó la operación porque quería cubrir un cobro a 90 días de 1 millón de dólares, la pérdida derivada de la opción que cedió a la empresa B se compensará con la ganancia que obtiene al cobrar a su cliente. Si la opción se contrató sin contrapartida, la pérdida de 20 millones de ptas. quedará sin compensar.

Tampoco el análisis de los estados contables contempla la capacidad de endeudamiento adicional de la empresa o la posibilidad de realizar una ampliación de capital en una situación propicia del mercado. Una empresa, por ejemplo, puede ofrecer un ratio de endeudamiento elevado sin que ello sea indicio de riesgo anormal si cuenta con el compromiso en firme de sus accionistas de suscribir, cuando sea preciso, una ampliación de capital.

— En ocasiones, las partidas que participan en un ratio no son homogéneas en su valoración. Así, la relación entre el valor de la producción anual y el activo fijo neto, que pretende medir la productividad del inmovilizado, puede ofrecer información sesgada según sea la antigüedad de las instalaciones productivas.

Consideremos dos divisiones geográficas de la misma empresa, análogas en todo excepto en la antigüedad de sus activos. La División A adquirió sus activos cinco años antes que la División B y por un total de 400 millones de ptas. Si actualizamos este importe por una tasa anual de inflación del 5% durante cinco años, la inversión de la División B debió ascender a 511 millones de ptas. Además, si el período medio de amortización es de 15 años, cuando la División B empieza a operar, la A ofrece una amortización acumulada de cinco años. Con estos datos, los ratios entre producción y activo fijo neto se calculan, en el cuadro 2, para el sexto año de operación de la División A o, lo que es igual, el primero de la B.

Cuadro 2:
PRODUCTIVIDAD DEL INMOVILIZADO

	DIVISION	
(Millones de ptas.)	A	B
(a) Valor de la producción	900	900
(b) Inmovilizado neto inicial	400	511
(c) Amortización anual (b)/15	27	34
(d) Amortización acumulada	160	34
(e) Inmovilizado neto final (b)–(d)	240	477
(f) Inmovilizado neto medio (b+e)/2	320	494
(g) Producción/inmovilizado (a)/(f)	2,8	1,8

Aparentemente, la División A utiliza más eficientemente sus activos fijos que la B. Sin embargo, con las hipótesis contempladas ambas ofrecen un rendimiento similar: los mismos activos físicos generan la misma producción. La diferencia en el ratio que se comenta surge de aplicar como criterio de valoración del inmovilizado su importe de compra y del efecto reductor de la amortización acumulada.

Otra partida cuya valoración contable está, con frecuencia, distorsionada son los recursos propios, por lo que los ratios en los que participan han de ser analizados con cautela. Recordemos que los recursos propios se acumulan como consecuencia de las sucesivas aportaciones de los accionistas y de la retención de beneficios: ambos desde la constitución de la empresa.

Lo anterior explicita, igualmente, que el valor de algunas partidas contables depende de criterios contables. Por ejemplo, del método y plazo que se aplique para calcular la amortización, del sistema utilizado para valorar las existencias o de las provisiones que se doten para regularizar existencias o deudores, entendiendo por provisión el reconocimiento anticipado de un gasto para cubrir una posible disminución de un activo o un incremento probable de un pasivo.

— A veces, sucesos extraordinarios de un año distorsionan los resultados de la empresa introduciendo una quiebra o un salto en su trayectoria normal. Por ejemplo, el beneficio obtenido en la venta de activos o gastos excepcionales de ajuste de plantilla, alteran la senda normal de los resultados de la empresa. Una compañía aérea dio un año beneficios excepcionales por los resultados obtenidos en la venta de parte de su flota. Estos sucesos atípicos deberán ser contemplados por el analista, quien discernirá entre los que son resultados del negocio recurrente de aquellos otros puntuales, difícilmente repetibles.

— Por último, cabe advertir sobre las cautelas a considerar para evaluar el resultado obtenido de un ratio. Por un lado, hay ratios cuyo valor adecuado depende del tipo de actividad que desarrolle la empresa así como de su estrategia. Así, las empresas eléctricas, con fuertes inversiones en centrales que han de ser financiadas a largo plazo, muestran ratios de endeudamiento excepcionalmente elevados. Dentro de la distribución, las empresas con estrategias de diferenciación por servicio presentan rotaciones de existencias inferiores a aquellas otras que compiten en base al precio, como son las grandes superficies.

Además, existen ratios que si bien han de ofrecer comportamientos similares para cualquier empresa, incorporan un componente temporal relevante. Este es el caso de la rentabilidad económica: cuanto mayor sea mejor será la valoración que se realice. Pero esta evaluación no puede limitarse a un período temporal pues, bien por estrategias de desinversión o de reducción de los gastos estratégicos discrecionales, una empresa puede ofrecer resultados brillantes un ejercicio a costa de hipotecar sus resultados futuros.

Tampoco puede olvidarse que el valor de un ratio depende de la relación entre su numerador y su denominador. Así, una rentabilidad financiera elevada debe valorarse negativamente si no responde a un beneficio satisfactorio sino a una capitalización propia insuficiente.

Quizás, por esta retahíla de reservas y limitaciones se deba aceptar que las conclusiones que se extraigan del análisis de las operaciones han de contemplarse con prudencia, debiéndose estar más atento a profundizar en las preguntas que suscita este tipo de estudio que a dar validez absoluta a las respuestas que ofrece. Parece vano intento pretender describir, de forma concluyente, la compleja situación de una empresa mediante la valoración de un manojo de ratios calculados a partir de unos estados financieros no siempre fiables. Esta información deberá ser complementaria de otros análisis de la compañía que incorporen su posicionamiento en el mercado, su imbricación en su entorno y la salud de sus operaciones.

En los siguientes epígrafes se introducen algunas de las técnicas de análisis financiero de las operaciones, agrupadas por áreas de evaluación de la empresa. Para su aplicación, utilizaremos la información de la empresa cervecera CERAL descrita en el capítulo anterior.

2. ANALISIS DE LAS VENTAS

El objeto de esta revisión reside en identificar el comportamiento y las causas de variación de los ingresos de la compañía. Si se conocen los datos aislados por producto o línea de producto, el estudio puede realizarse individualmente para cada uno de ellos. Para CERAL vamos a efectuar este análisis en base al producto único de "hectolitro vendido", con independencia de que el tipo de cliente y envase permitiesen parcelar las ventas por distintos productos.

El estudio del comportamiento de las ventas exige seleccionar una referencia con la que comparar la situación real. Esta referencia puede ser bien la cifra presupuestada o bien la de un año anterior. En lo que sigue tomaremos como referencia las ventas del año 1, lo cual permite concluir que en los dos años transcurridos hasta el 3 las ventas han crecido el 1,01% (234 millones), en pesetas corrientes, según la información siguiente, expresada en millones.

Ventas año 3	23.349
Ventas año 1	23.115

Como este aumento se refiere a un bienio, la tasa anual t se obtiene por:

$$23.349 = 23.115 \times (1 + t)^2$$

es decir el 0,5% al año. Sin duda un crecimiento en lo absoluto satisfactorio máxime cuando el crecimiento en términos reales ha sido negativo como consecuencia del proceso inflacionario habido entre ambos años. A continuación, se identifican las causas de este pobre resultado.

Desde una perspectiva comercial, las ventas se obtienen en base al producto:

Mercado total en unidades x cuota de mercado x precio de venta

La progresión de las ventas de CERAL desde el año 1 al 3 ha de explicarse a partir de los cambios habidos en cada una de las tres variables arriba indicadas. A fin de aislar la influencia de cada una, tomada independientemente, procederemos a comparar, sucesivamente, una situación con otra alterando en cada contraste una sola de las tres variables anteriores, según muestra el cuadro 3. La primera columna de datos recoge la situación del año 1 y, mediante sucesivos cambios parciales, se alcanza la correspondiente al año 3. De este modo se compara cómo se pasa del año

1 al 3: el tránsito en cada contraste obedece al efecto de la variable que se modifica. A partir de dicho cuadro, que presenta los valores de las variables para ambos años, se concluye que:

- — por la caída del mercado, las ventas de CERAL han disminuido en 593 millones de ptas., de haberse mantenido la cuota y precio de venta del año 1.
- — por la disminución de la cuota de mercado entre ambos años, las ventas se han reducido en 573 millones de ptas.
- — por último, el aumento del precio de venta desde el año 1 al 3 ha inducido un avance de las ventas de 1.400 millones de ptas.

Cuadro 3:
ANALISIS SECUENCIAL DE LA VARIACION DE LAS VENTAS

	DATOS DEL AÑO			
	(A)	(B)	(C)	(D)
Mercado total	1	3	3	3
Cuota de mercado	1	1	3	3
Precio de venta	1	1	1	3
Mercado total (millones Hl.)	27,4	26,7	26,7	26,7
Cuota de mercado	9,82	9,82	9,57	9,57
Precio de venta (ptas. Hl.)	8.590	8.590	8.590	9.139
Ventas (millones de ptas.)	23.115	22.522	21.949	23.349
Efecto mercado	– 593			
Efecto cuota de mercado		– 573		
Efecto precio de venta			1.400	

Los dos primeros efectos (mercado y cuota) constituyen la variación por volumen de las ventas en cuanto que reflejan la repercusión de las unidades vendidas, ascendiendo en este ejemplo a –1.166 millones de ptas.

La figura 1 representa ambos efectos de volumen y de precio. El área del rectángulo de base menor equivale a las ventas del año 3 y el de mayor base muestra las ventas del 1. Luego la diferencia entre ambos rectángulos indica la variación de las ventas de un año con otro. Esta variación se compone, a su vez, de otras dos que se corresponden con ambos rectángulos externos de la figura 1, según el siguiente detalle:

	Millones ptas.
Efecto volumen = (2,691 – 2,555) x 8.590 =	–1.166
Efecto precio = (9.139 – 8.590) x 2,555 =	1.400

La variación debida al precio aglutina dos fenómenos que se asocian con la variación del precio correspondiente al efecto inflacionario y a la genuina variación del precio de venta. Si admitimos una inflación anual del 5% durante el período en estudio, el precio que podría haber habido en el año 3 si CERAL hubiese podido actualizar el del 1 en base a la inflación sería de 9.470 ptas., calculado por:

$$8.590 \times (1{,}05)^2$$

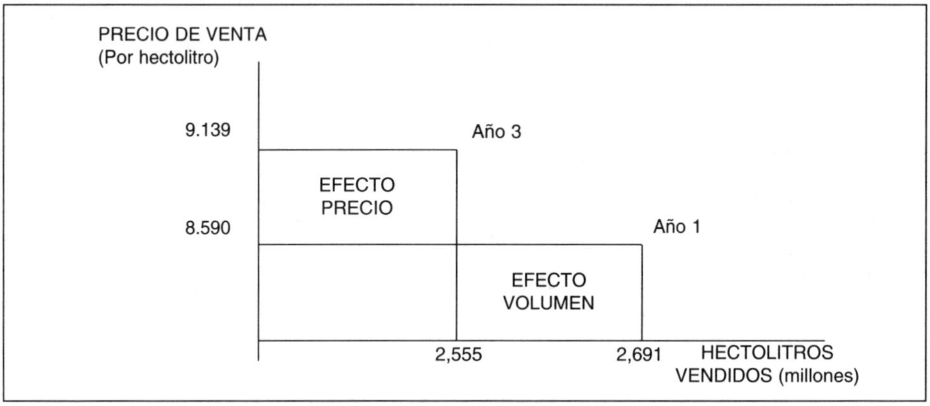

FIGURA 1: ANALISIS DE LAS VENTAS

Luego la variación de precio anterior se descompone en:

	Millones ptas.
Efecto inflación = (9.470 – 8.590) x 2,555 =	2.247
Efecto precio = (9.139 – 9.470) x 2,555 =	–847
	1.400

El efecto inflación estima la oportunidad que, en principio, se ofrece a la empresa para actualizar sus precios. Que el incremento real rebase o no alcance a la tasa de inflación responderá a la situación competitiva del sector y a la estrategia de precios de la empresa. En este sentido, CERAL ha reducido su precio de venta expresado en pesetas constantes.

En resumen, este método de análisis referido a CERAL permite aislar los efectos recogidos en el cuadro 4. Cabe resaltar que las variaciones debido a cuota de mercado y precio obedecen a la gestión realizada para la empresa, mientras que las otras dos son consecuencia del comportamiento de factores exógenos a ella.

Cuadro 4:
ANALISIS DE VARIACION DE LAS VENTAS

	Millones ptas.	**% sobre ventas del año 1**
VARIACION DE VOLUMEN		
• Efecto mercado total	– 593	– 2,6
• Efecto cuota de mercado	– 573	– 2,5
VARIACION DE PRECIO		
• Efecto inflación	2.247	9,7
• Efecto precio	– 847	– 3,7
TOTAL	234	– 1,0

Dicho cuadro, que junto al importe de las variaciones causales recoge su relación con las ventas del año 1 a fin de medir su importancia relativa, resume que:

— la evolución del mercado ha sido desfavorable.

— los parámetros de gestión (cuota y precio) han inducido efectos adversos.

— la posible repercusión positiva de la inflación sobre los precios casi ha compensado, en términos de ventas expresadas en pesetas corrientes, la mala evolución del mercado y de la gestión.

3. LA ESTRUCTURA DE COSTES

La estructura de costes de la empresa, agrupados según su variabilidad en relación al volumen de actividad, influye de manera significativa sobre su riesgo operativo. Este tipo de riesgo responde a la situación latente en que se encuentra cualquier empresa según la cual una eventual caída de las ventas hace disminuir su beneficio económico. La intensidad de este riesgo depende, en parte, de la mencionada estructura de costes, es decir, de la relación que exista entre aquellos costes que no varían con el nivel de actividad (fijos) y el total de costes, esto es:

$$\text{Estructura de costes} = \frac{\text{Costes fijos}}{\text{Costes totales}}$$

Ante una caída de la actividad, las empresas que presenten un valor del ratio anterior más reducido tendrán mayor flexibilidad para ajustar sus costes al nuevo escenario y por tanto incorporan menos riesgo. Por el contrario, cuando los costes fijos ostentan un mayor protagonismo, es mayor la rigidez para efectuar dicho ajuste. Como contrapartida, una mayor proporción de costes fijos permite a la empresa apalancar su beneficio, es decir, conseguir que éste se incremente más que el eventual aumento de la actividad que desencadena el fenómeno.

Sigamos ambos efectos mediante un ejemplo sencillo. Sea una empresa con un margen sobre ventas del 10% que puede optar entre dos ratios de estructura de costes: uno del 0,7 y otro del 0,3. Partiendo de una situación de referencia, veamos qué sucede cuando fluctúan las ventas en un 20% en ambos sentidos. Para ello, revisemos el cuadro 5 en el que, para cada opción, los costes fijos no se alteran al hacerlo el escenario y los variables mantienen su proporción en relación a las ventas respectivas.

En la estructura de costes de 0,7 el rango de variación del resultado ante la aludida fluctuación de las ventas del 20% supera al de la opción segunda. Esta, por tener menos costes fijos y más variables es capaz de ajustar mejor sus costes a las oscilaciones de las ventas por lo que el beneficio varía menos al hacerlo el volumen. La primera opción, incorpora más riesgo pues si las ventas caen se obtiene un resultado negativo. Pero un incremento de ventas dispara sus resultados pues sólo aumentarán los costes variables.

Cuadro 5:
ESTRUCTURA DE COSTES Y RESULTADOS

1. ESTRUCTURA DE COSTES = 0,7	CAIDA DE LAS VENTAS		SITUACION DE REFERENCIA		INCREMENTO DE LAS VENTAS	
Ventas		80		100		120
Costes totales		85		90		95
• Costes variables	22		27		32	
• Costes fijos	63		63		63	
Resultado		–5		10		25
2. ESTRUCTURA DE COSTES = 0,3						
Ventas		80		100		120
Costes totales		77		90		103
• Costes variables	50		63		76	
• Costes fijos	27		27		27	
		3		10		17

Ambos efectos, riesgo y apalancamiento, nacen de la existencia de costes fijos y sus entidades crecen al hacerlo la proporción de dichos costes. Su repercusión sobre la situación de la empresa es contradictoria: más costes fijos apalancan el beneficio si aumenta la actividad, pero incrementan el riesgo de incurrir en pérdidas si caen las ventas suficientemente. A lo anterior, cabe hacer los siguientes comentarios:

— la sustitución de costes variables por fijos o viceversa no siempre es posible y si lo es, los importes del intercambio no tienen por qué coincidir.

— El análisis realizado en el cuadro 5, además de su buscada sencillez, ha de entenderse válido sólo para un intervalo de actividad acotado.

— La relación entre costes fijos y variables es una decisión estratégica de la empresa, derivada de la influencia de perspectivas muy dispares (comerciales, tecnológicas, económicas, de riesgo, etc.).

Los datos de costes de CERAL, nuestra empresa de referencia, para el último de los tres años del período en estudio, son los recogidos en el cuadro 6.

Cuadro 6:
ESTRUCTURA DE COSTES DE CERAL

CONCEPTO DE COSTE	Millones de ptas.	%
Materias primas	7.446	35
Personal	4.371	20
Costes indirectos	1.902	9
Amortización	1.173	6
Gastos comerciales	4.315	20
Gastos generales	2.238	10
TOTAL	21.445	100

Supongamos que se analiza cómo se comporta cada partida en relación a las ventas. Para ello, hay que descender a los componentes de coste que integran cada concepto y discernir cómo evolucionan al hacerlo la actividad. Un coste puede tener, lógicamente, un comportamiento en parte fijo y en parte variable. Habiéndose revisado cada una de las partidas de coste anteriores, aceptemos que responden a las pautas del cuadro 7.

Cuadro 7:
COMPORTAMIENTO DE LOS COSTES DE CERAL

CONCEPTO DE GASTO	PROPORCION QUE PRESENTA LA PARTE VARIABLE	DISTRIBUCION ENTRE COSTES	
		VARIABLES	FIJOS
MATERIAS PRIMAS	100%		7.446 0
PERSONAL	20%	874	3.497
COSTES INDIRECTOS	15%	285	1.617
AMORTIZACION	0%	0	1.173
COMERCIALES	60%	2.589	1.726
GENERALES	25%	559	1.679
TOTAL	54,8%	11.753	9.692

Los costes variables representan para el año en estudio el 50,34% de las ventas puesto que éstas son de 23.349 millones de ptas.

De acuerdo con lo anterior podemos expresar el beneficio económico (BE) como una función de las ventas (V) mediante la siguiente fórmula:

$$BE = (1 - 0{,}5034) \times V - 9.692 \qquad (1)$$

Esta expresión indica que BE se anula para unas ventas de 19.517 millones de ptas. Este nivel de actividad para el que el resultado es nulo es el punto de equilibrio. Cuanto más alejada esté una empresa de él mayor será su margen de seguridad ante una eventual caída de la actividad. Por ello, un índice de interés lo constituye el cociente entre las ventas reales y las de equilibrio. Para CERAL es de 1,20 en el año 3, por lo que sus ventas reales se sitúan un 20% por encima de sus ventas de equilibrio.

$$\text{Indice de holgura de ventas} = \frac{23.349}{19.517}$$

Otro concepto de utilidad a efectos de análisis es el margen de contribución o diferencia entre las ventas y los costes variables. Expresa el importe residual de los ingresos que, una vez cubiertos los costes variables, queda para hacer frente a los costes fijos y al beneficio económico, es decir:

Margen de contribución = Ventas – costes variables

El margen de contribución de CERAL del tercer año asciende a:

MC = 23.349 – 11.753 = 11.596 millones de ptas.

o el 49,66% de las ventas. Esta tasa señala que de cada 100 ptas. vendidas quedan 49,66 después de deducir los costes variables.

De la expresión (1) anterior se deduce que las ventas de equilibrio se obtienen dividiendo los costes fijos entre el margen de contribución expresado en tanto por uno sobre las ventas. Para CERAL resulta:

$$VE = \frac{9.692}{0,4966} = 19.517$$

El cuadro 7 omite los gastos financieros a fin de mantener lo que es la dimensión económica del negocio, sin añadir el efecto de la financiación. La repercusión de ésta se analiza posteriormente, dentro del ámbito de la gestión financiera de la empresa. Esta disección, que aisla los factores causales que influyen sobre el beneficio, permite identificar el origen de los eventuales problemas sin oscurecer las conclusiones por haber entremezclado efectos desencadenados por los distintos parámetros que intervienen en el análisis.

4. ANALISIS DEL BENEFICIO EN RELACION A LA INVERSION

El beneficio de la empresa, en sus dos acepciones principales (beneficio económico y neto) no muestra todo su significado si no se enfrenta con la base de la inversión que permite generarlo. Entre dos empresas, una con un beneficio de 20 y otra de 50, no podrá dilucidarse cuál ofrece mejores resultados a menos que se contemple la inversión respectiva. Si la primera utiliza recursos por valor de 100, genera un rendimiento del 20%. Si la segunda requiere una inversión de 1.000, su rendimiento del 5% será menos atractivo a pesar de su mayor beneficio.

Puesto que la inversión ha de ser financiada, en la formulación anterior puede sustituirse la base de la inversión por el capital que la financia y al que el beneficio ha de remunerar de manera que se satisfagan las expectativas de quienes lo aportaron. Sólo si así sucede éstos mantendrán su inversión e incluso podrán estar dispuestos a acrecentarla. El estándar de comparación para medir la razonabilidad de la rentabilidad es el que pueda obtenerse en otras aplicaciones de fondos alternativas ofrecidas por el mercado, con atributos de liquidez y riesgo análogos.

Como del beneficio neto ya se han deducido los gastos financieros y los impuestos, su importe se destina a los accionistas de la empresa y forma la base de su remuneración, bien como dividendos o mediante su acumulación a reservas. Así, el beneficio neto ha de relacionarse con los recursos propios de la empresa, partida que estima, bajo criterios contables, la aportación acumulada de los propietarios. Este cociente constituye la rentabilidad financiera de la empresa.

El beneficio económico, por contra, ha de ser capaz de remunerar tanto a los accionistas como a los prestamistas. La base de la financiación está constituida, en este caso, por recursos propios y todo tipo de deuda onerosa, cualquiera que sea su vencimiento. La suma de ambas fuentes genéricas es el capital de la empresa, en sentido amplio. Este importe no incluye la financiación espontánea, es decir, aquella que siendo ajena no comporta la obligación de ser remunerada. El cociente entre beneficio económico y capital mide la rentabilidad económica de la empresa. La figura 2 representa gráficamente los enunciados anteriores y relaciona cada variable flujo (beneficio) con la variable fondo (financiación) a la que se asocia.

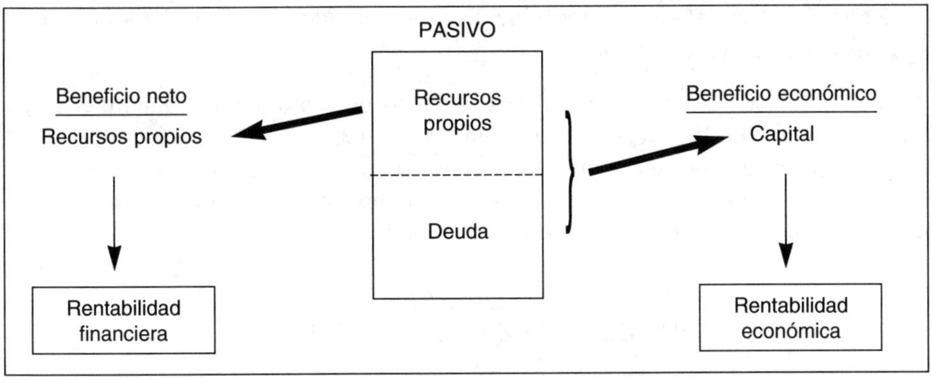

Figura 2: Relación entre beneficio y capital

Cabe subrayar la falta de significado económico de relacionar el beneficio neto con el capital como con frecuencia hacen algunos analistas. Ello es así porque no tiene sentido dividir el beneficio neto, obtenido una vez que se ha remunerado a la deuda, entre el capital, que incluye a dicha deuda.

Consideremos dos empresas similares en todos sus parámetros excepto en la proporción entre deuda y recursos propios, según muestra el cuadro 8, en el que, a efectos de simplificar, prescindiremos de incluir el impuesto sobre beneficios. Ambas ofrecen una rentabilidad económica del 20%. Si nos guiamos incorrectamente por la relación entre beneficio y capital, la empresa A supera a la B. Sin embargo, cuando se escoge como índice de evaluación el beneficio sobre los recursos propios, es la B la que ofrece mayor rendimiento. Un análisis más atento del cuadro 8 muestra como la empresa A, menos endeudada, soporta unos intereses menores que la B. Por ello, el cociente entre su beneficio y su capital puede superar al de B, pero el exceso de recursos propios que mantiene diluye su rentabilidad financiera. La empresa B es, pues, más rentable aunque a costa de incurrir en más endeudamiento.

Cuadro 8:
INDICADORES DE RENDIMIENTO

	EMPRESA A	EMPRESA B
Recursos propios	70	30
+ Deuda	30	70
= Capital	100	100
Beneficio económico	20	20
– Intereses al 10%	3	7
= Beneficio	17	13
Beneficio económico/Capital	20%	20%
Beneficio/Capital	17%	13%
Beneficio/Recursos propios	24%	43%

Ello no obsta para que, por ejemplo, los estudios sobre el sector bancario incluyan este índice, a efectos de comparación estadística. De hecho para un banco la relación entre el beneficio neto y la inversión total raramente supera el 2%. La causa de que este porcentaje sea tan reducido reside en que menos del 10% del activo se financia con recursos propios.

Para CERAL la evolución de los dos ratios de rentabilidad comentados han seguido una senda de deterioro y ofrecen los valores que indica el cuadro 9. Para analizar las causas que se esconden tras esta evolución adversa es preciso descomponer los ratios en otros más elementales y que, por medir áreas de gestión menos amplias, permiten explicar su comportamiento.

Cuadro 9:
INDICES DE RENDIMIENTO CERAL

	AÑO		
	1	2	3
Rentabilidad financiera $= \frac{\text{Beneficio neto}}{\text{Recursos propios}}$	15,7%	13,0%	9,8%
Rentabilidad económica $= \frac{\text{Beneficio económico}}{\text{Capital}}$	20,2%	17,1%	13,5%

En lo que se refiere a la rentabilidad económica, se descompone entre margen y rotación de acuerdo con las siguientes fórmulas:

	AÑO		
	1	2	3
Margen $= \frac{\text{Beneficio económico}}{\text{Ventas}}$	10,8%	9,8%	8,3%
Rotación $= \frac{\text{Ventas}}{\text{Capital}}$	1,88	1,76	1,62

El deterioro del rendimiento económico se ha producido por un descenso tanto del margen como de la rotación de la empresa. Desciende más, en términos relativos, el margen que la rotación pero ambos contribuyen a erosionar la rentabilidad económica de CERAL. La caída del margen indica que se obtiene menos beneficio por cada 100 ptas. vendidas. La menor rotación señala que se vende menos por unidad de inversión utilizada.

5. GENESIS DE LA RENTABILIDAD FINANCIERA

La inversión neta de la empresa, calculada como suma del activo fijo neto y del capital circulante, coincide en importe con su capital, es decir, la adición de los fondos propios y la deuda onerosa. Por esta identidad, la rentabilidad económica se obtiene como cociente entre el beneficio económico y la inversión neta o, lo que es lo mismo, el capital. Aunque ambos cálculos ofrecen el mismo resultado cada uno de ellos ofrece un significado conceptual diferente:

— La opción que utiliza la inversión neta indica el rendimiento que genera la utilización de los activos de la empresa.

— La segunda opción de cálculo mide la remuneración que, en promedio, obtiene el capital que financia a la empresa.

Sin embargo, las remuneraciones de la deuda y los fondos propios no son iguales. La primera se rige por condiciones contractuales que fijan su coste con independencia del rendimiento económico de la empresa. Por el contrario, la rentabilidad de los recursos propios, calculada bajo criterios contables, tiene un carácter residual en cuanto que resulta ser la que reste después de atender todos los costes de la empresa, incluidos los gastos financieros.

Así, la rentabilidad económica no se destina a remunerar, a la misma tasa, a los dos componentes del capital: los fondos propios cederán o absorberán, sobre la remuneración media, aquella porción necesaria para que la deuda reciba exactamente su coste contractual. Supongamos para una empresa los siguientes valores:

— Rentabilidad económica (RE) = 20%
— Deuda/fondos propios (e) = 1
— Coste de la deuda (i) = 15%

Como la deuda tiene un coste real del 15%, del 20% que le corresponde como componente del capital, cede 5 puntos a los recursos propios, que ven engrosar su remuneración antes de impuestos hasta el 25%: un 20% que le corresponde como componente del capital y un 5% que recibe de la deuda. En este caso se produce una transferencia de la remuneración de la deuda a los recursos propios, según muestra la figura 3. Si, por ejemplo, la rentabilidad económica fuese de sólo el 10%, el sentido de la cesión sería el contrario: los fondos propios deberían transferir 5 puntos para que la deuda pudiese recibir el 15% que le es debido.

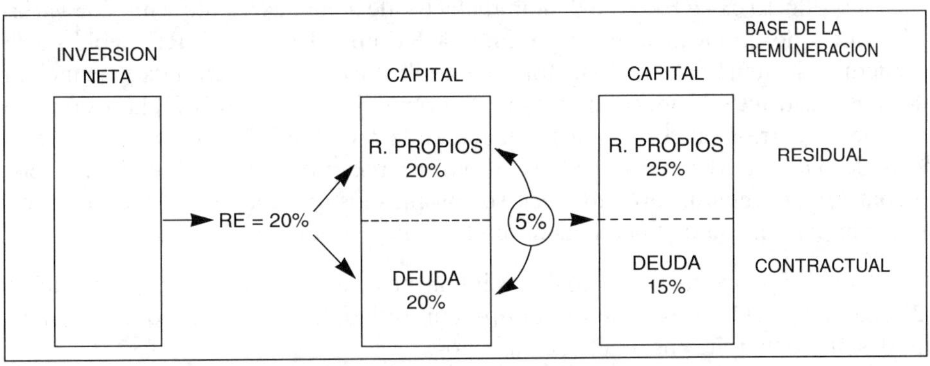

Figura 3. Transferencia de remuneración cuando e = 1

Cuando el ratio de endeudamiento o cociente entre deuda y recursos propios coincide con la unidad, el importe de la transferencia es RE-i y, según se ha mostrado, la rentabilidad financiera antes de impuestos se calcula por

$$RF = RE + (RE - i)$$

La diferencia entre RE e i es el margen financiero y mide la tasa que cede una fuente de financiación a otra.

Veamos qué sucede cuando e es distinto de la unidad, por ejemplo, si vale 2. Ahora, el capital se compone de tres partes iguales; una es de recursos propios y dos de deuda por lo que la transferencia del rendimiento de ésta se duplica cuando llega a los recursos propios, según muestra la figura 4. El rendimiento que obtienen los fondos propios será el 20% que le corresponde como parte que es del capital más 5 puntos que le cede cada porción de la deuda. Analíticamente,

$$RF = 20\% + 2 \times (20\% - 15\%) = 30\%$$

Este razonamiento permite inducir que la ecuación que calcula la rentabilidad financiera de la empresa resulta ser, antes de impuestos:

$$RF = RE + e \times (RE - i) \qquad (2)$$

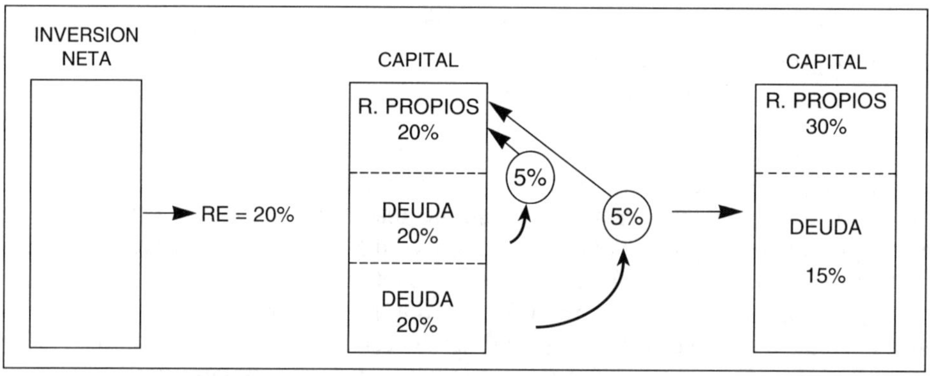

Figura 4: Transferencia de remuneración cuando e = 2

El producto ex (RE – i) se denomina factor de apalancamiento y mide la variación, antes de impuestos, que experimenta RF en relación con RE debido a la estructura de financiación. Esta fórmula explicita que la rentabilidad financiera (RF) se construye sumando al rendimiento promedio del capital (RE) la cesión que tiene lugar entre recursos propios y deuda. Si la rentabilidad económica supera al coste de la deuda (i) son los recursos propios los receptores de dicha cesión. Si, por el contrario, es menor, serán los recursos propios los que cedan parte de su remuneración para que la deuda reciba el rendimiento estipulado.

A fin de incorporar el efecto de los impuestos basta con multiplicar la ecuación (2) anterior por (1 – t), donde t es el tipo impositivo. Ello es así, porque el beneficio después de impuestos o neto se halla por:

Beneficio neto = Beneficio antes de impuestos x (1–tipo impositivo)

Resulta pues que la rentabilidad financiera de la empresa se calcula por:

$$RF = [RE + e \times (RE - i)] \times (1 - t) \qquad (3)$$

En el caso de CERAL se obtienen, para cada año, los resultados del cuadro 10, que desglosa, escalón a escalón, el cálculo de la rentabilidad financiera en base al desarrollo de la fórmula (3). Este análisis secuencial explica la caída sostenida de la rentabilidad financiera por las siguientes causas:

— Mayor disminución de la rentabilidad económica que el coste de la deuda, lo que ha menguado el margen financiero de forma notable, hasta anularlo prácticamente, en el tercer año.

— Al mantenerse el endeudamiento de la empresa durante el trienio, el factor de apalancamiento sigue una evolución pareja al margen financiero.

— La ligera disminución del tipo impositivo palía, sólo en parte, los efectos desfavorables anteriores.

Cuadro 10:
DESCOMPOSICION DE LA RENTABILIDAD FINANCIERA

	AÑO		
	1	2	3
Rentabilidad económica RE — Coste de la deuda i	20,2 % 15,1 %	17,1 % 14,7 %	13,5 % 13,4 %
= Margen financiero RE – i x ratio endeudamiento e	5,1 % 0,42	2,4 % 0,41	0,04% 0,42
= Factor de apalancamiento e x (RE – i) + Rentabilidad económica	2,15% 20,2 %	0,98% 17,1 %	0,02% 13,5 %
= Rentabilidad financiera antes imptos. x (1 – tipo impositivo) (1–t)	22,4 % 0,703	18,1 % 0,715	13,5 % 0,725
= Rentabilidad financiera RF	15,7 %	13,0 %	9,8 %

6. EVALUACION DEL CAPITAL CIRCULANTE OPERATIVO

Se entiende por capital circulante la diferencia entre el activo circulante de la empresa y su pasivo circulante. El primero está compuesto por aquellas partidas del activo que están ya materializadas en efectivo o que, razonablemente, se convertirán en efectivo en un plazo inferior a un año y como consecuencia de las operaciones normales de la empresa. El pasivo circulante agrupa todas aquellas deudas de la empresa con un vencimiento inferior al año.

Tanto en el activo como en el pasivo circulantes existen conceptos que no son de naturaleza operativa, es decir, no relacionados directamente con las operaciones. Este es el caso, por ejemplo, de excedentes de tesorería o del vencimiento a corto plazo de una parte de un préstamo a largo.

El capital circulante operativo nace de las actividades de la empresa que inducen la necesidad de disponer de:

— efectivo para atender los desfases entre cobros y pagos.

— existencias de materias primas para ajustar el ritmo puntual de las entregas de proveedores con el ritmo más continuo de la producción.

— productos en curso que van creciendo, en valor, desde el inicio al final del proceso de fabricación.

— productos terminados para equilibrar el ritmo de la producción con la entrega al canal de distribución.

— cuentas a cobrar a clientes para adecuarse a las condiciones de financiación de las ventas vigentes en el mercado.

— cuentas a pagar a suministradores para aprovechar el natural aplazamiento del pago de las compras.

Para evaluar el capital circulante operativo se utilizan los siguientes índices:

A. *Días de venta en tesorería*

Se calcula por la expresión

$$\frac{\text{Tesorería}}{\text{Venta media diaria}}$$

e indica el número de días de ventas que se mantienen en la caja y cuentas bancarias de la empresa. En cualquier empresa podemos diferenciar dos clases de disponibilidades líquidas distintas en cuanto a su funcionalidad. Unas surgen y se mantienen como consecuencia del ciclo de negocio. Otras se acumulan como reservas o aparecen, transitoriamente, como un excedente.

En general, el objetivo de la función tesorera se orienta a que el disponible se acerque lo más posible a cero a fin de reducir gastos financieros. Ello, sin embargo, no es del todo posible pues el disponible de la empresa cuando fluye por las entidades financieras se remansa. Esta acumulación, que impide que la empresa pueda disponer de todo su efectivo, se origina como consecuencia de las prácticas de valoración que se aplican por los circuitos financieros: los ingresos a favor de la empresa se retrasan mientras que sus pagos se mantienen. De este modo nace lo que se denomina pérdida de disponibilidad, que mide el número de días en que los ingresos de la empresa no pueden ser utilizados efectivamente por ella.

Un objetivo ambicioso es, por ejemplo, mantener una pérdida de disponibilidad de 1 día. El efectivo así inmovilizado constituye la tesorería operativa o estrictamente necesaria para conducir la actividad. Los saldos por encima de este importe son un excedente financiero que se puede mantener por razones de prudencia o para aprovechar eventuales oportunidades de inversión.

Sin embargo, conviene recordar que, en general, es más económico tener la posibilidad de obtener disponible, por ejemplo mediante la apertura de una póliza de crédito, que mantener efectivo en cuentas bancarias.

Una empresa, por ejemplo, puede mantener un saldo de 100 Mptas. invertidos al 10% o utilizarlos para cancelar parte de una deuda con un tipo de interés del 13% y obtener un ahorro de 3 puntos. En este segundo caso, para mantener la liquidez, concertará una póliza de crédito a corto, de utilización variable, con un límite de, también, 100 Mptas. El coste máximo de formalización de esta póliza se compone de la comisión de apertura (un 0,5% sobre el límite) más el corretaje del fedatario público (0,3%). Además, como la póliza se concierta con la intención de no usarla sino de tener liquidez por si es necesaria, se podrá devengar una comisión de no disponibilidad máxima del 0,15% trimestral sobre el saldo no dispuesto. Por ello, el coste anual de la póliza sin utilizarla puede ascender hasta el 1,4% del límite:

Límite de la póliza: 100 Mptas.	**%**	**Miles ptas**
Comisión de apertura	0,5	500
Corretaje	0,3	300
Comisión de no disponibilidad	0,6	600
Total póliza	1,4	1.400

En cambio, el coste de disponer de 100 Mptas. en efectivo invertidos al 10% es del 3% o 3 millones de ptas., superior en un 114% a la alternativa planteada.

B. Período medio de cobro

Este índice, expresado en días, informa sobre el plazo promedio en que se cobran las ventas. Se estima dividiendo el saldo de las cuentas por cobrar a clientes entre la venta media diaria durante un determinado período, según la ecuación

$$\text{Período medio de cobro} = \frac{\text{Cuentas por cobrar}}{\text{Venta media diaria}}$$

Si una empresa vende al trimestre 100 millones de ptas. y su saldo de clientes asciende a 40 millones, el período medio de cobro será de 36,4 días:

El valor que tome este ratio depende de las condiciones de pago contempladas en la venta y de la gestión de cobro que se realice.

C. Rotación de existencias

Con este índice se persigue evaluar la velocidad con que circulan las existencias. Como éstas tienen la finalidad de soportar la actividad, se deberá asociar cada saldo de existencias con la variable flujo con la que se relaciona. Así, podemos definir los siguientes ratios de rotación de:

- Materiales $= \dfrac{\text{Consumo de materiales}}{\text{Existencias de materiales}}$

- $\text{Productos en curso} = \dfrac{\text{Valor de la producción}}{\text{Existencias de productos en curso}}$
- $\text{Productos terminados} = \dfrac{\text{Coste de las ventas}}{\text{Existencias de productos terminados}}$

Para formular objetivos para estos ratios ha de perseguirse equilibrar el mantener reducidas las existencias, a fin de disminuir sus costes de posesión (intereses, seguros, custodia, obsolescencia, etc.) y, a la vez, que sean suficientes para impedir roturas o desabastecimientos. Su valor depende de aspectos tales como: estabilidad de la producción, tipo de actividad, grado de integración y gama de productos.

D. Período medio de pago

Análogamente al cobro de clientes, es el número de días en que, como promedio, se abonan los suministros a proveedores. Se calcula por:

$$\text{Período medio de pago} = \frac{\text{Cuentas a pagar}}{\text{Compras diarias}}$$

Si una empresa compra 60 millones de ptas. al mes y mantiene un saldo de cuentas a pagar de 100 millones, su período medio de pago es de 50 días:

El plazo de pago debe adecuarse, razonablemente, a las condiciones pactadas con los suministradores. Pagar antes es un sinsentido si no se obtienen descuentos por pronto pago; retrasarse en los pagos, además de romper la ética asociada al cumplimiento de convenios, puede acarrear malestar entre los suministradores, con consecuencias imprevisibles.

El cuadro 11 resume los ratios descritos aplicados a CERAL para cada uno de los años del trienio en estudio, así como su capital circulante, y permite formular los siguientes comentarios:

— La posición de tesorería ha ido disminuyendo durante el trienio.

— El período medio de cobro ha escalado de 82 a 97 días, reflejando, probablemente, las mayores exigencias en este campo de las grandes superficies.

— Disminuye, ligeramente, la rotación de los materiales.

— Pero mejora, sustancialmente, la rotación de los productos en curso. Las inversiones productivas realizadas por CERAL deben de explicar este progreso en la reducción del ciclo productivo.

— Cae, sin embargo, la rotación de productos terminados como consecuencia del estancamiento de la actividad.

— CERAL está consiguiendo ampliar su período medio de pago a proveedores compensando así sus condiciones más ventajosas para sus clientes.

— Como consecuencia de los fenómenos anteriores el capital circulante se incrementa un 35% y en su relación con las ventas pasa del 11,3% al 15,1% delatando su mayor incremento en proporción a la actividad.

Cuadro 11:
DIAGNOSTICO DEL CAPITAL CIRCULANTE

	AÑO			
	1	2	3	
DIAS DE VENTA EN TESORERIA	3,7	2,0	1,4	DÍAS
PERIODO MEDIO DE COBRO	82	87	97	DÍAS
ROTACION DE EXISTENCIAS				
— MATERIALES	39	38	37	VECES
— PRODUCTOS EN CURSO	58	63	65	VECES
— PRODUCTOS TERMINADOS	33	30	29	VECES
PERIODO MEDIO DE PAGO	74	79	86	DÍAS
CAPITAL CIRCULANTE (Millones ptas.)	2.612	2.949	3.521	
CAPITAL CIRCULANTE SOBRE VENTAS %	11,3	12,7	15,1	

7. ESTUDIO DE LA LIQUIDEZ

Entendemos por liquidez de una empresa, en un determinado momento, su capacidad para atender los pagos que debe realizar para desarrollar sus actividades y responder a sus compromisos financieros. Para este propósito cuenta con los siguientes recursos:

— aquellos activos que o son efectivo o se pueden convertir en efectivo de manera inmediata. Entre ellos, cabe incluir depósitos bancarios, activos financieros que venzan o puedan venderse en un mercado organizado (Letras del Tesoro, por ejemplo) e incluso las cuentas a cobrar a clientes en la medida en que puedan negociarse en una entidad financiera o anticipar su cobro.

— otros activos que, como parte de las existencias, se convertirán razonablemente en efectivo en breve plazo.

— recursos financieros movilizables que estando disponibles no se han utilizado. Es el caso de una póliza de crédito no dispuesta en su totalidad.

Una medida sencilla para estimar la liquidez consiste en calcular el cociente entre recursos disponibles y pagos a realizar, siendo éstos los previstos hasta el horizonte al que se refiera el análisis. Este índice se denomina liquidez inmediata si el horizonte que se contempla es muy próximo al del análisis y se estima mediante el cociente:

$$\text{Liquidez inmediata} = \frac{\text{Activos financieros más cuentas por cobrar}}{\text{Pasivo a corto plazo}}$$

También se puede utilizar el cociente:

$$\text{Días de pago disponibles} = \frac{\text{Recursos disponibles}}{\text{Pagos diarios a realizar}}$$

que expresa el número de días en los que se puede hacer frente a los pagos con los fondos disponibles.

Si extendemos el horizonte de la evaluación deberemos incorporar al numerador los nuevos recursos movilizables en ese período más amplio, pero también el denominador incluirá los nuevos pagos que venzan dentro del plazo en estudio. Así, es de prever que las existencias de la empresa se venderán al extender el plazo. Por ello, esta liquidez siendo aún a corto plazo, contempla un período mayor y se calcula por:

$$\text{Liquidez a corto} = \frac{\text{Activo circulante}}{\text{Pasivo a corto}}$$

Este enfoque de estimación de la liquidez es fundamentalmente estático. En realidad lo que interesa es la posibilidad de la empresa para cubrir sus pagos y ello, con independencia de cuáles sean sus disponibilidades en un momento dado. El analista interno de la empresa estimará, en consecuencia, la liquidez mediante previsiones de tesorería a plazos distintos que le permitan evaluar la capacidad de atender los pagos y en caso adverso, tomar las medidas para conseguirlo.

8. EVALUACION FINANCIERA DEL ACTIVO FIJO

El objetivo de este análisis consiste en revisar si el tamaño y condición del inmovilizado son los adecuados para desarrollar las actividades. Para el primer propósito se usan indicadores que relacionan el valor del activo fijo con la actividad que es capaz de generar. Para estudiar su condición, desde un enfoque financiero, se considera la pérdida de valor del inmovilizado estimada por la amortización contable. En lo que sigue se ofrecen algunos ratios útiles para el diagnóstico de ambos aspectos.

A. Productividad del activo fijo

Se calcula como cociente entre la actividad y el activo fijo neto. La actividad puede estimarse por la producción, en unidades físicas, realizada durante el período analizado. En el caso de CERAL, por ejemplo, se utilizan los hectolitros de cerveza fabricados. Alternativamente, cuando se desconozca la cifra de actividad física o sea difícil medir la producción mediante un único parámetro, por la heterogeneidad de los productos fabricados, puede utilizarse el valor de la producción o, en última instancia, la cifra de ventas realizada. Siempre se ha de cumplir que la magnitud seleccionada refleje, razonablemente, el nivel de actividad del período.

Un valor reducido de este índice es síntoma de una baja utilización de la inversión bien porque opere deficientemente o bien porque la situación del mercado induzca una actividad escasa. Incluso, no dándose ninguna de ambas circunstancias, puede suceder que existan activos ociosos no empleados en la actividad de la empresa. Por el contrario, un valor alto será señal de que la actividad es importante en relación al activo fijo neto lo cual indica que la capacidad utilizada es elevada o que el activo fijo neto es reducido, quizás por estar ya muy amortizado.

Para CERAL se obtienen los siguientes ratios:

	AÑO		
	1	2	3
Hectolitros de cerveza producidos por millón de inversión neta	348	304	276
Valor de la producción sobre activo fijo neto	1,90	1,71	1,61
Ventas sobre activo fijo neto	3,0	2,7	2,5

Los tres índices delatan una disminución del grado de utilización de los activos lo cual no es sorprendente si recordamos que la actividad se ha mantenido mientras que se ha producido un importante esfuerzo inversor.

B. Capacidad utilizada

Para calcular este índice se utiliza como numerador la producción real del período. El denominador corresponde a la producción que razonablemente podría obtenerse de utilizar, en su totalidad, la capacidad efectiva instalada. El resultado ofrece una aproximación razonable de la capacidad utilizada. Las dos causas que explican la evolución de este índice se relacionan con el comportamiento del mercado y la condición y dimensión de las instalaciones. Así, un valor persistentemente alto (reducido) año tras año puede dar una idea de que la dimensión de las instalaciones es escasa (excesiva).

Este cociente se calcula con magnitudes físicas (toneladas por ejemplo). Los datos de CERAL indican un continuo deslizamiento de la capacidad utilizada.

	AÑO		
	1	2	3
Hectolitros fabricados/capacidad máxima	90,6%	87,8%	85,3%

C. Antigüedad del inmovilizado

El porcentaje que representa la amortización acumulada en relación al activo fijo bruto amortizable informa del grado de amortización medio de las instalaciones productivas y, en consecuencia, de su antigüedad. Del activo fijo habrá que deducir las rúbricas que no se amortizan como por ejemplo, terrenos e inmovilizado en curso. Si, por ejemplo, este porcentaje supera al 50% es señal de que el activo fijo está en la segunda mitad de su vida contable. Además de la antigüedad del activo, sobre este índice también influye la política de amortización que aplique la empresa. Este ratio puede descomponerse por elementos del activo si se conocen sus valores históricos de compra y sus amortizaciones respectivas.

CERAL ofrece los siguientes valores, que indican un progresivo envejecimiento del inmovilizado amortizable.

	AÑO		
	1	2	3
% del activo fijo bruto amortizado	38,4%	40,6%	43,5%

D. Amortización anual sobre Activo fijo bruto.

Mide la proporción en que se deprecia contablemente la inversión fija de la empresa. El inverso de este ratio corresponde al número de años en que en promedio se amortiza el inmovilizado.

Para CERAL la senda seguida por este índice, que expresa un período de amortización promedio de 13 años, es la siguiente:

	AÑO		
	1	2	3
Amortización anual sobre activo fijo bruto	7,61%	7,57%	7,56%

E. Inversión anual sobre amortización anual.

Este índice, que relaciona la inversión anual con la amortización anual evalúa el ritmo inversor de la empresa en relación con la pérdida contable de valor de sus activos amortizables. Cuando es superior a la unidad indica que se invierte más que lo que se consume. Bien es cierto que su valor viene distorsionado porque la inversión se expresa en pesetas del año mientras que la base de cálculo de la amortización viene dada en pesetas históricas, de cuando se adquirieron los activos. Este ratio ha de analizarse en períodos amplios pues las inversiones de entidad en activo fijo se realizan, en general, de forma puntual.

Si bien la amortización anual se obtiene directamente de la cuenta de resultados, la inversión es preciso deducirla de los estados contables, mediante la siguiente ecuación de flujo:

Inmovilizado bruto final = Inmovilizado bruto inicial + Inversión – Desinversión

Para CERAL, si consideramos que no ha habido liquidación de activos, se deduce que la inversión ha superado ampliamente a la amortización.

	AÑO		
	1	2	3
Inmovilizado bruto final (sin terrenos)	11.828	13.717	15.512
– Inmovilizado bruto inicial		11.828	13.717
= Inversión		1.889	1.795
Amortización	900	1.038	1.173
Inversión/amortización		1,82	1,53

9. ANALISIS DEL RIESGO FINANCIERO DERIVADO DEL SERVICIO A LA DEUDA

Los gastos financieros dependen del volumen de financiación, por lo que a corto plazo tienen el carácter de fijos en relación con las ventas; si éstas disminuyen y en consecuencia lo hace el beneficio económico, la rigidez de los gastos financieros reducirá el beneficio antes de impuestos en mayor proporción. Así pues, una empresa endeudada tiene latente el riesgo de que una disminución del beneficio económico provoque una caída mucho mayor del beneficio antes de impuestos. En sentido contrario, un aumento del beneficio económico producirá un incremento relativamente superior del beneficio antes de impuestos. Este efecto por el cual una variación porcentual del beneficio económico desencadena otra mayor en el beneficio antes de impuestos, se denomina apalancamiento financiero.

Para evaluar este riesgo podemos utilizar el ratio de cobertura de intereses (CI) calculado por [2]:

$$CI = \frac{\text{Beneficio económico}}{\text{Intereses}}$$

Cuanto mayor sea el valor de este cociente menor será el riesgo de que una caída del beneficio económico genere pérdidas. Una empresa que presente un ratio de cobertura de intereses de 4 tendrá menos riesgo financiero que otra con un valor de 2: la primera deberá reducir su beneficio económico en más de cuatro veces antes de entrar en pérdidas; la segunda sólo precisa la mitad.

Pero la deuda no sólo hay que remunerarla sino también hay que cancelarla según un calendario predefinido. Por ello, podemos ampliar el concepto de cobertura anterior para tener en cuenta la devolución del principal de la deuda. En el numerador del nuevo índice situaremos a los fondos generados por las operaciones, es decir el beneficio neto más la amortización. En el denominador, a los intereses sobre la deuda añadiremos la cuota anual de amortización de ésta. Sin embargo, la devolución de la deuda se hace con pesetas después de impuestos. Por ello, por cada 100 ptas. que se deban amortizar será preciso obtener una cantidad mayor de fondos

[2] El epígrafe 3.2 del capítulo XIII presenta una forma alternativa de medir el riesgo financiero.

generados por las operaciones a fin de que una vez cubierto el impuesto de sociedades queden las 100 ptas. precisas para la mencionada devolución. Así pues, el denominado ratio de cobertura de desembolsos de la deuda (CDD) se calcula por:

$$\text{CDD} = \frac{\text{Fondos generados por las operaciones}}{\text{Intereses + Impuestos + Devolución deuda}} \tag{3}$$

Este índice de cobertura supone que en una empresa estabilizada en su crecimiento, los fondos generados por las operaciones deben ser capaces de atender al servicio de la deuda (y al impuesto de sociedades) en cuanto que el plazo de amortización de ésta ha debido de concertarse en sincronía con los fondos generados por las inversiones a las que financia.

Tomemos los datos de CERAL referidos al tercero de los años analizados:

Beneficio económico (BE)	= 1.943 millones de ptas.
Deuda	= 4.269 (2.629 a largo y 1.640 a corto)
Tipo de interés medio de la deuda	= 13,4%
Intereses (I)	= 573 millones de ptas. (0,134 x 4.269)
Amortización anual del inmovilizado (A)	= 1.173 millones de ptas.
Cuota anual de amortización de la deuda (AD)	= 2.166 millones de ptas. (se supone una devolución de la deuda a largo en 5 años y la de corto en un año)
Tipo impositivo (t)	= 0,275 (o el 27,5%)
Impuestos (T)	= 377 millones de ptas. (1.943 – 573) x (0,275)

Así, los dos índices introducidos serán los siguientes:

Cobertura de intereses	= BE/I = 1.943/573 = 3,40
Cobertura de desembolsos de la deuda	= (BE+A)/(I+T+AD) = (1.943+1.173)/(573+377+2.166) = 1

El análisis de estos índices permite evaluar el riesgo financiero en los siguientes términos:

1. Una eventual reducción del beneficio económico en 3,4 veces su valor actual anulará el beneficio antes de impuestos, pues el beneficio económico se igualará con los intereses, dando lugar a una cobertura de intereses de la unidad.

2. Los fondos generados por las operaciones cubren, en este caso, la demanda derivada del servicio a la deuda. Este índice de cobertura de desembolsos de la deuda, al ser igual a la unidad, indica que se generan fondos suficientes para atender al

servicio de la deuda. Es decir, la empresa está endeudada, en principio, a su capacidad razonable. Bien es cierto que los fondos generados por las operaciones deben cubrir también el pago de dividendos. Para financiar las nuevas inversiones es razonable acudir a financiación adicional pero no es señal de una buena salud financiera que se requiera captar nuevos fondos para, a renglón seguido, proceder a distribuir dividendos.

Por ello, la fórmula (3) anterior puede completarse añadiendo al denominador el reparto de dividendos que, para el año 3 de CERAL, ascienden a 512 millones de ptas. De este modo, el nuevo ratio de cobertura de desembolsos financieros resulta ser:

$$CDF = \frac{\text{Fondos generados por las operaciones}}{\text{Intereses + impuestos + devolución de la deuda + dividendos}}$$

CERAL ofrece un valor, en este caso, de 0,86 que muestra un nivel insuficiente para cubrir las aplicaciones incluidas en el denominador.

$$CDF = \frac{1.943 + 1.173}{573 + 377 + 2.166 + 512}$$

Además, este índice omite las necesidades de financiación surgidas por las inversiones de reposición del inmovilizado y por el incremento espontáneo del capital circulante nacido del proceso inflacionario de la economía. En consecuencia, el ratio CDF deberá ser superior a la unidad para cubrir esas necesidades adicionales así como para disponer de una holgura que permita solventar situaciones adversas nacidas de la incertidumbre y el riesgo.

En cuanto al valor de los ratios que miden el riesgo financiero para los tres años en estudio de CERAL, resultan ser los siguientes:

	Año 1	Año 2	Año 3
Cobertura de intereses	4,5	4,0	3,4
Cobertura de desembolsos de la deuda (CDD)	1,01	1,06	1,00
Cobertura de desembolsos financieros (CDF)	0,88	0,92	0,86

Para calcular estos ratios se ha tenido en cuenta que las variables implicadas toman los valores indicados en el cuadro 12.

Cuadro 12:
MAGNITUDES SELECCIONADAS DE CERAL

	AÑO		
	1	2	3
Fondos generados por operaciones (antes imptos)	3.386	3.304	3.116
Intereses	549	565	573
Impuestos	575	485	377
Devolución anual de la deuda	2.224	2.066	2.166
Dividendos	488	488	512

10. UN RESUMEN DE LA EVALUACION DE LA EMPRESA

La evaluación financiera de la empresa adquiere toda su relevancia cuando se confronta con el análisis de su entorno y con las características de la actividad que desarrolla. A este respecto, los aspectos más relevantes a considerar en el caso de CERAL pueden ser los siguientes:

— El consumo de cerveza es estacional, con picos marcados por la climatología y los períodos vacacionales.

— La influencia de la marca es importante como soporte de las ventas: repercute sobre la elección del consumidor y mantiene su fidelidad. Esta es elevada y nace de la costumbre a determinados atributos de la cerveza (sabor, densidad, color, etc.)

— La segmentación del mercado se produce, fundamentalmente, en base a consideraciones geográficas. Tradicionalmente, cada fábrica suministra a su territorio más próximo, debido a la repercusión de los costes de transporte. La incidencia de estos costes levanta un parapeto a la importación aunque también restringe la capacidad de exportar.

— El consumo es poco sensible al ciclo económico. Lo es más a las modas y a las pautas de comportamiento del consumidor. Es el caso de las campañas antialcohol, las restricciones de consumo en la carretera o al consumo de botellas de litro en algunos ambientes juveniles.

— Puesto que la caducidad de la cerveza, una vez embotellada, supera el año, no se plantean problemas relevantes de obsolescencia del producto o de estacionalidad de la producción.

En cuanto a la situación del sector en la época en que se analiza CERAL, descuellan los siguientes aspectos:

— El consumo está estancado, incluso con una ligera tendencia a la baja.

— Los competidores de CERAL son empresas sólidas y se encuentran participadas por multinacionales. La oferta está muy concentrada: cinco fabricantes controlan el 90% del mercado.

— La demanda está muy fragmentada. Las grandes superficies están adquiriendo mayor relevancia y por su creciente poder de compra presionan sobre el precio y las condiciones de pago.

— La entidad de las importaciones es limitada no superando el 4% del consumo.

Del análisis interno de su situación extraemos los siguientes aspectos:

— La cuota de mercado de CERAL disminuye ligeramente a lo largo del trienio, deslizándose del 9,82% al 9,57%.

— La capacidad productiva utilizada se reduce del 90,6% al 85,3% con el consiguiente incremento de los costes fijos por hectolitro.

— Las fuertes inversiones realizadas durante el período no se han materializado en más actividad por falta de mercado. Parece que sí han contenido el incremento de costes, reduciendo los de personal aunque incrementando los indirectos. El coste del hectólitro vendido ha aumentado muy por debajo de la inflación.

— El peso de los gastos comerciales se ve presionado al alza por la presión competitiva del sector mientras que el de los gastos generales crece en relación a las ventas.

— Aumenta el plazo de crédito concedido a los clientes, así como, aunque en menor medida, la financiación de proveedores.

— El endeudamiento permanece estable aunque el riesgo financiero aumenta al disminuir la relación entre beneficio económico y gastos financieros.

— El rendimiento financiero y económico se reducen significativamente.

En resumen, el interrogante que suscitan estos hechos se concreta en valorar la capacidad de CERAL para poder competir en este marco, teniendo en cuenta sus debilidades internas analizadas anteriormente. En realidad, lo que puede estar en juego es la propia supervivencia de la empresa como unidad económica independiente.

Capítulo VIII

Financiación del crecimiento

1. La demanda financiera
2. Cómo financiar el crecimiento
   2.1. Indice de crecimiento interno
   2.2. Crecimiento por ampliación de capital
   2.3. Crecimiento por variación del endeudamiento
3. Posición económico financiera de la empresa
4. El ratiograma estratégico

Anexo 1: ICI y rentabilidad financiera
Anexo 2: Capacidad de crecimiento por variación del endeudamiento
Anexo 3: Relación entre el ICI y la cobertura de intereses CI

1. LA DEMANDA FINANCIERA

La demanda financiera de una empresa son los fondos adicionales que, para un determinado período, precisa captar a fin de cubrir sus necesidades de financiación derivadas de las inversiones y de las operaciones previstas durante el horizonte temporal contemplado. Se calcula restando del activo estimado a dicho término la financiación ya disponible o comprometida, según indica la figura 1.

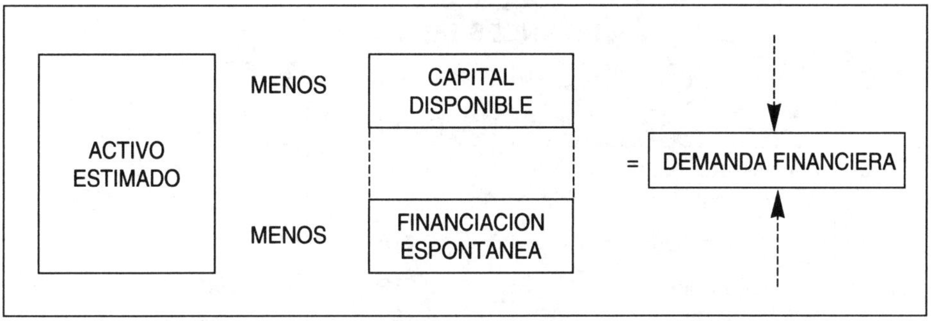

Figura 1: Determinación de la demanda financiera

Si la demanda financiera resulta positiva, será preciso negociar financiación adicional. Cuando, por el contrario, es negativa anticipa un superávit que, razonablemente, se invertirá en activos rentables o se aplicará a reducir el endeudamiento.

En ambos casos se considera que el activo y la financiación espontánea de proveedores y acreedores se han ajustado previamente, teniendo en cuenta las exigencias de la actividad. Puede suceder que, en una primera estimación resulte una demanda financiera excesiva, que lesione la posición financiera de la empresa. Ello exigirá recortarla, actuando sobre la dimensión del activo o sobre la financiación espontánea, con precaución de no dañar la capacidad para competir. Así, se podrán reducir las existencias, acortar el período medio de cobro a clientes, cancelar alguna inversión, vender algún activo o aumentar el plazo de pago a proveedores.

De producirse, por el contrario, un superávit se podrá aumentar el activo previsto o reducir la financiación espontánea mediante acciones de sentido inverso a las comentadas anteriormente siempre y cuando, con ello, se refuerce la posición competitiva de la empresa. Estos ajustes serán sucesivos hasta alcanzar una demanda financiera adecuada a la situación y perspectivas de la empresa. Una vez fijado su importe previsional, cualquiera que sea su signo, se negociará la financiación necesaria o se invertirá el excedente resultante, según sea el caso.

Es habitual que la demanda financiera sea positiva en cuanto que las inversiones de reposición y crecimiento de la empresa, el impacto de la inflación sobre las partidas del circulante y los vencimientos de la deuda suelen exceder a los fondos generados por las operaciones.

Consideremos la situación de la empresa CERAL, presentada en el capítulo VI, suponiendo que nos encontramos al final del año 2 y que deseamos estimar la demanda financiera al final del 3. Para ello, supondremos que los estados financieros previstos para este último año coinciden con los que, posteriormente, se produjeron. Es decir, usaremos la información contable real del año 3 como si fuese la previsión para este año, según muestra, abreviadamente el cuadro 1, referido al balance de situación.

Cuadro 1:
BALANCES DE CERAL

	AÑO	
	Real 2	**Previsión 3**
Inmovilizado neto	8.654	9.276
Activo circulante	7.118	7.877
Total activo	15.772	17.153
Fondos propios	9.382	10.168
Capital social	6.100	6.405
Reservas	3.282	3.763
Acreedores a largo plazo	2.221	2.629
Obligaciones	1.000	1.000
Préstamos	1.221	1.629
Acreedores a corto plazo	4.169	4.356
Préstamos	1.622	1.640
Proveedores	1.612	1.754
Acreedores	935	962

Para dicho año, CERAL prevé unos ingresos de 23.388 millones de ptas. y anticipa los siguientes parámetros de gestión y magnitudes:

Activo circulante sobre ingresos	33,7%
Pasivo circulante no financiero sobre ingresos	11,6%
Inversiones en activo fijos	1.795 millones ptas.
Beneficio retenido del ejercicio	481

Su inmovilizado neto asciende, al final del año 2, a 8.654 millones de ptas., no estando prevista ninguna desinversión, y la dotación a amortizaciones durante el ejercicio siguiente se estima en 1.173 millones. Por ello, el inmovilizado neto al final del año 3 se elevará a 9.276 millones de ptas., conforme al siguiente cálculo:

	Millones de ptas.
Inmovilizado neto inicial	8.654
+ Inversiones	1.795
– Amortizaciones	–1.173
– Desinversiones	0
Inmovilizado neto final	9.276

La financiación disponible al inicio del año 3, que se mantendrá hasta el final del ejercicio, es la siguiente:

	Millones de pesetas
Capital social	6.100
Reservas	3.282
Obligaciones	1.000
Préstamos a largo plazo	1.221
Financiación disponible	11.603

A esta financiación, ya disponible, hay que añadir el beneficio que se prevé retener (481 millones de ptas.), como parte de la autofinanciación de la empresa. Cabe señalar que la amortización, como componente de los fondos generados por las operaciones, ya se ha tenido en cuenta al calcular el valor previsional del inmovilizado neto: ha actuado como cuenta reductora, minorando la inversión. No se han incluido los préstamos a corto existentes al finalizar el año 2 pues se amortizarán durante el ejercicio objeto de este análisis.

El cuadro 2 calcula la demanda financiera, en los términos descritos.

Cuadro 2:
CALCULO DE LA DEMANDA FINANCIERA DE CERAL

CONCEPTO PREVISIONAL	Millones ptas.
Inmovilizado neto	9.276
Activo circulante (33,7% de los ingresos)	7.877
Total activo	17.153
Financiación espontánea (11,6% de los ingresos)	– 2.716
Inversión neta	14.437
Financiación disponible	– 11.603
Autofinanciación por retención de beneficio	– 481
Demanda financiera	2.353

Enfrentada CERAL con la necesidad de atender esta demanda de 2.353 millones, decide cubrirla con las siguientes fuentes e importes.

Fuente	Millones ptas.
Ampliación de capital	305
Nuevo préstamo a largo	408
Préstamos a corto	1.640
	2.353

Se ha estimado, para simplificar, el activo y el pasivo circulantes utilizando el ratio estructural que representan ambas partidas sobre la cifra de ingresos. Alternativamente, se podrían haber estimado con más detalle, calculando uno a uno sus respectivos componentes y aplicando las fórmulas que recoge el cuadro 3.

Tampoco se ha considerado la existencia de posibles desinversiones o retiros de inmovilizado. Si no fuese este el caso es necesario reducir el inmovilizado neto en el valor neto de la desinversión, según muestra el mencionado cuadro.

El cuadro 2 se ha simplificado incorporando directamente el beneficio retenido. Sin embargo, este es un atajo que la práctica no permite, pues esta magnitud depende del beneficio neto y éste, a su vez, del importe y coste de la deuda. Hasta que no se conozca qué parte de la demanda financiera se cubrirá con deuda no se puede determinar el beneficio retenido. Pero, simultáneamente, la necesidad de endeudamiento adicional depende del importe que alcance la retención de beneficios.

En la práctica es necesario arrancar la previsión desde el beneficio económico en cuanto que no se ve afectado por la magnitud de los gastos financieros. El beneficio económico de CERAL previsto para el año 3 se eleva a 1.943 millones de ptas.

Sabemos que la demanda financiera asciende a 2.834 millones (antes de considerar el beneficio retenido de 481 millones de ptas.), de los cuales 305 se cubrirán con ampliación de capital. Queda pues un déficit de 2.529 millones que se atenderán con beneficio retenido y deuda.

El beneficio retenido (BR) y la financiación a cubrir por nueva deuda (ND) se calculan a partir de las siguientes fórmulas, expresando la primera que el beneficio retenido es igual al económico menos los gastos financieros, el impuesto de sociedades y los dividendos.

$$BR = [BE - i \times (D + ND)] \times (1 - t) \times b$$
$$DEF = BR + ND$$

donde DEF es el déficit a cubrir con deuda y beneficio retenido, ND es la nueva deuda a contratar, D es la deuda ya existente, i es el coste medio de la deuda, t es el tipo impositivo sobre beneficios de sociedades y b es el factor de retención de beneficios. Sustituyendo los valores estimados por CERAL, para estas variables, se obtiene:

$$BR = (1.943 - 0{,}1342 \times (2.221 + ND) \times (1 - 0{,}2752) \times 0{,}4844$$
$$2.529 = BR + ND$$

Resuelto este sistema de dos ecuaciones con dos incógnitas, se confirma lo ya anticipado en el cuadro 1.

$$BR = [1.943 - 0{,}1342 \times (2.221 + ND)] \times (1 - 0{,}2752) \times 0{,}4844$$
$$2.529 = BR + ND$$

Ya sólo queda cubrir la nueva deuda a contratar. En este caso se supone que se negocia un préstamo a largo plazo por importe de 408 millones de ptas., y que se contrata a corto por importe de 1.640 millones. Como la deuda a largo ya existente asciende a 2.221 millones el ratio de cobertura temporal de la deuda (relación entre corto plazo y total) resulta del 38%, calculado por:

$$e_{td} = \frac{1.640}{1.640 + 408 + 2.221}$$

Cuadro 3:
CALCULO DE LA INVERSION NETA PREVISTA

ACTIVO CIRCULANTE OPERATIVO

Tesorería = días de venta en tesorería x ingresos anuales / 365
Clientes = período medio de cobro x venta media diaria
Otros deudores = una tasa sobre ingresos
Existencias de materiales = compras del año/rotación de existencias de materiales
Existencias en curso = valor de la producción / duración del proceso
Existencias productos terminados = coste de ventas/rotación de productos terminados

PASIVO CIRCULANTE OPERATIVO

Proveedores = Período medio de pago x compra media diaria
Acreedores = una tasa sobre ingresos

INMOVILIZADO NETO

+ Inmovilizado neto inicial
+ Inversiones del período
– Dotación a amortizaciones del año
– Valor neto de las desinversiones

Para evaluar la razonabilidad de la opción seleccionada para cubrir la demanda financiera es preciso analizar la coyuntura de los mercados de capitales y la repercusión de la financiación prevista sobre los índices de endeudamiento, cobertura de intereses, rentabilidad financiera, estructura temporal de la deuda y relación entre activo y pasivo circulantes al objeto de comprobar que anticipan una situación razonable y coherente con los objetivos de la empresa para cada uno de ellos.

2. COMO FINANCIAR EL CRECIMIENTO

Otro concepto relevante de análisis se refiere a la capacidad de la empresa para financiar su crecimiento. Este constituye un objetivo primordial de cualquier organización en cuanto que, en su materialización, permite:

— Alcanzar economías de escala y de alcance.

— Obtener ventajas por acumulación de experiencia.

— Reducir el riesgo económico mediante los procesos de diversificación de productos, mercados o tecnologías.

Además, el tamaño da una imagen de solvencia y es fuente de nuevas oportunidades de desarrollo.

El crecimiento de la empresa se mide bajo distintas perspectivas. Así, puede estimarse mediante el aumento de la cuota de mercado, para valorar la evolución de su posición competitiva, o por el número de nuevos productos que oferta, para calibrar el ritmo de su capacidad de innovación, o a través del aumento de sus capacidades o tecnologías o del número de nuevos clientes que capta. Desde una óptica financiera, el crecimiento se establece en base a la tasa de aumento de su cifra de negocios o de su inversión neta. Ambas medidas confluyen en cuanto que entre una y otra variable existe una relación ya que para realizar las ventas se precisa disponer de los recursos necesarios para ejecutar las actividades.

Para que sea deseable, el crecimiento de la empresa debe satisfacer las siguientes leyes:

— Ha de reportar una ventaja competitiva en cuanto a costes, diferenciación del producto, refuerzo de alguna capacidad para competir, variedad de la gama o reducción de riesgos.

— Ha de poder mantenerse pues de poco sirve un crecimiento desequilibrado que evolucione a saltos perdiendo en un declive lo que se logró en un avance. Además, en estos vaivenes se generan unos costes difícilmente recuperables. Así, ganar cuota de mercado provoca costes comerciales y de capacidad productiva que se pierden, si la posición alcanzada no se mantiene. Por el contrario, un crecimiento pausado pero continuo se capitaliza en términos compuestos ya que la tasa de un año se construye sobre el nivel alcanzado en el período previo, que a su vez se levanta sobre los anteriores.

— Debe entorpecer la capacidad de crecimiento de la competencia en cuanto que disuada a los rivales al ver ocupadas sus propias parcelas de expansión. El crecimiento no sólo es importante en términos de la propia empresa sino, también, en relación con el de los competidores.

— Ha de ser factible en lo que se refiere a disponer de capacidades de todo tipo para alimentarlo, incluyendo la capacidad para financiarlo sin deteriorar el equilibrio financiero de la empresa.

Es este último aspecto el que vamos a analizar en lo que sigue. El aumento de la actividad exige realizar inversiones en inmovilizado y capital circulante y ambos conceptos requieren disponer de fondos adicionales.

Previsto el incremento de la inversión neta, deducido del plan de operaciones, se necesita cubrir su financiación, para lo cual se dispone de tres mecanismos complementarios. El primero se apoya en los fondos generados por las operaciones actuales de la empresa en cuanto que proporcionen un excedente financiero o autofinanciación. El segundo consiste en la capacidad para captar capital de riesgo que agrande los recursos propios de la empresa mediante la inyección de nuevos fondos externos aportados por los accionistas. Por último, cabe recurrir a aumentar el endeudamiento de la empresa. A continuación, se elaboran los índices que evalúan la capacidad para financiar el crecimiento mediante cada uno de estos tres mecanismos.

2.1. Indice de crecimiento interno

Las actividades de la empresa deben permitir financiar parte de su crecimiento mediante los fondos generados por sus operaciones sin alterar su posición financiera o endeudamiento.Si suponemos que la amortización del inmovilizado actual debe destinarse a su reposición para mantener la capacidad ya instalada, los fondos generados por las operaciones coinciden con el beneficio retenido. De este modo el incremento de los recursos propios, o índice de crecimiento interno (ICI) en un momento determinado, viene dado por el cociente,

$$ICI = \frac{BR}{RP}$$

donde BR representa el beneficio retenido, susceptible de ser reinvertido, y RP son los recursos propios al inicio del período analizado. Multiplicando y dividiendo el segundo término de esta ecuación por el beneficio neto (BN) del período y recordando que la rentabilidad financiera (RF) se halla por el cociente entre el beneficio neto y los recursos propios se concluye que,

$$ICI = b \times RF \quad (1)$$

siendo b la relación entre el beneficio retenido y el beneficio neto del período o factor de retención del beneficio. Según este desarrollo, RF es la rentabilidad financiera calculada como cociente entre el beneficio neto del año y los recursos propios iniciales (ver anexo 1).

Pero si se pretende mantener la relación entre deuda y recursos propios un incremento de estos últimos posibilitará un incremento parejo de la deuda, en términos relativos. Con ello, el capital de la empresa se incrementará a una tasa equivalente a la estimada por el índice de crecimiento interno que permite financiar un crecimiento relativo idéntico de la inversión neta.

Supongamos los siguientes valores para una empresa hipotética:

Beneficio neto (BN)	=	140
Beneficio retenido (BR)	=	70
Recursos propios (RP)	=	1.000
Deuda (D)	=	600

De ellos se deduce que:

Rentabilidad financiera (BN/RP)	=	14,0%
Factor de retención (BR/BN)	=	0,5
Endeudamiento (D/RP)	=	0,6
Capital o inversión neta (RP + D)	=	1.600

El incremento de los recursos propios será pues del 7%, calculado por:

$$ICI = 0,5 \times 14\%$$

Si los recursos propios se incrementan en 70, lo que equivale a un 7% sobre su valor inicial, la deuda puede aumentar también en esa tasa, alcanzando un importe de 642, de manera que el ratio de endeudamiento no varíe. En efecto, el nuevo endeudamiento (0,6) resulta idéntico al inicial del año.

$$e_f = \frac{642}{1.070}$$

En consecuencia, la retención de beneficios induce un crecimiento del capital que permite financiar internamente la inversión neta. El ICI hay que compararlo con el crecimiento previsto (Cp) de la inversión neta, exigido por el plan operativo. Según sea la relación entre ambas tasas, se producirá un superávit o un déficit.

Si en la fórmula 1 sustituimos RF por la ecuación de la rentabilidad financiera que, según el epígrafe 5 del capítulo VII es:

$$RF = [RE + e \times (RE - i)] \times (1 - t)$$

donde i y t son el coste de la deuda y el tipo impositivo, respectivamente, se obtiene la composición del ICI a partir de variables más básicas.

$$ICI = b \times [RE + e \times (RE - i)] \times (1 - t)$$

Aceptemos que, en un momento dado, b, e, i y t son parámetros definidos por la actividad o el entorno, según sea el caso, y tomemos los valores del ejemplo anterior, añadiendo un coste de la deuda del 12% y un tipo impositivo del 30%. En este caso, la relación que liga al ICI con la rentabilidad económica (RE) resulta ser,

$$ICI = 0{,}5 \times [RE + 0{,}6 \times (RE - 0{,}12)]\ (1 - 0{,}3)$$

que simplificada da la siguiente ecuación de una recta:

$$ICI = 0{,}56 \times RE - 0{,}0252$$

La figura 2 representa el valor del ICI de este ejemplo, en función del valor que tome la rentabilidad económica. La recta que resulta indica la capacidad interna de financiar el crecimiento en función del rendimiento esperado de la inversión neta. Esta recta se basa en valores de e, b, i y t determinados, supone que la amortización y la inversión de reposición son similares y exige que la inflación sea moderada para que el circulante no varíe significativamente. En el eje vertical expresamos también el valor que tome, en cada caso, el crecimiento previsto Cp.

La recta trazada muestra una situación de equilibrio sólo cuando el crecimiento previsto Cp coincide con el ICI, es decir, si Cp se sitúa sobre la recta. Si el crecimiento previsto se sitúa a la izquierda de la mencionada recta, se obtiene un espacio en el que se produce un déficit en cuanto que el crecimiento previsto supera a la capacidad de financiarlo. Es el caso del punto A con una rentabilidad económica del 8% y un crecimiento previsto del 6%. En este caso el ICI es de sólo un 2%. La brecha que se produce entre el crecimiento previsto y el ICI habrá que cubrirla acudiendo a otros mecanismos de financiación. El punto B por el contrario, situado a la derecha de la recta, y para una rentabilidad económica del 16%, expresa una situación de superavit, en cuanto que el crecimiento previsto (4%) se sitúa por debajo de la capacidad para financiarlo (6,4%).

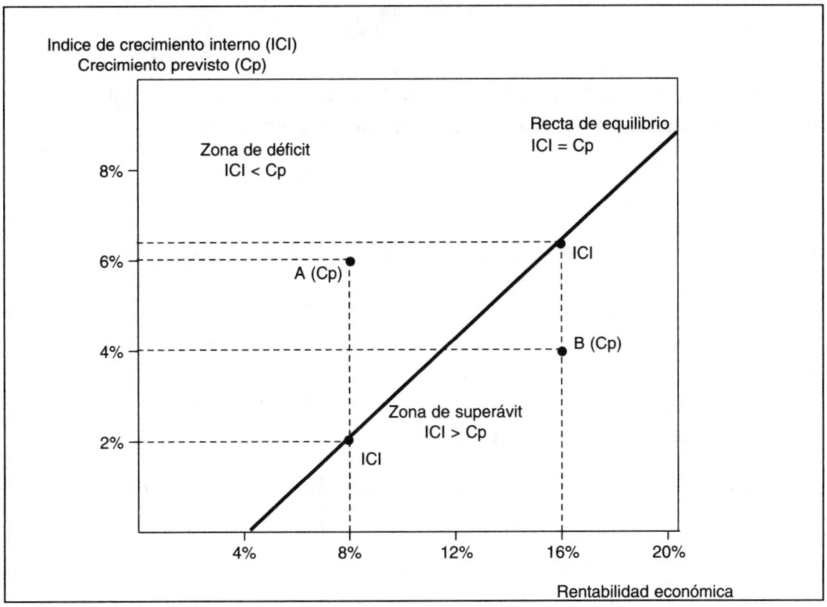

Figura 2: Relación entre crecimiento y rentabilidad

Las empresas que, habitualmente, presentan una situación deficitaria son aquellas que ofrecen unas perspectivas de crecimiento fuerte y sin embargo su rendimiento es reducido. Es el caso de las empresas que se encuentran en fase de expansión. Por el contrario cuando las posibilidades de crecer son reducidas, caso de las empresas maduras, y el rendimiento alto, aparece una situación de superávit.

2.2. Crecimiento por ampliación de capital

La capacidad de la empresa para financiar la inversión neta mediante una ampliación de su capital social, sin alterar su endeudamiento, viene dada por:

$$ICA = \frac{AC}{RP}$$

donde AC es la ampliación en importe y RP son los recursos propios iniciales.

Análogamente al epígrafe anterior, la eventual ampliación de capital posibilita un aumento, a la misma tasa, del valor de la deuda. En consecuencia, si los recursos propios y la deuda crecen en la proporción definida por ICA, también lo podrá hacer la inversión neta de la empresa. El importe monetario AC incluye el ingreso total de la ampliación, con independencia de que responda a capital social o a prima de emisión de acciones. Este último concepto recoge el exceso de precio pagado por los inversores sobre el valor nominal de las acciones emitidas.

En el ejemplo del epígrafe anterior, si la empresa amplia capital por un importe total de 50 se obtiene un índice de crecimiento por ampliación de capital del 5%:

$$ICA = \frac{50}{1.000}$$

La deuda se podrá incrementar también en un 5%, pasando a 630, sin que varíe el ratio de endeudamiento. Ello permite financiar un aumento de la inversión neta del 5%.

2.3. Crecimiento por variación del endeudamiento

La tercera opción de que dispone la empresa para cubrir los incrementos previstos de la inversión neta surge de la posibilidad de aumentar su ratio de endeudamiento. En este caso, el incremento de la deuda en términos absolutos no nace del aumento de los recursos propios sino que tiene su origen en el cambio de la proporción entre deuda y recursos propios.

El anexo 2 demuestra que la capacidad para financiar aumentos de la inversión neta mediante el cambio de la estructura del capital, se estima por la fórmula:

$$ICE = \frac{e_f - e_i}{1 + e_i} \times \left(1 + ICI + ICA\right) \qquad (2)$$

donde e_f representa el endeudamiento final y e_i el inicial.

En el ejemplo de los epígrafes anteriores, supongamos que se prevé incrementar el ratio de endeudamiento desde el 0,6 al 0,65. Ello genera la posibilidad de aumentar la inversión neta en un 3,5%, calculado por:

$$ICE = \frac{0{,}65 - 0{,}6}{1 + 0{,}6} \times \left(1 + 0{,}07 + 0{,}05\right)$$

La fórmula 2 contiene tres efectos desencadenados por la variación de la estructura de financiación. El primer componente, medido por $(e_f - e_i)/(1+ e_i)$, expresa el aumento de la inversión neta inducido por el cambio de política en este área. El segundo, que se obtiene de multiplicar el anterior por el ICI, valora el endeudamiento adicional que permite el incremento de los recursos propios originado por la retención de beneficios. El último, recoge un efecto similar pero debido ahora al aumento de los recursos propios originado por una eventual ampliación de capital. Si se amplía capital el aumento de los recursos propios permitirá un mayor incremento de la deuda al variar el ratio de endeudamiento. En el ejemplo hasta aquí desarrollado se obtiene:

Efecto básico	(0,65–0,6)/(1+0,6)	=	3,12%
Efecto inducido por ICI	(0,65–0,6)x 0,07/(1+0,6)	=	0,22%
Efecto inducido por ICA	(0,65–0,6)x 0,05/(1+0,6)	=	0,16%
	ICE	=	3,50%

3. POSICION ECONOMICO FINANCIERA DE LA EMPRESA

Un esquema simplificado de la dimensión económico-financiera de la empresa reconoce una perspectiva doble. La primera, a la que denominamos gestión económica, se centra en las actuaciones relacionadas con las operaciones y los activos necesarios para desarrollarlas y aborda:

— definir el tamaño adecuado, tanto en activos fijos como en capital circulante,

— formular la cartera de actividades,

— establecer los criterios que hayan de satisfacer las nuevas inversiones en cuanto a rentabilidad, liquidez y riesgo,

— decidir los procesos de desinversión y abandono de actividades,

— medir y acotar el riesgo operativo o industrial, asociado a sus operaciones, estableciendo políticas de diversificación y concentración en cuanto a mercados, canales, productos, tecnologías y proveedores.

En el intento permanente de identificar indicadores de síntesis para evaluar el comportamiento de cada parcela de gestión, la actuación económica de la empresa, tal y como queda descrita, se mide por su rentabilidad económica, es decir por la relación entre el beneficio económico y la inversión neta. Siendo ésta un conjunto de proyectos independientes pero agrupados por el propósito común de la estrategia, la rentabilidad económica nace de la productividad en la utilización de los activos y su funcionalidad estriba en su capacidad para remunerar al capital de la empresa.

Además, este índice viene también influido por la sensibilidad de los resultados a las situaciones latentes de riesgo operativo, derivadas de una eventual caída de las ventas, de la estructura de costes o de exposiciones nacidas de una concentración excesiva de riesgos.

La segunda perspectiva se refiere a la gestión financiera de la empresa, que contempla el pasivo del Balance y se enfrenta a decisiones tales como:

— Composición de la financiación en cuanto a tipo de operaciones, plazos y proporción de recursos propios y ajenos.

— Gestión de la liquidez a corto, referida al manejo del disponible y a la cobertura de los déficits de tesorería.

— Movilidad financiera entendida como la capacidad para modular el volumen y la estructura de la financiación existente, según las circunstancias, y sin incurrir en costes excesivos.

La actuación financiera determina el coste de capital de la empresa calculado en términos marginales como media ponderada de las fuentes específicas que utilice. Un primer contraste entre ambas perspectivas, la económica y la financiera, enfrenta el coste de capital con la rentabilidad económica. El equilibrio exige que ésta sea capaz de cubrir el coste de capital.

Un segundo contraste se centra en la capacidad de la actuación económica para atender la remuneración de la deuda. Aunque los recursos propios tienen también un coste este no es exigible por los accionistas ni se recoge en la Cuenta de resultados de la empresa. La deuda, por el contrario, exige su remuneración en los términos contractuales que se hayan pactado. Esta capacidad para atender los gastos financieros se mide por la relación existente entre el beneficio económico y los gastos financieros, es decir, por el ratio de cobertura de intereses.

En realidad, la actuación financiera cobra sentido en el marco del comportamiento económico de la empresa en cuanto que éste condiciona los límites en que puede bascular su gestión estrictamente financiera. Por ello, para medir la actuación financiera vamos a utilizar el mencionado ratio de cobertura de intereses.

Si a los dos índices anteriores añadimos la rentabilidad financiera y el índice de crecimiento interno, podemos elaborar los cuatro espacios que muestra la figura 3.

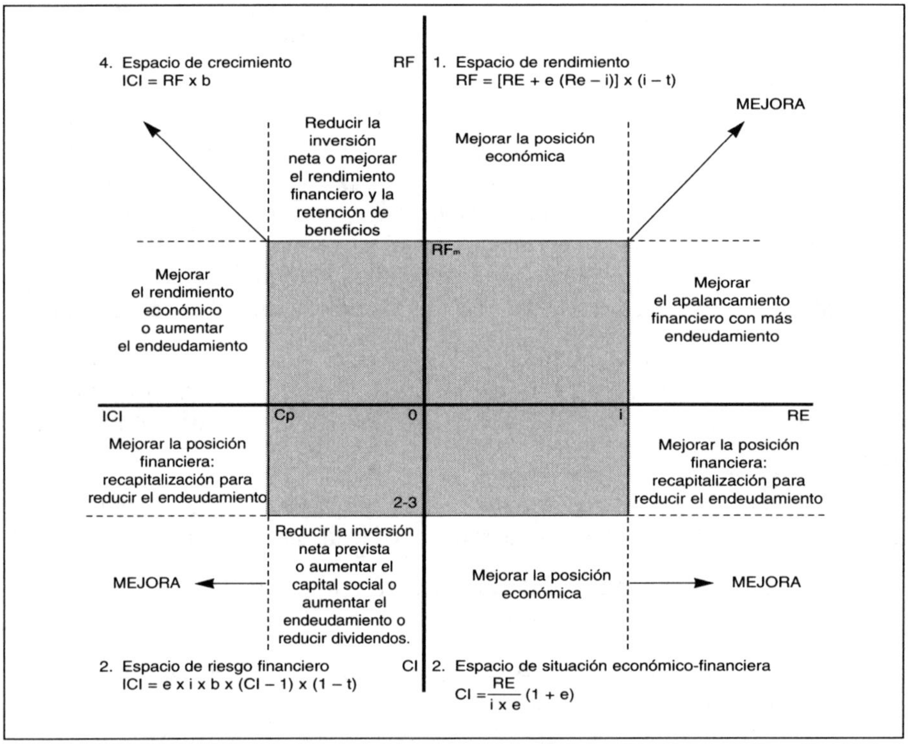

Figura 3: Los cuatro espacios económico-financieros

El primer espacio, definido por el par rentabilidad económica-rentabilidad financiera, se denomina de rendimiento. El valor mínimo deseable para la rentabilidad financiera (RF) viene dado por las expectativas de rendimiento (RFm) de los inversores. Por su lado, la rentabilidad económica no ha de descender más allá del coste medio de la deuda i. Por debajo de este umbral el rendimiento de los activos será insuficiente para remunerar a la deuda; rebasarlo es el arranque de un proceso degenerativo de la situación que exige ser atajado de inmediato para evitar su realimentación.

Los valores mínimos de RF y RE definen cuatro áreas con tratamientos y actuaciones diferenciados. La zona rayada representa la de mayores problemas. La zona más alejada del origen es la satisfactoria; de hecho, la situación de la empresa será mejor cuanto más distante se posicione del origen de coordenadas.

El segundo espacio relaciona la rentabilidad económica con el ratio de cobertura de intereses, definiendo la posición económico-financiera de la empresa. El valor mínimo razonable de la cobertura de intereses depende de la variabilidad que pueda experimentar el beneficio económico: mayor en una empresa de automóviles, por ejemplo, que en una empresa eléctrica. Por ello, el intervalo entre 2 y 3 veces es un mínimo razonable. En este espacio también existen cuatro zonas delimitadas por los ejes y los valores mínimos de las dos variables que lo conforman.

La zona rayada vuelve a indicar la zona de alerta que exige acometer las acciones de las dos otras zonas colindantes. En este espacio la dirección de mejora es paralela al eje horizontal siempre y cuando se supere el valor mínimo de la cobertura de intereses. Aquí, no se trata de maximizar las dos variables que definen el espacio pues una cobertura de intereses excesivamente elevada (superior a 5 por ejemplo) impide aprovechar la ventaja del apalancamiento financiero.

La relación entre la cobertura de intereses (CI) y la rentabilidad económica (RE) viene dada por la siguiente fórmula, según indica el anexo 3:

$$CI = \frac{RE}{i \times e} \times (1 + e)$$

El tercer espacio relaciona la cobertura de intereses con el índice de crecimiento interno. La fórmula que relaciona ambas variables, según demuestra el anexo 3, es:

$$ICI = e \text{ x } i \text{ x } b \text{ x } (CI - 1) \text{ x } (1 - t)$$

Como un valor de referencia para el ICI es el crecimiento previsto Cp para el desarrollo de las actividades, podemos identificar las cuatro zonas de este espacio, siendo como antes la zona rayada la más problemática. También ahora, la dirección de mejora es paralela al eje ICI siempre y cuando se supere el valor mínimo fijado para la cobertura de intereses.

Por último, el cuarto espacio se establece al combinar la rentabilidad financiera con el índice de crecimiento interno. En esta ocasión, la situación de la empresa también será más favorable cuanto más se aleje del origen de coordenadas. La zona rayada es de nuevo la que plantea posiciones con problemas.

4. EL RATIOGRAMA ESTRATEGICO

De los numerosos ratios presentados hasta ahora se han seleccionado aquellos más importantes para sintetizar, desde una perspectiva estratégica, la situación y evolución económico-financiera de la empresa. Este conjunto de índices, se presentan en el cuadro 4 en lo que denominamos el ratiograma estratégico. Los ratios que se incluyen comparten las siguientes características que les otorgan esa categoría de estratégicos:

— miden aspectos estructurales y básicos para posicionar a la empresa en su mercado, como son: la rentabilidad, el crecimiento, la liquidez, los costes o el riesgo financiero,

— en general, su evolución no presenta cambios bruscos, excepto en épocas de fuerte recesión o auge económico,

— el valor que toman en cada momento depende, normalmente, de la actuación gerencial, del comportamiento competitivo del sector y de parámetros del entorno económico.

— para evaluar su evolución se precisa no sólo considerar el valor que ofrecen sino también, contrastarlos con referencias del mercado, a nivel global o sectorial.

En los capítulos que siguen se introducen índices adicionales que, satisfaciendo estas características, permiten completar el mencionado ratiograma.

Cuadro 4:
RATIOGRAMA PARA LA EVALUACION ESTRATEGICA DE LAS FINANZAS

INDICE	FORMULA DE CALCULO	UNIDAD DE MEDIDA	VALOR DE REFERENCIA	OBJETO DE LA MEDICION
CRECIMIENTO INTERNO	ICI = RFxb	%	> inflación	capacidad de autofinanciar el crecimiento
CRECIMIENTO POR AMPLIACION DE CAPITAL	ICA=NA/RP	%	objetivo operativo	capacidad de financiación por ampliación de capital
CRECIMIENTO POR ENDEUDAMIENTO	$ICE=(e_f-e_i)$ (1+ICI+ICA)/(1+ei)	%	objetivo operativo	capacidad de financiación por cambio del endeudamiento
RENTABILIDAD FINANCIERA	RF=(RE+ex(RE–i)x (1–t)	%	> interés bonos	rendimiento de los recursos propios
RENTABILIDAD ECONOMICA	RE=MxR	%	>coste deuda	rendimiento de la inversión neta
MARGEN SOBRE VENTAS	M=BE/V	%	sectorial	productividad de las ventas
ROTACION DE LA INVERSION	R=V/IN	veces	sectorial	utilización de la inversión neta
MARGEN FINANCIERO	MF=RE–i	%	> 0	excedente económico sobre coste de la deuda
FACTOR DE APALANCAMIENTO FINANCIERO	FAF=ex(RE–i)	%	> 0	aumento de la rentabilidad financiera
CAPACIDAD UTILIZADA	$CUT=Pr_r/Pr_m$	%	100%	grado de utilización de los recursos físicos
COBERTURA DE DESEMBOLSOS FINANCIEROS	CDF=(BE+A)/ (I+IM+DD+D)	veces	> 1	capacidad para cubrir los desembolsos financieros
AUTOFINANCIACION DE LA INVERSION	AFI=(BE+A)/INV	%	50%	autofinanciación de la inversión
LIQUIDEZ	L=AC/PC	veces	> 1	capacidad de atender pagos
RETENCION DEL BENEFICIO	b=BR/BN	tanto por uno	50%	autofinanciación
ENDEUDAMIENTO	e=D/RP	tanto por uno	50%	estructura de financiación
COBERTURA DE INTERESES	CI=BE/I	veces	>3	capacidad para retribuir a la deuda
HOLGURA OPERATIVA	Ho=V/VE–1	%	>25%	exceso de ventas sobre el punto de equilibrio
ESTRUCTURA DE COSTES	Ec=CF/CT	%	sectorial	participación de los costes fijos

ANEXO 1: ICI y rentabilidad financiera

El cálculo del índice de crecimiento interno relaciona el beneficio retenido BR con los recursos propios iniciales Rp_i. Si la rentabilidad financiera RF_i se calcula como cociente entre el beneficio neto BN y los recursos propios iniciales, y siendo b el factor de retención del beneficio, se obtiene:

$$ICI = \frac{BR}{RP_i} \times \frac{BR}{BN} \times \frac{BN}{RP_i} = b \times RF_i$$

Sin embargo, si la rentabilidad financiera se calcula como cociente del beneficio neto del año y los recursos propios finales (RP_f), la relación entre ICI y RF_f se deduce como sigue:

$$ICI = \frac{BR}{BN} \times \frac{BN}{RP_f} \times \frac{RP_f}{RP_i} = b \times RF_f \times \frac{RP_i + BR}{RP_i}$$

si los recursos propios finales (RP_f) son la suma de los iniciales mas el beneficio retenido. Como ICI = BR/RP_i, resulta

$$ICI = b \text{ x } RF_f \text{ x } (1 + ICI)$$

y, en consecuencia,

$$ICI = \frac{b \times RF_f}{1 - b \times RF_f} \qquad (2)$$

Por ejemplo, si RF_f = 10% y b = 0,6 el error de utilizar la fórmula (1) para estimar el ICI en vez de la (2) asciende a un 6,3%:

Fórmula (1) ICI = 0,6 x 0,10 = 0,06

fórmula (2) ICI = 0,6 x 0,10/(1 – 0,6 x 0,10) = 0,0638

El analista deberá tener en cuenta la entidad de este error a la hora de optar por una u otra fórmula, reconociendo que dicho error crece al hacerlo RF y b.

ANEXO 2: Capacidad de crecimiento por variación del endeudamiento

Los ratios de endeudamiento inicial y final son:

$$e_i = D / RP$$

$$e_f = (D + \Delta D) / (R + \Delta RP)$$

de donde se deduce que

$$\Delta D = (e_f - e_i) \times RP + e_f \times \Delta RP$$

El incremento de la inversión neta ha de coincidir con la suma de los incrementos de los recursos propios y de la deuda.

$$\Delta IN = \Delta D + \Delta RP$$

Como ΔRP es igual a la suma del beneficio retenido (BR) y de la ampliación de capital (AC), sustituyendo en la fórmula anterior se obtiene:

$$\Delta IN = (e_f - e_i) \times RP + (1 + e_f) \times (BR + AC)$$

El aumento, en tanto por uno, de la inversión neta se calcula por:

$$\frac{\Delta IN}{IN_i} = (e_f - e_i) \times \frac{RP}{IN} + (1 + e_f) \times \left(\frac{BR}{IN} + \frac{AC}{IN}\right)$$

y como

$$\frac{RP}{IN} = \frac{RP}{RP + D} = \frac{I}{1 + e_i}; \frac{BR}{IN} = \frac{BR}{RP} \times \frac{RP}{IN} = \frac{ICI}{1 + e_i} \text{ y } \frac{AC}{IN} = \frac{AC}{RP} \times \frac{RP}{IN} = \frac{ICA}{1 + e_i}$$

se obtiene

$$\frac{\Delta IN}{IN} = \frac{e_f - e_i}{1 + e_i} + \frac{1 + e_f}{1 + e_i} \times (ICI + ICA)$$

Pero se cumple que

$$\frac{\Delta IN}{IN} = ICI + ICA + ICE$$

luego $ICE = \frac{\Delta IN}{IN} - ICI - ICA$

sustituyendo ΔIN/IN por su valor anterior y simplificando se concluye que:

$$ICE = \frac{e_f - e_i}{1 + e_i} \times (1 + ICI + ICA)$$

ANEXO 3: Relación entre el ICI y la cobertura de intereses CI

La cobertura de intereses se puede calcular por,

$$CI = \frac{RE}{i \times e} \times (1 + e)$$

sabiendo que CI=BE/Gf, Gf = i x D y e = D/RP, donde Gf son los gastos financieros. Despejando la rentabilidad económica RE

$$RE = \frac{CI \times i \times e}{1 + e}$$

Sustituyendo RE en la fórmula de la rentabilidad financiera RF resulta,

$$RF = \left[RE + e \times \left(RE - i\right)\right] \times \left(1 - t\right) = \left[RE \times \left(1 + e\right) - e \times i\right] \times \left(1 - t\right) =$$

$$= \left[\frac{CI \times i \times e}{1 + e} \times \left(1 + e\right) - e \times i\right] \times \left(1 - t\right)$$

y simplificando: RF = e x i x (CI – 1) x (1 – t)

y por tanto: ICI = b x e x i x (CI – 1) x (1 – t)

Si CI = 1: ICI = 0 pues el beneficio después de intereses es nulo.

Si CI < 1: ICI es negativo (Rentabilidad económica menor que tipo de interés).

Esta fórmula no puede aplicarse cuando el endeudamiento e, o el coste de la deuda i son nulos pues en este caso la cobertura de intereses se hace infinita.

Capítulo IX

Cálculo de las decisiones financieras

1. Introducción
2. Valor temporal del dinero
3. El tipo de interés
4. Capitalización compuesta
5. Períodos de capitalización inferiores al año
6. La tasa anual equivalente (TAE)
7. El descuento financiero
8. Rentas perpetuas
9. Anualidades
10. Anualidades de crecimiento constante
11. Rendimiento de un título

1. INTRODUCCION

Quizás sea lo que denominamos matemática financiera la técnica más importante y utilizada, en el día a día, por el área de finanzas de la empresa. Por matemática financiera se entiende el conjunto de criterios, modelos y métodos de cálculo que, aplicados a una operación financiera compuesta por uno o más movimientos de efectivo distribuidos en el tiempo, permiten tomar decisiones basadas en el valor económico de dichos flujos. Los movimientos de efectivo que, en su importe y ubicación temporal configuran la operación financiera, hacen referencia a cobros o pagos monetarios. La razón de ser de la matemática financiera nace de que el valor para el decisor de un importe en efectivo depende de la distancia temporal que separe a este importe del momento al que se refiera la decisión.

Su aplicación a la resolución de problemas exige acometer las siguientes fases:

— Planteamiento conceptual del problema, concretando la naturaleza de la decisión a tomar, identificando los flujos de fondo relevantes y diseñando un modelo de refleje, razonablemente, la realidad en estudio. Ello culmina con la configuración de una secuencia de entradas y salidas de efectivo, referidas a un origen temporal, y la formulación de hipótesis de comportamiento de dicha secuencia. Lógicamente, la calidad con que se ejecute esta fase condiciona el resultado de todo el proceso.

— Captura de datos referidos a importes y su ubicación respectiva en el tiempo.

— Realización de los cálculos contemplando, si es preciso, análisis de sensibilidad de los resultados en relación a los valores e hipótesis utilizadas.

— Análisis e interpretación de los resultados que permitan tomar una decisión concreta. La aportación de la matemática financiera al fundamento de dicha decisión es únicamente cuantitativa, por lo que, en general, es preciso añadir otras consideraciones de índole cualitativa para decidir con tino.

Algunos campos de aplicación frecuente de la matemática financiera son: coste de un préstamo, atractivo de aceptar un descuento por pronto pago concedido por proveedores, recargo a aplicar a clientes por aplazamiento del pago de las facturas sobre las condiciones habituales, cuotas a satisfacer en una operación de arrendamiento con opción de compra (leasing), valoración de activos físicos o financieros que prometen rentas futuras, y aportaciones a planes de pensiones o de inversión.

También el cálculo financiero está presente en operaciones habituales de las personas físicas. La solicitud de una hipoteca, la concertación de un préstamo, la compra a plazos de un bien de consumo duradero o decisiones de inversión de los ahorros, son ocasiones en las que es preciso recurrir a la matemática financiera para no errar en la decisión que se tome.

A continuación se muestran los métodos básicos en esta parcela de las finanzas que, para los no iniciados, suelen aparecer como un galimatías dentro de un enigma. La exposición se apoya en que es más importante comprender los conceptos que intentar memorizar las fórmulas necesarias para aplicarlos. Los conceptos son los instrumentos que permiten enfocar el análisis de problemas: si no se comprenden sólo se darán traspiés. En este área, como en otras de la gestión empresarial, lo primordial es plantear adecuadamente el problema. Si así se hace, encontrar la solución se limita a una mera cuestión de cálculo que se puede hacer descansar en los utensilios electrónicos disponibles; pero plantear el problema correctamente depende de la habilidad, conocimientos y oficio del analista.

2. VALOR TEMPORAL DEL DINERO

El tipo de interés vigente en el mercado es el mecanismo que permite relacionar una cantidad de dinero disponible en un determinado momento con otra cantidad futura, explicitando así la relación de intercambio del dinero en el tiempo. En este sentido, el tipo de interés es como un puente de doble dirección, que permite transitar entre importes monetarios del presente y del futuro. Si disponemos de 100 ptas. y deseamos conocer su equivalente financiero dentro de un año basta con añadir a la cantidad actual los intereses que su inversión sea capaz de generar al término de dicho plazo. Cuando el tipo de interés es, por ejemplo, del 10% anual las 100 ptas. de hoy se convertirán, al cabo de un año, en:

$$100 + \frac{10}{100} \times 100 = 100 \times \left(1 + \frac{10}{100}\right) = 110 \text{ ptas.}$$

Esto conlleva que 100 ptas. de hoy equivalgan, financieramente, a 110 de dentro de un año: quien tenga 100 ptas. sabrá que se convertirán, a ese plazo, en 110 si el tipo de interés es del 10%. En este sentido, es indiferente tener 100 ptas. hoy o 110 al cabo de un año. Por ello, podremos por ejemplo, prestar las 100 ptas., al mencionado plazo a cambio de que nos retornen 110 al finalizar dicho período, siempre y cuando el tipo de interés del 10% refleje, adecuadamente, el coste del dinero en las circunstancias específicas del mercado y según sean los atributos de riesgo y liquidez asociados a la operación. Lo anterior se expresa mediante la fórmula:

$$C_1 = C_0 \times \left(1 + \frac{i}{100}\right)$$

donde C_0 es el capital al inicio del año, C_1 el equivalente financiero a dicho término e **i** el tipo de interés en tanto por ciento, que establece la relación entre ambos capitales. Este proceso se denomina capitalizar a un año un capital inicial C_0.

Gráficamente, podemos representar la fórmula anterior mediante el siguiente esquema:

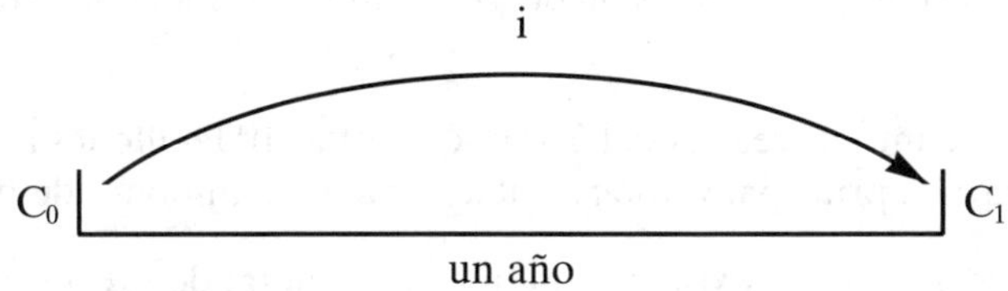

Cuando el tipo de interés se aplica durante un período temporal aislado y sobre un capital que permanece constante se dice que el sistema de capitalización es simple. En este caso, los intereses generados por un capital dependen del:

- importe del capital: C_0
- tipo de interés anual: i (en tanto por ciento)
- plazo durante el que se mantiene la inversión: t (en días)

y se calcula por,

$$I = \frac{C_0 \times i \times t}{36.500}$$

Por ejemplo, si se negocia un aplazamiento de 60 días del pago de una factura de cien millones de pesetas y el proveedor aplica un tipo anual del 12%, los intereses a abonar serán de 1,973 millones de ptas. calculados por:

$$I = \frac{100 \times 12 \times 60}{36.500}$$

El sistema de capitalización es compuesto cuando lo cálculos se refieren a períodos sucesivos en los cuales el capital se incrementa como consecuencia de la acumulación de los intereses producidos en períodos anteriores.

3. EL TIPO DE INTERES

La tasa de interés mide la remuneración (o el coste) que, en un mercado determinado, se aplica por el uso temporal del dinero. Esta tasa, que se denomina interés nominal, depende de cuatro variables fundamentales que son: el tipo de interés real, la inflación esperada, el riesgo asociado a la operación y el plazo al que se realice la operación.

El tipo de interés real mide el rendimiento que genera un capital en ausencia de inflación y suponiendo un riesgo nulo, es decir, cuando existe certeza de que se recuperará el principal invertido y los intereses devengados. En general, el tipo de interés real, sin riesgo, oscila entre un 3 y un 5%, aunque puede verse condicionado por políticas gubernamentales, más o menos coyunturales, tendentes a influir sobre el comportamiento de la economía del país. Por ejemplo, durante el decenio 1983-92 el rendimiento real de la deuda pública en España osciló entre un 0,5 y un

7,4%, con un valor medio del 5,5%. Esta variación obedece a la política monetaria, desarrollada en el marco de la acción gubernamental, y tendente a influir sobre las decisiones de compra e inversión de los agentes económicos a través del tipo de interés.

Si el tipo de interés real es del 5% y se prestan 100 millones a un año, a dicho plazo se cobrará el principal y además, una renta de 5 millones de ptas.

Cuando se anticipa la existencia de un alza general de precios y en consecuencia una pérdida progresiva del poder adquisitivo del dinero, los inversores esperarán recuperar su capital y los intereses generados sin perder, en la operación, poder adquisitivo. Por ello, al tipo de interés real añadirán la inflación esperada para fijar el tipo de interés nominal a demandar.

Si el tipo de interés real es del 5% y se prevé una inflación del 4% para el próximo año, el tipo nominal será, en una primera aproximación, la suma de ambas tasas, es decir, el 9%. En realidad, la relación entre el interés nominal (i_n), el real (i_r) y la inflación esperada (k) viene dada por la expresión:

$$(1 + i_n) = (1 + i_r) \times (1 + k) \quad \text{ó} \quad i_n = (1 + i_r) \times (1 + k) - 1$$

Supongamos que invertimos una peseta durante un año a un tipo de interés real de i_r y que se incrementa el interés nominal para que incorpore la inflación prevista de k. La figura 1 muestra cómo la mencionada peseta se convierte en $1 + i_r$ por el efecto de interés real (punto 1) y pasa al punto 2 como consecuencia de la inflación. El área externa, que refleja el capital final obtenido, se descompone en las siguientes cuatro.

— El cuadrado interno corresponde al capital inicial de 1 peseta.

— El rectángulo i_r representa el incremento del capital inicial debido a la remuneración real.

— El rectángulo k expresa la actualización del capital inicial como consecuencia de la inflación prevista.

— Por último, el rectángulo i_r x k recoge la actualización del interés real al revalorizarlo por la inflación para preservar su poder adquisitivo.

En resumen, el tipo de interés nominal es, conforme a la fórmula anterior, igual a:

$$\mathbf{i_n = i_r + k + i_r \times k}$$

En el ejemplo anterior el tipo nominal asciende al 9,20%, calculado por:

$$i_n = 0{,}05 + 0{,}04 + 0{,}05 \times 0{,}04$$

y los intereses al cabo de un año serán, para los 100 millones invertidos, de 9,20 millones.

Comprobemos como, con esta remuneración, el prestamista ha mantenido el valor adquisitivo de su inversión, una vez transcurrido el año, y ha protegido su rendimiento real del 5%:

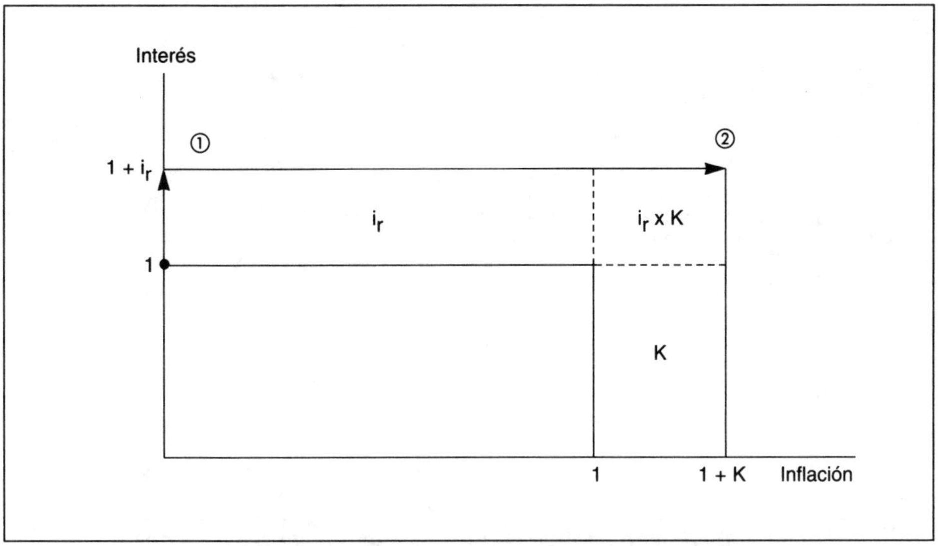

Figura 1. Componentes del interés nominal

— Si la inflación es del 4%, al cabo de un año el prestamista deberá recuperar 4 millones adicionales a fin de no dañar la capacidad adquisitiva de su capital inicial.

— Además, deberá percibir el 5% (interés real) sobre su capital, lo que supone 5 millones de ptas.

— Finalmente, para que estos 5 millones, que se ingresan dentro de un año, mantengan su poder adquisitivo, será preciso ajustarlos por la inflación anticipada. Por ello, hay que incrementarlos en un 4% para que, de verdad, la remuneración real sea del 5%. Esto supone recibir, adicionalmente, la cantidad de 0,20 millones de ptas.

La suma de estas tres partidas coincide, con los 9,20 millones ya calculados.

La figura 2, que representa la evolución del tipo de interés nominal del mercado interbancario a tres meses, pone de manifiesto la tremenda fluctuación de los tipos durante los últimos años [1]

Un tercer componente del tipo de interés nominal a repercutir a una operación financiera se deriva de su riesgo, entendido como la posibilidad de que, si se producen sucesos adversos, la operación no ofrezca el rendimiento que se anticipó. Cuanto mayor sea el riesgo que el inversor perciba en la colocación de su dinero, mayor será el tipo de interés que demandará. La diferencia entre éste y el tipo sin riesgo mide la prima por riesgo que compensa al inversor por la mayor inseguridad que asume.

---

[1] Banco de España: *cuentas financieras de la economía española.*

Figura 2. Evolución del tipo de interés interbancario a tres meses

Supongamos que una institución financiera espera, en base a sus estadísticas y su prospección del clima económico del país, que de cada cien préstamos que conceda, en las condiciones de remuneración del ejemplo anterior, tres serán fallidas. Si desea mantener su remuneración real intentará que las 97 operaciones que previsiblemente tendrán éxito recuperen el rendimiento perdido en las 3 fallidas. La prima por riesgo p a añadir al interés real (5%) y a la inflación esperada (4%) será del 3,093% calculada por el cociente entre operaciones fallidas (3) y recuperadas (97).

En efecto, consideremos por un momento y para mayor sencillez, que el interés real y la inflación son nulos. Si de las cien operaciones de 100 millones cada una sólo se recuperan 97, deberemos aplicar a éstas un recargo tal que el capital recuperado sea el inicial y por tanto la prima de riesgo p se calcula por la fórmula:

$$\text{Capital inicial} = \text{Capital recuperado} \times (1 + \text{prima}) \quad \text{ó} \quad 100 \times 100 = 100 \times 97 \times (1 + p)$$

y el tipo de interés nominal a repercutir a cada préstamo por:

$$(1 + i_n) = (1 + i_r) \times (1 + k) \times (1 + p)$$

En nuestro ejemplo, el interés nominal es del 12,577%, calculado por:

$$i_n = (1 + 5/100) \times (1 + 4/100) \times (1 + 3{,}093/100) - 1$$

Por ello, si la institución financiera realiza cien operaciones de préstamo a un año de 100 millones cada una y al interés nominal calculado, al cabo de un año recuperará por intereses, teniendo en cuenta que tres operaciones se pierden:

100 millones/operación x 97 operaciones con éxito x 12,577/100 = 1.200 millones ptas.

Además, por el principal amortizado, ingresará 9,700 millones (de tres operaciones pierde el principal), obteniéndose un total de 10.920 millones.

Vamos a comparar esta cifra con el objetivo anticipado por la entidad financiera: invertir 10.000 millones de ptas., con un rendimiento real del 5% y soportando una inflación del 4%. Por ello, al final del año la entidad esperará recuperar:

—Principal con igual poder adquisitivo:	10.000 x (1+4/100)= 10.400
—Interés real:	10.000 x 5/100 = 500
—Repercusión de la inflación sobre el interés:	500 x 4/100 = 20
TOTAL =	10.920

Cuando la prima de riesgo es muy elevada el tipo nominal resultante puede alcanzar tasas considerables. El cuadro 1 recoge el tipo de interés a aplicar para porcentajes crecientes de fallidos, aceptando un interés real del 5% y una inflación del 4% y aplicando la fórmula de cálculo descrita anteriormente.

Cuadro 1:
COMPORTAMIENTO DE LA PRIMA DE RIESGO

Porcentaje esperado de fallidos %	Prima de riesgo %	Tipo nominal resultante %
1	1,01	10,30
2	2,04	11,43
5	5,26	14,95
10	11,11	21,33
15	17,65	28,47
20	25,00	36,50

Este fenómeno explica los altos tipos de interés asociados a los denominados «bonos basura», emitidos por empresas de alto riesgo, o que, en ámbitos geográficos más próximos aunque temporalmente más distantes, «Reyes, nobles, órdenes militares, comunidades eclesiásticas, concejos, tuvieron que caer bajo las leoninas condiciones de los hebreos. No puede censurárseles que las impusieran, por las dificultades de la percepción de los tributos que se les confiaban y la mala fe de unos y otros en el pago de lo estipulado» [2].

Por último, los tipos de interés varían con el plazo de la operación. En cada momento, el mercado demanda, en base a sus expectativas, tipos diferentes para cada plazo formando lo que se denomina la estructura temporal de tipos de interés. Es habitual que los tipos a largo superen a los tipos de interés a corto plazo, por su mayor incertidumbre y menor liquidez. Pero esto no siempre es así, pues depende de las expectativas que incorpore el mercado respecto a la evolución futura de los tipos. Si se considera que éstos tenderán a disminuir sobre la situación actual, por encontrarse en cotas relativas muy elevadas, la estructura temporal será decreciente presentando lo que se denomina una curva invertida de tipos. En realidad, como muestra la figura 3, cualquier perfil es posible.

---

[2] *Aproximación a la historia de España*. Jaime Vicens Vives. Biblioteca básica Salvat (pág. 90).

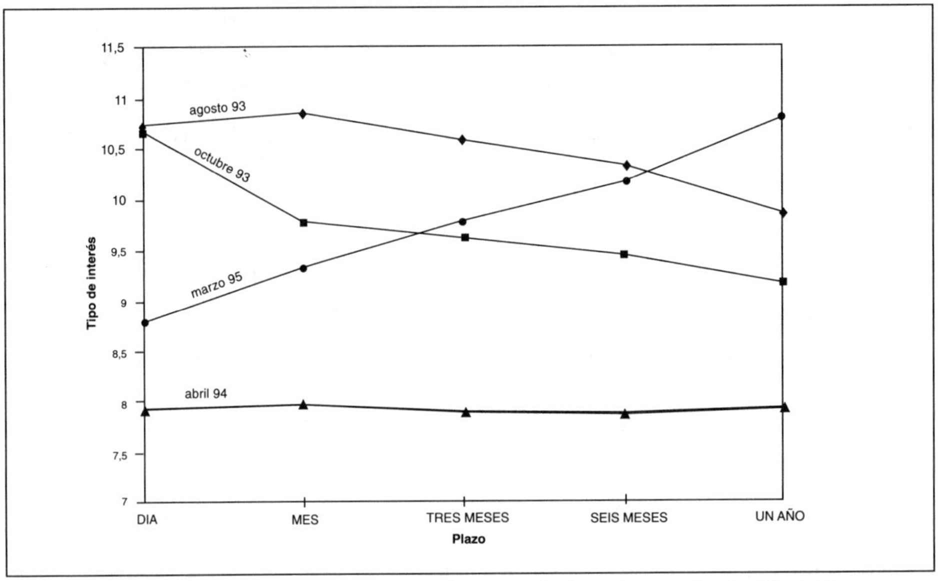

Figura 3: tipo de intereses en el mercado interbancario de Madrid en distintas fechas.

Las consideraciones anteriores, permiten estimar en cada circunstancia, el tipo de interés a utilizar en los procesos de cálculo financiero introducidos en el epígrafe anterior y que se describen, con detalle, en los que siguen. Por último, señalemos cómo en distintas épocas la Administración ha controlado el tipo de interés por la importancia que tiene en el funcionamiento del sistema monetario. Bien es cierto que en la antigua Roma se limitaba el interés máximo del dinero, que según la Ley de las doce tablas no podía superar el 8%, y ahora lo que se regula es el tipo legal mínimo.

4. CAPITALIZACION COMPUESTA

Sabemos que si invertimos 100 ptas. hoy a un interés nominal anual del 10%, éstas equivalen a 110 ptas. al cabo de un año. Si ampliamos el plazo de la inversión a dos años, es fácil concluir que el equivalente financiero de las 100 ptas. de hoy se obtiene al reinvertir el capital acumulado al final del primer año, lo que expresamos mediante:

$$100 \text{ x } (1 + 10/100) \text{ x } (1 + 10/100) \quad \text{ó} \quad 100 \text{ x } (1 + 10/100)^2$$

Las 121 ptas. resultantes se componen de:

— 100 ptas., que se invirtieron originalmente.

— 10 ptas., de interés obtenidas durante el primer año sobre el capital inicial.

— 10 ptas., de interés obtenidas durante el segundo año y también sobre el capital inicial.

— 1 pta., obtenida como rédito por haber reinvertido, durante el segundo año, los intereses devengados durante el primero.

Como se anticipó en un epígrafe previo, este proceso mediante el cual el interés devengado se reinvierte de modo que, a su vez, genera un interés adicional se denomina de capitalización compuesta. Si los intereses intermedios no se reinvierten y es sólo el principal el que tiene capacidad para producir interés, se trata de un sistema a interés simple.

El equivalente financiero C_2 de un capital actual C_o invertido durante dos años a un tipo de interés compuesto y porcentual i, es:

$$C_2 = C_o \times (1 + i/100)^2$$

La representación gráfica de la operación anterior es:

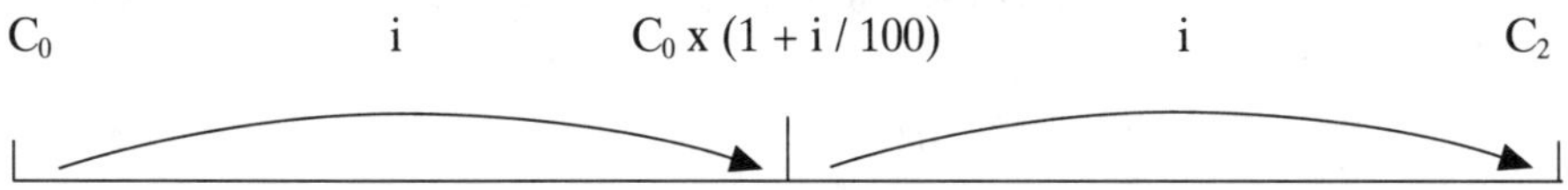

Análogamente, si el proceso de capitalización anual se extiende a un plazo de tres años, el equivalente financiero C_3 a ese término de un capital inicial C_o invertido a un tipo i, en porcentaje, resulta ser:

$$C_1 = C_o \times (1 + i/100)$$
$$C_2 = C_1 \times (1 + i/100) = C_o \times (1 + i/100)^2$$
$$C_3 = C_2 \times (1 + i/100) = C_o \times (1 + i/100)^3$$

En general, si el plazo de capitalización alcanza n años, el equivalente financiero de un capital inicial C_o es:

$$C_n = C_o \times (1 + i/100)^n \qquad (1)$$

En esta fórmula el período de capitalización, es decir, la frecuencia con que se calculan y acumulan los intereses, es anual, si el tipo de interés es el de un año.

El cuadro 2 muestra la evolución de C_n al variar n, con un capital inicial de 100 y un i del 10%. Los capitales de la cuarta columna expresan, para cada año, el equivalente financiero del capital inicial. Cuanto mayores son el tipo y el número de años de la capitalización, más elevado es el capital acumulado final.

Cuadro 2:
CAPITALIZACION COMPUESTA

Año n	Capital al inicio del año	Intereses devengados al 10%	Capital acumulado al final del año (C_n)
1	100,00	10,00	110,00
2	110,00	11,00	121,00
3	121,00	12,10	133,10
4	133,10	13,31	146,41
5	146,41	14,64	161,05

Para calibrar el efecto de la capitalización compuesta supongamos que un amable antepasado invirtió 100 ptas. en 1868, fecha en que, se acuñó por vez primera esta moneda en sustitución del antiguo maravedí. La inversión se ha mantenido respetada por las generaciones intermedias hasta 1996, es decir durante 128 años y ha generado intereses a un tipo medio del 8,5% con período de capitalización anual. Si ahora retirásemos el importe acumulado éste ascendería a 3.427.729 ptas.

También es posible jugar a la economía ficción. Por ejemplo, el Producto Interior Bruto per cápita en España fue de 10.925 ecus en 1990 con un crecimiento del 4,2% sobre el año anterior. En Alemania estas cifras fueron de 16.954 ecus y 2,3% respectivamente. Si suponemos que el Producto Interior Bruto per cápita de ambos países crece en el futuro a la misma tasa que la de 1990, la renta española igualará a la de Alemania en el año 2.014 según se desprende de resolver la ecuación siguiente, donde n es el número de años que han de transcurrir desde 1990.

$$10.925 \times (1 + 0{,}042)^n = 16.954 \times (1 + 0{,}023)^n$$

Finalmente, la ley del 72 permite estimar, rápidamente, cuándo se duplica un capital inicial invertido a una determinada tasa. Para ello, basta con dividir 72 entre dicha tasa expresada en tanto por ciento. Por ejemplo, si el tipo de interés es del 8%, el duplo se alcanza, aproximadamente, a los 9 años (72/8). Esta ley sólo se cumple con exactitud para un tipo del 7,85% pero para tasas comprendidas entre 1 y 16% el error que se produce es inferior al 2,5%.

5. PERIODOS DE CAPITALIZACION INFERIORES AL AÑO

La fórmula (1) del epígrafe anterior se basa en un período de capitalización anual. Sin embargo, en las operaciones financieras resulta habitual que el período sea inferior a ese plazo. Supongamos, por ejemplo, que se invierten 100 millones a 27 días y a un tipo anual del 10%. Para obtener los intereses a ese horizonte se puede establecer una sencilla regla de tres:

«Si en 365 días se obtienen unos intereses de 100 x 10/100, en 27 días se obtendrán 100 x (10/100) x (27/365)» es decir, 739.726 ptas. que añadidas al principal establece el capital acumulado en 100.739.726 ptas.

Otra vía para llegar al mismo resultado consiste en reconocer que si en 365 días el interés es del 10% en 27 días será del 0,739726%, según el cálculo:

$$(10/100) \times (27/365)$$

que aplicado al principal arroja un equivalente financiero de los 100 millones al cabo de 27 días de 100.739.726 ptas.

$$100 \times (1 + 0{,}739726/100) = 100{,}739726 \text{ millones ptas.}$$

Si generalizamos los cálculos anteriores, comprobamos que el equivalente C_m de un capital C_o invertido durante m días a un tipo de interés anual i se calcula, por:

$$C_m = C_o \times (1 + i \times m/36500)$$

Supongamos que un cliente que paga sus facturas habitualmente a 60 días solicita un aplazamiento adicional de 30 días para una factura de 70 millones de ptas. Si se le aplica un recargo anual del 12%, la cantidad que deberá abonar al cabo de 90 días será de 70.690.411 ptas.

$$70 \times (1 + 12 \times 30/36500) = 70{,}690411$$

Podemos representar lo anterior mediante el siguiente esquema, el cual reconoce que durante los primeros 60 días del plazo de pago no se genera ningún recargo: éste sólo gira sobre el período de aplazamiento.

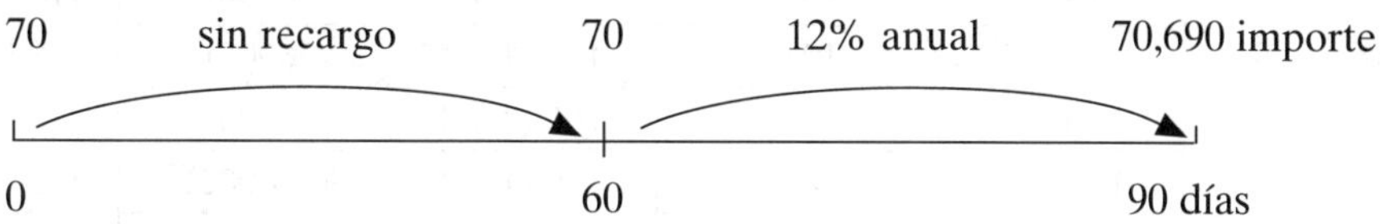

Del mismo modo que se aplica el proceso de capitalización con períodos anuales, podemos desarrollarlo con períodos inferiores, por ejemplo de m días. Ya hemos comprobado que el equivalente financiero de C_o invertido durante un sólo período de m días resulta ser:

$$C_m/1 = C_o \times (1 + i \times m/36500)$$

Pero si lo reinvertimos durante otro período adicional de m días, obtendremos:

$$C_m/2 = C_m/1 \times (1 + i \times m/36500)$$

y sustituyendo $C_m/1$ por su valor en términos de C_o, llegamos a:

$$C_m/2 = C_o \times (1 + i \times m/36500)^2$$

En general, para t períodos se obtiene:

$$C_m/t = C_o \times (1 + i \times m/36500)^t$$

En ocasiones las entidades financieras consideran que el número de días comerciales del año es de 360. Así la fórmula anterior se expresaría:

$$C_m/t = C_o \times (1 + i \times m/36000)^t$$

Si éste es el caso, 100 ptas. invertidas a interés compuesto durante 12 períodos de 30 días al 10% se convierten, en:

$$C_{30/12} = 100 \times (1 + 10 \times 30/36000)^{12} = 110{,}47 \text{ ptas.}$$

De haberse realizado la misma inversión y al mismo plazo pero con período de capitalización anual, es decir, sin liquidaciones intermedias de intereses, el capital final hubiese sido de 110,00 ptas.

El incremento de 0,47 ptas. que añade el cálculo con períodos de capitalización mensuales se debe a los intereses que, a su vez, generan los intereses devengados en los períodos intermedios. Cuanto mayor sea el número de períodos de capitalización más elevado será el capital que se genere al final del año. El cuadro 3 recoge el capital obtenido al final de año suponiendo distintos períodos de capitalización para una inversión de 100 ptas. y al 13%.

Cuadro 3:
EFECTO DEL PERIODO DE CAPITALIZACION

Período	Nº días (m)	Nº de períodos en el año (t)	Cálculo	Importe
Diario	1	360	$100\ (1 + 13/36000)^{360}$	113,88
Quincenal	15	24	$100\ (1 + 13 \times 15/36000)^{24}$	113,84
Mensual	30	12	$100\ (1 + 13 \times 30/36000)^{12}$	113,80
Trimestral	90	4	$100\ (1 + 13 \times 90/36000)^{4}$	113,65
Semestral	180	2	$100\ (1 + 13 \times 180/36000)^{2}$	113,42
Anual	360	1	$100\ (1 + 13/100)$	113,00

La fórmula: $C_m/t = C_o \times (1 + i \times m/36000)^t$

podemos expresarla, alternativamente, en los siguientes términos:

$$C_{n/q} = C_o \times [1 + i/(q \times 100)]^{q \times n}$$

donde q es el número de períodos de capitalización contenidos en un año, $C_{n/q}$ el capital al final de n años y el resto de las variables son las utilizadas hasta el momento. Lógicamente q es igual a 360/m y t a q x n.

De este modo, invertir 100 ptas. a un plazo de 5 años con períodos de capitalización trimestrales y a un tipo de interés anual del 13%, da un capital final idéntico cualquiera que sea la fórmula que se aplique:

$$C_{90/20} = 100 \times (1 + 13 \times 90/36000)^{20} = 189,58$$

$$C_{5/4} = 100 \times [1 + 13/(4 \times 100)]^{4x5} = 189,58$$

Si el antepasado que comentábamos anteriormente hubiera acordado la inversión con períodos de capitalización mensuales, el valor actual de las 100 ptas. iniciales sería un 49% superior al obtenido con capitalización anual.

$$100 \times (1 + 0,085/12)^{12 \times 128} = 5.110.551 \text{ ptas.}$$

Hemos comentado que en ocasiones el año comercial se considera formado por 360 días en vez de 365. Esta práctica la aplican las instituciones financieras cuando con ello aumentan los intereses a cobrar de empresas o particulares. Cuando se trata, por el contrario, de calcular el rédito de inversiones realizadas por sus clientes las instituciones financieras utilizan la base 365, pues así, reducen los intereses devengados por las mencionadas colocaciones de fondos. En cualquier caso, la determinación de la base de 360 o 365 días forma parte de la negociación entre ambas partes de manera similar a como se negocian tipos de interés, comisiones o períodos de capitalización.

6. LA TASA ANUAL EQUIVALENTE (TAE)

Los criterios de cálculo descritos en el epígrafe anterior permiten comparar tipos de interés distintos con períodos de capitalización diferentes. Dos tipos de interés con períodos de capitalización desiguales son equivalentes, esto es, indiferentes desde el punto de vista financiero, si generan el mismo capital final al invertir el mismo importe inicial durante idéntico plazo.

Si invertimos 100 ptas., durante un año al 11% con períodos de capitalización mensuales el capital final será:

$$100 \text{ x } (1 + 0{,}11/12)^{12} = 111{,}5719 \text{ ptas.}$$

Pero se logra igual resultado realizando la misma inversión, durante el mismo período, pero a un tipo de interés i_a capitalizado anualmente. Para deducir i_a se aplica la siguiente igualdad, donde el primer término expresa el capital final que se obtiene al invertir las 100 ptas. a un tipo de interés i_a con período de capitalización anual:

$$100 \text{ x } (1 + i_a/100) = 100 \text{ x } (1 + 0{,}11/12)^{12}$$

ó,

$$i_a/100 = (1 + 0{,}11/12)^{12} - 1 = 0{,}1157$$

es decir, el 11,57%.

A i_a se le denomina Tasa anual equivalente (TAE) del tipo al 11% y con período de capitalización mensual. De esta manera a todo tipo de interés con cualquier período de capitalización le corresponde una TAE determinada. Es así como, para comparar tasas alternativas, se calcula su TAE respectiva, resultando mayor aquel interés que tenga una TAE más elevada.

La fórmula genérica para estimar la TAE es, en consecuencia,

$$(1 + \text{TAE}) = (1 + i/q)^q$$

ó,

$$\text{TAE} = (1 + i/q)^q - 1$$

donde q es el número de períodos de capitalización contenidos en un año e i se expresa en tanto por uno, igual que la TAE.

Por ejemplo, si nos ofrecen las tres siguientes opciones de inversión:

— 10,50% con período de capitalización diario

— 10,75% con período de capitalización mensual

— 11,00% con períodos de capitalización anual

para decidir cuál de las tres es más conveniente compararemos sus TAE respectivas.

— $\text{TAE}_1 = (1 + 10{,}50/36000)^{360} - 1$; $\text{TAE}_1 = 11{,}069\%$

— $\text{TAE}_2 = (1 + 10{,}75/1200)^{12} - 1$; $\text{TAE}_2 = 11{,}296\%$

— $\text{TAE}_3 = (1 + 11{,}00/100) - 1$; $\text{TAE}_3 = 11{,}000\%$

Según estos resultados la opción más interesante es la segunda, aunque el tipo de interés nominal que ofrece no sea el mayor de los tres en liza. Es habitual que los financieros hagan los cálculos de este tipo con varios decimales cuando las cantidades involucradas son elevadas y las operaciones repetitivas, pues una pequeña diferencia en el tipo de interés estimado puede implicar un importe significativo. Por ejemplo, un 0,1% (uno por mil) sobre cinco mil millones representa cinco millones de pesetas al año.

El Banco de España, en la actualidad, obliga a las entidades financieras a que informen a sus clientes del TAE de sus operaciones. Este índice mide el equivalente anual del rendimiento o del coste efectivo de la operación, incluyendo la repercusión del tipo de interés nominal y de los gastos y comisiones generados por la operación y repercutidos al cliente.

En concreto, la TAE se define como «aquella que iguala en cualquier fecha el valor actual de los efectivos recibidos y entregados a lo largo de la operación, por todos los conceptos, incluido el saldo remanente a su término» [3].

7. EL DESCUENTO FINANCIERO

Igual que el proceso de capitalización convierte una cantidad actual en su equivalente financiero al término de un determinado plazo, la operación inversa calcula el valor actual de una cantidad futura. Para ello, es preciso descontar o actualizar la cantidad futura al presente. Si C_n es el equivalente futuro de C_o, este último importe es el valor actual de C_n. Puesto que sabemos que la relación entre ambas cantidades es:

$$C_n = C_o \times (1 + i)^n$$

para calcular el valor actual de C_n se reconvierte la ecuación anterior a:

$$C_o = C_n/(1 + i)^n$$

siendo $1/(1 + i)^n$ el denominado factor de descuento.

Sea una deuda que vence a dos años por importe de 100 que se desea cancelar anticipadamente. Si el tipo de interés de mercado es del 10%, se puede negociar con el acreedor abonarle ahora:

$$100/(1 + 10/100)^2 = 82,64$$

Al cobrar este importe el acreedor lo puede reinvertir al 10% durante dos años y obtener las 100 que tenía previsto recibir a esa fecha.

A fin de facilitar las operaciones cuando no se dispone de una hoja de cálculo informática o de una calculadora electrónica que incorporen esta función matemática, la tabla 1 ofrece los factores de descuento para distintas combinaciones de interés o tipo de descuento y para períodos de descuento de 1 a 20.

---

[3] Circular número 8/90 del Banco de España.

Tabla 1:
VALOR ACTUAL DE UNA PESETA RECIBIDA AL FINAL DEL PERIODO N

	TIPO DE DESCUENTO															
Período	2.0%	4.0%	6.0%	8.0%	10.0%	12.0%	14.0%	16.0%	18.0%	20.0%	22.0%	24.0%	26.0%	28.0%	30.0%	32.0%
1	0.9804	0.9615	0.9434	0.9259	0.9091	0.8929	0.8772	0.8621	0.8475	0.8333	0.8197	0.8065	0.7937	0.7813	0.7692	0.7576
2	0.9612	0.9246	0.8900	0.8573	0.8264	0.7972	0.7695	0.7432	0.7182	0.6944	0.6719	0.6504	0.6299	0.6104	0.5917	0.5739
3	0.9423	0.8890	0.8396	0.7938	0.7513	0.7118	0.6750	0.6407	0.6086	0.5787	0.5507	0.5245	0.4999	0.4768	0.4552	0.4348
4	0.9238	0.8548	0.7921	0.7350	0.6830	0.6355	0.5921	0.5523	0.5158	0.4823	0.4514	0.4230	0.3968	0.3725	0.3501	0.3294
5	0.9057	0.8219	0.7473	0.6806	0.6209	0.5674	0.5194	0.4761	0.4371	0.4019	0.3700	0.3411	0.3149	0.2910	0.2693	0.2495
6	0.8880	0.7903	0.7050	0.6302	0.5645	0.5066	0.4556	0.4104	0.3704	0.3349	0.3033	0.2751	0.2499	0.2274	0.2072	0.1890
7	0.8706	0.7599	0.6651	0.5835	0.5132	0.4523	0.3996	0.3538	0.3139	0.2791	0.2486	0.2218	0.1983	0.1776	0.1594	0.1432
8	0.8535	0.7307	0.6274	0.5403	0.4665	0.4039	0.3506	0.3050	0.2660	0.2326	0.2038	0.1789	0.1574	0.1388	0.1226	0.1085
9	0.8368	0.7026	0.5919	0.5002	0.4241	0.3606	0.3075	0.2630	0.2255	0.1938	0.1670	0.1443	0.1249	0.1084	0.0943	0.0822
10	0.8203	0.6756	0.5584	0.4632	0.3855	0.3220	0.2697	0.2267	0.1911	0.1615	0.1369	0.1164	0.0992	0.0847	0.0725	0.0623
11	0.8043	0.6496	0.5268	0.4289	0.3505	0.2875	0.2366	0.1954	0.1619	0.1346	0.1122	0.0938	0.0787	0.0662	0.0558	0.0472
12	0.7885	0.6246	0.4970	0.3971	0.3186	0.2567	0.2076	0.1685	0.1372	0.1122	0.0920	0.0757	0.0625	0.0517	0.0429	0.0357
13	0.7730	0.6006	0.4688	0.3677	0.2897	0.2292	0.1821	0.1452	0.1163	0.0935	0.0754	0.0610	0.0496	0.0404	0.0330	0.0271
14	0.7579	0.5775	0.4423	0.3405	0.2633	0.2046	0.1597	0.1252	0.0985	0.0779	0.0618	0.0492	0.0393	0.0316	0.0254	0.0205
15	0.7430	0.5553	0.4173	0.3152	0.2394	0.1827	0.1401	0.1079	0.0835	0.0649	0.0507	0.0397	0.0312	0.0247	0.0195	0.0155
16	0.7284	0.5339	0.3936	0.2919	0.2176	0.1631	0.1229	0.0930	0.708	0.0541	0.0415	0.0320	0.0248	0.0193	0.0150	0.0118
17	0.7142	0.5134	0.3714	0.2703	0.1978	0.1456	0.1078	0.0802	0.0600	0.0451	0.0340	0.0258	0.0197	0.0150	0.0116	0.0089
18	0.7002	0.4936	0.3503	0.2502	0.1799	0.1300	0.0946	0.0691	0.0508	0.0376	0.0279	0.0208	0.0156	0.0118	0.0089	0.0068
19	0.6864	0.4746	0.3305	0.2317	0.1635	0.1161	0.0829	0.0596	0.0431	0.0313	0.0229	0.0168	0.0124	0.0092	0.0068	0.0051
20	0.6730	0.4564	0.3118	0.2145	0.1486	0.1037	0.0728	0.0514	0.0365	0.0261	0.0187	0.0135	0.0098	0.0072	0.0053	0.0039

En el ejemplo numérico anterior, el factor de descuento de 0,8264 se encuentra en la intersección de la columna del 10% con la línea de dos períodos, y expresa que una peseta recibida dentro de dos períodos y descontada al 10% tiene un valor actual de 0,8264. Dicha tabla 1 muestra que, para una misma tasa de descuento, el valor actual de una peseta recibida en el período n va disminuyendo al aumentar n, esto es, la distancia temporal al origen. Para un mismo plazo, el valor actual disminuye al crecer el tipo de descuento, según muestra la figura 4, que recoge el valor actual de una peseta a recibir dentro de diez períodos y descontada a tipos que oscilan entre 2% y el 32%.

Esta operación se aplica también, si existen varios pagos futuros. Por ejemplo, para un préstamo con vencimientos anuales de 100 ptas., durante los tres próximos años, el valor actual, con un tipo de interés del 10%, es de 248,7 ptas., pues:

$$100/(1+10/100) + 100/(1+10/100)^2 + 100/(1+10/100)^3 = 248{,}7 \text{ ptas.}$$

Razonablemente, los pagos de 100 ptas. incluyen parte de amortización del principal de la deuda y parte de intereses por la utilización de los fondos. En este sentido, se ha considerado que los pagos por intereses se realizan con carácter pospagable, es decir, al final de cada período. Hay operaciones financieras, como el descuento de letras o efectos, donde el pago se realiza previamente al período en

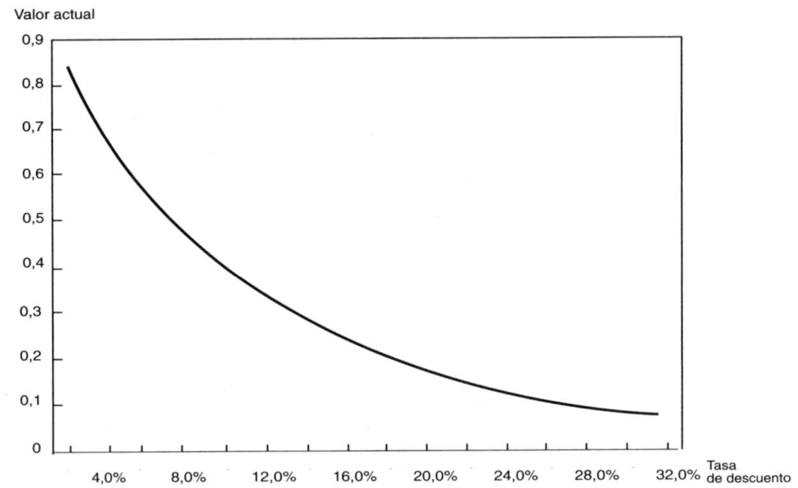

Figura 4: Valor actual de 1 pta., de dentro de 10 períodos en función de la tasa de descuento

que se devenga, tratándose entonces de intereses prepagables. Esta distinción entre pagos pospagables y prepagables ha de tenerse en cuenta a fin de ubicar en el tiempo, adecuadamente, el flujo de fondos.

La operación anterior sirve también para calcular el valor actual de un activo que genera rentas futuras. Por ejemplo, el valor actual de un activo financiero cuyo tenedor obtendrá aún, en los cuatro próximos años, los ingresos que indica el cuadro 4, es, con un tipo de interés de mercado del 10%, de 112,68 ptas.

$$VA = \frac{14}{\left(1 + 10/100\right)} + \frac{14}{\left(1 + 10/100\right)^2} + \frac{14}{\left(1 + 10/100\right)^3} + \frac{114}{\left(1 + 10/100\right)^4}$$

Cuadro 4:
INGRESOS PREVISTOS

Año	Ingreso al final de cada año
1	14
2	14
3	14
4	114

El cuadro 5 muestra el detalle del cálculo a realizar; los factores de descuento de cada año coinciden con los ofrecidos por la tabla 1 para una tasa del 10%. Desde un punto de vista financiero, será indiferente mantener el activo hasta su vencimiento o recibir hoy 112,68.

Cuadro 5:
CÁLCULO DEL VALOR ACTUAL DE UNA CORRIENTE DE FONDOS

Año	Ingreso sin actualizar	Factor de descuento	Ingreso actualizado al origen del año 1
1	14	0,9091	12,73
2	14	0,8264	11,57
3	14	0,7513	10,52
4	114	0,6830	77,86
TOTAL			**112,68**

Para estimar el valor actual se utiliza el tipo de interés de mercado vigente para el plazo y el tipo de riesgo asociado a la corriente futura de ingresos. Este tipo de interés no tiene que coincidir, lógicamente, con el tipo de interés propio del activo. En el caso anterior, por ejemplo, el tipo de interés del activo es del 14%. Cuando se emitió el activo ese debería ser el de mercado, pues si el emisor lo hubiese fijado por encima tendría un coste innecesario y si lo hubiese establecido por debajo, no hubiese encontrado inversores interesados, pues éstos acudirían a otras opciones más rentables, para niveles de riesgo y plazo similares.

En general, el valor actual de un flujo de fondos futuro se calcula por:

$$VA = \frac{C_1}{(1+i)} + \frac{C_2}{(1+i)^2} + ... + \frac{C_n}{(1+i)^n}$$

o en notación abreviada:

$$VA = \sum_{j=1}^{n} \frac{C_j}{(1+i)^j}$$

donde $\sum$ es el símbolo de sumatorio e i es el tipo de interés a aplicar expresado en tanto por uno. Como hemos anticipado $1/(1+i)^j$ es el denominado factor de descuento a un tipo de interés i y para un plazo de j períodos.

Cuando el período de descuento es inferior a un año, el valor actual de una cantidad C se calcula mediante la expresión:

$$VA = \frac{C}{(1+i/q)^{qxn}}$$

donde q es el número de veces que se capitaliza el interés en un año. El valor actual de 100 ptas. a recibir dentro de 4 años cuando el tipo de interés es del 10% anual capitalizado semestralmente, resulta ser:

$$VA = \frac{100}{(1+0{,}10/2)^{2x4}} = 67{,}68 \text{ ptas.}$$

Si en vez de capitalizarse semestralmente se hiciese anualmente, se obtendría:

$$VA = \frac{100}{\left(1 + 0,10\right)^4} = 68,30 \text{ ptas.}$$

Cuanto menor sea el tipo de interés y menor el número (q) de veces que se capitaliza al año mayor será el valor actual de una cantidad futura.

8. RENTAS PERPETUAS

Hay activos financieros que producen una renta perpetua, es decir, que ofrecen al tenedor un ingreso periódico constante e ilimitado. Un activo de este tipo tiene un valor actual de:

$$VA = \frac{C}{\left(1 + i\right)} + \frac{C}{\left(1 + i\right)^2} + ... + \frac{C}{\left(1 + i\right)^\infty}$$

donde C es la renta anual a percibir al final de cada período e i el tipo de interés de mercado expresado en tanto por uno. Si hacemos:

$a = C/(1+i)$ y $b = 1/(1+i)$, resulta

$$VA = a \text{ x } (1 + b + b^2 + ...) \qquad (2)$$

y si multiplicamos por b ambos términos de (2):

$$VA \text{ x } b = a \text{ x } (b + b^2 + b^3 + ...) \qquad (3)$$

Restando de (2) la expresión (3) resulta: VA x (1 – b) = a y sustituyendo a y b por sus valores:

$$VA \times \left(1 - \frac{1}{1 + i}\right) = \frac{C}{1 + i}$$

que simplificada da:

$$VA = C/i$$

El valor actual de un título del Estado que genere unos ingresos indefinidos de 10.000 ptas. al final de cada año, si el tipo de interés de mercado es del 10%, será de 100.000 ptas. (10.000/0,10).

Ya se adelantó que cuando el pago o el ingreso de la renta tiene lugar al final de cada período, el sistema se denomina pospagable. Por el contrario, cuando el movimiento de efectivo se produce al inicio del período, se trata de un régimen prepagable. Así, el valor de una casa de renta antigua de 6.000 ptas. de alquiler pagaderas al comienzo de cada mes será de 1.272.000 ptas. obtenidas a partir de:

$$VA = \frac{6.000}{0,06 / 12} \times \left(1 + 0,06\right)$$

El primer cociente del segundo término recoge el valor actual en un sistema pospagable. El segundo factor actualiza dicho importe para reconocer que el pago es prepagable. El tipo de descuento utilizado es del 6%.

En ocasiones la renta tiene una revalorización en cada período de un determinado porcentaje. Si a éste lo denominamos g y lo expresamos en tanto por uno, el VA de una renta perpetua que crezca a una tasa g será:

$$VA = \frac{C_1}{1+i} + \frac{C_1 \times (1+g)}{(1+i)^2} + \frac{C_1 \times (1+g)^2}{(1+i)^3} + \ldots + \frac{C_1 \times (1+g)^{(n-1)}}{(1+i)^n} + \ldots$$

ya que por hipótesis $C_2 = C_1$ x (1 + g), $C_3 = C_2$ x (1 + g) y así sucesivamente.

Si hacemos:

$$a = \frac{C_1}{1+i} \quad y \quad b = \frac{1+g}{1+i}$$

resulta: $$VA = a\,(1 + b + b^2 + \ldots) \qquad (4)$$

Como quedó demostrado anteriormente, la expresión (4) se simplifica en:

$$VA \text{ x } (1 - b) = a \qquad ó \qquad VA = a/(1-b)$$

Sustituyendo a y b por sus valores, y simplificando, se obtiene:

$$VA = \frac{C_1}{i-g}$$

En el caso del título del Estado anterior si g = 4% resulta un valor de mercado, en esta ocasión, de 166.667 ptas. debiéndose el exceso sobre las 100.000 ptas. calculadas anteriormente al efecto inducido por el 4% de incremento periódico de la renta.

9. ANUALIDADES

Una anualidad es una renta o un pago constante que se produce durante un número limitado de años, como por ejemplo, una hipoteca. Para calcular el valor actual del movimiento de fondos de una anualidad de n años se utiliza un método sencillo y nemotécnico basado en restar dos perpetuidades: una cuyo primer pago tiene lugar en el año 1 y otra que comienza a rentar en el año n. Si restamos ambas tendremos el valor actual de una anualidad con pagos desde el año 1 al n, según muestra el cuadro 6.

El valor actual de la segunda perpetuidad es C/i al origen en el año n, luego para actualizarla al año 1 habrá que dividirla por $1/(1 + i)^n$. En definitiva el valor de la anualidad será:

$$VA = \frac{C}{i} \times \left(1 - \frac{1}{(1+i)^n}\right)$$

ó,

$$VA = C \times \left(\frac{1}{i} - \frac{1}{i \times (1+i)^n}\right)$$

donde la expresión entre paréntesis es el factor de la anualidad, es decir el valor actual a la tasa de descuento i de una anualidad de 1 pta., recibida al final de cada uno de los n próximos años. Este factor se recoge para diversos plazos y tipos de descuento en la tabla 2 adjunta. Por ejemplo, el valor actual de una corriente monetaria de una peseta recibida durante cada uno de los próximos siete años y actualizados a una tasa del 14%, asciende a 4,2883 ptas.

La fórmula anterior permite también calcular el valor de la cuota periódica si se expresa en la forma

$$C = VA \times i \times \frac{(1+i)^n}{(1+i)^n - 1}$$

Una empresa que opera bajo franquicia con su canal da la opción al franquiciado de pagar una cuota inicial de 20 millones de pesetas o, alternativamente, distribuir el pago en 20 años aplicando un tipo de interés del 10%. Se trata de calcular cuánto tendrá que pagar el franquiciado al franquiciador cada año.

$$20.000.000 = \frac{C}{0{,}10} \times \left(1 - \frac{1}{(1+0{,}10)^{20}}\right)$$

luego la cuota anual es de 2.349.192 ptas.

Cuadro 6:
CALCULO DEL VALOR ACTUAL DE UNA ANUALIDAD

Activo	Valor actual	Extensión temporal del flujo de fondos Año 1 ... Año n ... Año ∞
Perpetuidad 1	C/i	├───────────► (Año 1 → Año ∞)
Perpetuidad 2	$(C/i) \times 1/(1+i)^n$	├───► (Año n → Año ∞)
Anulidad	$(C/i) \times (1 - 1/(1+i)^n)$	├───┤ (Año 1 → Año n)

Alternativamente, la tabla 2 dice que el valor actual al 10% (columna) de la anualidad anterior a 20 años (línea), referida a 1 pta., es de 8,5136, luego:

C = 20.000.000/8,5136 = 2.349.182 ptas.

La diferencia en las decenas en relación al cálculo previo obedece a usar sólo 4 decimales en la tabla 2.

Tabla 2:
VALOR ACTUAL DE UNA ANUALIDAD DE UNA PESETA RECIBIDA HASTA EL AÑO N

	TIPO DE DESCUENTO															
Período	2.0%	4.0%	6.0%	8.0%	10.0%	12.0%	14.0%	16.0%	18.0%	20.0%	22.0%	24.0%	26.0%	28.0%	30.0%	32.0%
1	0.9804	0.9615	0.9434	0.9259	0.9091	0.8929	0.8772	0.8621	0.8475	0.8333	0.8197	0.8065	0.7937	0.7813	0.7692	0.7576
2	1.9416	1.8861	1.8334	1.7833	1.7355	1.6901	1.6467	1.6052	1.5656	1.5278	1.4915	1.4568	1.4235	1.3916	1.3609	1.3315
3	2.8839	2.7751	2.6730	2.5771	2.4869	2.4018	2.3216	2.2459	2.1743	2.1065	2.0422	1.9813	1.9234	1.8684	1.8161	1.7663
4	3.8077	3.6299	3.4651	3.3121	3.1699	3.0373	3.9137	2.7982	2.6901	2.5887	2.4936	2.4043	2.3202	2.2410	2.1662	2.0957
5	4.7135	4.4518	4.2124	3.9927	3.7908	3.6048	3.4331	3.2743	3.1272	2.9906	2.8636	2.7454	2.6351	2.5320	2.4356	2.3452
6	5.6014	5.2421	4.9173	4.6229	4.3553	4.1114	3.8887	3.6847	3.4976	3.3255	3.1669	3.0205	2.8850	2.7594	2.6427	2.5342
7	6.4720	6.0021	5.5824	5.2064	4.8684	4.5638	4.2883	4.0386	3.8115	3.6046	3.4155	3.2423	3.0833	2.9370	2.8021	2.6775
8	7.3255	6.7327	6.2098	5.7466	5.3349	4.9676	4.6389	4.3436	4.0776	3.8372	3.6193	3.4212	3.2407	3.0758	2.9247	2.7860
9	8.1622	7.4353	6.8017	6.2469	5.7590	5.3282	4.9464	4.6065	4.3030	4.0310	3.7863	3.5655	3.3657	3.1842	3.0190	2.8681
10	8.9826	8.1109	7.3601	6.6502	6.2161	5.6502	5.2161	4.8332	4.4941	4.1925	3.9232	3.6819	3.4648	3.2689	3.0915	2.9304
11	9.7868	8.7605	7.8869	7.1390	6.4951	5.9377	5.4527	5.0286	4.6560	4.3271	4.0354	3.7757	3.5435	3.3351	3.1473	2.9776
12	10.5753	9.3851	8.3838	7.5361	6.8137	6.1944	5.6603	5.1971	4.7932	4.4392	4.1274	3.8514	3.6059	3.3868	3.1903	3.0133
13	11.3484	9.9856	8.8527	7.9038	7.1034	6.4235	5.8424	5.3423	4.9095	4.5327	4.2028	3.9124	3.6555	3.4272	3.2233	3.0404
14	12.1062	10.5631	9.2950	8.2442	7.3667	6.6282	6.0021	5.4675	5.0081	4.6106	4.2646	3.9616	3.6949	3.4587	3.2487	3.0609
15	12.8493	11.1184	9.7122	8.5595	7.6061	6.8109	6.1422	5.5755	5.0916	4.6755	4.3152	4.0013	3.7261	3.4834	3.2682	3.0764
16	13.5777	11.6523	10.1059	8.8514	7.8237	6.9740	6.2651	5.6685	5.1624	4.7296	4.3567	4.0333	3.7509	3.5026	3.2832	3.0882
17	14.2919	12.1657	10.4773	9.1216	8.0216	7.1196	6.3729	5.7487	5.2223	4.7746	4.3908	4.0591	3.7705	3.5177	3.2948	3.0971
18	14.9920	12.6593	10.8276	9.3719	8.2014	7.2497	6.4674	5.8178	5.2732	4.8122	4.4187	4.0799	3.7861	3.5294	3.3037	3.1039
19	15.6785	13.1339	11.1581	9.6036	8.3649	7.3658	6.5504	5.8775	5.3162	4.8435	4.4415	4.0967	3.7985	3.5386	3.3105	3.1090
20	16.3514	13.5903	11.4699	9.8181	8.5136	7.4694	6.6231	5.9288	5.3527	4.8696	4.4603	4.1103	3.8083	3.5458	3.3158	3.1129

La fórmula anterior se aplica también cuando el período de pago e ingreso es inferior a un año. Para ello, es preciso dividir i por el número de períodos contenidos en un año (q) y sustituir n por el producto q x n, es decir:

$$VA = \frac{C}{(i/q)} \times \left(1 - \frac{1}{\left(1 + \frac{i}{q}\right)^{nxq}} \right) \qquad (5)$$

Deseamos calcular el importe a solicitar de una hipoteca sabiendo que:

— el plazo es de 10 años

— el tipo de interés es al 10%

— las cuotas se pagarán mensualmente y al final de cada mes

— la cuota máxima que podemos abonar es de 100.000 ptas., al mes

— la cuota se mantendrá constante

Aplicando la fórmula anterior, obtenemos que el importe máximo de la hipoteca asciende a 7.567.116 ptas. calculado por:

$$VA = 100.000 \times \left(\frac{1}{\frac{0,10}{12}} - \frac{1}{\frac{0,10}{12} \times \left(1 + \frac{0,10}{12}\right)^{12x10}} \right)$$

La tabla 3 expresa las cantidades mensuales a devolver por cada millón de pesetas recibido, en función del plazo del préstamo y del tipo de interés. Para calcularla se ha aplicado la siguiente fórmula, deducida directamente de la expresión (5) y en la que la cuota C incluye intereses y amortización del principal:

$$C = 1.000.000 \times \frac{(i/12) \times (1 + i/12)^{nx12}}{(1 + i/12)^{nx12} - 1}$$

Tabla 3:
AMORTIZACION DE UN PRESTAMO

CANTIDADES MENSUALES A DEVOLVER POR CADA MILLON DE PESETAS RECIBIDO																
	TIPO DE INTERES ANUAL															
AÑOS	5%	6%	7%	8%	9%	10%	11%	12%	13%	14%	15%	16%	17%	18%	19%	20%
1	85607	86066	86527	86988	87451	87916	88382	88849	89317	89787	90258	90731	91205	91680	92157	92635
2	43871	44321	44773	45227	45685	46145	46608	47073	47542	48013	48487	48963	49442	49924	50409	50896
3	29971	30422	30877	31336	31800	32267	32739	33214	33694	34178	34665	35157	35653	36152	36656	37164
4	23029	23485	23946	24413	24885	25363	25846	26334	26827	27326	27831	28340	28855	29375	29900	30430
5	18871	19333	19801	20276	20758	21247	21742	22244	22753	23268	23790	24318	24853	25393	25941	26494
6	16105	16573	17049	17533	18026	18526	19034	19550	20074	20606	21145	21692	22246	22808	23377	23953
7	14134	14609	15093	15586	16089	16601	17122	17653	18192	18740	19297	19862	20436	21018	21608	22206
8	12660	13141	13634	14137	14650	15174	15708	16253	16807	17372	17945	18529	19121	19723	20334	20953
9	11517	12006	12506	13019	13543	14079	14626	15184	15754	16334	16924	17525	18136	18757	19387	20027
10	10607	11102	11611	12133	12668	13215	13775	14347	14931	15527	16133	16751	17380	18019	18667	19326
11	9864	10367	10884	11415	11961	12520	13092	13678	14276	14887	15509	16143	16788	17444	18110	18786
12	9249	9759	10284	10825	11380	11951	12536	13164	13746	14371	15009	15658	16319	16991	17674	18366
13	8731	9247	9781	10331	10897	11478	12075	12687	13312	13951	14603	15267	15943	16630	17328	18035
14	8289	8812	9354	9913	10489	11082	11691	12314	12953	13605	14270	14948	15638	16340	17051	17773
15	7908	8439	8988	9557	10143	10746	11366	12002	12652	13317	13996	14687	15390	16104	16829	17563
16	7577	8114	8672	9249	9845	10459	11090	11737	12400	13077	13768	14471	15186	15913	16649	17395
17	7287	7831	8397	8983	9588	10212	10854	11512	12186	12875	13577	14292	15018	15756	16503	17259
18	7030	7582	8155	8750	9364	9998	10650	11320	12004	12704	13417	14142	14879	15627	16384	17149
19	6803	7361	7942	8545	9169	9813	10475	11154	11849	12559	13282	14017	14764	15521	16287	17060
20	6600	7164	7753	8364	8997	9650	10322	11011	11716	12435	13168	13913	14668	15433	16207	16988

10. ANUALIDADES DE CRECIMIENTO CONSTANTE

En el caso de que la anualidad tenga un crecimiento anual g, su valor actual se obtiene al restar el valor actual de dos perpetuidades de crecimiento g, una empezando en el año 1 y otra en el año n, según muestra la figura 5.

$$VA = \frac{C_1}{i-g} - \frac{C_1}{i-g} \times \frac{(1+g)^n}{(1+i)^n} = \frac{C_1}{i-g} \times \left(1 - \frac{(1+g)^n}{(1+i)^n}\right)$$

Esta fórmula tiene en cuenta que la primera cuota de la segunda perpetuidad será $C_1 \times (1+g)^n$ para recoger el incremento de los n años transcurridos.

Para el ejemplo de la franquicia anterior si se desea distribuir el importe de 20 millones durante los próximos 20 años pero con un crecimiento anual del 4% resulta:

$$20.000.000 = \frac{C_1}{0{,}10 - 0{,}04} \times \left(1 - \frac{(1+0{,}04)^{20}}{(1+0{,}10)^{20}}\right)$$

Obteniéndose, al resolver la ecuación, que el primer pago (C_1) será de 1.779.614 ptas. A partir de éste pueden deducirse inmediatamente el resto de los pagos. Por ejemplo, el último pago será:

$$C_n = 1.779.614 \text{ x } (1 + 0{,}04)^{20} = 3.899.354 \text{ ptas.}$$

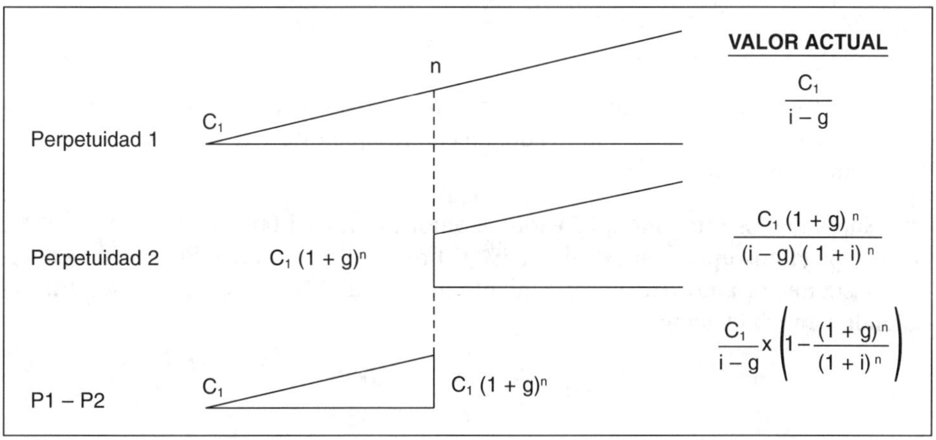

Figura 5: La anualidad como diferencia de dos perpetuidades

11. RENDIMIENTO DE UN TITULO

Un título financiero es un instrumento de deuda emitido por una empresa u organización y que ofrece a su comprador un rendimiento pactado sobre el desembolso inicial, en base a un tipo de interés contractual. El título puede comprarse directamente al emisor o adquirirse en el mercado secundario. Hay que distinguir entre el valor nominal del título, que es sobre el que se aplica el interés nominal, y su precio de mercado que dependerá de la relación existente entre su tipo de interés nominal y el del mercado en el instante de la valoración.

Sea un título de deuda perpetua que se emite cuando el tipo de interés del mercado para títulos análogos se eleva al 10%. Si el precio de emisión es de 1.000 ptas., y el pago de intereses se produce al final de cada año, se cumplirá, aplicando la fórmula de una renta perpetua, que el valor del título es de 1.000 ptas.

Si transcurrido un año el tipo de interés del mercado se ha elevado al 11%, un inversor que adquiere un título de los anteriores en el mercado secundario no estará dispuesto a abonar 1.000 ptas. pues su rentabilidad sería del 10%, un punto inferior al tipo vigente de mercado. El valor que, razonablemente, aceptará será:

$$V = \frac{100}{0{,}11} = 909{,}09 \text{ ptas.}$$

pues de esta manera obtendrá un rendimiento del 11% (100/909,09), equivalente al de las otras opciones a su alcance.

En general, el rendimiento interno de un título financiero mide la rentabilidad que ofrece a su tenedor si lo mantiene hasta su vencimiento. Si el precio actual de mercado del título es P, genera unos ingresos MF_j en cada período j y su vida pendiente es de n períodos, el rendimiento i del título hasta su vencimiento se obtiene a partir de:

$$P = \sum_{j=1}^{n} \frac{MF_j}{(1+i)^j}$$

Esta fórmula indica que el precio del título variará en sentido inverso a como lo haga el tipo de interés del mercado, en cuanto que éste y el rendimiento interno tenderán a coincidir.

Supongamos que una obligación de valor nominal 1.000 ptas., se cotiza a 960 ptas., y paga un cupón semestral del 7% sobre el valor nominal. Si restan 7 semestres hasta que se amortice, el rendimiento interno de la obligación se obtendrá calculando i en la ecuación:

$$960 = \sum_{j=1}^{7} \frac{70}{(1+i)^j} + \frac{1.000}{(1+i)^7}$$

Resuelta la ecuación anterior se obtiene una i del 7,76% semestral que anualizada arroja un rendimiento del título del 15,52% anual y una TAE del 16,12% calculada por: $(1 + 0{,}1552/2)^2 - 1$.

La fórmula anterior sirve también para calcular el valor de un título cuando se conoce el tipo de interés de mercado para un plazo y grado de riesgo análogos, siendo, en este caso el precio (P) la incógnita a calcular.

En función del plazo de vencimiento de distintos títulos y para un mismo nivel de riesgo podemos representar la curva de rendimientos vigente en el mercado en cada momento. El conocimiento de esta curva permite a los emisores estimar el tipo que deben ofrecer. Si emiten a un tipo menor al de mercado, razonablemente no colocarán los títulos. Si emiten por encima seguro que venden la emisión pero a un coste innecesariamente elevado.

La curva de tipos de interés ha de ser consistente. Puesto que el mercado prevé los tipos que estarán vigentes durante cada uno de los próximos años, resulta sencillo calcular el rendimiento interno para cada vencimiento. Si los tipos anticipados por el mercado para los próximos años son, por ejemplo, los indicados en la segunda columna de la tabla que sigue, los rendimientos a vencimiento deberán ser los de la tercera.

Año	Interés anual	Interés al vencimiento
1	12,0%	12,0%
2	14,0%	13,0%
3	14,5%	13,49%
4	15,0%	13,87%

Así, el tipo total medio a tres años del 13,49% se calcula por:

$$((1 + 0{,}12) \text{ x } (1 + 0{,}14) \text{ x } (1 + 0{,}145))^{1/3} - 1$$

La curva de rendimientos se deduce pues de los tipos previstos y si no es así, el mercado tenderá a ajustarla en base a las expectativas de tipos existentes.

Imaginemos que en el ejemplo anterior el precio de un título con vencimiento a dos años supusiese un rendimiento interno del 14% en vez del 13%. Si se invierten 100 ptas. el primer año y se reinvierten a interés del 14% el segundo, se estimará obtener:

$$100 \text{ x } (1{,}12) \text{ x } (1{,}14) = 127{,}7 \text{ ptas.}$$

ya que los tipos previstos para cada uno de los dos próximos años son el 12% y el 14% respectivamente. Pero invirtiendo en el título comentado a dos años directamente se obtendría:

$$100 \text{ x } (1{,}14)^2 = 129{,}7 \text{ ptas.}$$

Luego los inversores estarían más interesados en comprar dicho título a dos años y con ello se incrementaría su demanda, subiendo su precio de mercado hasta reducir su rendimiento interno del 14% al 13%.

Capítulo X

Decisiones de asignación de recursos financieros

1. ALCANCE DE LA DECISION DE INVERTIR

La posición competitiva de una empresa, en relación al resto de oferentes, depende de su capacidad para actuar con éxito sobre los factores clave de su negocio, es decir, sobre aquellas áreas cuya gestión adecuada es un requisito para la buena marcha de las operaciones. La estrategia, que se formula e implanta precisamente para identificar y potenciar esos factores clave y desarrollar las competencias necesarias para alcanzarlos, se materializa mediante la realización de actividades que, casi siempre, exigen promover nuevos proyectos de inversión.

La jerga empresarial entiende por proyecto de inversión toda propuesta para adquirir un conjunto integrado de activos con la finalidad compartida de desarrollar una actividad específica. La aceptación de dicha propuesta y la consiguiente adquisición de activos implicarán la inmovilización de recursos financieros, con la esperanza de obtener, en el futuro, un excedente.

En general, los activos a adquirir se componen de activos fijos y circulantes. Si los primeros son el soporte físico necesario para realizar las operaciones objeto de la inversión, los segundos posibilitan su operación continuada mediante el flujo de materiales y efectivo. Bien es cierto que la ejecución de un proyecto empresarial genera una financiación espontánea derivada del natural aplazamiento de los pagos a suministradores de todo tipo. Por ello, el desembolso efectivo exigido por la inversión incluirá sólo el activo fijo y el capital circulante, siendo éste la diferencia entre el activo circulante requerido y la financiación de suministradores aportada, espontáneamente, por la ejecución del proyecto.

Junto a activos de naturaleza material las inversiones exigen, en general, la adquisición de otros de carácter inmaterial. Entre ellos cabe citar los relacionados con el propio análisis de viabilidad (estudios técnicos y comerciales) y los derivados de su puesta en marcha (entrenamiento del personal, pruebas de los procesos y equipos e inversiones en acción comercial). Estas y otras inversiones inmateriales forman parte del proyecto pues contribuyen a su finalidad y demandan también, financiación. En ocasiones las inversiones son de naturaleza financiera en cuanto que se destinan a adquirir participaciones societarias.

Es habitual que los proyectos de inversión tengan una duración de varios años, diferenciándose por esta dimensión temporal, además de por su objeto, de otro tipo de inversiones a corto plazo como son las especulativas, que sin crear riqueza pretenden obtener una ganancia por la mera fluctuación de los precios de mercado, o las inversiones de tesorería cuyo fin es rentabilizar excedentes de liquidez.

Acometer un proyecto de inversión constituye, normalmente, una decisión empresarial de índole estratégica pues:

— Sus resultados dependen en parte importante de la evolución de parámetros del entorno y del comportamiento de la competencia.

— Compromete recursos financieros y no financieros de entidad, durante períodos temporales amplios.

— Concreta opciones determinadas de desarrollo de la empresa en cuanto a productos, mercados, canales de distribución, procesos o tecnologías, con renuncia de otras alternativas.

— Exige períodos dilatados de puesta en marcha, previos al arranque de las operaciones.

— Una vez iniciado, en caso de fracaso, la vuelta atrás es complicada y costosa, pudiendo llegar a influir seriamente sobre la marcha de la empresa.

Estas consecuencias potenciales de los proyectos de inversión obligan a evaluarlos rigurosamente antes de ser aprobados, invirtiendo tiempo y recursos para ello, aunque sin necesidad de aplicar los siete años empleados por los Reyes Católicos para aceptar el proyecto de Colón que, una vez aprobado, se programó y ejecutó con éxito en menos de seis meses. Tanta demora puede estropear la oportunidad ofrecida por el proyecto. Igualmente, el esfuerzo que se destine a asignar nuevos recursos no debe debilitar la dedicación para gestionar adecuadamente los que ya se tienen.

Parte de la evaluación de un proyecto consiste en realizar el análisis de sus atributos de rentabilidad, liquidez y riesgo. Desde luego, esta evaluación económico-financiera no es la única a realizar ni probablemente sea la más importante, pero permite homogeneizar y sintetizar, en términos monetarios, los análisis técnico-comerciales y la que utilizan las empresas para tomar decisiones en este área.

Además de los proyectos de inversión de naturaleza estratégica, que influyen sobre los factores clave de éxito, toda empresa acomete inversiones de menor alcance, relacionadas más bien con el mantenimiento de su situación actual. Estas inversiones que pretenden la continuidad de las operaciones actuales y que no inciden significativamente sobre la posición competitiva de la empresa, se denominan operativas.

Estratégico es el lanzamiento de un producto, la apertura de un nuevo mercado o el cambio de la tecnología de producción. Las inversiones operativas se relacionan, por el contrario, con la reposición de activos ya existentes o con la implantación de procedimientos alternativos para realizar un determinado proceso.

La frontera entre uno y otro tipo de inversión no siempre es clara. Es más, todo proyecto estratégico cobija inversiones operativas. Por ejemplo, la entrada en un nuevo mercado exige incluir en la evaluación global el análisis de inversiones de menor entidad como, por ejemplo, la forma de hacer la distribución física, eligiendo entre transporte propio o subcontratado. Además, las inversiones operativas se enmarcan en el ámbito de una estrategia y, si no funcionan correctamente, pueden incluso hacerla fracasar. Por ejemplo, el reparto deficiente con medios subcontratados puede dar al traste con la apertura de un nuevo mercado.

La agregación de todas las inversiones que, acometidas en su día, mantiene vivas una empresa determinan:

— Su dimensión económica o tamaño de su activo contable y, en consecuencia, su volumen de financiación.

— La rentabilidad económica agregada de la empresa.

— El valor económico de la empresa, calculado como el valor actual de todos los flujos futuros esperados de dichas inversiones. Este importe, que normalmente difiere del contable, corresponde al valor que, en principio, el mercado asigna a la empresa.

— Su riesgo económico, es decir, el impacto potencial sobre el rendimiento de la empresa de fluctuaciones en los parámetros que condicionan la rentabilidad de sus inversiones. En este sentido, el grado de diversificación de las actividades de la empresa condiciona su posición de riesgo.

— Su liquidez o capacidad de las inversiones para retornar los desembolsos que exigieron en su día, contribuyendo así a la disponibilidad de fondos.

— El riesgo financiero, esto es, el posible impacto sobre los resultados de la empresa de eventuales sucesos que afecten a su capacidad para atender a sus compromisos financieros con los excedentes económicos generados por las inversiones. Este efecto depende, también, de la estructura de financiación por la que se opte.

— Su capacidad para financiar el crecimiento con autofinanciación.

Por todo lo anterior, es necesario que los distintos responsables de la empresa conozcan los criterios y técnicas aplicados en los estudios económico-financieros, sepan interpretar los resultados suministrados por los mismos y contribuyan a asegurar que estos resultados son coherentes con el planteamiento de las inversiones que proponen. Se trata pues de que los profesionales no financieros de la empresa, que son los que en general aportan las propuestas de inversión, sean capaces de formular y analizar el proyecto en términos numéricos. Para ello, se presentan a continuación los métodos ya clásicos para estimar el rendimiento de una inversión bien sea de tipo estratégico u operativo.

2. EL MOVIMIENTO DE FONDOS DEL PROYECTO

La evaluación económica de una inversión se concreta en un conjunto de parámetros que relacionan su importe con las rentas que prometa. El importe de la inversión son los desembolsos precisos para su puesta en operación; su renta son los excedentes monetarios que producirá su explotación.

En concreto, el criterio que se utiliza para evaluar una inversión se basa en comparar los ingresos que producirá con los desembolsos que exigirá. Para hacerlo es preciso estimar el movimiento de fondos del proyecto enfrentando, período a período, lo que retornará la inversión (fondos generados) con los recursos financieros que consumirá (fondos absorbidos). El movimiento de fondos es pues la diferencia, por período de análisis, entre los fondos que generará la inversión con los que absorberá. El atractivo de una inversión se fundamenta en que sea capaz de generar un efectivo superior al absorbido en su ejecución.

Los fondos absorbidos incluyen todo tipo de inversiones en activos fijos y capital circulante. Los fondos generados son la diferencia entre los ingresos y los desembolsos de explotación, es decir, la diferencia entre los ingresos por ventas y los pagos derivados de los gastos operativos.

Con el fin de ilustrar la aplicación de los criterios de análisis que se describen en epígrafes posteriores, consideremos que una asociación empresarial analiza la viabilidad económico-financiera de constituir una escuela de negocios que imparta formación especializada en gestión de empresas.

En base al diseño económico-financiero del proyecto, al que denominaremos ALAMAR y que resume el anexo 1, se han preparado las cuentas de resultados previsionales del cuadro 1, referidas a los seis primeros años de actividad. A ese término se considera que la actividad habrá alcanzado un régimen estable de operación. El anexo 2 recoge el detalle de los cálculos realizados para obtener las mencionadas cuentas de resultados.

El análisis de una propuesta de inversión exige, en su dimensión temporal:

1. Fijar un instante de referencia que coincide con el momento en que se tomará la decisión o con el comienzo de la inversión. En nuestro ejemplo, el origen es el final del año 0, coincidente con el eventual arranque de las actividades del proyecto.

2. Establecer el horizonte de evaluación, es decir el plazo para el que se realizarán las proyecciones de resultados y de inversión que permitan evaluar la conveniencia del proyecto. En este caso, este horizonte se extiende hasta finales del sexto año de operación. Hay que distinguir entre este horizonte de evaluación, que viene dado por el término al que se realizan las previsiones del movimiento de fondos, y la vida del proyecto que coincide con la estimación que se realice respecto a la duración efectiva de sus operaciones.

3. Los períodos de cálculo en los que se desglosarán las proyecciones. El proyecto ALAMAR considera, a estos efectos, años completos. Es decir cada ingreso o desembolso se incluye al final del año para el que se estima.

Cuadro 1:
CUENTA DE RESULTADOS DE ALAMAR

Millones de Ptas. Año	1	2	3	4	5	6
Ingresos	113,4	178,6	229,2	262,5	298,6	313,6
Coste profesorado	34,0	53,6	68,8	78,8	89,6	94,1
Gastos estructura variables	22,7	35,7	45,8	52,5	59,7	62,7
Gastos estructura fijos	52,5	55,1	57,9	60,8	63,8	67,0
Amortización	10,0	11,1	12,2	13,3	14,5	15,8
Beneficio económico	–5,8	23,1	44,6	57,2	71,0	74,0
Impuesto de sociedades	0,0	5,2	13,4	17,2	21,3	22,2
Beneficio neto	–5,8	17,9	31,2	40,0	49,7	51,8

El cuadro 2 muestra el movimiento de fondos después de impuestos del proyecto ALAMAR, basado en los parámetros descritos en los anexos 1 y 2. El anexo 3 incluye los cálculos realizados para su obtención.

El cuadro 2 calcula los fondos generados por la inversión como la suma del beneficio neto y la amortización. Este método se justifica en cuanto que de las ventas se deducen todos los costes para hallar el beneficio. Como los costes incluyen la amortización, que no supone un desembolso, es preciso añadirla al beneficio neto para determinar, en cada período, los fondos generados.

Cuadro 2:
MOVIMIENTO DE FONDOS DE ALAMAR

Millones de Ptas. Año	0	1	2	3	4	5	6
Inversiones (1)	–150,0	–27,5	–20,8	–19,2	–17,2	–18,2	–15,6
Edificio	–100,0						
Equipamiento	–50,0	–10,5	–11,0	–11,6	–12,2	–12,8	–13,4
Capital circulante		–17,0	–9,8	–7,6	–5,0	–5,4	–2,2
Fondos generados (2)		4,2	29,0	43,4	53,3	64,2	67,6
Beneficio neto		–5,8	17,9	31,2	40,0	49,7	51,8
Amortización		10,0	11,1	12,2	13,3	14,5	15,8
Valor residual							343,0
Movimiento neto de fondos (2–1)	–150,0	–23,3	8,2	24,2	36,2	46,0	395,0

La preparación del movimiento de fondos constituye la fase clave para evaluar un proyecto desde la perspectiva económico-financiera. Si estas previsiones no se realizan con precisión razonable, por correctos que sean los criterios de evaluación que se apliquen, las conclusiones del análisis carecerán de validez

3. CRITERIOS PARA ELABORAR EL MOVIMIENTO DE FONDOS

La regla básica para preparar el movimiento de fondos de un proyecto de inversión consiste en incluir sólo los flujos de efectivo adicionales que previsiblemente, generará o absorberá su ejecución, es decir, los movimientos incrementales. Sólo son relevantes los ingresos y desembolsos futuros que nacen de la eventual realización del proyecto que se analiza. Se trata pues de escudriñar el movimiento de fondos hacia delante y considerar, únicamente, los flujos derivados de la inversión. En la evaluación del movimiento de fondos no se debe mirar hacia atrás, incluyendo ingresos o desembolsos pasados; se corre el riesgo de cometer decisiones equivocadas como le sucedió a la mujer de Lot.

El enunciado genérico anterior permite formular las siguientes consideraciones:

— La inversión comprende activos fijos y circulantes, de los que es preciso deducir la denominada financiación espontánea aportada por el proyecto y las subvenciones de capital que se esperen obtener, pues ambos conceptos reducen las necesidades de financiación.

— Entre los activos fijos, que incluyen en el sentido más amplio, las instalaciones y equipos precisos para el funcionamiento del proyecto, no se deben omitir los gastos de constitución y puesta en marcha ni el inmovilizado inmaterial. Los gastos de constitución son aquellos necesarios, en su caso, para dar vigencia jurídico-legal al proyecto. Si este exige constituir una nueva empresa, será preciso hacer frente a honorarios de notarios y abogados, a gastos de registros oficiales y a tasas e impuestos diversos. Los gastos de puesta en marcha o de primer establecimiento son aquellos en que se incurre hasta que el proyecto inicie su actividad. Incluyen conceptos relacionados con remuneraciones a empleados, formación, desplazamientos, estudios técnico-comerciales, ensayos y pruebas técnicas.

  El inmovilizado inmaterial se compone, principalmente, de: gastos de investigación y desarrollo, concesiones administrativas otorgadas por la Administración, propiedad industrial, derechos de traspaso y aplicaciones informáticas.Todos estos conceptos se computarán por el desembolso que exijan.

— En general, la inversión inicial para el arranque de las actividades será seguida de una inversión de reposición y mantenimiento. Rara vez se realiza un proyecto que no absorba, junto al desembolso inicial, sucesivas inversiones eso sí, de menor cuantía, que completen, complementen o repongan los activos iniciales.

— Los proyectos de naturaleza estratégica permiten, a veces, realizar la inversión, gradualmente, no siendo preciso instalar toda la capacidad desde el principio. Ello exige distinguir temporalmente los sucesivos desembolsos al compás del avance del proyecto.

— En cuanto al capital circulante, su importe es función del nivel de actividad y ésta, en un proyecto de inversión, crece progresivamente. Ello obliga a que, en cada período, haya de incluirse el crecimiento del capital circulante debido al aumento de la actividad así como el efecto derivado de la inflación prevista, pues ambos conceptos absorben fondos.

— En ningún caso se deberán incluir como desembolso aquellas partidas que tengan la naturaleza de hundidas, es decir, que habiéndose realizado ya su pago no son recuperables. Es el caso, por ejemplo, de los gastos de investigación ya ejecutada y que de no acometerse el proyecto no tengan otra aplicación alternativa. Los costes hundidos no dependen de la decisión de aceptar o rechazar el proyecto.

— Es preciso añadir todos los costes de oportunidad, es decir, aquellos que aunque no exigen un desembolso sí suponen renunciar a una alternativa o consumir un recurso ya disponible con aplicaciones sustitutivas.

— No hay que repercutir costes ya existentes salvo que éstos se vean incrementados por la inversión. Esto se relaciona, por ejemplo, con la imputación de costes generales en base a algún criterio de reparto. Si estos costes generales no se espera que varíen por el nuevo proyecto, no influirán sobre su rendimiento. Sólo se imputa a la inversión el eventual exceso que se pueda producir en los distintos conceptos de coste.

— Hay que tener en cuenta interacciones con otros proyectos, es decir, incorporar todos los efectos derivados. Por ejemplo, si un fabricante de automóviles estudia la rentabilidad de lanzar un nuevo modelo, en las proyecciones que haga de las ventas deberá incorporar la canibalización que se prevea sobre el resto de la gama. Esta repercusión también puede materializarse sobre el precio de venta. Este sería el caso de una empresa que aumentase su capacidad de producción a fin de ganar cuota de mercado si para ello debiera reducir su precio de venta; esta disminución afectará no sólo a la nueva producción sino también a la ya existente. La consecuente caída de los ingresos derivados de la producción actual sería imputable al proyecto de ampliación de capacidad.

— Es preciso repercutir el impacto de la inflación prevista sobre las diversas partidas de ingresos y desembolsos para obtener un movimiento de fondos que represente, razonablemente, el comportamiento anticipado del proyecto.

— Los gastos financieros no se incluyen en el movimiento económico de fondos del proyecto a fin de circunscribir su evaluación, en una primera instancia, a su dimensión operativa.

— Sí deberá incluirse el impuesto de sociedades si se desea realizar el análisis después de impuestos.

Con independencia de las precauciones reseñadas anteriormente, lo más importante del movimiento de fondos es que refleje, razonablemente, la evolución prevista del proyecto analizado. Para ello, hay que tratar de plasmar adecuadamente el impacto de los fenómenos de más entidad (qué cuota de mercado se alcanzará y cómo se conseguirá, comportamiento de los costes, atributos de los productos, reacción de la competencia, etc.) huyendo de detalles innecesarios: el detalle puede ser fascinante, sobre todo en el arte y en las relaciones personales, pero en las previsiones económicas es supérfluo y, además entorpece apreciar la perspectiva más amplia del proyecto.

4. VALOR RESIDUAL DEL PROYECTO

El valor residual de un proyecto de inversión es el que se estima que tendrá al final del período de evaluación y que añadido a su movimiento de fondos permite prescindir de los flujos posteriores a dicho horizonte.

En este sentido, es preciso hacer un comentario sobre el valor residual del proyecto ALAMAR incluido, como ingreso, en el año 6. Parece lógico que si la escuela llega a tener éxito sus operaciones se extenderán más allá del año 6, que es el término que se ha puesto al horizonte de evaluación. Es decir, la vida prevista del proyecto es superior, como suele ser el caso general para proyectos de entidad, al plazo adoptado para efectuar las previsiones.

Este ejemplo supone que a partir del año 6 se alcanza una cierta estabilidad de la empresa. Por ello, en vez de tomar un horizonte temporal más dilatado, se puede sustituir el flujo de fondos de los años posteriores por su valor actual estimado al término del horizonte de evaluación. Un método simple para estimar dicho valor actual consiste en capitalizar el beneficio neto del siguiente año (el séptimo) a la tasa de descuento que refleje las expectativas de rendimiento mínimo de los inversores y ello, en base a las tres siguientes hipótesis:

— La actividad no va a experimentar variaciones importantes una vez alcanzado el horizonte de evaluación.

— La amortización se reinvertirá para mantener, reponer y adecuar los activos al nivel de actividad logrado, complementando la inversión de reposición prevista.

— La duración del proyecto es ilimitada.

Si la tasa de descuento es, por ejemplo, del 16%, y suponemos que el beneficio neto del año 7 será un 5% superior al del 6 por la incidencia de la inflación, el valor residual sería de 499,45 millones de ptas., calculado por:

$$VR = \frac{\text{Beneficio neto del año 7}}{\text{Tasa de descuento} - \text{crecimiento}} = \frac{51{,}8 \times 1{,}05}{0{,}16 - 0{,}05}$$

Esta fórmula reconoce que el valor actual de una renta perpetua creciente [1] se calcula dividiendo el importe inicial de dicha renta por la diferencia entre las tasas de descuento y de crecimiento de la renta. Este valor se posiciona temporalmente al final del año 6, ya que la fórmula utilizada para calcular el valor actual de la renta perpetua anterior se basa en rentas pospagables.

Por supuesto que hay otros métodos para tratar de estimar el valor residual. Uno de ellos, probablemente pesimista, consiste en calcular el valor de liquidación de los activos al término del horizonte de evaluación y en base a sus valores contables. Los activos fijos verán reducido su valor de compra en la amortización acumulada. Por el contrario, el valor del capital circulante se recuperará en su totalidad pues al término

---

[1] Ver capítulo IX, epígrafe 8.

del proyecto los clientes pagarán sus deudas, las eventuales existencias se consumirán y a los acreedores se les abonarán sus facturas pendientes.

En el caso del proyecto ALAMAR, dicho valor residual sería:

VALOR RESIDUAL CONTABLE	Al término del año 6		
	Valor de compra	Amortización acumulada	Valor neto contable
Edificio	100,0	30,0	70,0
Equipamiento	121,5	46,9	74,6
Capital circulante	47,0		47,0
TOTAL	268,5	76,9	191,6

Este importe es muy inferior al calculado previamente. La diferencia reside en que mientras uno se basa en las expectativas de rendimiento del negocio el segundo considera que éste sólo vale el importe contable de sus activos. El primero incorpora una hipótesis de éxito; el segundo criterio se decanta por valorar el proyecto según su valor contable de liquidación. Como probablemente entre ambos extremos se encuentre la realidad, aceptamos como valor residual la media de ambas estimaciones, es decir 343,0 millones de ptas. según aparece en el cuadro 2.

Anticipar el valor residual es siempre difícil. Sin embargo, tampoco es necesario que la estimación sea precisa en exceso pues como se sitúa al final del horizonte de evaluación, cuando se actualiza al origen de la inversión la entidad de cualquier error se reduce considerablemente. Para nuestro ejemplo, el valor actualizado al 16% del importe estimado es de 140,8 millones de ptas. Si se hubiese fijado como valor residual 100 millones menos, la diferencia en valor actual al origen sería de 41 millones de ptas. La diferencia de 100 en el año 6 se reduce al 41% cuando se actualiza.

5. METODOS DE EVALUACION DE INVERSIONES

El movimiento de fondos de la inversión resume su comportamiento previsto en términos económico-financieros. Así, el proyecto ALAMAR se representa mediante el flujo temporal de fondos del cuadro 3, extraído del cuadro 2.

Cuadro 3:
MOVIMIENTO DE FONDOS DEL PROYECTO ALAMAR

AÑO	MPTAS
0	–150,0
1	– 23,3
2	8,2
3	24,2
4	36,2
5	46,0
6	395,0

Los criterios de evaluación que se presentan a continuación ayudan a evaluar el movimiento de fondos del proyecto.

5.1. Valor actual neto (VAN)

El VAN de un proyecto de inversión equivale a la suma de su movimiento de fondos actualizado al origen de la evaluación. Esta actualización se realiza a una tasa de descuento que expresa el rendimiento mínimo que, cada empresa, exige a sus propuestas de inversión para ser aceptadas. El VAN coincide pues con la suma de los flujos actualizados de cada período. En este sentido la tasa de descuento representa un coste de oportunidad en cuanto que mide el rendimiento que se pierde por renunciar a una inversión de riesgo similar.

Para el proyecto ALAMAR, con una tasa de descuento del 16%, el cálculo de su VAN se detalla en el cuadro 4; cada flujo de fondos anual se actualiza al origen aplicando el factor de descuento correspondiente. Recordemos que cada movimiento de fondos se sitúa al final del año durante el que se producirá.

Cuadro 4:
CALCULO DEL VAN DEL PROYECTO ALAMAR

AÑO	MOVIMIENTO DE FONDOS SIN ACTUALIZAR	FACTOR DE DESCUENTO AL 16%	MOVIMIENTO DE FONDOS ACTUALIZADO
0	–150,0	1,0000	–150,00
1	–23,3	0,8621	–20,09
2	8,2	0,7432	6,09
3	24,2	0,6407	15,50
4	36,2	0,5523	19,99
5	46,0	0,4761	21,90
6	395,0	0,4104	162,11
TOTAL	336,3		VAN = 55,50

El cuadro 4 es el desarrollo de la fórmula que calcula el VAN de una inversión,

$$VAN = \sum_{j=0}^{n} \frac{MF_j}{(1+i)^j}$$

donde MF_j es el movimiento de fondos del período j, con el signo que proceda según se trate de un ingreso (+) o un desembolso (–), i es la tasa de descuento y n es el número de períodos que componen el horizonte de evaluación.

Económicamente, es recomendable aceptar una inversión si su VAN es positivo. Entre dos inversiones alternativas es más atractiva aquella que ofrece un VAN más elevado. Que el valor sea nulo indica que el rendimiento es idéntico al expresado por la tasa de descuento.

Si una inversión exige un desembolso inicial D y genera una renta constante y perenne R (se trata de una perpetuidad), la fórmula anterior se expresa por:

$$VAN = -D + \sum_{j=1}^{\infty} \frac{R}{(1+i)^j}$$

que se simplifica a [2],

$$VAN = -D + R/i$$

D representa el precio de compra del activo y R/i el valor actual de todas las rentas que generará. Si R/i es mayor que D, la adquisición del activo representa una ventaja para el comprador; en caso contrario reflejará una pérdida. En realidad, la función de invertir reside en encontrar proyectos que generen un valor superior a su valor de compra en el mercado. En el caso de activos con un mercado fluido, en general se cumple que,

$$D = R/i$$

pues si no fuese así las fuerzas del mercado reestablecerían el equilibrio mediante procesos de arbitraje.

El VAN es función del tipo de descuento que se aplique. El cuadro 5, que recoge la evolución del VAN al variar la tasa de descuento, resalta la enorme sensibilidad existente en el proyecto ALAMAR.

Cuadro 5:
VARIACION DEL VAN CON LA TASA DE DESCUENTO.

i%	VAN
0	336,3
8	161,5
16	55,5
24	–11,1

A partir del VAN se calcula el índice (Ir) de rentabilidad del proyecto. Para ello, es preciso dividir el VAN y el desembolso inicial. En el caso del proyecto ALAMAR se obtiene que:

$$Ir = \frac{55,5}{150,0} = 0,37$$

Este resultado indica que el excedente supera en un 37% al desembolso inicial. Mientras este ratio sea mayor o igual que cero el proyecto es rentable. Este criterio de evaluación es de especial interés para medir la productividad del capital invertido.

Con carácter general, siendo D el desembolso inicial, se cumple:

$$Ir = \frac{VAN}{D}$$

[2] Ver epígrafe 8 del capítulo IX.

5.2. Tasa interna de rentabilidad (TIR)

La tasa interna de rentabilidad mide el tipo de interés compuesto que se obtiene, durante la vida de la inversión y sobre el total de fondos invertidos, es decir, estima el rendimiento, expresado en tasa porcentual, sobre los fondos absorbidos por el proyecto. Esto equivale a enunciar que la TIR representa el tipo de interés que como máximo puede pagarse por un préstamo que financie el proyecto y se amortice con pagos coincidentes con su movimiento neto de fondos.

Para calcular la TIR es preciso hallar aquel tipo de interés que iguala, en valor actual, los fondos absorbidos con los generados. Esto implica que la TIR es el tipo de descuento i para el que el VAN es nulo, cumpliéndose:

$$\sum_{j=0}^{n} \frac{MF_j}{(1+i)^j} = 0$$

Para el caso ALAMAR este tipo es del 22,4% según indica el cuadro 6.

Cuando no se dispone de un instrumento electrónico de cálculo, la determinación de la TIR exige tantear valores de la tasa de descuento e interpolar entre dos próximos entre los que se encuentre la tasa. Estos dos puntos se caracterizan porque el VAN de la inversión cambia de signo al pasar de uno a otro.

Para aceptar una propuesta de inversión la TIR debe superar a la tasa de corte de la empresa, esto es, el rendimiento mínimo que exige ésta a sus inversiones. La TIR del proyecto ALAMAR supera, claramente, al 16% establecido como tasa de corte.

Cuadro 6:
CALCULO DE LA TIR DEL PROYECTO ALAMAR

AÑO	MOVIMIENTO DE FONDOS SIN ACTUALIZAR	FACTOR DE DESCUENTO AL 22,4%	MOVIMIENTO DE FONDOS ACTUALIZADO
0	−150,0	1,0000	−150,00
1	− 23,3	0,8170	− 19,04
2	8,2	0,6675	5,47
3	24,2	0,5453	13,20
4	36,2	0,4455	16,13
5	46,0	0,3640	16,74
6	395,0	0,2974	117,47
		TOTAL =	0

5.3. Período de recuperación (PR)

Es el plazo que precisa el desarrollo de la inversión para que los fondos que genere hasta ese plazo igualen, en valor actual, a los fondos absorbidos.

El cuadro 7 muestra la forma de calcular el período de recuperación para el caso ALAMAR. El proyecto no se rescata dentro del horizonte de evaluación, por lo que su período de recuperación es superior a 6 años. En el año quinto quedan pendientes 106,6 millones sin recuperar. Si estimamos que en los años posteriores los fondos generados ascenderán en valor actual a unos 22 millones de ptas. al año el período de recuperación será de casi 11 años.

Cuadro 7:
CALCULO DEL PERIODO DE RECUPERACION

AÑO	MOVIMIENTO DE FONDOS SIN ACTUALIZAR	MOVIMIENTO DE FONDOS ACTUALIZADO AL 16%	MOVIMIENTO DE FONDOS ACTUALIZADO Y ACUMULADO
0	–150,0	–150,00	–150,0
1	– 23,3	– 20,09	–170,1
2	8,2	6,09	–164,0
3	24,2	15,50	–148,5
4	36,2	19,99	–128,5
5	46,0	21,90	– 106,6
6	395,0	162,11	– 55,5

Para aceptar un proyecto en base a este criterio su período de recuperación ha de ser inferior a un plazo máximo establecido como límite, por encima del cual se desestima toda inversión.

El período de recuperación, a diferencia del VAN y del TIR, no mide el rendimiento de la inversión, sino que se utiliza para evaluar su liquidez y su riesgo. La liquidez porque cuanto antes se recupere la inversión realizada antes se dispondrá de éstos fondos para otras aplicaciones. El riesgo, porque a igualdad de otras condiciones, un período de recuperación más breve lleva consigo menor riesgo en cuanto que elimina antes la incertidumbre respecto al desenlace del proyecto.

6. ANALISIS DEL RIESGO ECONOMICO DEL PROYECTO

El rendimiento calculado para una propuesta de inversión constituye sólo una estimación de lo que puede ocurrir en su desarrollo. Debido al sin fin de sucesos posibles, la rentabilidad real raramente coincide con la estimación realizada. Por ello, aprobar una inversión implica asumir el riesgo de que sus resultados no sean los esperados. El riesgo de una inversión consiste, en concreto, en la probabilidad de que su ejecución origine pérdidas importantes. Este riesgo surge porque las variables utilizadas en la estimación del movimiento de fondos pueden comportarse de manera diferente y adversa a la prevista.

En el caso ALAMAR las variables incluidas para obtener el movimiento de fondos son las siguientes, según se extraen del anexo 1:

— Horas lectivas
— Facturación por hora lectiva.
— Coste del profesorado.

— Gastos variables de estructura.
— Gastos fijos de estructura.
— Tipo impositivo.
— Tipo de inflación.
— Inversión en edificio.
— Inversión en equipo.
— Inversión en capital circulante.

A su vez algunas de estas variables se pueden desagregar en otras más elementales. Pensemos, por ejemplo, en todas las partidas que componen los gastos de estructura o la inversión en equipo. Además, hay que considerar el efecto temporal derivado de los plazos de puesta en marcha así como que las estimaciones de cada variable han de extenderse a todo el horizonte de evaluación de la inversión.

Si, siendo optimistas, consideramos que los valores estimados para cada una de las diez variables implicadas tienen una probabilidad del 70% de acercarse razonablemente a los valores reales durante todo el período de evaluación, el VAN estimado tendrá una probabilidad de producirse del $(0,7)^{10}$, es decir de sólo el 3%. Este resultado, tan sorprendente como real, obliga a anticipar lo que puede suceder al proyecto. Para ello, se utilizan los tres procedimientos elementales siguientes:

1. Evaluación de escenarios.

Se trata de formular, adicionalmente, dos escenarios extremos, uno optimista y otro pesimista, que acoten la posible variación del VAN de la inversión en torno al valor medio estimado. Ambos escenarios, aunque extremos, han de ser razonablemente factibles. Así, además de ofrecer una estimación puntual del rendimiento de la inversión se muestra un intervalo en el que se moverá la rentabilidad real de la misma.

2. Análisis de sensibilidad.

Este método persigue identificar cómo se comporta la rentabilidad estimada de un proyecto a variaciones de las variables que intervienen. Para aplicarlo, basta con repetir el movimiento de fondos del proyecto, pero alterando sucesivamente, en el mismo porcentaje y una a una, cada una de las variables relevantes de la inversión. Con ello se consigue identificar las variables más críticas, es decir que más influyen sobre el rendimiento de la inversión. Esta información es de la mayor importancia para, en la fase de evaluación centrar el esfuerzo de los estudios en estimar estas variables y, en la fase de ejecución, para controlar su comportamiento.

3. Determinación del punto de equilibrio.

Tomando como referencia las ventas de la estimación realizada para calcular el VAN de la inversión, se trata de determinar qué porcentaje de reducción de aquellas es preciso para que el VAN se anule. Este índice mide la distancia a la que el proyecto se encuentra de incurrir en pérdidas como consecuencia de una eventual caída de los ingresos. La realización de este análisis exige, por supuesto, identificar el comportamiento de los costes desembolsables en relación con las ventas, según sean fijos o variables.

7. FINANCIACION DEL PROYECTO DE INVERSION

7.1. Determinación de la estructura de financiación

Una inversión se financia, en una clasificación somera, mediante combinación de las tres siguientes fuentes genéricas: recursos propios, deuda onerosa y financiación espontánea, entendiendo por financiación espontánea la aportada por proveedores y acreedores sin coste explícito y como consecuencia de las relaciones mercantiles derivadas del desarrollo del proyecto. Si del importe total de la inversión deducimos la financiación espontánea se obtiene la inversión neta requerida por el proyecto y que habrá de ser cubierta con deuda y recursos propios.

Una primera decisión se refiere a la proporción que deba existir entre ambas fuentes de financiación. Decidida esta relación habrá que ajustar el plazo de amortización de la deuda con el de retorno de la inversión.

A fin de ilustrar el análisis para optar entre las alternativas posibles, vamos a presentar el proyecto SATURA con una inversión neta de 1.000 millones de ptas., un beneficio económico anual constante de 200 millones y una dotación anual a amortizaciones, también de 200 millones. La vida estimada del proyecto es de 10 años siendo nulo el valor residual previsto a ese término. Supondremos que el tipo de interés aplicable a la deuda es del 15% y el tipo impositivo sobre beneficios del 30%.

Partamos de dos opciones diferenciadas por la relación entre deuda y recursos propios. En una, el ratio de endeudamiento es de 0,5 mientras que en la segunda asciende a 2. Con estos datos podemos elaborar los resultados de cada alternativa, para el primer año de operación del proyecto, según el cuadro 8.

Cuadro 8:
OPCIONES DE FINANCIACION DE LA INVERSION

PROYECTO SATURA	MILLONES DE PESETAS	
	Opción 1	Opción 2
Endeudamiento (Deuda/recursos propios)	0,5	2,0
Financiación:		
1. Recursos propios	667	333
2. Deuda	333	667
Resultados:		
3. Beneficio económico	200	200
4. Intereses (15% de 2)	50	100
5. Beneficio antes de impuestos	150	100
6. Impuestos (30% de 5)	45	30
7. Beneficio neto	105	70
Ratios		
— Rentabilidad económica (3/(1+2))	20,0%	20,0%
— Rentabilidad financiera (7/1)	15,7%	21,0%

Comprobamos cómo un endeudamiento más elevado incrementa o apalanca el rendimiento de los recursos propios, pasando del 15,7% en la opción de menos deuda al 21% en la de mayor.

La rentabilidad financiera (RF) se puede calcular también utilizando la fórmula (3) del capítulo VII.

Opción 1: RF = [20 +0,5 x (20 – 15)] x (1–0,3) = 15,7%

Opción 2: RF = [20 +2,0 x (20 – 15)] x (1–0,3) = 21,0%

El apalancamiento comentado se produce, lógicamente, en la medida en que la rentabilidad económica (20%) excede al coste de la deuda (15%). Sin embargo, la presencia de deuda en la financiación del proyecto introduce un componente de riesgo financiero en cuanto que ha de ser remunerada y amortizada, en las condiciones pactadas, con independencia de cuál sea la marcha de las actividades.

Veamos los resultados que se obtendrían del proyecto SATURA si el beneficio económico se redujese a la mitad como consecuencia de posibles avatares del mercado. En este caso, la rentabilidad económica descendería al 10% y el rendimiento de los recursos propios tomaría los siguientes valores:

Opción 1: RF = [10 + 0,5 x (10 – 15)] x (1–0,3) = 5,2

Opción 2: RF = [10 + 2,0 x (10 – 15)] x (1–0,3) = 0,0

En este escenario desfavorable o de crisis relativa mientras la opción 1 aún mantiene una remuneración positiva para los recursos propios, la opción 2 la anula. Debido a la rigidez del coste de la deuda, si suceden hechos adversos, un endeudamiento excesivo puede hacer fracasar el proyecto y con él, en ocasiones a la empresa que lo acomete.

Para gestionar y controlar este riesgo, limitando su impacto potencial sobre el resultado, podemos medirlo por el ratio de cobertura de intereses o cociente entre el beneficio económico y los gastos financieros. Este índice arroja los siguientes valores para cada opción de financiación del proyecto SATURA:

	Opción 1	Opción 2
Cobertura de intereses	4,0	2,0

Aceptemos que para el perfil de riesgo del proyecto sea razonable un ratio de cobertura mínimo de 3 igual, por ejemplo, al actual de la empresa y de su sector. Esto significa que el beneficio económico triplica a los gastos financieros y, en consecuencia, ha de caer a un tercio de su valor estimado para anular el beneficio antes de impuestos. Se introduce pues, un margen de seguridad para evitar que el proyecto entre en pérdidas.

Partiendo de este objetivo de 3, los gastos financieros se calculan por la relación entre el beneficio económico y el ratio de cobertura y ascienden a 66,7 millones de ptas. Puesto que el tipo de la deuda es del 15%, se deduce que la financiación por esta fuente debe ser el cociente entre los gastos financieros y el tipo de interés, es decir 444 millones de ptas. Los recursos propios serán pues de 556 millones y el ratio de endeudamiento de 0,8.

Acometamos ahora el análisis de la segunda decisión, relativa al período de amortización de la deuda. Para ello, aplicamos el concepto de cobertura de desembolsos de la deuda, introducido en el epígrafe 9 del capítulo VII y calculado por

$$\frac{\text{Fondos generados por la inversión}}{\text{Intereses + Impuestos + Cuota de devolución de la deuda}}$$

Los fondos generados por la inversión son la suma del beneficio económico y la amortización de cada año. La cuota de devolución hace referencia al importe anual de amortización de la deuda y se estima como cociente entre su importe y su vencimiento expresado en años. De esta manera, el ratio de cobertura anterior estima en qué medida el proyecto genera fondos suficientes para atender al servicio de la deuda. Los impuestos se añaden al denominador ya que detraen parte de los fondos generados disponibles para atender al servicio de la deuda.

Fijemos un objetivo de cobertura de desembolsos de la deuda de 1,7 a fin de disponer de holgura suficiente para cubrir los compromisos contractuales contraídos con la deuda, en caso de que se produzcan resultados imprevistos, las inversiones de reposición y la eventual distribución de dividendos. En este caso, el vencimiento de la deuda se determina resolviendo la siguiente ecuación, donde n expresa el número de años en que se devolverá la deuda:

$$1{,}7 = \frac{200 + 200}{0{,}15 \times 444 + 40 + 444/n}$$

donde 40 es el impuesto de sociedades calculado como el 30% de la diferencia entre el beneficio económico (200) y los gastos financieros (67). Resuelta se halla que n asciende a 3,45 años aproximadamente.

El movimiento de fondos para esta situación es el del cuadro 9.

Cuadro 9:
MOVIMIENTO DE FONDOS DEL PROYECTO.

	Millones ptas.
Beneficio económico	200
+ Amortización	200
= Fondos generados por el proyecto	400
— Intereses (0,15 x 444)	–67
— Impuestos 0,3 x (200–67)	–40
— Devolución principal (444/3,45)	–129
= Saldo excedente	164

El excedente supone el 70% de la suma (236) del servicio de la deuda y del impuesto de sociedades, en coherencia con el ratio de 1,7 escogido para la cobertura de desembolsos financieros.

Con estos resultados concluimos que, en base a los objetivos formulados, el proyecto SATURA se debe financiar con un ratio de endeudamiento de 0,8 lo que supone unos recursos propios de 556 millones y una deuda de 444. Además, ésta se amortizará en un plazo de 3,45 años. El cuadro 10 recoge las previsiones para esta solución tanto en el escenario previsto como aquél otro de crisis en el que se supone que el beneficio económico se reduce a la mitad. El análisis de dicho cuadro muestra cómo se ha planificado aprovechar el apalancamiento que proporciona la financiación con deuda pero limitando el riesgo de que una caída eventual del beneficio económico deteriore la rentabilidad y liquidez del proyecto.

Por último, este cuadro se refiere a los resultados del primer año. Los de años sucesivos cambian en cuanto que se va amortizando la deuda y, por ello, reduciendo los gastos financieros y los intereses.

Cuadro 10:
FINANCIACION Y RESULTADOS DEL PROYECTO SATURA

	ESCENARIO	
PROYECTO SATURA	**ORIGINAL**	**CRISIS**
Financiación		
1. Recursos propios	556	556
2. Deuda (a 3,45 años)	444	444
3. Devolución anual deuda	129	129
Resultados		
4. Beneficio económico	200	100
5. Intereses (al 15%)	67	67
6. Beneficio antes de impuestos	133	33
7. Impuestos	40	10
8. Beneficio neto	93	23
9. Amortización	200	200
Ratios:		
— Rentabilidad financiera (8/1)	16,7%	4,1%
— Rentabilidad económica (4/(1+2))	20,0%	10,0%
— Cobertura de intereses (4/5)	3,0	1,5
— Cobertura desembolsos financieros (4+9)/(3+5+7)	1,7	1,5

7.2. Valor actual neto y financiación

El método habitual de evaluar el interés de una inversión se realiza en dos fases. La primera calcula el rendimiento económico del proyecto, es decir, su atractivo intrínseco, suponiendo una determinada estructura de financiación en base a la cual se determina la tasa de descuento. Puesto que esta tasa incorpora el coste de la deuda, los intereses se omiten en el movimiento de fondos económico.

Si el VAN es positivo, el proyecto es rentable desde la perspectiva estrictamente económica y se puede pasar a la segunda fase que consiste en ajustar el esquema financiero del proyecto. Para ello, es preciso analizar cómo repercute la deuda onerosa sobre el rendimiento del proyecto para los accionistas.

De este modo cabe distinguir entre:

— El movimiento de fondos económico del proyecto que no incluye los gastos financieros.

— El movimiento de fondos de la deuda integrado por todas las entradas y salidas de efectivo originadas por la financiación ajena.

— El movimiento financiero de la inversión, obtenido como suma de los dos anteriores, y que sirve para estimar el rendimiento asociado a los accionistas.

Los tres movimientos de fondos se pueden calcular antes o después de impuestos. El ejemplo que se comenta opta por el cálculo después del efecto fiscal por ser más representativo de la realidad del proyecto.

Volvamos al proyecto SATURA presentado en el epígrafe anterior. La línea 1.A del cuadro 11 muestra el movimiento económico previsto. Se compone del desembolso inicial de 1.000 millones, ubicado en el origen de la inversión, y de los fondos generados después de impuestos. (El beneficio después de impuestos sin considerar gastos financieros es de 140 y la amortización de 200, dando un total de 340 al año).

La línea 1.B del cuadro incorpora la decisión de financiación y recoge el movimiento de fondos asociado a la deuda de 444 millones de ptas. Como se calculó, la deuda se amortizará en 3,45 años y cada año se devuelven 129 millones de ptas. menos el último en el que se retorna el saldo restante a esa fecha. Los intereses se calculan sobre la deuda viva al final de cada año, aplicando el tipo del 15%. Por último, hay que incorporar el escudo fiscal de los intereses, es decir, el ahorro de impuestos que se deriva de la existencia de gastos financieros y que asciende al 30% de los intereses anuales. Aunque podrían diseñarse otras pautas de amortización de la deuda, con su correspondiente repercusión sobre intereses e impuestos, ello es indiferente para el propósito de este análisis.

La suma de los movimientos de fondos económico y de la deuda genera el movimiento de fondos financiero del proyecto, según aparece en la línea 1.C del cuadro 11. Este flujo representa el movimiento efectivo para los accionistas.

A continuación se calcula el VAN de cada movimiento de fondos para lo cual debemos estimar la tasa de descuento a aplicar. Aceptemos que la rentabilidad financiera del 16,7%, obtenida en el cuadro 10, representa razonablemente el rendimiento esperado por los accionistas del proyecto.

Como el tipo de interés de la deuda es del 15% antes del escudo fiscal del 30%, aplicando éste se reduce al 10,5%. Incorporando la estructura de financiación ya calculada para el proyecto SATURA, se obtiene la tasa de descuento del 14% en los siguientes términos:

Fuente	Importe	Participación	Coste	Contribución
Recursos propios	556	0,556	16,7	9,3
Deuda	444	0,444	10,5	4,7
	1.000	1,000		14,0

Así pues, el coste de capital asociado a la financiación del proyecto es del 14% porcentaje a utilizar para actualizar los flujos futuros. La penúltima columna del cuadro 11 muestra los valores actuales de cada uno de los tres movimientos que caracterizan al proyecto SATURA. Obsérvese como el VAN de los accionistas (195 millones de ptas.) obtenido al calcular el valor actual del movimiento financiero, coincide con la suma de los VAN económico (167) y de la deuda (28).

En resumen, el VAN de los accionistas en un proyecto puede mejorarse mediante la introducción de deuda en la estructura de su financiación. El importe de esta mejora surge del diferencial entre la rentabilidad del proyecto y el coste de la deuda. En este caso, la TIR económica del proyecto SATURA es del 20,8% mientras que el coste de la deuda es del 10,5%, ambos calculados después de impuestos. Este excedente tiene un valor actual de 28 millones de ptas., del que se benefician los aportadores de capital de riesgo.

Si el proyecto se financia sólo con recursos propios, el movimiento financiero coincide con el económico, según muestra la línea 2.A. El VAN, en este caso, se calcula usando como tasa de descuento el coste de los recursos propios (16,7%) y asciende a 93 millones de ptas, muy por debajo de los 195 que propicia la introducción de deuda en la estructura de financiación del proyecto. Este incremento de 102 millones del VAN financiero con deuda se debe a la aportación del VAN de la propia deuda (28 millones) y a la diferencia del VAN derivado de la reducción de la tasa de descuento del 16,7% al 14% (74 millones). El importe del segundo efecto se obtiene restando del VAN de la línea 1.A el de la línea 2.A.

Cuadro 11:
MOVIMIENTO DE FONDOS DEL PROYECTO SATURA

Financiación del Proyecto	Año 0	1	2	3	4	5	VAN	TIR	Tasa de Descuento
1. Con deuda									
1.A. Económico	–1000	340	340	340	340	340	167	20,8%	14%
1.B. De la deuda	444	–175	–162	–148	–64	0	28	10,5%	14%
1.C. Financiero	–556	165	178	192	276	340	195	26,0%	14%
2. Sólo con recursos propios									
2.A. Económico/ Financiero	–1000	340	340	340	340	340	93	20,8%	16,7%

8. EL MULTIPLICADOR DE LAS INVERSIONES SOBRE EL VALOR DE LA EMPRESA

Si contemplamos la empresa como una unidad económica para la que podemos estimar un movimiento de fondos futuro, su valor en cada momento será igual al valor actual de dicho movimiento de fondos. Este, en su distribución temporal, se compone de los fondos generados por las operaciones (beneficio más amortización) menos las inversiones a realizar tanto en activos fijos como en capital circulante.

El valor económico de la empresa depende pues de su capacidad para añadir proyectos rentables a su cartera de inversiones. En este sentido, el valor de un proyecto depende del sector de actividad en el que se encuadre y de la capacidad de la empresa que lo acomete para alcanzar una ventaja sobre sus competidores.

Supongamos que una empresa, que cotiza en el mercado de valores, acomete un proyecto de inversión con un VAN financiero de 200 Mptas. y un desembolso inicial de 500 Mptas. El valor total, a precio de mercado, de la inversión neta asociada a este proyecto asciende pues a 700 millones de ptas. (desembolso inicial más VAN). Esta cifra responde al valor económico del proyecto y no a su valor contable que se reduce a los 500 millones del desembolso.

Sea el valor de mercado de la empresa, antes de acometer el proyecto, de 10.000 Mptas, obtenido al multiplicar el número de acciones de la empresa (4 millones) por la cotización en Bolsa de cada acción (2.500 ptas.). La empresa, además, está endeudada en 5.000 Mptas. El valor de mercado de su inversión neta actual (activos fijos más capital circulante, sin incluir el nuevo proyecto) asciende a 15.000 Mptas. Su balance resumido antes de acometer el proyecto en estudio, expresado en términos de valor de mercado y no bajo criterios de valoración contable, es:

Inversión neta	15.000	Recursos propios	10.000
		Deuda	5.000
Activo	15.000	Pasivo	15.000

Al realizar el nuevo proyecto y financiarlo en su totalidad con deuda, su nuevo balance a precios de mercado será:

Inversión neta actual	15.000	Recursos propios	10.200
Inversión neta del proyecto	700	Deuda anterior	5.000
		Deuda nueva	500
Activo	15.700	Pasivo	15.700

Como el desembolso de la inversión es de 500 Mptas. ése será el importe de la nueva deuda a contratar. Los 200 Mptas. del VAN del proyecto suponen una plusvalía para la empresa, que se materializará en años sucesivos, y por eso se añaden al valor teórico de los recursos propios, según debe percibirlo el mercado. Nótese como el mercado mantiene una actitud discrepante de la del contable-auditor. Para éste, el beneficio sólo se reconoce cuando aflora. El mercado, por el contrario, lo incorpora desde el momento en que anticipa que puede producirse.

Con estos datos, la nueva cotización de las acciones de la empresa será de 2.550 ptas. (10.200/4), lo que representa un incremento del 2%. Las 50 ptas. de aumento de la cotización de la acción se obtiene también dividiendo el VAN financiero del proyecto (200 Mptas.) entre el número de acciones (4 millones). En la medida en que la empresa pueda incorporar a su inversión proyectos cuya rentabilidad exceda a las expectativas del mercado de capitales, que determina la tasa de descuento a utilizar para calcular el VAN, el valor de mercado de sus recursos propios irá creciendo como en el ejemplo presentado, debido a la mejor valoración percibida de la empresa. Si los proyectos de inversión se limitan a ofrecer un VAN nulo el valor de las acciones tenderá a mantenerse constante.

En este contexto, la función de invertir consiste en encontrar proyectos de inversión cuyo valor supere al de adquisición. Ese excedente, que coincide con el VAN del proyecto, impulsa el crecimiento de la cotización de la acción en los términos descritos.

ANEXO 1: Diseño del proyecto Alamar

Los parámetros del proyecto son los siguientes:

— Adquisición y rehabilitación de un edificio con un presupuesto de 100 millones de pesetas. El plazo para acondicionar y equipar el edificio se estima en un año.

— El equipamiento inicial asciende a 50 millones de pesetas, estimándose que será preciso invertir 10 millones adicionales cada año para ampliar y renovar el equipo instalado, según las necesidades.

— El capital circulante se elevará a un 15% de la cifra de ventas.

— El número de horas lectivas arrancará de 1.800 horas el primer año de actividad para ir creciendo paulatinamente, hasta alcanzar una actividad estable de 3.900 horas a partir del quinto año de operación. Estas previsiones, que se basan en el estudio de mercado realizado al efecto, han servido para dimensionar las instalaciones de la escuela.

— El ingreso por hora lectiva se estima, en pesetas actuales, en 60.000. Esta cifra se obtiene de considerar 20 alumnos por clase, en promedio, y un precio de matrícula de 3.000 ptas. por hora.

— Los costes operativos previstos son:

- Remuneración al profesorado: 30% de los ingresos.
- Gastos de estructura variables: 20% de los ingresos.
- Gastos de estructura fijos: 50 millones de ptas. actuales.

Los gastos de estructura variables incluyen, principalmente, la documentación docente y los folletos de propaganda de los programas. Los gastos de estructura fijos se componen de partidas tales como personal de administración y directivo, suministros, seguros, tributos, servicio de vigilancia y mantenimiento. Para evaluar el coste de utilización del edificio y del equipo, se considera que el primero se amortizará en 20 años y el segundo en 10 años.

— Los importes monetarios indicados anteriormente son los estimados al origen de la inversión, por lo que irán variando año a año a tono con el previsible proceso inflacionista, que se anticipa en un 5% anual.

ANEXO 2. Cálculo de la cuenta de resultados

Con el propósito de mostrar la lógica de la previsión realizada, se detallan, en primer lugar, los cálculos correspondientes al primer año de operación, según los resultados que indica el cuadro 1. Si el año 0 se aplica a la rehabilitación y equipamiento del edificio, el primer año de actividad será el 1.

— Ingresos: 1.800 horas lectivas x 20 alumnos/hora x 3.000 ptas./alumno = 108.000.000 ptas. Como la estimación de la tarifa de 3.000 ptas./hora se refiere al año 0, se actualizará al 5% como consecuencia de la inflación prevista.

108 Mptas. x 1,05 = 113,4 Millones de ptas.

— Coste del profesorado: 30% de 113,4 = 34,0 Mptas.

— Gastos de estructura variables: 20% de 113,4 = 22,7 Mptas.

— Gastos de estructura fijos: Los 50 Mptas. previstos se refieren al año 0, por lo que es preciso ajustarlos por la inflación esperada: 50 x 1,05 = 52,5 Mptas.

— Amortización:

Edificio	100 Mptas./20 años =	5 Mptas./año
Equipo	50 Mptas./10 años =	5 Mptas./año
	Total	10 Mptas./año

— Gastos financieros: De momento no se consideran porque es práctica habitual y razonable estudiar primero el interés económico intrínseco al proyecto para, en una fase posterior, concretar la fórmula de financiación adecuada si se ha superado el filtro económico.

— Impuesto de sociedades: Como el primer año se anticipan pérdidas de 5,8 Mptas. no se prevé el devengo de impuestos.

Para obtener las estimaciones de los años posteriores al 1 se han aplicado los siguientes criterios:

- Horas lectivas: la senda prevista es la siguiente:

1	2	3	4	5	6
1.800	2.700	3.300	3.600	3.900	3.900

- Tarifa horaria: Progresa desde las 60.000 ptas. del año 0 en base a repercutir la inflación anual prevista del 5%.

— Gastos del profesorado: Porcentaje constante del 30% de los ingresos.

— Gastos de estructura variables: Porcentaje constante del 20% de los ingresos.

— Gastos de estructura fijos: Los 50 Mptas. estimados para el año 0 se actualizan, anualmente, con la inflación prevista del 5%.

— Amortización: El incremento que se produce a partir del año 2 se debe al aumento de la inversión en nuevo equipo. Así, por ejemplo, en dicho año, en que la inversión se ha incrementado en:

$$10 \times 1{,}05 = 10{,}5 \text{ Mptas.}$$

la amortización aumenta en:

$$10{,}5 \text{ Mptas.}/10 \text{ años} = 1{,}05 \text{ Mptas.}$$

que sumadas a los 10 Mptas. del año 1 dan 11,05 Mptas. según aparece en la cuenta de resultados, aunque redondeado a 11,1.

— Impuestos: Considerando un plazo de 5 años para compensar pérdidas, la obtenida en el año 1 permitirá reducir el pago de impuestos del 2, según el siguiente cálculo:

$$(23{,}1 - 5{,}8) \times 0{,}3 = 5{,}2 \text{ Mptas.}$$

A partir de dicho año el impuesto de sociedades será el 30% del beneficio antes de impuestos.

ANEXO 3. Cálculo del movimiento de fondos

Los fondos absorbidos por el proyecto incluyen las inversiones en activos fijos y capital circulante y son las siguientes:

— Edificio: 100 Mptas. en el año 0

— Equipamiento: 50 Mptas. iniciales más 10 Mptas. cada año, incrementadas por la inflación prevista. Así, en el año 6 este último importe asciende a:

$$10 \times (1{,}05)^6 = 13{,}4 \text{ Mptas.}$$

— Capital circulante: En el año 1 la inversión en capital circulante será el 15% de las ventas, es decir, 17,0 Mptas. En el 2 el capital circulante se elevará a 0,15 x 178,6 = 26,8 Mptas. de los cuales 17,0 se habrán invertido ya en el 1. Por ello, la inversión en circulante en el año 2 será la diferencia de 9,8 Mptas. que se calcula, alternativamente, aplicando el 15% al incremento de las ventas:

$$(178{,}6 - 113{,}4) \times 0{,}15 = 9{,}8 \text{ Mptas.}$$

Este método es de aplicación a los restantes años.

En cuanto a los fondos generados, se obtienen como diferencia entre los ingresos y los pagos derivados de las operaciones. Puesto que la amortización es en este caso, el único coste que no exige un desembolso, los fondos generados se pueden estimar también como la suma del beneficio después de impuestos más la amortización, según se muestra a continuación para el año 2, en la primera columna. La segunda columna, con un enfoque tesorero, se limita a considerar sólo aquellas partidas que suponen un ingreso o un pago en efectivo, por lo que, directamente, omite considerar la amortización, alcanzando idéntico resultado que el obtenido por el método contable.

	CALCULO CONTABLE	INGRESOS-PAGOS
Ventas	178,6	178,6
Coste profesorado	–53,6	–53,6
Gastos estructura variables	–35,7	–35,7
Gastos estructura fijos	–55,1	–55,1
Amortización	–11,1 (1)	
Impuestos	– 5,2	– 5,2
Beneficio después de impuestos	17,9 (2)	
Fondos generados	29,0 (1+2)	29,0

Capítulo XI

Evaluación financiera de proyectos estratégicos

1. RENTABILIDAD Y CRECIMIENTO

La función de invertir es un área crítica de actuación gerencial, en cuanto que supone la asignación de recursos financieros limitados para la adquisición de activos en la esperanza de que su explotación genere unos rendimientos satisfactorios en el futuro. Estos rendimientos han de ser capaces de remunerar a los aportadores de fondos, tanto en forma de deuda como de capital de riesgo.

La rentabilidad de los activos constituye el pilar sobre el que se sustenta el rendimiento de los accionistas de la empresa y que permite financiar su crecimiento en base a la autofinanciación. La rentabilidad de los propietarios, calculada como la relación entre el beneficio neto y los recursos propios, viene determinada por la expresión:

$$RF = \left[RE + e \times \left(RE - i\right)\right] \times \left(1 - t\right)$$

donde:

- **RE** es la rentabilidad económica o cociente entre el beneficio antes de gastos financieros e impuestos y la inversión neta mantenida por la empresa.
- **e** es el ratio de endeudamiento o relación entre deuda y recursos propios.
- **i** es el coste de la deuda o cociente entre gastos financieros y deuda.
- **t** es el tipo impositivo sobre beneficios.

Un incremento de la rentabilidad de las inversiones origina un aumento paralelo del rendimiento de los accionistas, si el resto de los parámetros no varían. Si, para una determinada empresa suponemos los siguientes valores constantes:

$$e = 1$$
$$i = 15\%$$
$$t = 30\%$$

y la rentabilidad económica pasa del 17% al 19%, la rentabilidad financiera se incrementará un 21% según los siguientes términos:

$$RF = [17 + 1 \text{ x } (17 - 15)] \text{ x } (1 - 0.30) = 13{,}3\%$$

$$RF = [19 + 1 \text{ x } (19 - 15)] \text{ x } (1 - 0.30) = 16{,}1\%$$

La capacidad de financiar el crecimiento con recursos generados internamente y sin alterar el mencionado ratio de endeudamiento se estima por el incremento porcentual de los recursos propios como consecuencia de la retención de beneficios. Esta capacidad de crecimiento se calcula, según el capítulo VIII, por el índice:

$$ICI = RF \times b$$

donde b es el factor de retención del beneficio o lo que es lo mismo, la porción, en tanto por uno, que no se reparte como dividendos. Si b es de 0,5 el mencionado aumento de la rentabilidad de las inversiones del 17 al 19%, produce una mejora de la capacidad de crecimiento interno del 6,65% al 8,05%

El aumento de la rentabilidad económica puede deberse a una mayor productividad de las inversiones ya existentes en la cartera de la compañía (por mejora de su gestión o por razones coyunturales del entorno económico) o, como es razonable, porque se añaden nuevos activos con rendimiento superior a los ya en explotación. De ahí la importancia de identificar, evaluar y seleccionar proyectos de inversión satisfactoriamente. Así, la rentabilidad económica de la empresa en su conjunto se construye a partir de los rendimientos de cada una de las inversiones que mantiene. Se comprende pues que la función de invertir constituya una materia de especial responsabilidad de todo el nivel directivo de la empresa, sin que sea conveniente que ningún área funcional asuma un protagonismo excesivo que anule otras perspectivas y enfoques, tan necesarios, en su agregación, para dar consistencia a este tipo de decisiones.

Con frecuencia, son los criterios de cálculo financiero los que, en última instancia, se utilizan para aceptar o rechazar propuestas de inversión. En lo que sigue, se revisan estos procedimientos en su aplicación a los proyectos estratégicos.

2. PROYECTOS ESTRATEGICOS

Son diversas las tipologías que se aplican en la práctica a efectos de establecer reglas de decisión y procedimientos de cálculo para la evaluación de inversiones. Es habitual diferenciar entre inversiones en nuevos productos o servicios, expansión de los existentes, mejora de la calidad, mejora de los procesos de producción y distribución, mantenimiento y reposición de equipos existentes, automatización de los procedimientos de gestión e investigación y desarrollo, entre otros. Nosotros vamos a distinguir entre dos categorías de proyectos: los estratégicos y los operativos.

Los primeros son los que afectan, significativamente, a la posición competitiva de la empresa, esto es, que inciden sobre alguno de los factores clave en los que se apoya su estrategia. Este tipo de proyectos pretenden explotar oportunidades percibidas por la empresa relacionadas con:

— calidad y coste del producto,
— lanzamiento de nuevos productos,
— servicios de apoyo técnicos y logísticos,
— apertura de nuevos mercados,
— desarrollo de nuevos canales de distribución,
— tecnología de procesos y de producto,
— desarrollos en la integración vertical de la empresa,

— reforzamiento de la imagen de marca,
— centralización de tareas corporativas.

Los proyectos estratégicos exigen: fuertes inmovilizaciones de fondos, plazos dilatados de puesta en marcha y de recuperación de la inversión, varias fases para su implantación y compromisos en firme e irreversibles con opciones de desarrollo de la empresa. Además, si tienen éxito permiten consolidar la posición competitiva, por lo que su valor residual puede llegar a ser muy elevado. Por el contrario, si fracasan dan lugar a pérdidas significativas.

Este fue el caso, por ejemplo, de algunas grandes corporaciones (Xerox y General Electric) cuando, ante el auge del mercado de ordenadores, trataron de entrar en esta actividad. Las grandes inversiones que realizaron hubieron de ser liquidadas ante el fracaso del intento. Aunque las inversiones fueron significativas, no resultaron suficientes para alcanzar las economías de escala en investigación, fabricación, distribución y servicio, precisas para tener éxito en este sector [1].

Los proyectos operativos, por el contrario, se relacionan con la continuidad de la empresa, con el mantenimiento de la situación alcanzada. Pertenecen a esta categoría inversiones tales como:

— renovación de los equipos actuales,
— mantenimiento de las instalaciones,
— incrementos de la capacidad de producción exigidos por el crecimiento vegetativo del mercado,
— inversiones del tipo comprar o hacer,
— racionalización de los procedimientos de gestión de las actividades de apoyo.

Los proyectos operativos incorporan menos riesgo que los estratégicos en cuanto que ni comprometen importes tan significativos ni alteran sustancialmente la posición competitiva de la empresa. Su fracaso no supone, en general, una pérdida catastrófica como sí puede acontecer con las inversiones estratégicas.

Pero quizás la diferencia más importante entre ambos tipos se sitúe en su relación con el entorno, además de en su diferente impacto sobre la posición competitiva de la empresa. Mientras los proyectos operativos son, principalmente, internos a la compañía, los resultados de los estratégicos dependen de la dinámica competitiva del sector y de las fuerzas del mercado y se vinculan con el progreso de la estrategia empresarial. Los operativos se relacionan con su dimensión táctica. La estrategia y la táctica son dos medios para conseguir lo mismo, el éxito de la empresa, pero difieren en su horizonte de aplicación y también en su alcance. En términos bélicos, de donde proceden ambos conceptos, se expresa que la táctica se aplica para combatir en las batallas mientras que la estrategia se refiere a cómo enfrentarse en las guerras.

Además, los proyectos de naturaleza estratégica, por ejecutarse en fases secuenciales (pensemos por ejemplo en la investigación, desarrollo, fabricación y

---

[1] *Estrategia competitiva*. M. Porter. CECSA 1985 (pág. 27).

venta de un nuevo producto) incorporan opciones, es decir el derecho pero no la obligación, de poder cancelar su implantación, diferir su inicio o ampliar su escala. Estas opciones reflejan la flexibilidad que se añade a la toma de decisiones en cuanto que el sentido de las mismas dependerá de las expectativas de cada momento.

Finalmente, los proyectos estratégicos ofrecen oportunidades al desarrollo futuro de la empresa que, a veces, son incluso desconocidas al inicio del proyecto: aportan ventanas que podrán ser abiertas con posterioridad. Un ejemplo lo ofrece una empresa eléctrica española que, cuando tendió su sistema de comunicación interna en base a fibra óptica, decidió instalar una capacidad de transmisión muy por encima de sus necesidades. Aquella actuación previsora la situó en una posición de ventaja para acceder al mercado de la telefonía básica.

El cuadro 1 compara los atributos de los proyectos estratégicos y operativos.

Cuadro 1:
COMPARACION DE ATRIBUTOS

	PROYECTO	
	ESTRATEGICO	OPERATIVO
VOLUMEN DE LA INVERSION	ALTO	BAJO
PLAZO DE PUESTA EN MARCHA	DILATADO	BREVE
VALOR RESIDUAL	ELEVADO	REDUCIDO
PERDIDA EN CASO DE FRACASO	ELEVADO	BAJO
PERIODO DE RECUPERACION	ALTO	BAJO
RIESGOS ASOCIADOS	IMPORTANTES	ESCASOS
IMPACTO SOBRE POSICION COMPETITIVA	FUERTE	DEBIL
PROTAGONISMO DEL ENTORNO	ELEVADO	REDUCIDO
GENERACION DE OPORTUNIDADES	ALTA	ESCASA

3. PROYECTOS ESTRATEGICOS Y EVALUACION FINANCIERA

La práctica en evaluación de inversiones recomienda utilizar los métodos basados en la actualización del movimiento de fondos para medir el rendimiento esperado del proyecto. Si el valor actual neto (VAN) es positivo o la tasa interna de rentabilidad (TIR) excede a la tasa de corte de la empresa, el proyecto podrá ser aceptado. Y este criterio es de aplicación tanto a las inversiones catalogadas como estratégicas como a aquellas otras de naturaleza más operativa.

Dada la notable diferencia existente entre ambas categorías de inversión, surge la duda de si se puede utilizar el mismo criterio en ambas situaciones. En uno y otro caso se persigue juzgar el atractivo del proyecto mediante un índice o número de síntesis, que actúa de filtro a efectos de decisión. Si bien puede ser más razonable para los denominados proyectos operativos, parece más dudoso que un solo índice sea capaz de sintetizar la complejidad de un proyecto estratégico y que se utilice como requisito el que se supere un determinado listón numérico.

Esta actuación se agrava si tenemos en cuenta que, en general, un proyecto aparentemente no rentable es difícil que se revise una vez rechazado. Es más, probablemente, si en la primera evaluación no supera el límite de rentabilidad mínimo, ni siquiera será propuesto a los órganos de autorización de la empresa. No sucede así con las propuestas aceptadas: éstas serán revisadas repetidamente, en los sucesivos escalones de decisión, para confirmar su rendimiento esperado.

Por ello, y por las siguientes razones surgen opiniones que cuestionan cómo se aplican los métodos basados en el movimiento de fondos para evaluar propuestas estratégicas de inversión:

- No parece coherente que una propuesta que mejore la posición competitiva de la empresa pueda ser automáticamente desechada por no rebasar un rendimiento mínimo, cuando la rentabilidad esperada se estima en base a hipótesis sobre el comportamiento a largo plazo de numerosas variables que, además, se ven influenciadas por la dinámica cambiante de las fuerzas del mercado.

- El VAN o el TIR difícilmente pueden estimar el valor de opciones estratégicas que se asocian a este tipo de proyectos.

- La utilización de métodos matemáticos, aparentemente más objetivos a pesar de la incertidumbre de las estimaciones en que se basan, induce a esforzarse más en justificar financieramente los proyectos de inversión que en respaldar su coherencia estratégica, siempre de formulación más intangible.

- Los criterios financieros de evaluación de inversiones tienden a penalizar los proyectos estratégicos por los procedimientos de cálculo aplicados. El cuadro 2 recoge los datos económicos de dos propuestas de inversión hipotéticas; una de índole operativa y otra estratégica. La primera, de duración, desembolso inicial y valor residual inferiores, ofrece un VAN positivo tanto para una tasa de descuento del 15% como del 20%. No sucede lo mismo, sin embargo, con el proyecto de tipo estratégico. A pesar de que su relación entre VAN y desembolso inicial coincide con el del proyecto operativo para una tasa de descuento del 15% (el 12% en ambos casos), el VAN de esta segunda inversión se hace negativo, cuando la tasa de descuento se eleva al 20%. Y esto es lo que recomienda hacer la teoría clásica de evaluación de inversiones: asignar una tasa de descuento mayor a los proyectos de tipo estratégico en cuanto que se supone que incorporan un riesgo más alto.

  Incluso la situación real puede ser más exagerada que la mostrada en el cuadro 2, puesto que el período de desarrollo de la inversión suele ser mayor que el considerado, demorándose más la aparición de flujos positivos, como es el caso extremo de los proyectos de investigación y desarrollo destinados a lanzar un nuevo producto al mercado. Pero además, los flujos positivos tienden a ser crecientes, al compás de la consolidación del proyecto, y no constantes como se ha supuesto, e incluso la duración puede exceder de los diez años contemplados.

Cabe concluir que los métodos habituales de evaluación o al menos la forma como se utilizan, penalizan a los proyectos estratégicos debido a la mayor tasa de descuento que se les aplica, a la evolución habitual de su flujo de fondos, a la mayor entidad de su valor residual, recuperado al final del horizonte de cálculo, y al mayor importe relativo de los desembolsos iniciales que exigen.

Con frecuencia, surgen enfrentamientos entre los cálculos matemáticos del área de finanzas de la empresa y los planteamientos estratégicos aducidos por las áreas operativas. Si bien, la utilización del VAN sirve para rechazar proyectos poco atractivos, en ocasiones pueden desecharse propuestas que mejorarían la posición competitiva de la empresa, por aplicarse incorrectamente los criterios matemáticos de evaluación. Esta situación se acentúa en períodos de recesión económica cuando la disciplina financiera se hace más estricta y dominante. Incluso estas situaciones tienden a prolongarse, por inercia, una vez superada la coyuntura adversa.

Los proyectos estratégicos tienen muchas perspectivas, como sombras tiene una estatua iluminada por varios focos. Pero todas las perspectivas son parciales sin que una de ellas pueda anular a las demás. Cuando uno de los focos es muy potente difumina los perfiles del resto y distorsiona seriamente la imagen percibida de la realidad. Igualmente, la evaluación financiera del proyecto es sólo una faceta de su análisis que no puede suplir la riqueza de aspectos que incorpora.

Por ello, es preciso profundizar en la coherencia entre el enfoque estratégico del proyecto y su rendimiento esperado. De hecho, éste debe deducirse de aquel, incorporando las hipótesis que justifiquen el atractivo estratégico de la propuesta de inversión. Lo contrario puede conducir decisiones de inversión erróneas. Recordemos, en este sentido, que una gran empresa química rechazó el desarrollo de los sistemas de fotografía polaroid y de reproducción por xerocopia porque, según los estudios financieros, ninguna de las dos propuestas superaba la tasa de corte de la empresa, establecida en aquel momento en el 20%.

Cuadro 2:
INCIDENCIA DEL METODO DE ACTUALIZACION SOBRE EL VAN DEL PROYECTO

	PROYECTO	
	OPERATIVO	ESTRATEGICO
DESEMBOLSO INICIAL	100	1.000
MOVIMIENTO DE FONDOS ANUAL	47	200
VALOR RESIDUAL	7	475
DURACION DE LA INVERSION	3	10
VALOR ACTUAL NETO K = 15%	12	121
VALOR ACTUAL NETO K = 20%	3	–85
VAN/DESEMBOLSO INICIAL K=15%	12%	12%

Los siguientes epígrafes revisan las principales cautelas a tener en cuenta para aplicar los criterios de evaluación financiera a los proyectos estratégicos.

4. CASO DE APLICACION

A fin de ilustrar el desarrollo de algunos de los epígrafes que siguen, vamos a hacer referencia a un caso práctico, el de la empresa BAMALTE, fabricante de bañeras esmaltadas de hierro fundido [2]. Esta empresa evalúa la viabilidad de modernizar el proceso de producción de una de las dos plantas de que dispone con el objetivo genérico de mejorar su posición competitiva en relación con las bañeras de plástico, que están ganando cuota de mercado, sistemáticamente, en los últimos años. En concreto, el nuevo proceso de producción permitiría:

- Mejorar la calidad y ampliar la variedad de diseños y colores de las bañeras de hierro fundido.
- Aligerar su peso en un 35% lo que implica un ahorro en el consumo de hierro fundido y facilita las tareas de manipulación, transporte e instalación.

Dada la recesión que experimenta el sector de la construcción, la demanda de bañeras se ha debilitado en los últimos ejercicios por lo que BALMATE dispone de un exceso de capacidad de producción. Por esta razón sólo se propone modernizar una planta, quedando la otra para cubrir aumentos imprevistos de los pedidos. Posteriormente, si el mercado se reactiva, se modernizaría la segunda fábrica, lo que permitiría incorporar la experiencia del proyecto que ahora se analiza.

El cuadro 3 resume los atributos de las bañeras que compiten en el mercado así como la producción total de bañeras por los fabricantes nacionales y la cuota según material. Junto a las bañeras de hierro fundido y de plástico se ha añadido un tercer tipo que son las fabricadas con acero inoxidable. La cuota de mercado de estas últimas presentan un comportamiento más estable que las otras dos.

Cuadro 3:
CARACTERISTICAS DE LAS BAÑERAS SEGUN MATERIALES

ATRIBUTOS	HIERRO FUNDIDO	ACERO	PLASTICO
ESMALTE	RESISTENTE	DESCONCHABLE	NO LLEVA
DISEÑO	VARIADO	SOLO RECTANGULAR	MUY VARIADO
PRECIO	ALTO	MEDIO	BAJO
SOLIDEZ	MUY ALTA	MEDIA	BAJA
PESO	MUY PESADO	LIGERO	MUY LIGERO
COLORES	VARIADOS	LIMITADOS	MUY VARIADOS
IMAGEN DE	CALIDAD	INTERMEDIA	BARATO
MERCADO TOTAL			
PRODUCCION ANUAL (Unidades)	240.000	240.000	320.000
CUOTA DE MERCADO ACTUAL	30%	30%	40%
TENDENCIA DE LA CUOTA	DECRECIENTE	ESTABLE	CRECIENTE

[2] El desarrollo que sigue pretende ofrecer un análisis de la situación planteada en el caso «VOGUE BATHROOMS» preparado por K. SIMMONDS y R. WENSLEY de la London Graduate School of Business Studies.

El mercado se divide en tres grandes segmentos que se corresponden con construcción pública, construcción privada y reposición. Este último, que es el mercado más importante en la actualidad, demanda, principalmente, bañeras de hierro fundido. El de nueva construcción pública utiliza, habitualmente, bañeras de plástico mientras que en el sector de construcción privada no existe un tipo dominante.

BAMALTE es una filial de un Grupo Industrial diversificado en el sector de suministros para la construcción. Este Grupo cuenta en su cartera de participadas con otras dos filiales que fabrican bañeras de plástico y de acero, con una capacidad anual de producción de 75.000 y 20.000 unidades respectivamente.

En cuanto a las fábricas de BAMALTE tienen una capacidad de producción de 40.000 y 30.000 unidades al año, siendo la primera de ellas la que se propone modernizar. Sólo existen otros cuatro fabricantes de bañeras de hierro fundido, no teniéndose noticias de que haya ninguna otra empresa interesada en entrar en ese producto. En cambio, en lo que se refiere a bañeras de plástico y debido al reducido coste de entrada, el número de fabricantes asciende a unos 30. La competencia de marcas de importación se centra, fundamentalmente, en bañeras de acero donde existe una fuerte tendencia a la reducción de los precios de venta.

Los parámetros antes de impuestos del proyecto que se analiza son los siguientes:

— Inversión prevista	1.600	Millones ptas.
— Flujo de fondos anual	325	M. ptas.
— Valor residual	20	M. ptas.
— Vida de la inversión	10	años
— Valor actual neto (i=18%)	–136	M. ptas.

Puesto que el equipo se amortizará en diez años, el valor residual se corresponde con la recuperación del capital circulante que asciende a 20 millones de ptas. El activo fijo supone pues 1.580 millones.

La evaluación de la inversión se ha realizado en pesetas constantes y se ha utilizando una tasa de descuento del 18% y sin incorporar el efecto de la inflación pero sí una prima de riesgo de 6 puntos. Para evaluar sus inversiones BAMALTE utiliza tres tasas de descuento en función del nivel de riesgo percibido en el proyecto. Para los de bajo riesgo utiliza un 12%, para los de riesgo intermedio un 15% y para los de mayor riesgo el 18%. En esta última categoría se ha incluido la propuesta de inversión que se comenta por las incertidumbres asociadas a la implantación de la nueva tecnología de producción y a la consecución de mayores ventas y ahorros de coste durante los diez próximos años.

Según el primer análisis realizado, el proyecto no parece rentable y en opinión del director financiero debe ser desechado pues, aunque se pueda mejorar el producto, la inversión requerida resulta excesiva. El director de marketing opina, sin embargo, que la propuesta debe ser aceptada si BALMATE quiere seguir en el mercado, a largo plazo. El director general juzga razonable acometer la modernización de una de las dos fábricas y mejorar los atributos competitivos del producto. Por eso desea que se revisen las hipótesis incluidas en el cálculo del VAN.

5. FORMULACION DE LA SITUACION DE REFERENCIA

El cálculo de la rentabilidad de una inversión se hace en relación a un escenario base. Este, en general, se establece sobre la hipótesis de que el proyecto no se acomete lo cual permite construir su movimiento de fondos incremental. Para que este procedimiento sea válido es preciso que la situación de referencia sea realista.

Así ha de ser pues el atractivo económico de un proyecto depende no sólo de sus méritos intrínsecos sino también de los asociados a la alternativa que debe superar. En este sentido, cualquier proyecto es rentable si se le compara con un referente suficientemente adverso.

Es habitual suponer que si el proyecto no se ejecuta la situación se mantendrá como en la actualidad. Esto puede ser admisible en los proyectos que hemos denominado operativos: si no se mecaniza la gestión de la nómina o no se sustituye el transporte propio por medios subcontratados, se supone que se mantendrá la situación preexistente. Pero no sucede lo mismo con los proyectos estratégicos en cuanto que en éstos está siempre presente la acción de los competidores. Si la empresa no actúa sí puede hacerlo su competencia, deteriorándose de este modo su posición competitiva en el mercado. El progreso, como el movimiento, es relativo: también tiene lugar cuando se mueve lo externo. Por todo ello, no es razonable que la situación de referencia pueda ser, para los proyectos estratégicos, la que representa la figura 1 mediante la línea horizontal, donde el área rayada corresponde al movimiento de fondos teórico de una inversión estratégica

Hay sectores donde la inversión de aumento de capacidad tiene lugar mediante la construcción de una nueva fábrica de gran volumen, en busca de economías de escala o experiencia. Cada nueva fábrica desnivela la relación entre oferta y demanda generando, transitoriamente, un exceso de capacidad productiva hasta el

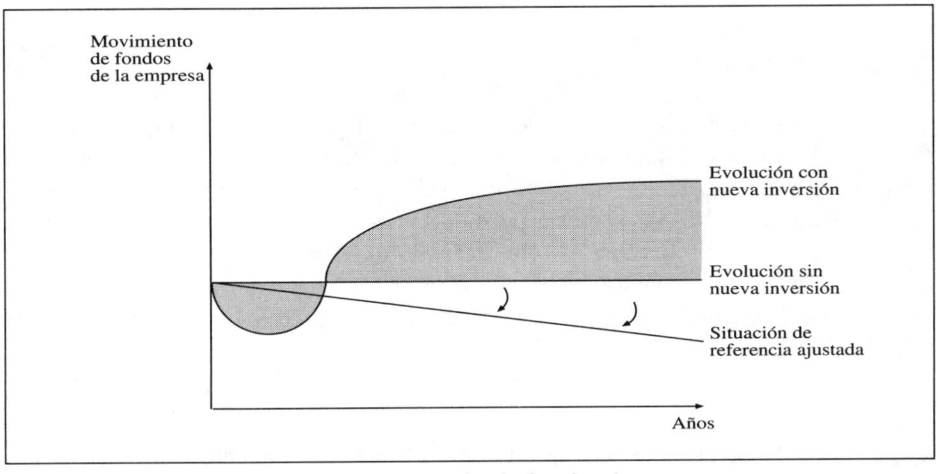

Figura 1: Flujo de fondos [3]

[3] Esta figura es una adaptación de la formulada por KAPLAN y ATKINSON en *Advanced management accounting*. Prentice Hall, 1989. Pág. 481.

momento en que por el crecimiento de la demanda retorne el equilibrio e incluso se propicie una nueva planta. En el intervalo, probablemente, se producirá una cierta caída de los precios de venta. Este es el caso de productos químicos, pesticidas o fertilizantes y en general, de los conocidos como genéricos. Si un oferente se anticipa a acometer dicha inversión, desanimará al resto a realizar otra adicional, pues la oferta superaría en mucho la capacidad de absorción del mercado. Por ello, en ocasiones, esta ampliación de la capacidad productiva se realiza no sólo porque resulte de interés inmediato para la empresa que la acomete sino para evitar que la realice un competidor que ganaría ventaja por razón del volumen y podría enfrentarse en mejores condiciones a la previsible reducción de márgenes.

Igualmente, hay núcleos de población que por su limitada dimensión sólo admiten un hipermercado: el que primero se implante disuadirá, probablemente, al resto. En cualquier caso, aprobado el proyecto es importante anunciarlo rápidamente y en términos tales que no haya duda de que se ejecutará.

En consecuencia, se deberá reconocer la posible degradación del movimiento de fondos originado por la acción de los competidores en el escenario en que la empresa no acometa el proyecto. Por ello, la situación de referencia habrá de corregirse según indican las flechas de rotación de la figura 1. Si así se acepta, el movimiento de fondos atribuible al proyecto se agranda por el componente que recoge su capacidad para evitar el deterioro de la posición competitiva de la empresa, derivado de no hacer nada.

El planteamiento anterior parece de especial aplicación a proyectos relacionados con el desarrollo tecnológico y el lanzamiento de nuevos productos, donde es más crítica la necesidad de estar al día. En este tipo de situaciones, que son dinámicas y cambiantes, la estabilidad, como en la dinámica, se logra con el movimiento y, dentro de ciertos límites, la velocidad incrementa la consistencia del progreso.

APLICACION A BALMATE

Cuando se revisaron los cálculos iniciales del proyecto se comprobó que la situación de referencia suponía que las ventas se mantendrían constantes, al nivel presente, si no se acometía la inversión. El director de marketing argumentó, sin embargo, que BALMATE seguiría perdiendo cuota de mercado si no mejoraban los atributos de sus productos. Al rehacer las estimaciones, se aumentaron las ventas incrementales sobre la situación base, por el mencionado efecto, obteniéndose un flujo anual de fondos de 350 millones de ptas. El nuevo VAN resultó ser de –23 millones de ptas., todavía negativo.

6. SELECCION DE LA TASA DE ACTUALIZACION

Es normal exigir mayor rentabilidad a aquellas inversiones con un nivel de riesgo elevado. Por esta razón, a efectos de aprobar proyectos con más riesgo se aplica una tasa de corte mayor, que añade a la tasa de descuento de riesgo normal una prima por el riesgo adicional, en analogía con la práctica en el campo de los seguros.

De este modo, se dispone de una cobertura razonable de forma tal que el fracaso de un proyecto se compense con el mayor rendimiento de otros.

Por ejemplo, supongamos que la tasa de corte de una empresa se estima en el 16%. Si de cada cinco proyectos de tamaño similar fracasa uno, el rendimiento medio podría situarse sólo en el 12,80% (16 x 4/5). Si, por el contrario, se añaden cuatro puntos en concepto de prima de riesgo, aunque fracase uno, el rendimiento medio se podría situar en el 16% (20 x 4/5), suficiente para remunerar adecuadamente a los capitales utilizados.

Bajo este enfoque, en cuanto que a los proyectos estratégicos se les asocia un nivel de riesgo más elevado que a los operativos, su VAN se calcula a una tasa de descuento mayor. Con ello, como vimos en el ejemplo del cuadro 2, se castiga a este tipo de proyectos que exigen una fuerte inversión inicial, son de larga duración, con movimientos de fondos crecientes y valor residual alto. Sin embargo, si los proyectos estratégicos persiguen enfrentarse a las acciones de la competencia a fin de sostener o mejorar la posición competitiva de la empresa, ¿no cabe pensar que pueda ser mayor el riesgo si no se acometen estas inversiones, por no ser capaces de superar el listón de la mayor rentabilidad esperada que se les exige?

La formulación de estrategias para las actividades de una empresa pretende clasificarlas en las tres siguientes categorías: a potenciar, a mantener y a abandonar. A efectos de evaluar las inversiones estratégicas es útil asociarlas con la categoría en la que se encuadran. Si esta clasificación se deduce del análisis estratégico de la empresa y recomienda actuaciones concretas, parece razonable que éstas sean congruentes con las decisiones que se deriven del sistema de evaluación de inversiones. Por ello, a las inversiones encuadradas en cada uno de los tres grupos anteriores se les demanda rendimientos diferentes, según el siguiente detalle.

— Actividades a potenciar: en este apartado se inscriben la mayor parte de las inversiones estratégicas de la empresa. La tasa de descuento a aplicar deberá ser intermedia a fin de no frenar el desarrollo comercial y tecnológico de la compañía. Lo importante es la congruencia estratégica de la propuesta. Por ejemplo, el lanzamiento de un nuevo producto exige confirmar si:

  - El producto incorpora los atributos adecuados, en relación a las exigencias del mercado, para asegurar las ventas previstas al precio establecido.
  - La empresa dispone de las capacidades y recursos para desarrollar, lanzar, consolidar y sostener la ventaja del producto.

  Razonablemente, se debe ser más riguroso con la aprobación de nuevas actividades que con el apoyo a otras ya en marcha y sobre las que se tenga conocimiento y experiencia.

— Actividades a mantener: si el proyecto va dirigido a sostener la posición competitiva de la empresa en su mercado, deberá ser aprobado si cumple los requisitos de coherencia estratégica y si ofrece un rendimiento medio. Si de lo que se trata es de ganar cuota de mercado, la rentabilidad esperada deberá ser más elevada, pues sólo por este atractivo se justificará asignar recursos a un sector de actividad que sólo se desea mantener en su nivel actual.

— Actividades a liquidar: los proyectos estratégicos, en este apartado, suelen relacionarse con la mejora de la actividad a fin de facilitar la desinversión, bien por venta a un tercero, mejorando las condiciones de la misma, o bien por liquidación directa, allanando este proceso o reduciendo los costes asociados. La rentabilidad exigida a este tipo de inversiones deberá variar en base a la urgencia de cada caso concreto.

APLICACION A BALMATE

Al revisar el riesgo del proyecto de modernización se cuestionó la decisión de asignarle la tasa de descuento más elevada del 18%. En realidad, era bastante seguro que se conseguiría el ahorro de costes del 35% por menor consumo de hierro. En cuanto al volumen de ventas previsto por la inversión y dada la tendencia al alza de las bañeras de plástico, se concluyó que mayor sería el riesgo comercial si no se modernizaba una de las dos plantas. Por ambas razones se decidió incluir esta propuesta en el tramo intermedio de riesgo, con una tasa de descuento del 15%. Con este ajuste, el VAN sube hasta 162 millones de ptas.

7. AJUSTE DE LA TASA DE DESCUENTO POR TRAMOS DE RIESGO

La utilización de una tasa de descuento que incorpore una prima por riesgo para estimar el VAN de una inversión supone capitalizar geométricamente el riesgo del proyecto [4].

Si t_c es la tasa de descuento sin riesgo, cuando se añade una prima por riesgo p, la nueva tasa de descuento es:

$$t'_c = (1 + t_c) \times (1 + p) - 1$$

En consecuencia, el factor de descuento con riesgo para el año n será:

$$\frac{1}{\left(1 + t_c\right)^n \times \left(1 + p\right)^n}$$

que muestra cómo el ajuste debido al riesgo va creciendo según una progresión geométrica de razón, 1/(1+p).

Si se aplica una sola tasa de descuento se acepta que el riesgo de la inversión se mantendrá constante a lo largo de toda su vida prevista. Sin embargo, en los proyectos estratégicos esto raramente es así; es habitual que el riesgo sea mayor al principio del proyecto, cuando la información es escasa; pero una vez superada la fase inicial, de mayor incertidumbre, el nivel de riesgo se atenúa en las fases posteriores. Esto es así por la asimetría que suelen incorporar, derivada de la flexibilidad que

[4] *La evaluación de proyectos: sus trampas*. HODDERY RIGGS. Harvard Deusto (4.º trimestre 1985).

permiten. Si las cosas van bien se continúa su desarrollo e incluso se aprovechan opciones de crecimiento para ampliarlo. Si las cosas van mal se cancela o reduce su desarrollo. Por ejemplo, si las pruebas de mercado de un nuevo producto son favorables, la fase siguiente de lanzamiento al mercado incorporará un riesgo inferior.

Cuando sea razonable esperar que el riesgo del proyecto fluctúe a lo largo de su ejecución, es más realista usar, para descontar su flujo de fondos estimado, tasas con distintas primas de riesgo. A fin de ilustrar la metodología a aplicar en estas ocasiones, revisemos el proyecto de lanzamiento de un nuevo producto que se resume en la sección 1 del cuadro 4. Este ejemplo, intencionadamente simplificado, se

Cuadro 4:
EVALUACION POR TRAMOS DE RIESGO

1. Datos de la Inversión

FASE	DURACION DE LA ETAPA (AÑOS)	INVERSION M. PTAS.	FLUJO DE FONDOS M. PTAS
A. DESARROLLO DEL PRODUCTO	2	200	0
B. FABRICACION Y VENTAS	20	600	160 AL AÑO

LA FASE A TIENE UNA PROBABILIDAD DE EXITO DEL 85% Y EXIGE INVERTIR 100 MILLONES EN CADA UNO DE LOS DOS AÑOS

2. Evaluación convencional

FINAL AÑO	MOVIMIENTO DE FONDOS ESPERADO EN M. PTAS.	CALCULO
1	–100	
2	–100	
3	–510	–0.85 x 600
4 a 23	136	–0.85 x 160

VAN AL 18% = –24 MILLONES DE PTAS.

3. Evaluación alternativa

3.1. Fase B

FINAL AÑO	MOVIMIENTO DE FONDOS ESPERADO EN M. PTAS.
3	–600
4 A 23	160

VAN AL 15% = 401 MILLONES DE PTAS.

3.2. Proyecto (Fases A y B)

FINAL AÑO	MOVIMIENTO DE FONDOS ESPERADO EN M. ptas.	
	EXITO	FRACASO
1	–100	–100
2	–100	–100
3	401	
VAN AL 18%	87	–156
PROBABILIDAD	0,85	0,15

VAN ESPERADO = 51 MILLONES DE PESETAS

compone de dos fases que son: de desarrollo y de fabricación y ventas. Sólo si la primera etapa se supera con éxito, en sus dimensiones técnica y de mercado, la segunda fase se llevará a cabo y con un riesgo inferior al contemplado para la primera.

La sección 2 del mencionado cuadro determina el VAN esperado para todo el proyecto (–24 millones de ptas.) usando una tasa de descuento (18%) ajustada al nivel de riesgo percibido. Los flujos de fondos del tercer año y posteriores se multiplican por 0,85 para reconocer que hay un 15% de probabilidad de que no se produzcan en el caso de que fracase la fase primera. Sin embargo, puesto que la fase 2 sólo se llevará a cabo si se supera con éxito la primera, no parece razonable penalizar con la misma prima por riesgo a los flujos de fondo de los próximos 20 años. Si así se hiciese se estaría capitalizando el riesgo en términos geométricos.

Parece más lógico descontar los flujos de fondos de la segunda fase a una tasa que tenga en cuenta el menor riesgo (por ejemplo del 15%). De este modo, el VAN al año 3 (origen de la segunda fase) sería de 401 millones de ptas. A continuación, se estima el VAN esperado para todo el proyecto según la sección 3 y usando la tasa del 18%. El VAN que resulta (51 millones de ptas.) aconsejaría acometer el proyecto frente a la decisión inicial de rechazarlo.

En resumen, cuando se prevé que el riesgo de un proyecto de inversión varíe a lo largo del tiempo, conviene dividirlo por tramos de riesgo similar y utilizar tasas de descuento apropiadas a cada tramo.

APLICACION A BALMATE

En este caso el proyecto se compone de una sola fase que consiste en la modernización de la fábrica. Por ello, sólo procede utilizar una única tasa de descuento.

8. HORIZONTE DE EVALUACION Y VALOR RESIDUAL

Estos dos parámetros del proyecto están relacionados en cuanto que el valor residual es aquél que se espera al final del horizonte de evaluación. Hay que evitar confundir este último concepto con el de la vida de la inversión. El horizonte se define para el cálculo de la rentabilidad: sólo se consideran los movimientos de fondos de ese período. La vida prevista de la inversión suele ser mayor que el mencionado horizonte de evaluación, especialmente, en los proyectos estratégicos.

Si una empresa multinacional y diversificada evalúa la construcción de una planta para fabricar los productos de una de sus divisiones en un nuevo país, la vida previsible de la inversión será muy superior al horizonte que se aplique para estimar el rendimiento económico de la nueva actividad. Si tiene éxito, ésta implantación puede convertirse en el punto de partida para incorporar nuevos productos de otras divisiones, alargándose la vida del proyecto.

Si bien en los proyectos operativos el valor residual es cuantificable, en los estratégicos resulta más intangible. Si la mencionada empresa multinacional tiene éxito, ¿Cuánto vale la posición alcanzada en el mercado? (su conocimiento del país, la difusión de la marca o la apertura de canales de distribución).

Es hipótesis generalmente admitida que el valor residual no influye mucho en el VAN de un proyecto de larga duración por el efecto del descuento. Un valor residual del 10% del desembolso inicial, actualizado durante 10 años a una tasa del 17% se reduce a sólo un 2% del mencionado desembolso. Sin embargo, el valor residual de un proyecto estratégico con frecuencia es elevado si se evalúa correctamente, por lo que, aun a pesar del descuento, su valor actual puede ser relevante. Ello exige estimarlo no por criterios contables, más válidos para proyectos operativos, sino en base al valor de mercado de la posición generada por el desarrollo del proyecto.

Incluso pueden producirse ventajas adicionales difícilmente cuantificables no sólo al final del horizonte de evaluación sino año a año de la explotación del proyecto, resultando, sin embargo muy difícil cuantificar el efecto de estos intangibles sobre el movimiento de fondos de cada año.

Con frecuencia el valor de estos «intangibles» no se incluye y sin embargo su importe puede ser muy elevado. Si este es el caso, ¿es el VAN un buen criterio para aceptar o rechazar una inversión cuando se omite una parte importante de su valor económico? Desde luego una mala estimación es suponer que el valor de los intangibles es nulo, como se hace con frecuencia. Si no se puede medir, hay que ser conscientes de la relatividad del VAN a efectos de toma de decisiones.

Una alternativa a esta medición, consiste en estimar el coste adicional para la empresa por acceder a estos intangibles, en el caso de que el VAN, obtenido sin valorar los intangibles, sea negativo [5]. En esta situación se estima cuánto habría de incrementarse el movimiento de fondos de cada año para hacer la inversión rentable. La diferencia con el movimiento de fondos realmente estimado mide lo que tendría que «pagar» la empresa por disfrutar de esos intangibles. De este modo, se puede decidir si compensa o no incurrir en el coste así estimado de los intangibles.

El interés de una inversión estratégica puede residir no en sí misma, en sus resultados directos, si no en las oportunidades que crea. Por ejemplo, los proyectos de mejora tecnológica de los procesos de producción no sólo permiten reducir los costes de fabricación sino que tienen repercusiones, todavía más importantes, sobre la posición de la empresa en el mercado en cuanto a su flexibilidad para adaptarse a los gustos de los clientes, al cumplimiento de plazos de entrega o la mejora de la calidad o a la capacidad de aprendizaje de la organización para acometer los avances futuros de la tecnología.

---

[5] Ver por ejemplo, *Advanced management accounting* de R. KAPLAN y A. ATKINSON. Prentice Hall, 1989 (pág. 491).

APLICACION A BALMALTE

La evaluación económica inicial del proyecto se realizó a diez años porque, además de ser el formato habitual empleado por la empresa, este plazo se corresponde con el de amortización prevista del equipo productivo. Por ello, el valor residual de 20 millones corresponde únicamente a la recuperación del circulante. Sin embargo, al revisar esta hipótesis, el equipo directivo coincidió en que si el proyecto tenía éxito y se mejoraba la competitividad de las bañeras de hierro fundido en relación con las de plástico, el valor residual de la empresa sería muy superior.

Por ello, se decidió tomar como valor residual de la inversión el equivalente a tres veces el beneficio del último año. Puesto que la dotación anual a amortizaciones se eleva a 158 millones de ptas., el beneficio antes de intereses e impuestos ascenderá a 192 (350 – 158) millones de ptas. En consecuencia, el valor residual se estimó en 576 millones de ptas. Bajo esta hipótesis el VAN resulta de 299 millones, importe que hace muy recomendable acometer la inversión en estudio.

9. APLICACION DE LA TEORIA DE OPCIONES A LA EVALUACION DE INVERSIONES

Es normal que los proyectos estratégicos se desarrollen en fases sucesivas que exigen tomar decisiones secuenciales. Los resultados de una etapa condicionan las decisiones posteriores. Esto introduce flexibilidad en cuanto que si las expectativas que se presentan en cada momento son favorables, se tomarán decisiones de continuar la ejecución del proyecto. Por el contrario, escenarios adversos aconsejarán parar su desarrollo. En realidad, el proceso de ejecución de una inversión estratégica es asimétrico ya que siempre existe la opción, es decir, el derecho pero no la obligación, de cancelar el desarrollo de la inversión, si los resultados esperados no son favorables. A fin de mostrar la importancia de añadir a la evaluación de proyectos estratégicos esta flexibilidad en el proceso de toma de decisiones, se expone a continuación un ejemplo.

La empresa petrolera CENOIL evalúa el interés de iniciar la exploración de un campo petrolífero. Si la etapa de exploración culmina con éxito, la empresa acometerá la fase de extracción o explotación. Con los datos disponibles en la actualidad, CENOIL estima que:

- El valor actual de los desembolsos precisos para realizar la exploración de la zona asciende a 160 unidades monetarias.
- Los desembolsos requeridos para acometer la extracción del petróleo tienen un valor actual que puede tomar dos valores alternos, ambos con la misma probabilidad del 0,5, siendo, en promedio de 600.
  - — Escenario favorable: VAN de 400
  - — Escenario desfavorable: VAN de 800
- El valor actual de los ingresos derivados por la eventual explotación del yaci-

miento también puede tomar dos valores con una probabilidad de 0,5 cada uno, siendo en promedio de 750.

— Escenario favorable: 1.000
— Escenario desfavorable: 500

Los trabajos de exploración ofrecerán información adicional que permitirán estimar cuáles de los escenarios de ingresos y desembolsos se producirán en la fase de explotación.

El análisis convencional recomienda no acometer el proyecto pues el VAN resulta ser negativo según se muestra a continuación:

CONCEPTO	VAN
Desembolso inicial	– 160
Desembolsos de explotación	– 600
Ingresos de explotación	750
Valor actual neto	**– 10**

Sin embargo, este cálculo omite considerar la asimetría en la toma de decisiones que ofrece el proyecto. Esto es, si de los sondeos se dedujese, por ejemplo, que los desembolsos de explotación se elevarán a 800 y los ingresos a sólo 500, razonablemente, se cancelaría el proyecto sin acometer la fase de explotación. En general, un proyecto que se ejecuta en varias etapas que exigen optar por continuar o no su desarrollo, crea opciones para el decisor. Las decisiones secuenciales que se tomen se fundamentarán en el conocimiento que se vaya adquiriendo.

En relación al proyecto de CENOIL supongamos que al finalizar la fase de explotación será posible discernir cuales serán los ingresos y desembolsos correspondientes a la explotación. Con esta información es posible adelantar las decisiones que adoptará CENOIL en cada uno de los cuatro escenarios según el cuadro 5.

Cuadro 5:
FLUJO DE FONDOS Y DECISIONES DE CONTINUIDAD

ESCENARIO DE EXPLOTACION				Decisión	VAN del proyecto
Nº	Desembolsos	Ingresos	Flujo de fondos		
1	800	1.000	200	Extraer	40
2	800	500	–300	Cancelar	–160
3	400	1.000	600	Extraer	440
4	400	500	100	Extraer	–60
				VAN promedio	65

El VAN del proyecto, en cada uno de los escenarios, se obtiene restando del movimiento de fondos de la fase de explotación el desembolso exigido por la explotación, siempre y cuando se decida acometer la segunda etapa. El flujo de fondos de explotación del escenario 2 es negativo, por lo cual, de producirse se cancelará el proyecto siendo su VAN, únicamente, las 160 unidades monetarias de la fase inicial y que en ese momento son ya un coste hundido. En el escenario 4, una vez culminada la exploración y siendo irrecuperables los desembolsos asociados a ella, interesará continuar pues el VAN de los ingresos incrementales supera a los desembolsos.

Este ejemplo supone que los cuatro escenarios tienen la misma probabilidad de ocurrir por lo que el VAN medio del proyecto es la media aritmética de los cuatro importes, arrojando un valor de 65. Al incorporar al análisis la asimetría inherente al desarrollo del proyecto se obtiene un VAN positivo que recomienda acometer el proyecto de exploración. Esta flexibilidad, que permite continuar el proyecto si conviene o cancelarlo en caso contrario, limita la pérdida máxima estimada al desembolso inicial. Además, el tránsito de un VAN negativo calculado inicialmente a uno positivo al considerar la opción de poder parar el proyecto surge como consecuencia de evitar la pérdida de explotación del escenario 2.

En efecto, la diferencia entre uno y otro VAN es de 75 y este importe coincide con el de evitar la mencionada pérdida de 300 unidades monetarias. Al tener este posible suceso una probabilidad de 0,25 su valor esperado es de 75 que se refleja el valor de la opción de poder cancelar la ejecución de la inversión, cumpliéndose:

VAN del proyecto (65) = VAN sin opción (–10) + VAN de la opción (75)

En general, el valor de la opción de abandono en este contexto es función de las pérdidas que puedan evitarse, y de su probabilidad respectiva: Cuanto mayores sean ambos importes mayor será el valor de la opción. Además de esta opción, los proyectos estratégicos suelen incorporar también la flexibilidad en cuanto a cuándo acometerlos. Este es un derecho que se puede ejercer pero no obligatoriamente. Si el proyecto tiene éxito retrasarlo es perjudicial pues se pierde o se demora el ingreso del movimiento de fondos. Si el proyecto va a fracasar, retrasarlo puede permitir, al disponer de información adicional, evitar un quebranto. Igual que antes, el VAN del proyecto incorporando esta flexibilidad es igual al VAN sin opción más el valor de ésta. Finalmente, en ocasiones también está presente la opción de crecimiento, mediante la cual, si el proyecto progresa favorablemente es posible aumentar su dimensión [6].

10. ANALISIS DE SUBPROYECTOS

Con frecuencia, un proyecto de inversión se compone de más de un proyecto primario. Si así sucede, la evaluación del proyecto global oculta el de cada subproyecto. La suma de un proyecto muy rentable con otro mediocre puede producir uno rentable que al ser aprobado da luz verde a los dos de que se compone.

Por ejemplo, la instalación de un nuevo almacén regional a fin de mejorar el servicio al canal de distribución, puede esconder un proyecto de construcción si lo

---

[6] El lector interesado en la aplicación de la teoría de opciones a la evaluación de inversiones puede consultar el libro *Principles of corporate finance* de Brealey y Myers. Mc Graw Hill (cuarta edición), 1991, capítulo 21.

que se propone es levantar la nave en propiedad en vez de arrendar una ya existente. Por ello, en el análisis de inversiones, y en particular en las estratégicas, es preciso identificar y aislar los proyectos que puedan anidar en uno de mayor dimensión, a efectos de su evaluación independiente.

APLICACION A BAMALTE

En este caso hay dos proyectos principales: uno pretende mejorar la calidad de las bañeras en lo que se refiere a gama de colores, diseños y tamaños y a fijación del esmalte. El otro subproyecto persigue reducir el consumo de hierro. El primero está orientado a vender más mientras que el segundo lo está, principalmente, a reducir costes de fabricación.

Sin embargo ni la inversión ni el movimiento anual de fondos se pudo desglosar por subproyectos. Incluso, en el caso de las ventas, la reducción del peso de las bañeras inducirá unos mayores ingresos ya que mejorará el atractivo de las mismas frente a los prescriptores (fontaneros, instaladores, constructores) al hacerlas más ligeras, transportables y manipulables.

11. DIVERSIFICACION Y TASA DE CORTE

La aplicación de tasas de corte más elevadas para evaluar proyectos estratégicos, además de los efectos ya descritos anteriormente, puede afectar también al riesgo global de la compañía. El cuadro 6 muestra el TIR de dos proyectos para tres

Cuadro 6:
DIVERSIFICACION Y TASA DE CORTE

TIR	ESCENARIO			VALOR ESPERADO
	PESIMISTA	MEDIO	OPTIMISTA	
PROYECTO 1	14	16	18	16,00
PROYECTO 2	– 5	20	35	17,50
PROBABILIDAD	0,25	0,50	0,25	

ESCENARIO	PROBABILIDAD	TIR
P – P	0,0625	4,50
M – P	0,1250	5,50
O – P	0,0625	6,50
P – M	0,1250	17,00
M – M	0,2500	18,00
O – M	0,1250	19,00
P – O	0,0625	24,50
M – O	0,1250	25,50
O – O	0,0625	26,50
	1,0000	16,75

escenarios alternativos: pesimista, optimista y medio. Asignando a los dos primeros una probabilidad del 25% y al medio una del 50%, la TIR media de cada uno es del 16,00 y 17,50% respectivamente.

Si para reducir el riesgo se aplica una tasa de corte elevada, el 17,5% por ejemplo, sólo se seleccionaría el proyecto 2. Con una tasa más reducida, el 16%, se aceptarían ambos. Sin embargo, elevar la tasa de corte no reduce necesariamente el riesgo, pues el proyecto 2 ofrece una variabilidad de la TIR muy superior: el proyecto 1, que es menos rentable que el 2, es más seguro pues en ningún caso su rendimiento es negativo.

Si ambos proyectos son de dimensión similar e independientes, la parte inferior de la tabla recoge las combinaciones de escenarios y la TIR esperada en el caso de que se acepten ambos proyectos. Esta resulta ser del 16,75% y con un valor mínimo del 4,5%. Aunque la TIR conjunta es inferior a la del proyecto 2, la combinación de ambos proyectos consigue reducir el riesgo esperado para la empresa. Esto sugiere que para el tratamiento del riesgo un enfoque alternativo a usar tasas de corte más elevadas es la gestión activa de la diversificación de proyectos.

12. ENFOQUE GLOBAL DE LOS PROYECTOS

En ocasiones, un proyecto estratégico se va desarrollando, inadvertidamente, por inversiones de menor cuantía que, sin embargo, comprometen gradualmente a la empresa en una determinada senda estratégica. Una vez iniciado este camino puede ser difícil retirarse en el futuro bien por los costes involucrados o bien por la resistencia de quienes realizan este programa paso a paso. Frente a este enfoque, que puede atrapar a la empresa en su desarrollo, conviene plantearse una perspectiva de mayor alcance: evaluada la situación se decide una fecha para proceder a un cambio radical de rumbo, para hacer frente al nuevo escenario del mercado o de la tecnología. Una vez fijado ese objetivo temporal, se difieren todas las inversiones para integrarlas en el proyecto de cambio planeado. Hasta que llega ese momento y durante el período transitorio sólo se aceptan las inversiones estrictamente imprescindibles o aquellas otras que, siendo recomendables, tengan un período de recuperación inferior a la vida pendiente de la inversión actual.

La aplicación muy estricta de límites de autorización de proyectos tiende también a fragmentar proyectos, es decir, a que se vayan haciendo poco a poco; cada subproyecto puede estar justificado en sí mismo, pero quizás no sea el más adecuado desde el punto de vista global y estratégico. Probablemente, de haberse podido invertir todo a la vez, desde el punto de vista del proponente se hubiese formulado una propuesta más rupturista con el pasado. De especial interés, en relación con lo que se comenta, es la siguiente cita, tomada de un autor de reconocido prestigio [7].

«Recibí una solicitud de autorización para invertir en una gran chimenea. Como no entendí para qué se quería una chimenea aislada, me desplacé a la fábri-

---

[7] *Managing the resource allocation process* de J. L. BOWER, páginas 15-16. Harvard Business School 1970.

ca que lo solicitaba. Cuál no sería mi sorpresa cuando comprobé que habían construido y equipado una nueva planta recurriendo sólo a partidas de gasto. La chimenea es el único concepto individualizado que excede del límite fijado para gastos. Aparentemente, recibieron el mensaje de que la nueva planta no sería aprobada, pero como pensaron que era conveniente y rentable, decidieron construirla. No sé como voy a resolver esto».

APLICACION A BAMALTE

Cuando el equipo de dirección de la empresa remitió el proyecto a la cabecera del Grupo Industrial al que pertenece, ésta decidió rechazarlo, o al menos demorarlo de momento, debido a las siguientes razones:

- Debilidad del mercado actual como consecuencia de la crisis económica.
- Una caída de la cuota de bañeras de hierro no le inquieta en cuanto que participa activamente en la oferta de los otros dos tipos de bañeras.
- BAMALTE es percibido por el Grupo como una actividad a cosechar: está en un mercado en aparente declive aunque es líder del mismo. Por eso, en principio tiene limitadas sus inversiones y más bien debe ser aportador de fondos al resto de los negocios del Grupo.
- El Grupo está replanteando su presencia en el mercado de bañeras, con la idea de crear una sola línea de negocio, con independencia del material usado en la producción y a fin de compartir recursos (por ejemplo, la misma red de ventas y canales de distribución, ahora diferenciados).

13. CONCLUSIONES

La evaluación económica de proyectos estratégicos exige adoptar precauciones para evitar que los métodos de cálculo se apliquen incorrectamente y que puedan primar sobre consideraciones de mayor relevancia.

Especial importancia tiene reconocer que las hipótesis y la calidad de las estimaciones que se realicen para este tipo de proyectos, con fuerte componente subjetiva por su propia naturaleza, dependen de las características e intereses de las personas que los formulan.

En particular, los intereses se ven influidos por los mensajes organizativos que se transmitan. Si se valora más el tamaño que el rendimiento, se tratará de mejorar las estimaciones de aquellos proyectos en los que predomine la dimensión. Si la dirección sólo revisa inversiones con un rendimiento esperado excelente, se podrán manipular los atributos económicos de alguna inversión para que supere ese filtro previo. Si no se admiten riesgos, se dejarán de proponer inversiones especialmente arriesgadas que puedan deteriorar la imagen del proponente.

En el caso BAMALTE podemos imaginar la distinta perspectiva de la inversión que tendrán cada uno de los directores de fábrica de la empresa. El de la planta que se propone modernizar esperará una mejora de su status; el de la que se queda para cubrir puntas de la demanda, podría incluso inquietarse por el mantenimiento de su actual puesto de trabajo.

Finalmente, el cuadro 7 recoge la evolución del VAN del proyecto BAMALTE debido a las sucesivas actualizaciones en las hipótesis de cálculo, derivadas de introducir el carácter estratégico de esta propuesta de inversión. Cada actualización sólo recoge los parámetros que cambian sobre la situación original.

Cuadro 7:
PROYECTO BAMALTE (en millones de Ptas.)

	ACTUALIZACIONES			
	ORIGINAL	REFERENCIA	TASA	VALOR RESIDUAL
INVERSION	1.600			
FLUJO ANUAL	325	350	350	350
VALOR RESIDUAL	20			576
DURACION (AÑOS)	10			
TASA DESCUENTO	18%		15%	15%
VAN	–136	–23	162	299

Capítulo XII

Riesgo y rendimiento

1. RIESGO Y RENDIMIENTO DE UNA CARTERA

El atractivo de una acción de una empresa que cotice en Bolsa queda definido, financieramente, por sus atributos de rentabilidad y riesgo esperados. Para estimar ambos parámetros se parte del comportamiento histórico de sus rendimientos para una serie de períodos recientes en la hipótesis de que su evolución pasada explique la futura.

El rendimiento de un título (Ra) durante un determinado período i se calcula por la expresión (prevé que las rentas se cobran al final del período; si no es así se debe aplicar la TIR):

$$Ra_i = \frac{\text{Valor final} + \text{rentas netas} - \text{valor inicial}}{\text{valor inicial}}$$

donde las rentas recogen todos los ingresos recibidos en el período por el tenedor de la acción (en concepto de dividendos, por ejemplo). El rendimiento (Ra_m) de la acción durante una serie de n períodos se calcula por la media de los rendimientos que ha ofrecido durante dichos períodos.

$$Ra_m = \sum_{i=1}^{n} \frac{Ra_i}{n}$$

El riesgo de la acción, entendido como la posibilidad de que su rentabilidad se desvíe del rendimiento esperado, se estima por su desviación típica. Cuanto mayor sea la desviación típica mayor será la variabilidad esperada del rendimiento del título y por lo tanto, su riesgo.

La desviación típica (σa) del rendimiento de una acción bursátil se calcula por la expresión:

$$\sigma a = \sqrt{\frac{\left(Ra_i - Ra_m\right)^2}{n}}$$

La fluctuación o volatilidad relativa de la acción se estima por su coeficiente de variación calculado como cociente entre su desviación típica y su rendimiento medio. Si una empresa tiene un rendimiento del 16% y una desviación típica del 13%, su coeficiente de variación asciende al 81%.

Una cartera de acciones es una combinación de títulos en los que se mantiene una inversión financiera. Su rentabilidad y riesgo se obtienen a partir de los correspondientes a las acciones que la componen y en base a la proporción en que participa cada una en la cartera. Además, el riesgo de la cartera depende, también, de la relación que exista entre los comportamientos de las rentabilidades de sus acciones. Así, una cartera compuesta de dos acciones que se comporten a la inversa (cuando el rendimiento de una acción sube el de la otra baja), presenta un riesgo inferior al de otra en la que los rendimientos de sus acciones fluctúen de forma similar, es decir, en el mismo sentido.

La relación entre los rendimientos de dos acciones se estima mediante el coeficiente de correlación, que se obtiene al ajustar una línea que se adapte lo mejor posible a la nube de puntos que forman, en una representación gráfica, los rendimientos de ambas acciones durante una serie de períodos. Este método, denominado de regresión lineal [1], hace mínima la suma de los cuadrados de las diferencias entre los valores observados y los obtenidos a partir de la línea de regresión.

Este coeficiente, que se halla comprendido entre 1 y –1, mide la intensidad de la relación entre ambas variables y su signo expresa el sentido de dicha relación. Cuanto más se acerque a ± 1, mayor es la relación. Cuando este coeficiente es cero no hay ninguna relación entre el comportamiento del rendimiento de ambas acciones. El cuadrado del coeficiente de correlación mide la proporción de un rendimiento que se explica por el comportamiento del de la otra acción.

Sea una cartera compuesta por dos acciones cuyos rendimientos, desviaciones típicas y participaciones sean las siguientes:

	ACCION 1	ACCION 2
Rendimiento esperado	17,0%	14,0%
Desviación típica	16,0%	10,0%
Participación en la cartera	60,0%	40,0%

Supongamos que el coeficiente de correlación entre ambas acciones es de 0,42. En este caso, la rentabilidad (Rc) esperada de la cartera es del 15,80%, calculada como media ponderada de ambos rendimientos.

$$Rc = 0{,}6 \text{ x } 0{,}17 + 0{,}4 \text{ x } 0{,}14$$

En cuanto a la desviación típica de la cartera es del 11,85%, calculada por:

$$\sigma c = (0{,}6^2 \text{ x } 0{,}16^2 + 2 \text{ x } 0{,}6 \text{ x } 0{,}4 \text{ x } 0{,}16 \text{ x } 0{,}10 \text{ x } 0{,}42 + 0{,}4^2 \text{ x } 0{,}10^2)^{1/2} \quad (1)$$

El segundo término de la fórmula anterior se compone de los siguientes sumandos:

— el producto de los cuadrados de la participación y desviación típica de la primera acción;

[1] La expresión línea de regresión fue acuñada hacia 1885 por el biólogo inglés F. Galton, cuando halló que en la descendencia humana existe una regresión de las estaturas elevadas y una progresión de las bajas. *La estadística económica y social*. H. Kellerer. Alianza Editorial (pág. 223).

— el doble del producto de las participaciones por las desviaciones típicas y por el coeficiente de correlación (esto es el doble de la llamada covarianza entre la rentabilidad de ambas acciones, parámetro que mide la relación entre ellas o la forma relativa en que varían).

— el producto de los cuadrados de la participación y desviación típica de la segunda acción.

La desviación típica de la cartera aumenta al hacerlo las desviaciones típicas de las acciones que la componen, el coeficiente de correlación y la participación de la acción más volátil. Cuando el coeficiente de correlación es negativo, la desviación típica se reduce significativamente. Si este coeficiente es cero, la desviación típica de la cartera es igual a la media ponderada de las desviaciones típicas de ambas acciones.

La figura 1 muestra la evolución del rendimiento y de la desviación típica de la cartera anterior al variar la participación relativa de ambas acciones. Para una participación de la primera acción del 15% se obtiene una desviación típica mínima e igual al 9,75%. La diversificación, en este caso, reduce la volatilidad de la cartera por debajo de las volatilidades de sus acciones componentes. Cuando una de las dos acciones tiene una participación nula, el rendimiento y la desviación típica de la cartera coinciden, lógicamente, con los correspondientes a la otra acción. (Este es el caso de los dos extremos de la curva de la figura 1).

La desviación típica de una cartera con más de dos acciones se compone de los términos asociados a la desviación típica de cada acción (y su participación) y los correspondientes a la covarianza de cada acción con el resto. Así, las carteras que se indican tienen el siguiente número de términos:

Cartera de	Número de desviaciones típicas	Número de covarianzas
2 acciones	2	2
10 acciones	10	90
20 acciones	20	380
30 acciones	30	870

Al aumentar la variedad de la cartera pierden importancia relativa los términos que se refieren sólo a las desviaciones típicas de cada acción y gana peso el efecto derivado de las relaciones entre acciones. Para carteras suficientemente diversificadas la volatilidad depende, fundamentalmente, de las covarianzas y no de las volatilidades de las acciones individuales [2].

[2] La desviación típica de una cartera con n acciones se calcula como la raíz cuadrada de la fórmula:

$$\sum_{j=1}^{n} \sum_{l=1}^{n} Ra_j \times Ra_l \times r_{jl}$$

donde Ra_j y Ra_l son los rendimientos de las acciones j y l y r_{jl} es el coeficiente de correlación entre ambas acciones.

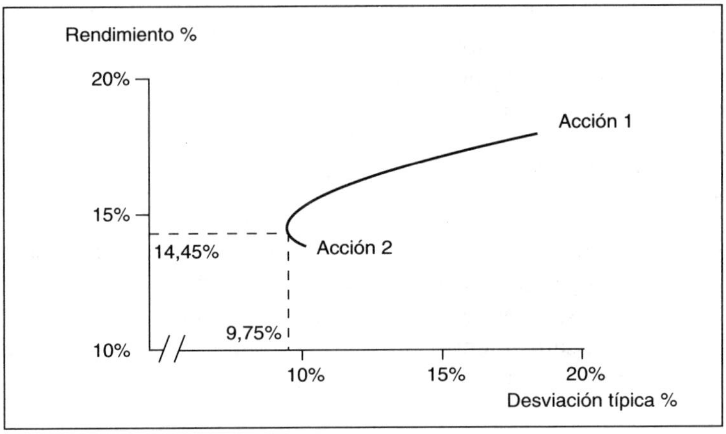

Figura 1: Curva de rendimiento-riesgo

El rendimiento esperado de las acciones de una empresa incorpora dos clases de riesgo. El primero, denominado riesgo sistemático o de mercado nace de posibles sucesos del entorno que afecten por igual a todas las empresas. El segundo es el riesgo no sistemático o específico de la empresa y responde a contingencias que, de producirse, influirán sólo sobre la empresa en estudio. El inversor puede eliminar este último riesgo o, al menos atenuarlo significativamente, mediante acciones de diversificación de manera que al construir una cartera que incluya a varias empresas el riesgo específico de cada una de ellas tienda a diluirse. Se considera que una cartera de 20 o más acciones representativas del mercado carece de riesgo no sistemático. Recordemos que de los 400 términos que, como mínimo, intervienen en el cálculo de su desviación típica, sólo 20 corresponden a las volatilidades de las acciones individuales. El riesgo sistemático, sin embargo, no se puede eliminar y es el único relevante en una cartera diversificada.

La figura 2 representa el riesgo de una cartera en función del número de valores que incluye: el riesgo disminuye al aumentar la diversificación y tiende a converger con el riesgo sistemático o de mercado según se añaden títulos a la cartera.

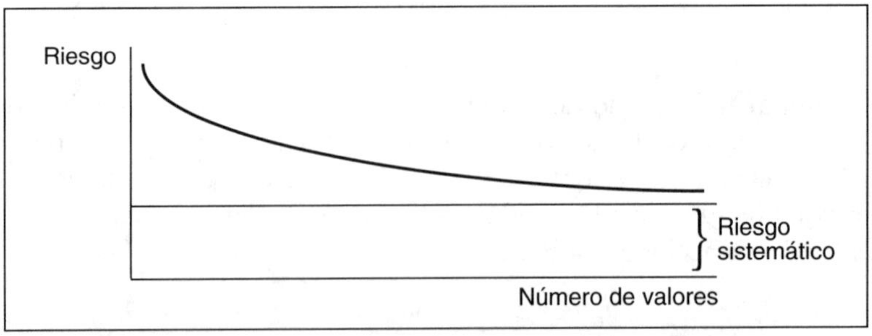

Figura 2: Riesgo y diversificación de una cartera

El mayor riesgo de una cartera diversificada es que el mercado baje y arrastre con él al rendimiento de todas las acciones y, por tanto, al de la cartera.

2. CURVA DE CARTERAS EFICIENTES

Entre todas las carteras posibles que se pueden formar con las acciones que cotizan en un mercado determinado interesa identificar aquellas que se denominan eficientes, es decir, que ofrecen un rendimiento máximo para un riesgo dado (o un riesgo mínimo para un rendimiento determinado). El resto de las carteras estarán dominadas por las eficientes y, en consecuencia, no serán atractivas para los inversores. Igualmente, una cartera eficiente dominará a las acciones tomadas individualmente en cuanto que es posible, mediante la diversificación, reducir el riesgo mucho más de lo que pueda hacerlo la rentabilidad.

Si se representa en un eje de coordenadas el conjunto de carteras eficientes, identificadas por su riesgo y rendimiento, se obtiene una curva similar a la de la figura 1, como la indicada en la figura 3. La parte continua de dicha curva es la denominada frontera de carteras eficientes, en cuanto que no son dominadas por ninguna otra.

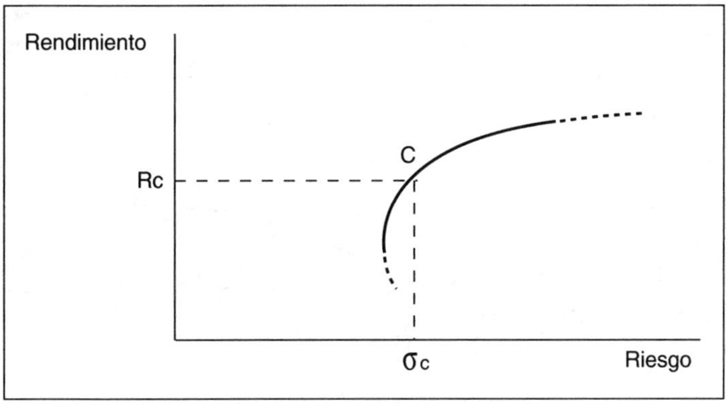

Figura 3: Frontera de carteras eficientes

Cada inversor seleccionará aquella cartera, como la C de la figura, que mejor se ajuste a sus preferencias (subjetivas) en cuanto al equilibrio que desee mantener entre rentabilidad y riesgo. Por ejemplo, puede fijar un riesgo máximo y obtener su rendimiento a partir de la mencionada figura.

3. ACTIVOS FINANCIEROS SIN RIESGO

Hasta ahora hemos supuesto que la cartera sólo incluye acciones, es decir, valores con riesgo. Incorporemos ahora la posibilidad de invertir en títulos emitidos por el Estado a corto plazo cuyo rendimiento sea Rf. El riesgo de estos valores es nulo pues el rendimiento que ofrecen, si se mantiene la inversión hasta su vencimiento, es cierto.

Si Rm representa la rentabilidad promedio del mercado y Rf la rentabilidad de activos monetarios sin riesgo, la prima de riesgo del mercado viene dada por la diferencia: Rm – Rf. En Estados Unidos de América, en los 63 años comprendidos entre 1926 y 1928 esta prima de riesgo fue, en promedio, de 8,4 puntos al año [3].

Para el caso de una acción concreta, que ofrezca una rentabilidad Ra, su prima de riesgo se calcula por la diferencia: Ra – Rf. Esta prima mide el rendimiento que el mercado exige a la acción para compensar su mayor riesgo sobre los activos sin riesgo. Igualmente, la prima de riesgo de una cartera C, se calcula por: Rc – Rf.

Si se invierte una porción z del capital disponible en la cartera C y el resto (1 – z) en activos sin riesgo, el rendimiento y el riesgo de esta nueva cartera C' serán:

$$Rc' = z \times Rc + (1 - z) \times Rf$$

$$\sigma c' = z \times \sigma c$$

estando z comprendida entre 0 y 1. Obsérvese que la desviación típica de la cartera C' es z x σc en cuanto que la volatilidad de los activos sin riesgo es nula. Este resultado se obtiene de aplicar la fórmula (1). En función del valor que tome z se podrán obtener las combinaciones incluidas en el segmento definido por los puntos Rf y C' de la figura 4.

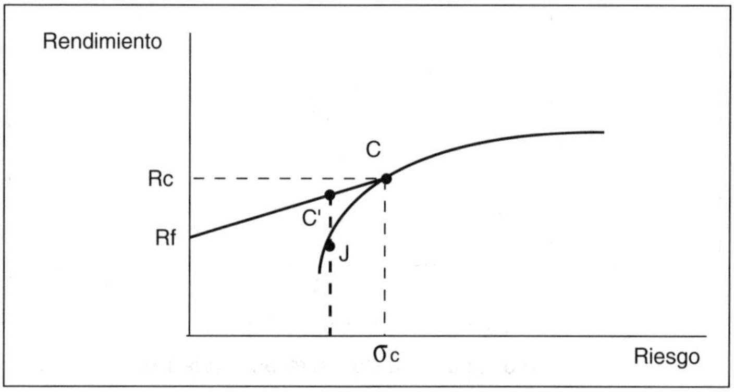

Figura 4: Inversión en activos sin riesgo

Si el propietario de la cartera C quiere reducir su riesgo, a cambio de disminuir su rendimiento, puede invertir parte de su capital (la porción 1–z) en títulos sin riesgo con un rendimiento Rf. Aceptemos que se decanta por la combinación representada por el punto C' de la figura 4. Esta nueva cartera ofrece un riesgo igual al de la cartera eficiente J, pero al ser su rendimiento superior domina a dicha cartera. Esto supone que esta cartera J deja de ser eficiente, lo mismo que todas aquellas de la frontera de eficiencia que se sitúan por debajo del segmento Rf–C.

Extendiendo el razonamiento anterior, es fácil comprender que la posibilidad de introducir títulos sin riesgo modifica la curva de carteras eficientes sustituyendo el tramo a la izquierda del punto de tangencia M por la recta que une el punto Rf con el M según muestra la figura 5.

---

[3] Citado por Brealey y Myers en *Principles of corporate finance*. Mc Graw Hill. 4ª edición. (pág. 131) recogiendo un estudio de Ibbotson Associates Inc, publicado en *1989 Yearbook*.

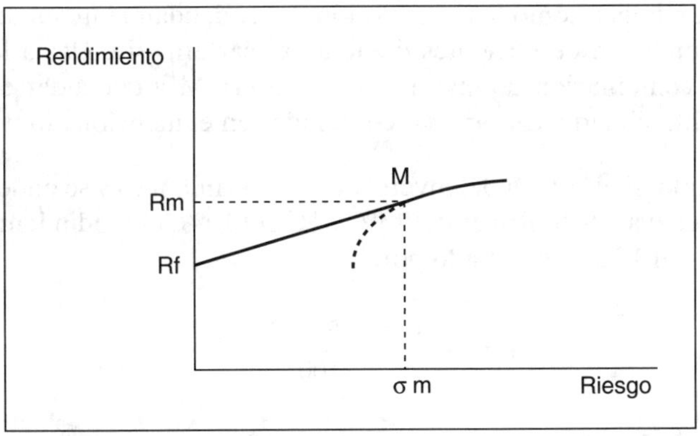

Figura 5: Curva del mercado de capitales con inversión en activos sin riesgo

Admitamos ahora que también es posible tomar fondos prestados al tipo de interés sin riesgo Rf. Si un inversor se endeuda para invertir en la cartera M podrá mejorar su rentabilidad en cuanto que sobre el importe del préstamo ganará Rm mientras que soportará un coste menor dado por Rf.

Si z representa el multiplicador del capital del inversor que decide invertir en la cartera M, la proporción del endeudamiento viene dada por z–1, siendo z mayor que 1. En este caso, la totalidad del capital del inversor se invierte en la cartera M y además se invierte el préstamo.

Ahora, el nuevo rendimiento de la cartera endeudada definida por el punto D de la figura 6 será:

$$Rd = z \times Rm - (z-1) \times Rf$$

ó,

$$Rd = z \times Rm + (1-z) \times Rf \qquad (2)$$

donde el primer producto del segundo término refleja el rendimiento de invertir el capital propio y la deuda en la cartera M y el segundo término deduce el coste de la deuda.

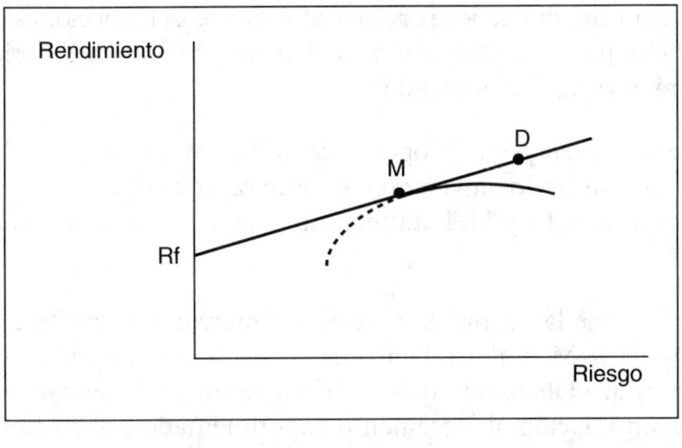

Figura 6: Endeudamiento en activos sin riesgo

La figura 6 indica cómo la introducción del endeudamiento en activos sin riesgo anula la condición de eficientes de aquellas carteras situadas a la derecha del punto M. La combinación de invertir en la cartera M y endeudarse a un tipo Rf domina en rentabilidad a las carteras contenidas en el mencionado tramo.

Por ejemplo, si el capital del inversor es de 100 millones y se endeuda por valor de 50, z será igual a 1,5. Si Rm es del 15% y Rf del 10%, el rendimiento de su inversión se elevará al 17,5%, calculado por:

$$Rd = \frac{150 \times 0{,}15 - 50 \times 0{,}10}{100}$$

o aplicando la fórmula 2:

$$Rd = 1{,}5 \text{ x } 0{,}15 + (1 - 1{,}5) \text{ x } 0{,}10$$

En cuanto al riesgo de esta nueva cartera endeudada se calcula, como antes, por la expresión:

$$\sigma d = z \text{ x } \sigma m$$

Para el ejemplo anterior, si la desviación típica del mercado es del 13% se obtiene un riesgo superior con una desviación típica del 19,5% calculada por:

$$\sigma d = 1{,}5 \text{ x } 0{,}13$$

Este mayor riesgo nace de que mientras el rendimiento esperado Rm está sujeto a fluctuaciones, el coste de la deuda es fijo. La existencia de este coste fijo amplificará cualquier variación que experimente el rendimiento del mercado.

El punto M de las figuras 5 y 6 coincide con la cartera que seleccionará el conjunto de inversores en el mercado. Todos los inversores, si disponen de la información suficiente, escogerán la cartera M pues en conjunción con las opciones de invertir en activos sin riesgo o endeudarse, da lugar a carteras que dominan al resto de carteras eficientes. Esta cartera corresponde a la situación de equilibrio que presente el mercado. De este modo el rendimiento de la cartera M será el del mercado, es decir, el promedio de los rendimientos de todas las acciones que cotizan en Bolsa, ponderados por su participación en el mismo. Igualmente, el riesgo de la cartera M reflejará el riesgo del mercado.

En resumen, al incorporar la opción de poder invertir o endeudarse en títulos sin riesgo la elección de los inversores se situará, necesariamente, sobre la recta definida por los puntos Rf y M. Esta recta se denomina recta del mercado de capitales.

La figura 7 define la denominada recta del mercado de capitales, determinada por los puntos Rf y M. La pendiente de la recta del mercado viene dada por (Rm–Rf)/σm y mide el incremento de la prima de riesgo de las carteras, contenidas en dicha recta, en relación al incremento experimentado por su riesgo, en cuanto que Rm – Rf es la prima de riesgo del mercado.

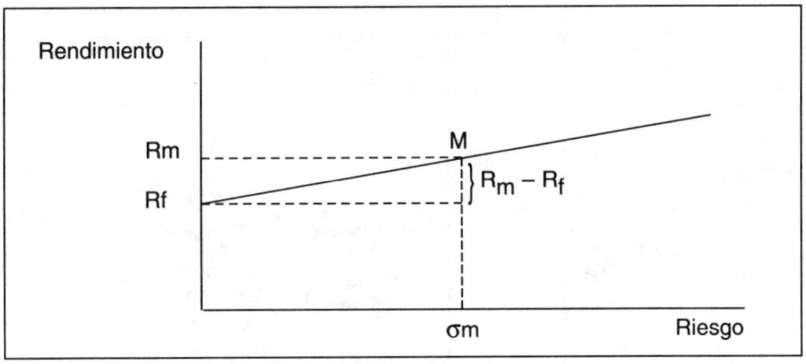

Figura 7: Recta del mercado de capitales

Los inversores prudentes, con aversión al riesgo, se situarán sobre la recta del mercado pero a la izquierda del punto M. Los más arriesgados se endeudarán para invertir en la cartera M situándose a la derecha del punto M.

La ecuación de la recta del mercado es, en consecuencia,

$$Rc = Rf + \frac{Rm - Rf}{\sigma m} \times \sigma c$$

que establece que existe una relación lineal entre el rendimiento de una cartera C y su riesgo. Estimados Rf, Rm, σm y σc se puede calcular la rentabilidad esperada de la cartera correspondiente.

4. EL COEFICIENTE BETA

La rentabilidad promedio del mercado Rm se obtiene como media de los rendimientos de los títulos que cotizan en Bolsa, ponderados por su participación real. Si relacionamos los rendimientos de un título (Ra) y del mercado (Rm) para un conjunto de períodos podemos calcular la recta de regresión que mejor se ajuste a la nube de puntos representada por la combinación de Re y Rm de cada período, según muestra la figura 8, elaborada a partir de los datos del cuadro 1.

Este cuadro recoge la evolución pasada de la rentabilidad, durante diez períodos, de un título hipotético que cotiza en Bolsa así como la rentabilidad promedio, también hipotética, del mercado en cada período. Además, se indican la media y la desviación típica de ambas series.

La recta de ajuste es de la forma:

$$Ra = a + B \times Rm$$

donde B es el denominado coeficiente Beta del título que mide la pendiente de la recta de regresión obtenida. Por ello, este coeficiente valora la variación esperada de Ra ante una variación prevista de Rm. En efecto, de la ecuación anterior se deduce que,

$$\Delta Ra = B \times \Delta Rm$$

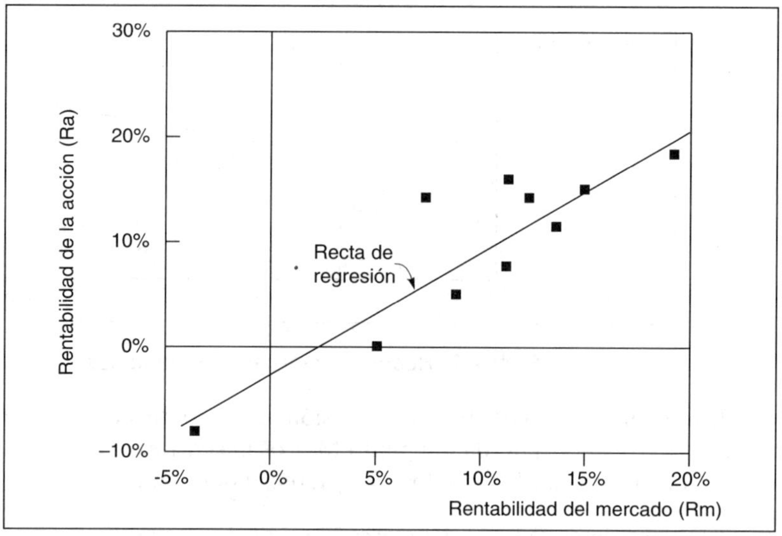

Figura 8: Recta de regresión entre el rendimiento Rm del mercado y el rendimiento Ra de una acción

Cuadro 1: RENDIMIENTOS HISTORICOS DEL MERCADO (Rm) Y DE UNA ACCION (Ra)

Período	RENDIMIENTO EN %	
	Ra	Rm
1	14.7%	7.2%
2	11.3%	12.7%
3	21.3%	18.9%
4	9.3%	10.5%
5	15.7%	11.0%
6	– 8.3%	– 4.3%
7	17.0%	14.8%
8	6.0%	8.4%
9	14.7%	11.4%
10	0.0%	4.6%
MEDIA	10.2%	9.5%
DESVIACION TIPICA	8.40	5.95
COEFICIENTE DE CORRELACION	0,919	

El ajuste por el método de los mínimos cuadrados arroja la recta de regresión entre Ra y Rm, resultando, para el ejemplo del cuadro 1:

$$Ra = -0{,}0222 + 1{,}3019 \times Rm \qquad (3)$$

Esta ecuación permite estimar Ra previsto el valor de Rm. El coeficiente de correlación del ajuste realizado asciende a 0,919 lo que indica que el 84% de la variación de Ra se explica por el comportamiento de Rm.

El coeficiente Beta se calcula también por la expresión:

$$\text{Beta} = \text{coeficiente de correlación} \times \frac{\text{volatilidad del título}}{\text{volatilidad del mercado}}$$

donde las volatilidades se refieren a las fluctuaciones del rendimiento del título o del mercado y se miden por la desviación típica.

En el ejemplo anterior, se obtiene el mismo valor de Beta de 1,30 resolviendo:

$$\text{Beta} = 0{,}919 \times \frac{8{,}40}{5{,}95}$$

La Beta mide la sensibilidad del rendimiento del título a cambios en la rentabilidad del mercado. En efecto, si en la ecuación (3) anterior la rentabilidad del mercado varía en ΔRm, producirá una variación ΔRa en el rendimiento del título, por lo que se cumplirá.

$$Ra + \Delta Ra = -0{,}0222 + 1{,}3019 \text{ x } (Rm + \Delta Rm)$$

Por lo que restando a esta ecuación la (3) se deduce que:

$$\Delta Ra = 1{,}3019 \text{ x } \Delta Rm$$

En este ejemplo, si Rm se incrementa en un punto, el rendimiento del título lo hará en 1,3019 puntos.

Los valores de Beta para las acciones que cotizan en los mercados son calculados por empresas e instituciones financieras especializadas.

5. MODELO DE VALORACION DE ACTIVOS FINANCIEROS

Este modelo, formulado por Sharpe, Litner y Treynor en los años 60 establece que la prima de riesgo de un título es proporcional a la prima de riesgo del mercado siendo el coeficiente de proporcionalidad el coeficiente Beta del título. En consecuencia, supone que se cumple que:

$$Ra - Rf = \text{Beta x } (Rm - Rf)$$

ó,

$$Ra = Rf + \text{Beta x } (Rm - Rf) \tag{4}$$

donde Rf es el rendimiento de los activos financieros sin riesgo.

Este modelo plantea que en un mercado competitivo la prima de riesgo es una función lineal del coeficiente Beta. Si bien, las rentabilidades Ra, Rm y Rf fluctúan a lo largo del tiempo, por la incidencia fundamentalmente, de las circunstancias económicas, las primas de riesgo de los títulos individuales y del mercado tienden a mantenerse.

Supongamos, por ejemplo, que en un momento determinado la rentabilidad esperada de la deuda sin riesgo (Rf) es del 8%, que la rentabilidad del mercado (Rm) es del 15%, siendo la Beta de la acción del Cuadro 1 igual a 1,3019. En este caso se obtiene que la prima de riesgo de esta acción es de 9,11 puntos, calculada por:

$$Pr = 1{,}3019 \times (0{,}15 - 0{,}08)$$

y su rentabilidad esperada se eleva al 17,11% según se obtiene de:

$$Ra = 0{,}08 + 1{,}3019 \times (0{,}15 - 0{,}08)$$

Al ser la Beta superior a la unidad la rentabilidad de la empresa tiene un riesgo sistemático mayor al de mercado y, en consecuencia, su rendimiento esperado se sitúa por encima del de mercado. En este caso, se añade una prima por riesgo de 9,11 puntos a la rentabilidad de los activos sin riesgo (8%) para dar una rentabilidad esperada de la empresa del 17,11%.

Si la Beta es igual a cero no hay riesgo; este es el caso de la deuda de renta fija del Estado. Si Beta es igual a la unidad el riesgo es igual al de mercado. Así, la Beta del índice general de la Bolsa es igual a la unidad y la Beta de una cartera compuesta sólo de acciones tiende hacia la unidad cuanto mayor es su diversificación.

El cuadro 2 recoge los rendimientos nominales y reales así como la prima de riesgo de cuatro tipos de títulos genéricos referidos al período de 63 años comprendido entre 1926 y 1988 en Estados Unidos de América. La inflación media durante dicho período ascendió al 3%. Por ello el rendimiento real se obtiene descontando del rendimiento nominal dicha tasa. La prima de riesgo de cada título se halla como diferencia entre su rendimiento medio y el rendimiento de la Deuda del Estado a corto a la que se asocia un riesgo nulo [4].

Cuadro 2:
ATRIBUTOS DE RENDIMIENTO Y RIESGO POR CLASE DE ACTIVO FINANCIERO[5]

Título	Rentabilidad nominal media anual	Rentabilidad real media anual	Prima de riesgo	Beta
Deuda del Estado a corto	3,6%	0,5%	0,0%	0,00
Bonos del Estado	4,7%	1,7%	1,1%	0,13
Renta fija empresas	5,3%	2,4%	1,7%	0,20
Acciones	12,1%	8,8%	8,4%	1,00

Obsérvese como a mayor riesgo se obtiene mayor rentabilidad. De la tabla anterior y aplicando la fórmula 4 se calcula la Beta de cada título, según figura en la última columna del cuadro 2.

[4] Ver nota 3.
[5] Ibbotson Associates, Mc. Citado por Brealey y Myers en Principles of corporate finance (pág. 131).

La figura 9 representa la fórmula 4 referida a los valores del cuadro 2. La recta que aparece se denomina recta del rendimiento del mercado y permite estimar la rentabilidad esperada de un título en función de su Beta. Cabe señalar que esta rentabilidad es la del tenedor del título y por ello, se calcula después de deducir el impuesto de sociedades. Esta expectativa de rendimiento permite estimar el coste de capital de los recursos propios de la empresa, según muestra el epígrafe 7.

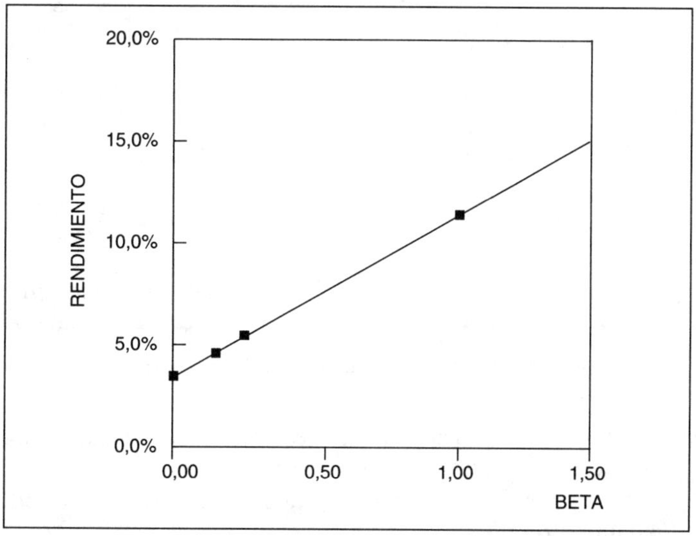

Figura 9: Recta del rendimiento del mercado

6. AJUSTE DEL COEFICIENTE BETA POR EL ENDEUDAMIENTO

Es habitual que para empresas que no cotizan en Bolsa o para evaluar proyectos de inversión se utilicen los coeficientes Betas de empresas que, perteneciendo al mismo sector, sí cotizan.

El riesgo inherente a una empresa se compone de sus riesgos industrial y financiero. El primero se relaciona, principalmente, con el sector al que pertenece y depende de la sensibilidad del mismo al ciclo económico y a la intensidad de la competencia. El segundo nace del servicio a la deuda y, por lo tanto, del endeudamiento que presente la empresa; cuanto mayor sea su endeudamiento, mayor será su riesgo financiero. Por ello, el valor de Beta observado para una empresa incorpora, también, el riesgo financiero correspondiente a su endeudamiento real. En principio, empresas de un mismo sector tendrán Betas similares excepto por la diferencia que introduzca su distinto endeudamiento. Por ello, si la Beta de una empresa se utiliza como referencia para estimar la de otra, será preciso hacer un ajuste por el endeudamiento diferencial que puedan presentar ambas compañías.

La figura 10 representa la evolución previsible de la rentabilidad en función del endeudamiento. Si la Beta de la empresa con endeudamiento e se utiliza como referencia para estimar la Beta de la empresa con endeudamiento e', será preciso efectuar la correspondiente corrección de la prima por riesgo financiero.

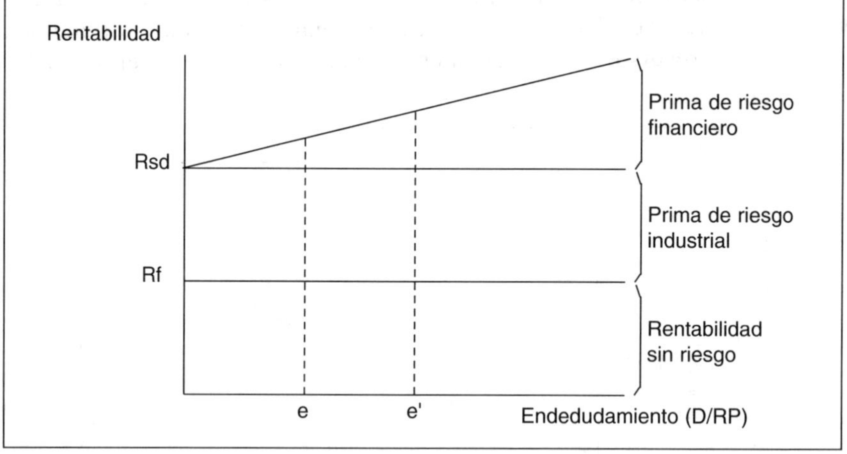

Figura 10: Prima por riesgo financiero

El procedimiento para realizar este ajuste consiste en calcular primero la Beta de la empresa de referencia en la hipótesis de que su endeudamiento sea nulo. A partir de esta Beta corregida se estima la Beta de la empresa en estudio incorporando su endeudamiento real.

Para ello, se utiliza, habitualmente, la siguiente fórmula [6]:

$$Bsd = \frac{Bcd}{\left[1 + e \times (1 - t)\right]} \quad (5)$$

donde:

Bsd es la Beta de la empresa de referencia en el supuesto de que careciese de endeudamiento.

Bcd es la Beta observada de la empresa de referencia, que incorpora su endeudamiento real.

e y t son el ratio de endeudamiento y el tipo impositivo, respectivamente, de la empresa de referencia.

---

[6] En realidad, la fórmula correcta es:

$$Bsd = \frac{Bcd}{1 + e \times (1 - t)} + \frac{Bd \times e \times (1 - t)}{1 + e \times (1 - t)}$$

donde Bd es la Beta correspondiente a la deuda. En general, el numerador del segundo término de la ecuación anterior es muy reducido por lo que se ignora dicho sumando. La Bd de la deuda de empresas solventes suele aproximarse más a 0 que a la unidad.

Bd se calcula a partir de la fórmula (4) donde i_d x (1–t) es el coste de la deuda después de impuestos.

$$i_d \times (1-t) = R_f + B_d \times (R_m - R_f)$$

Estimada Bsd se corrige a su vez, aplicando la fórmula (5) anterior, pero utilizando los nuevos valores que tomen e y t para la empresa en estudio.

Supongamos que se desea obtener la Beta de la empresa LAIKA, que no cotiza en Bolsa, a partir de la Beta observada de la empresa DEDALO que sí cotiza y que opera en el mismo sector de actividad. Por ello, presenta un riesgo industrial similar al de LAIKA.

Los datos recogidos de DEDALO son los siguientes:

Beta	=	1,5
e	=	0,5
t	=	0,27

En consecuencia, la Beta de DEDALO en la hipótesis de que no tuviese deuda sería, según la fórmula (5) anterior, de 1,099 calculada por:

$$Bsd = \frac{1,5}{\left[1 + 0,5 \times \left(1 - 0,27\right)\right]}$$

A partir de esta Beta es posible estimar la de LAIKA (Bcd') utilizando la misma fórmula pero incorporando los valores de esta empresa que supongamos que son los siguientes:

e' = 0,4
t' = 0,3

resultando,

$$Bcd' = 1,099 \times [1 + 0,4 \times (1 - 0,3)]$$

El valor obtenido de 1,407 es inferior al de DEDALO en cuanto que LAIKA está menos endeudada y, en consecuencia, tiene menos riesgo financiero.

7. APLICACIONES DEL MODELO DE VALORACION DE ACTIVOS [7]

El modelo presentado permite resolver los siguientes problemas:

7.1. Prever la rentabilidad esperada

Supongamos que se ha determinado que el coeficiente Beta de la acción de la empresa LAIKA es de 1,407. Además se prevé un rendimiento del mercado del 15%, siendo el tipo de interés de los activos sin riesgo del 8%. Entonces, la rentabilidad esperada de la acción de LAIKA será del 17,85%, estimada por.

$$Ra = 0,08 + 1,407 \times (0,15 - 0,08)$$

[7] La correcta aplicación del modelo exige utilizar los valores de mercado de recursos propios y deuda a efectos de calcular el ratio de endeudamiento.

Esta rentabilidad esperada por el mercado estima el coste de capital de los recursos propios (Crp) de LAIKA calculado después del impuesto de sociedades.

7.2. Calcular el coste medio de capital

Si el coste medio de la deuda mantenida por LAIKA es del 13%, su ratio de endeudamiento (deuda/recursos propios) es de 0,4 y su tipo impositivo del 30%, el coste medio de capital de la empresa (CCm) asciende al 15,35%, calculado por.

$$CCm = \frac{D}{D + Rp} \times Cd + \frac{Rp}{D + Rp} \times Crp$$

$$CCm = \frac{0,4}{1 + 0,4} \times \left(0,13 \times 0,7\right) + \frac{1}{1 + 0,4} \times 0,1785$$

donde 0,13 x 0,7 (9,1%) es el coste de la deuda (Cd) después de impuestos.

7.3. Determinar la tasa de descuento

Consideremos que LAIKA analiza un proyecto de inversión, en su actual línea de actividad, que se propone financiar con un ratio de endeudamiento de 0,6. Como el endeudamiento del proyecto difiere del de la empresa es preciso ajustar la Beta de LAIKA. Primero hay que calcular la Beta de la empresa sin endeudamiento; aplicando la fórmula (5) resulta un valor de 1,099.

$$Bsd = \frac{1,407}{\left[1 + 0,4 \times \left(1 - 0,3\right)\right]}$$

A continuación, se obtiene la Beta del proyecto, incorporando su propio ratio de endeudamiento en la fórmula (5), obteniéndose un valor de 1,561.

$$Bcd = 1,099 \text{ x } [1 + 0,6 \text{ x } (1 - 0,3)]$$

Hemos supuesto que el tipo impositivo aplicable al proyecto coincide con el de la empresa. De aquí se deduce que el coste de los recursos propios para calcular la tasa de descuento a aplicar, según la ecuación (4) es del 18,93%.

$$TD = 0,08 + 1,561 \text{ x } (0,15 - 0,08)$$

Para hallar la tasa de descuento basta con ponderar el coste de los recursos propios y de la deuda.

Si el proyecto se refiriese a una actividad distinta a la actual de LAIKA sería preciso identificar la Beta de una empresa de referencia que desarrollase una actividad similar a la del proyecto, siendo el método de cálculo análogo al descrito anteriormente.

7.4. Rendimiento de las divisiones

Supongamos que LAIKA está organizada por divisiones gestionándose su financiación corporativamente. Por ello, todas las divisiones tienen un ratio de endeudamiento idéntico al de la empresa de 0,4 y un coste de la deuda similar. Una de sus divisiones, denominada NOVUS, fabrica impresoras para ordenadores. Se ha identificado una empresa competidora de NOVUS que tiene una Beta de 1,1, un ratio de endeudamiento de 0,1 y un tipo impositivo de 0,27. Aplicando la fórmula (5) se obtiene la Beta sin deuda de la empresa competidora que resulta ser de 1,025.

$$\text{Bsd} = \frac{1{,}1}{\left[1 + 0{,}1 \times (1 - 0{,}27)\right]}$$

En base a esta Beta se estima la teórica de NOVUS que asciende a 1,312:

$$\text{Bcd} = 1{,}025 \text{ x } [1 + 0{,}4 \text{ x } (1 - 0{,}3)]$$

A partir de este dato, el coste de capital de los recursos propios de NOVUS resulta del 17,18%, calculado por:

$$\text{Ra} = 0{,}08 + 1{,}312 \text{ x } (0{,}15 - 0{,}08)$$

y su coste medio de capital se eleva al 14,87%, obtenido al resolver,

$$\text{CCm} = \frac{0{,}4}{1 + 0{,}4} \times (0{,}13 \times 0{,}7) + \frac{1}{1 + 0{,}4} \times 0{,}1718$$

El cálculo anterior aplica a la división los valores conocidos para LAIKA.

7.5. Calcular la Beta de la deuda

Despejando Bd de la fórmula recogida en la nota 6 de este capítulo se obtiene la Beta de la deuda a partir de:

$$\text{Bd} = \frac{\text{id} \times (1 - \text{t}) - \text{Rf}}{\text{Rm} - \text{Rf}}$$

Sustituyendo los valores indicados por LAIKA se deduce que la Beta de su deuda es de 0,157 calculada por

$$\text{Bd} = \frac{0{,}13 \times (1 - 0{,}3) - 0{,}08}{0{,}15 - 0{,}08}$$

Capítulo XIII

Cómo medir el riesgo financiero

1. NATURALEZA Y TRATAMIENTO DEL RIESGO

Se aduce, con frecuencia, que nunca como ahora es tan grande la volatilidad, es decir, la tasa de cambio del entorno, y, por lo tanto, las situaciones de incertidumbre y riesgo en las empresas. Sin embargo, este es un argumento que se viene repitiendo desde hace tiempo. Filósofos de la Grecia clásica advertían que todo cambia menos la ley del cambio. Rousseau afirmaba que en su siglo se modificaba todo en el espacio de una generación. Manuel Azaña opinaba que «...ahora la antigüedad se fabrica pronto» [1]. Igualmente, recordemos las palabras dichas en 1934 por la Dra. Juana Capdevielle [2] «...todo esto...se ha trocado, para cuantos hemos tenido que formarnos, para cuantos hemos nacido a la vida del espíritu en ese turbulento, turbio período que se llama la postguerra...» en las que ya usaba el término «turbulencia» que sería retomado después por los apologistas del caos. Más reciéntemente, Mintzberg se pregunta: ¿Por qué siempre nos parece que nuestra propia época es tan turbulenta?

Pensemos cuando la rapiña, basada en la razón de la fuerza, mudaba la propiedad de ingentes fortunas, incluso la situación de pueblos enteros. En la antigua Roma se llegaron a eliminar los impuestos ante la afluencia de riqueza procedente de los territorios conquistados. Después de la Gran Guerra la devaluación del marco alemán alcanzó unos niveles que no se han repetido en ningún país desarrollado. En 1921 el marco cotizaba a 81 por dólar; en 1923 bajó hasta más de un millón por dólar [3]. La gravedad de la crisis económica de 1929 carece de parangón posterior, afortunadamente, si exceptuamos las secuelas de los desastres de las guerras.

Habitualmente, se considera que el índice bursátil refleja con precisión las turbulencias del entorno, en cuanto que el mercado de valores es muy sensible no sólo a los cambios que se producen sino también a las meras expectativas de cambio. A este respecto, el siguiente cuadro muestra la variabilidad del rendimiento de la Bolsa en Estados Unidos de América durante el período 1926 a 1988.

La mayor variabilidad no se produce en los períodos más recientes. De hecho, en los años más próximos (1980-88), que incluyen la importante caída bursátil del 19 de Octubre de 1987, la fluctuación de este índice se situó muy por debajo del promedio del 20% anual de los 63 años contemplados por el mencionado cuadro [4].

---

[1] *Obras completas*. Tomo II. Editorial Oasis. (pág. 37).

[2] *Primeras Jornadas eugénicas de España*. Madrid 1934.

[3] *EL DINERO*. J.K. Galbraith. Orbis. (pág. 186).

[4] *Principles of corporate finance*. Brealey y Myers. 4ª edición. McGraw Hill 1991 (pág. 136).

Período	Variabilidad del rendimiento (desviación típica)
1926-39	31,9%
1940-49	16,5%
1950-59	19,8%
1960-69	14,4%
1970-79	19,2%
1980-88	12,5%
Media del período	20,0%

Ahora hay más información y más instrumentos para protegerse de las consecuencias de la turbulencia del entorno. Recordemos cómo Antonio, en el Mercader de Venecia, se arruina de repente con el hundimiento de su navío repleto de mercancías. Difícilmente, le sucedería eso en la actualidad a una empresa razonablemente gestionada. Además, ahora existen unas reglas de juego más estables, con organismos a nivel nacional e internacional, que dirimen las discrepancias, en general, en base a la fuerza de la razón.

Quizás se acude a la turbulencia como coartada, cuando suceden hechos que no se han previsto, cuando se producen sorpresas. A veces lo que se denomina azar es un refugio de la ignorancia. Aun con todo, admitamos que ahora la velocidad de cambio sea mayor que en épocas anteriores, especialmente en lo relacionado con la tecnología y las costumbres. Pero aunque esto sea cierto, actualmente, el efecto de la turbulencia sobre las empresas se ve reducido por las siguientes razones:

— La mejora de la información disponible en cuanto a volumen, fiabilidad y rapidez.

— La mayor formación de los profesionales les permite conocer e interpretar la realidad más adecuadamente.

— La creciente capacidad de las instituciones para atemperar y recortar la gravedad de los desequilibrios y de las crisis.

— La disponibilidad de instrumentos eficaces, al servicio de las empresas, para protegerse de los efectos de eventuales alteraciones del entorno.

El riesgo de una empresa expresa una situación potencial de que sus resultados esperados varíen si ocurren determinados sucesos cuya influencia sobre dichos resultados es conocida. Aunque el beneficio puede mejorar o empeorar como consecuencia de estos acontecimientos potenciales, el riesgo se asocia con un peligro latente: nadie manifiesta correr el riesgo de que le toque la lotería. Por ello, analizaremos con prioridad la posible fluctuación adversa del resultado siendo, sin embargo, la variación favorable simétrica de la anterior. Así pues, una situación de riesgo es aquella en que existen contingencias que pueden perjudicar a la empresa.

Un riesgo concreto, cuando se identifica su naturaleza y origen, se denomina exposición. Por ejemplo, si una empresa constructora ha firmado un contrato con precio fijo y cierto para construir una obra estará expuesta a que incrementos no previstos del coste de los materiales o retrasos incontrolados en el curso de los trabajos reduzcan el beneficio que presupuestó en su oferta original.

En cuanto que se conoce la relación entre esos sucesos posibles y su impacto sobre los resultados, el riesgo puede ser gestionado por la empresa. Esta no podrá influir, habitualmente, en que los sucesos ocurran o no, ni por supuesto, en la magnitud de los mismos. Pero sí podrá actuar sobre el impacto potencial de dichos hechos sobre sus resultados. En el caso de la empresa constructora citada podrá proponer cláusulas de revisión de precios, penalizaciones a la propiedad si provoca retrasos o límites que acoten las penalizaciones a las que ella misma deba responder.

Las acciones que anulan el riesgo o atenúan su incidencia, protegiendo a la empresa de posibles pérdidas, se denominan coberturas. Estas, comportan un coste ya sea explícito, con el pago asociado de una prima, o implícito en cuanto que tengan un coste de oportunidad. Se paga una prima para asegurar un edificio. Se incurre en un coste de oportunidad cuando por acotar el riesgo de impagados se rechazan pedidos de clientes a los que no se juzgan suficientemente solventes.

En general, las exposiciones tienen un comportamiento simétrico en cuanto a su capacidad de generar una pérdida o un beneficio Así, el tipo de interés puede subir, aumentando el coste del endeudamiento, pero también puede reducirse, produciendo el efecto contrario. En ocasiones no existe esta simetría como es el caso del seguro de un edificio: si se produce el siniestro puede originarse una pérdida pero si no se produce no se obtiene un beneficio.

La gestión del riesgo, que pretende sustituir la contingencia por certeza o confinar dentro de topes soportables la posible variación del resultado esperado, exige:

— Identificar la exposición a que se encuentra sometida la empresa.

— Valorar dicha exposición en términos monetarios, es decir, evaluar el importe potencial de la pérdida asociada.

— Tomar acciones de cobertura mediante medidas que ejerzan sobre los resultados efectos contrarios a los derivados de los sucesos que están en el origen de la exposición.

La bondad de estas acciones se juzga enfrentando su eficacia para combatir el riesgo con el coste de las mismas, expresado en términos absolutos y en proporción al importe de la pérdida potencial.

Son muchas las exposiciones a las que se enfrenta cualquier empresa, hasta el extremo que buena parte de la gestión empresarial consiste en la gestión del riesgo. Los hay derivados de la tecnología, del mercado, de los procesos operativos, de las fuentes de suministro, de la situación de las leyes o de las relaciones laborales. Frente a estas categorías, que se relacionan con causas operativas, se contraponen las exposiciones de índole económico financiera (en lo sucesivo financiera), es decir, aquellas que laten como consecuencia de eventuales sucesos de naturaleza financiera. Entre éstas se revisan, a continuación, los riesgos asociados con:

1. La estructura de costes de la empresa expresada por la relación entre costes variables y fijos.

2. La estructura de financiación de la empresa definida por la relación entre deuda y recursos propios.

3. La fluctuación de los tipos de interés de mercado.

4. La fluctuación de los tipos de cambio entre la moneda principal de la empresa y las divisas que utiliza en sus transacciones mercantiles y en sus operaciones de financiación e inversión.

Los criterios para tomar decisiones en este campo han de reconocer que la gestión del riesgo depende en parte importante de la actitud del decisor. Hay quien es capaz de jugar a la ruleta rusa lo que demuestra que tolera el mayor de los riesgos. Otros piensan que el riesgo es como el dolor, cuanto menos mejor.

Para realizar esta exposición se presenta un ejemplo que si bien se ha simplificado, no por ello oscurece los fenómenos asociados a la realidad. Pero la aplicación del modelo que se propone exigirá, al gestor o analista, la natural adaptación y concreción a las condiciones particulares de cada circunstancia.

2. DESCRIPCION DE LA SITUACION

APERIA es un importante fabricante español de envases de vidrio que suministra a las industrias de alimentación, farmacia y cosmética, principalmente. Dada la variedad de mercados que atiende y la exigua sensibilidad de la mayoría de los mismos al ciclo económico, las ventas de APERIA fluctúan menos que las del promedio de las empresas industriales.

Sus ventas se realizan sólo en España, careciendo de actividad exportadora, aunque sí realiza compras de materiales en el extranjero. Además, hace frente al pago regular de cánones, en un porcentaje sobre las ventas, por la utilización de licencias de tecnología extranjera. Todos estos pagos los efectúa en dólares.

El pago previsto por estos conceptos para el próximo ejercicio asciende a 10.714.286 dólares que equivalen a 1.500 millones de ptas. si se aplica el tipo de cambio de 140 ptas. por dólar contemplado en el presupuesto de APERIA. Estos costes se comportan de forma variable en función de las ventas.

El Pasivo de la empresa incluye deuda expresada en pesetas y un préstamo nominado en dólares. Toda la financiación está negociada a tipo variable, es decir, sujeta a revisión periódica en base a un tipo de mercado de referencia. A ésta tasa básica se le añade un margen pactado para establecer el tipo de interés nominal de cada operación para los sucesivos períodos. Los saldos pendientes de amortización y la tasa de interés de cada préstamo son los siguientes:

Moneda del préstamo	Saldo	Tipo nominal actual
Pesetas	6.000 millones ptas.	12%
Dólares	28.571.429 dólares	7%

Con el tipo de cambio presupuestado de 140 ptas. por dólar, el préstamo en divisa equivale a 4.000 millones de ptas. por lo que la deuda total de APERIA es de 10.000 millones de ptas. El coste medio de la financiación ajena, parámetro crucial de control de las finanzas, asciende al 10% según se muestra a continuación:

Moneda del préstamo	% participación	Coste	Contribución
Pesetas	60%	12%	7,2
Dólares	40%	7%	2,8
		Coste medio	10,0%

A finales de año se está analizando la cuenta de resultados presupuestada para el siguiente ejercicio que recoge el cuadro 1. Además, del análisis histórico y de las expectativas de la empresa y de los mercados, se estima que las ventas no fluctuarán más de un 5% en torno a la cifra presupuestada. El tipo de interés y de cambio de la peseta con el dólar se moverán en una banda del ±20% y ±15%, respectivamente, alrededor de los valores previstos.

Cuadro 1:
CUENTA DE RESULTADOS PRESUPUESTADA

	Millones de pta.	% s/ventas
Ventas	10.000	
Costes variables	– 2.500	
Costes variables en divisa	– 1.500	
Margen de contribución	6.000	60%
Costes fijos	– 3.500	
Beneficio económico	2.500	25%
Intereses deuda ptas.	– 720	
Intereses deuda divisa	– 280	
Beneficio	1.500	15%

En concreto, se desea evaluar el riesgo financiero de APERIA, implícito en la situación descrita. Los apartados que siguen revisan este riesgo desde la perspectiva financiera. Se omiten pues los riesgos que nacen de aspectos asociados con la gestión de las inversiones tanto en su relación con el entorno como en su comportamiento interno. También, se prescinde de las implicaciones fiscales para simplificar la exposición y en cuanto que ello no altera las conclusiones del análisis.

3. RIESGO DERIVADO DE LA VARIACION DE LAS VENTAS

Es habitual que una fluctuación de las ventas, cualquiera que sea la causa que la genere, provoque una disminución relativa mayor del beneficio. Sólo aquellos costes que son estrictamente variables podrán ajustarse al nuevo nivel de actividad. Pero los costes fijos permanecerán invariables, al menos en el corto plazo, lo que provoca la mencionada reducción del resultado.

Debido a esto, la empresa real en la que se basa la situación de APERIA vio caer su cifra de negocios en un 8% durante el trienio terminado en 1992. Sin embargo, su beneficio de actividades ordinarias disminuyó, en igual período, en un 77%, calculándose ambas tasas a partir de las cifras contables registradas en pesetas corrientes de cada año.

Para medir la entidad de este efecto vamos a descomponerlo en dos escalones de análisis. Uno contempla la variación del beneficio económico debida a la existencia de costes fijos no financieros. El segundo evalúa la fluctuación del beneficio antes de impuestos nacida de la existencia de gastos financieros.

3.1. Riesgo por la estructura de costes

La proporción que exista entre costes variables y fijos provoca una situación de riesgo y determina su intensidad, en cuanto que, ante una eventual caída de las ventas, el mantenimiento de los costes fijos no financieros agravarán la reducción del beneficio económico.

El término apalancamiento hace referencia a un medio para variar algo en mayor proporción que la causa que lo origina. En este sentido, el apalancamiento por estructura de costes tiene lugar cuando una variación de las ventas genera una variación relativa mayor en el beneficio económico, debido a la existencia de costes fijos.

Cuanto mayor sea la participación relativa de los costes fijos mayor será la caída del resultado que se derive de una disminución de los ingresos. Del análisis histórico de la evolución de las ventas así como de las perspectivas de la situación económica y del mercado, APERIA estima que difícilmente las ventas pueden fluctuar en más del 5% por arriba o por debajo de la cifra presupuestada. Si cayesen un 5% se obtendría un beneficio económico de 2.200 millones de ptas., inferior al presupuesto inicial, según calcula el cuadro 2. En el nuevo escenario se acepta que el margen de contribución, es decir, la diferencia entre ventas y costes variables, se mantiene en el 60% previsto en el presupuesto del cuadro 1.

Cuadro 2:
RELACION ENTRE BENEFICIO ECONOMICO Y VENTAS

	PRESUPUESTO INICIAL	CON CAIDA DE LAS VENTAS EN UN 5%	VARIACION
Ventas	10.000	9.500	– 5
Margen de contribución	6.000	5.700	– 5
Costes fijos	– 3.500	– 3.500	0
Beneficio económico	2.500	2.200	– 12

Una disminución de las ventas del 5% desencadena una reducción del 12% en el beneficio económico. Si todos los costes operativos fuesen variables el beneficio económico descendería sólo a 2.375 millones, equivalente a un 5%, coincidente con la caída porcentual de las ventas. Los 7 puntos de diferencia nacen del efecto que aquí se analiza.

Un indicador que permite medir la variación relativa del beneficio económico en relación con las ventas es el cociente entre el porcentaje de variación de dicho beneficio inducido por una variación porcentual de las ventas, y al que denominamos apalancamiento operativo (AO), es decir:

$$AO = \frac{\Delta BE / BE}{\Delta V / V} \qquad (1)$$

donde:

BE: Beneficio económico
V: Ventas
Δ: Signo que expresa variación

Este cociente se denomina, genéricamente, elasticidad y mide el cambio porcentual de una variable ante un determinado cambio porcentual de la causa que lo genera. Cuanto mayor sea su importe absoluto mayor será la interdependencia entre causa y efecto. El signo ilustra a cerca del sentido relativo de ambas variaciones. Cuando las dos se producen en el mismo, la elasticidad es positiva. Resulta negativa cuando una de las variaciones porcentuales crece mientras que la otra disminuye. Según la fórmula (1), para anticipar el cambio porcentual del beneficio económico inducido por una variación de las ventas bastará multiplicar el apalancamiento operativo por el cambio porcentual de las ventas.

— Sea MC el margen de contribución (ventas menos costes variables). Si la proporción de costes variables sobre ventas permanece constante se cumple que:

$$\frac{\Delta V}{V} = \frac{\Delta MC}{MC}$$

ya que $MC = V - c \times V = V \times (1 - c)$ e $\Delta MC = \Delta V \times (1 - c)$

donde c es el coeficiente que relaciona los costes variables con las ventas (0,4 en este ejemplo).

Además, ante un incremento de las ventas el aumento del beneficio económico es equivalente al incremento del margen de contribución pues se verifica que:

$$\Delta BE = \Delta V - \Delta CV$$

puesto que los costes fijos no variarán y siendo CV los costes variables. Recordando que $MC = V - CV$ resulta: $\Delta BE = \Delta MC$

Sustituyendo en la fórmula (1) anterior, se obtiene:

$$AO = \frac{MC}{BE} \qquad (2)$$

que expresa que el apalancamiento operativo se halla como cociente del margen de contribución y el beneficio económico expresados ambos en ptas. El valor de este índice para APERIA es de 2,4 calculado por:

$$AO = \frac{6.000}{2.500}$$

Si las ventas bajan un 5%, que es el máximo porcentaje esperado, el beneficio económico caerá un 12%, tasa que coincide con la calculada en el cuadro 2. Este –12% se obtiene, según la fórmula (1), multiplicando el apalancamiento operativo (2,4) por la máxima variabilidad esperada de las ventas (–5%).

Cuanto más próximo se esté del punto de equilibrio mayor es el apalancamiento operativo y por ello mayor es el riesgo. En efecto, cuando el beneficio económico tiende a cero, el AO tenderá a infinito. Cuando una empresa está próxima a su punto de equilibrio cualquier variación de la actividad origina una fluctuación sensiblemente superior en el beneficio, originando un riesgo por estructura de costes muy elevado.

Además, la elasticidad y en consecuencia el riesgo operativo crece al hacerlo la contribución, es decir, cuanto mayor sea la participación de los costes fijos. En sentido contrario, en ausencia de costes fijos se cumple que: MC = BE, y la elasticidad es igual a la unidad. Ahora, cualquier variación porcentual de las ventas origina una variación porcentual idéntica del beneficio económico.

Por último, cuando el margen de contribución es nulo, también lo será el apalancamiento operativo por lo que, en este caso, una variación de las ventas no altera el beneficio económico: la pérdida de la empresa iguala a los costes fijos no financieros.

Alternativamente, el AO puede calcularse por la expresión:

$$AO = \frac{\text{Contribución sobre ventas}}{\text{Beneficio económico sobre ventas}}$$

obtenida al dividir el numerador y el denominador de la (2) por la cifra de ventas. El cuadro 3 representa esta fórmula.

Cuadro 3:
VALOR DEL APALANCAMIENTO OPERATIVO

		BENEFICIO ECONOMICO SOBRE VENTAS						
		5%	10%	15%	20%	25%	30%	35%
MARGEN DE CONTRIBUCION SOBRE VENTAS	40%	8,0	4,0	2,7	2,0	1,6	1,3	1,1
	45%	9,0	4,5	3,0	2,3	1,8	1,5	1,3
	50%	10,0	5,0	3,3	2,5	2,0	1,7	1,4
	55%	11,0	5,5	3,7	2,8	2,2	1,8	1,6
	60%	12,0	6,0	4,0	3,0	2,4	2,0	1,7
	65%	13,0	6,5	4,3	3,3	2,6	2,2	1,9
	70%	14,0	7,0	4,7	3,5	2,8	2,3	2,0

Se ratifica que APERIA, con una contribución sobre ventas del 60% y un beneficio económico sobre ventas del 25%, tiene un apalancamiento operativo de 2,4.

La gestión del riesgo por estructura de costes se realiza en dos frentes. El primero actúa sobre la variabilidad de las ventas. Estas dependen del ciclo económico, de su repercusión sobre las actividades de la empresa y de su posición competitiva. Si bien el ciclo económico no puede ser gestionado por la empresa, los otros dos factores sí: las actividades realizadas en cuanto que es una decisión estratégica y la posición competitiva pues depende del comportamiento de sus factores clave de éxito y éstos, por definición, son controlables por la empresa.

Se actúa sobre la repercusión del ciclo económico mediante procesos de diversificación, seleccionando actividades poco sensibles al mismo o que se compensen en su reacción. Por ejemplo, la caída de la actividad económica reduce la venta de automóviles o de ascensores pero incrementa la demanda de mantenimiento de ambos productos.

El segundo frente aborda decisiones que afectan al comportamiento de los costes. Cuanto mayores sean, en proporción, los costes variables menor será el apalancamiento operativo y el riesgo asociado. Por ejemplo, la adquisición a terceros en vez del suministro interno de un producto o servicio convirtierte en variables costes que previamente eran fijos. Con ello, se reduce el margen de contribución y, en consecuencia, el apalancamiento operativo. La estructura de costes también se ve influida por las tecnologías que se apliquen. Así, la automatización y la robotización incrementan la participación de los costes fijos en detrimento de los variables.

3.2. Riesgo por la estructura de financiación

Pero una disminución de las ventas proyecta su influencia sobre escalones inferiores de la cuenta de resultados, más allá del beneficio económico. En efecto, la eventual reducción de las ventas no se ve correspondida con una caída de los gastos financieros. Estos dependen del volumen de deuda y ésta no se ajusta, al menos de inmediato, a la menor actividad. Por ello, los gastos financieros se comportan, habitualmente, como costes fijos por lo que una disminución del beneficio económico provocará una variación mayor en el beneficio antes de impuestos. El cuadro 4 muestra cómo una variación del 12% del beneficio económico (BE), nacida de una caída de las ventas del 5%, desencadena una disminución del beneficio antes de impuestos (BAI) del 20%.

Cuadro 4:
RELACION ENTRE BENEFICIO ANTES DE IMPUESTOS Y BENEFICIO ECONOMICO

	PRESUPUESTO	CAIDA DE LAS VENTAS DEL 5%	VARIACION
Beneficio económico	2.500	2.200	–12%
Intereses	–1.000	–1.000	0%
Beneficio	1.500	1.200	–20%

De manera análoga al apartado anterior, podemos medir la variación porcentual del beneficio antes de impuestos (BAI) ante una determinada variación porcentual del beneficio económico mediante la elasticidad del BAI al BE es decir:

$$AF = \frac{\Delta BAI / BAI}{\Delta BE / BE}$$

donde AF es el denominado apalancamiento financiero de la empresa. Si consideramos que los intereses son fijos cualquier variación del BE provoca una variación, en términos absolutos, idéntica del BAI, es decir, se verifica que

$$\Delta BE = \Delta BAI$$

luego,

$$AF = \frac{BE}{BAI} \qquad (3)$$

Cuanto mayor es la diferencia entre BE y BAI mayor es la elasticidad. Como esta diferencia representa los gastos financieros concluimos que al crecer éstos aumenta el riesgo por estructura de financiación. El apalancamiento financiero es igual a la unidad si BE y BAI coinciden, es decir, si no hay gastos financieros. Cuando el BAI es cero, la elasticidad se hace infinita, indicando que cualquier caída de la actividad y en consecuencia del beneficio económico, originará pérdidas.

El apalancamiento financiero de APERIA resulta según la fórmula (3):

$$AF = \frac{2.500}{1.500} = 1{,}667$$

es decir, cualquier variación porcentual del beneficio económico induce una variación 1,667 veces mayor del beneficio antes de impuestos. Si el BE disminuye un 12% el beneficio antes de impuestos de APERIA caerá un 20%, obteniéndose este porcentaje como producto del apalancamiento financiero (1,667) y la volatilidad esperada del beneficio económico (–12%).

Dividiendo el numerador y el denominador del segundo término de la fórmula (3) por las ventas se obtiene que el apalancamiento financiero se calcula también como cociente del beneficio económico y el beneficio, ambos expresados en porcentaje sobre las ventas. El cuadro 5 ofrece el valor del apalancamiento financiero en función del valor que tomen los dos parámetros que lo determinan. Las celdas que aparecen en blanco son aquellas en las que el beneficio económico sobre ventas es inferior al beneficio antes de impuestos. Lógicamente, el primero no puede ser nunca inferior al segundo por lo que las celdas omitidas carecen de validez.

La gestión de esta exposición de riesgo se realiza a través de la estructura de financiación por la que se opte. Cuanto mayor sea la participación de la deuda, en detrimento de los recursos propios, mayor será la entidad de este riesgo.

Cuadro 5:
VALOR DEL APALANCAMIENTO FINANCIERO

		BENEFICIO ECONOMICO SOBRE VENTAS						
		5%	10%	15%	20%	25%	30%	35%
	1%	5,0	10,0	15,0	20,0	25,0	30,0	35,0
	3%	1,7	3,3	5,0	6,7	8,3	10,0	11,7
	5%	1,0	2,0	3,0	4,0	5,0	6,0	7,0
BENEFICIO	7%		1,4	2,1	2,9	3,6	4,3	5,0
ANTES DE	9%		1,1	1,7	2,2	2,8	3,3	3,9
IMPUESTOS	11%			1,4	1,8	2,3	2,7	3,2
SOBRE VENTAS	13%			1,2	1,5	1,9	2,3	2,7
	15%			1,0	1,3	1,7	2,0	2,3
	17%				1,2	1,5	1,8	2,1
	19%				1,1	1,3	1,6	1,8

3.3. Apalancamiento conjunto

Los efectos recogidos en los dos apartados anteriores se agregan para expresar la variación porcentual del beneficio antes de impuestos ante una variación porcentual de las ventas. Esta elasticidad del BAI en relación a las ventas, representada por e_v, se obtiene como producto del apalancamiento operativo y del apalancamiento financiero, según se muestra a continuación.

$$e_v = \frac{\Delta BAI / BAI}{\Delta V / V} = \frac{(\Delta BA / BAI) / (\Delta BE / BE)}{(\Delta BE / BE) / (\Delta V / V)}$$

y sustituyendo ambas elasticidades por sus valores según las fórmulas (2) y (3):

$$e_v = \frac{MC}{BAI}$$

Para APERIA se obtiene para e_v, un valor de 4, calculado por:

$$e_v = \frac{6.000}{1.500}$$

que indica que una variación porcentual de las ventas se multiplica por 4 en su impacto sobre el cambio porcentual del BAI. Como muestran los Cuadros 2 y 4 una variación de las ventas del 5%, correspondiente a la máxima variación esperada de las mismas, supone un cambio del BAI 4 veces superior, es decir del 20%.

Este riesgo conjunto también se estima como cociente entre el margen de contribución y el beneficio antes de impuestos, expresados ambos en porcentaje sobre ventas. El cuadro 6 ofrece la elasticidad del beneficio a las ventas para varias combinaciones del margen de contribución y del beneficio antes de impuestos.

En resumen, el riesgo de la empresa por una eventual caída de su actividad, medida por la cifra de negocios, depende de su apalancamiento operativo y financiero y de la variabilidad potencial o volatilidad de las ventas. Cuanto mayores sean estos tres parámetros mayor será la exposición.

Cuadro 6:
APALANCAMIENTO DE VENTAS

		MARGEN DE CONTRIBUCION SOBRE VENTAS						
		40%	45%	50%	55%	60%	65%	70%
BENEFICIO ANTES DE IMPUESTOS SOBRE VENTAS	1%	40,0	45,0	50,0	55,0	60,0	65,0	70,0
	3%	13,3	15,0	16,7	18,3	20,0	21,7	23,3
	5%	8,0	9,0	10,0	11,0	12,0	13,0	14,0
	7%	5,7	6,4	7,1	7,9	8,6	9,3	10,0
	9%	4,4	5,0	5,6	6,1	6,7	7,2	7,8
	11%	3,6	4,1	4,5	5,0	5,5	5,9	6,4
	13%	3,1	3,5	3,8	4,2	4,6	5,0	5,4
	15%	2,7	3,0	3,3	3,7	4,0	4,3	4,7
	17%	2,4	2,6	2,9	3,2	3,5	3,8	4,1
	19%	2,1	2,4	2,6	2,9	3,2	3,4	3,7

4. RIESGO POR TIPO DE INTERES

El análisis del riesgo financiero de la empresa exige también revisar la incidencia sobre el beneficio antes de impuestos de una eventual variación del tipo de interés vigente en el mercado.

El tipo de interés experimenta fluctuaciones significativas por ser un instrumento de la política económica de un país y estar afectado por la influencia de las actuaciones de otros países. En España, el año 1987 fue paradigmático a este respecto. El Mibor a plazo de un mes arrancó a primeros de año desde una tasa ligeramente inferior al 12%. No dejó de subir durante el primer semestre, superando ampliamente, la tasa del 20%. Después, se deslizó, ininterrumpidamente, hasta cerrar el año con un valor en torno al 14%.

A fin de medir el riesgo por tipo de interés recurrimos al concepto de elasticidad aplicado a las variables relevantes, obteniendose:

$$e_i = \frac{\Delta BAI / BAI}{\Delta i / i} \qquad (4)$$

Sólo la deuda contratada a tipo variable, es decir aquella cuya tasa de remuneración se revisa periódicamente añadiendo un diferencial a un tipo de interés de referencia, es sensible al cambio del tipo de interés de mercado. Un fenómeno similar se produce en operaciones de activo, es decir, de inversión de excedentes financieros. En lo que sigue nos limitaremos a las operaciones de endeudamiento aunque la aplicación a inversiones de efectivo es similar.

Para calcular el valor del índice e_i anterior expresemos que el beneficio antes de impuestos se obtiene restando del beneficio económico los gastos financieros, incluyendo éstos los debidos a la deuda a tipo fijo y a tipo variable. En consecuencia:

$$BAI = BE - i \times Dv - GFf \tag{5}$$

donde i es el coste medio de la deuda contratada a tipo variable, Dv es el importe de la misma y GFf son los intereses de la deuda contratada a tipo fijo. Si en un momento dado se produce un cambio del tipo de mercado, sólo se verá afectado el coste de la deuda a tipo variable, obteniéndose el nuevo beneficio antes de impuestos por la expresión:

$$BAI + \Delta BAI = BE - (i+\Delta i) \times Dv - GFf \tag{6}$$

Restando de (6) la expresión (5) se obtiene:

$$\Delta BAI = -\Delta i \times Dv$$

esto es $\Delta BAI/\Delta i = -Dv$ que sustituida en (4) permite medir el riesgo por tipo de interés mediante la expresión:

$$\frac{\Delta BAI / BAI}{\Delta i / i} = \frac{-i \times Dv}{BAI} \tag{7}$$

indicando el signo negativo que un incremento del tipo de interés provoca una disminución del BAI y viceversa. La fórmula anterior también puede expresarse como cociente con, signo negativo, entre los gastos financieros de la deuda a tipo variable y el beneficio antes de impuestos, es decir,

$$e_i = -\frac{I_v}{BAI}$$

donde I_v son los intereses en importe correspondientes a la deuda a tipo variable.

El riesgo al tipo de interés crece cuanto mayor es el coste de la deuda a tipo variable y el importe de ésta y menor el BAI. Cuando el BAI es cero la elasticidad es infinita. Igualmente, si no hay deuda a tipo variable esta exposición se anula, es decir el BAI no se ve afectado por una oscilación del tipo de referencia de mercado.

Si la empresa dispone de diferentes operaciones de endeudamiento de naturaleza variable con tipos de referencia que pueden oscilar de manera distinta, la fórmula (7) se puede aplicar por separado a cada operación a fin de medir el riesgo por interés debido a cada una. La elasticidad conjunta es la suma de las elasticidades individuales. La volatilidad conjunta es el promedio de las elasticidades ponderadas por los intereses respectivos. El riesgo conjunto calculado como producto de la elasticidad por la volatilidad, es igual a la suma de los riesgos de las operaciones individuales.

En el ejemplo que se comenta consideraremos, para simplificar, que las tasas de referencia de ambas operaciones, en pesetas y en dólares, fluctúan de manera análoga. Así, en el caso de APERIA la deuda a tipo variable es de 10.000 millones de ptas. y su coste medio del 10%, resultando la contingencia por tipo de interés igual a –0,667 según:

$$e_i = \frac{-i \times Dv}{BAI} = -\frac{0{,}10 \times 10.000}{1.500}$$

Si suponemos que el mercado atraviesa una fase de fuerte volatilidad y que i puede incrementarse en un 20%, el riesgo de variación porcentual del BAI sería del –13,33%. El Cuadro 7 simula el efecto que tendría una eventual subida del tipo de interés de mercado en el 20%, confirmándose los resultados ofrecidos por la fórmula (7).

Cuadro 7:
RELACION ENTRE EL BENEFICIO ANTES DE IMPUESTOS Y LA TASA DE INTERES

	PRESUPUESTO		
	INICIAL	SUBIDA DE TIPOS 20%	VARIACION %
Beneficio económico	2.500	2.500	0%
Intereses deuda ptas.	– 720	– 864	20%
Intereses deuda divisa	– 280	– 336	20%
Beneficio (BAI)	1.500	1.300	– 13,33%

La gestión de este tipo de contingencia se realiza limitando el impacto en el BAI de variaciones en el tipo de interés de mercado. Esto se consigue, en primer lugar, a través de decisiones relacionadas con el nivel de endeudamiento y con la forma de contratar la deuda. En principio, cuanto menores sean el endeudamiento y la parte variable de la deuda menor será la entidad del riesgo que se comenta.

Además las finanzas empresariales disponen de una gama amplia de instrumentos, denominados productos derivados, que permiten reducir el nivel de riesgo por tipo de interés. Entre estos productos, ofrecidos por las instituciones financieras, cabe citar:

— **Opciones de tipo de interés:** permiten acotar el tipo de interés aplicable a una operación entre un máximo (techo) o mínimo (suelo). Por ejemplo, se puede contratar financiación a tipo variable pero de modo que el tipo máximo aplicable sea del 16% o, alternativamente, que esté comprendido entre el 10% y el 16%.

— **Permuta de tipo de interés:** posibilitan pasar de operaciones contratadas a tipo fijo a otras contratadas a tipo variable, y viceversa, facilitando así el ajuste a las expectativas que se perciban en el mercado. Por ejemplo, si una empresa mantiene operaciones a tipo variable y anticipa una subida de los tipos de mercado, podría, mediante una permuta de tipo de interés, reconvertir sus operaciones de naturaleza variable a otras de tipo fijo.

— **Acuerdos de interés futuro:** ofrecen la posibilidad de fijar anticipadamente el tipo aplicable a una operación financiera ya sea de activo o de pasivo.

Por ejemplo, si dentro de tres meses se precisa un préstamo a un año, es posible fijar hoy su tipo de interés que se aplicará cuando llegue el momento de su contratación.

La concertación de esta clase de productos derivados supone un coste para la empresa bien mediante el pago de una prima o bien incluido en las condiciones intrínsecas de la operación. El pago de una prima es habitual en la contratación de opciones y permutas. Los acuerdos de interés futuro incorporan el coste en las condiciones intrínsecas de la operación.

El cuadro 8 ofrece los valores de la elasticidad de interés para varias combinaciones de sus parámetros explicativos, expresados ambos en proporción a las ventas.

En resumen, la intensidad del riesgo por tipo de interés depende del producto de la elasticidad del beneficio antes de impuestos al tipo de interés y de la volatilidad esperada para este parámetro. Por último, si la empresa ha contratado coberturas para este riesgo, la volatilidad a incluir en el índice de evaluación de este riesgo no será la esperada en el mercado sino la efectiva para la empresa, originada por dichas coberturas.

Cuadro 8:
ELASTICIDAD DEL BENEFICIO AL TIPO DE INTERES

		INTERESES DEUDA VARIABLE SOBRE VENTAS						
		3%	6%	9%	12%	15%	18%	21%
BENEFICIO ANTES DE IMPUESTOS SOBRE VENTAS	1%	3,0	6,0	9,0	12,0	15,0	18,0	21,0
	3%	1,0	2,0	3,0	4,0	5,0	6,0	7,0
	5%	0,6	1,2	1,8	2,4	3,0	3,6	4,2
	7%	0,4	0,9	1,3	1,7	2,1	2,6	3,0
	9%	0,3	0,7	1,0	1,3	1,7	2,0	2,3
	11%	0,3	0,5	0,8	1,1	1,4	1,6	1,9
	13%	0,2	0,5	0,7	0,9	1,2	1,4	1,6
	15%	0,2	0,4	0,6	0,8	1,0	1,2	1,4
	17%	0,2	0,4	0,5	0,7	0,9	1,1	1,2
	19%	0,2	0,3	0,5	0,6	0,8	0,9	1,1

5. RIESGO POR TIPO DE CAMBIO

Es el que surge como consecuencia de posibles fluctuaciones de las cotizaciones relativas de las monedas. APERIA soporta este riesgo por realizar pagos en dólares, tanto de naturaleza comercial como por operaciones financieras.

La entidad de este riesgo se manifiesta con especial intensidad en aquellas ocasiones en las que el mercado de cambios fluctúa muy rápidamente de modo que puede coger por sorpresa a quienes mantienen exposiciones importantes. Así sucedió, por ejemplo, en septiembre de 1992 cuando la peseta sufrió una brusca y fuerte devaluación respecto a las principales divisas. Las pérdidas conjuntas de las principales empresas del sector eléctrico, se estimaron en varias decenas de miles de millones de ptas. [5]. Estas pérdidas se calcularon en base a los saldos en divisa de cada una de las empresas consideradas.

La entrada de la peseta en 1989 en el Sistema Monetario Europeo y la aplicación de bandas de cambio, redujo las fluctuaciones de esa moneda en relación con el resto de las europeas. Sin embargo, igual que todavía se producen fuertes terremotos a pesar de que la actividad sísmica se va debilitando, también se producen oscilaciones de importancia en los tipos de cambio entre las monedas Europeas como consecuencia de reajustes de sus bandas de cotización relativas. Además, no se puede olvidar que quedan fuera de dicho Sistema importantes monedas del comercio internacional.

Supongamos que la volatilidad del tipo de cambio de la peseta en relación al dólar sea del 15%. Esto quiere decir que son razonables fluctuaciones del tipo de cambio que oscilen en el intervalo de más menos 15% sobre 140 ptas./dólar. A efectos de hacer emerger el riesgo veamos que le sucedería al presupuesto de APERIA del cuadro 1 si el tipo de cambio pasase de 140 a un 15% más, es decir, a 161. Se considera una devaluación de la peseta en cuanto que la empresa realiza pagos en divisa pero carece de cobros. En este caso, pues, la exposición nace de una eventual depreciación de la peseta en relación al dólar. El cuadro 9 recoge el resultado de esta contingencia.

Cuadro 9:
RELACION ENTRE EL BENEFICIO ANTES DE IMPUESTOS Y EL TIPO DE CAMBIO

	Presupuesto	Devalaución 12%	Variación %
Ventas	10.000	10.000	
Costes variables ptas.	– 2.500	– 2.500	
Costes variables $	–1.500	– 1.725	15,0
Margen de contribución	6.000	5.775	– 3,75
Costes fijos	– 3.500	– 3.500	
Beneficio económico	2.500	2.275	– 9,0
Intereses deuda ptas.	– 720	– 720	
Intereses deuda divisas	– 280	– 322	15,0
Resultado	1.500	1.233	– 17,8
Pérdida patrimonial		– 600	
Beneficio	1.500	633	– 57,8

Los costes variables que en divisa ascienden a 10.714.286 dólares se convierten al nuevo cambio de 161, en 1.725 millones de ptas. Igualmente, los intereses del préstamo en divisa que suponen 2 millones de dólares, con la depreciación se elevan a 322 millones de ptas. Como consecuencia de ambos efectos, que varían en proporción a la devaluación, el resultado se reduce en un 17,8%.

[5] *Expansión*. 28 de Septiembre 1992. Pág. 8.

Pero hay otro impacto debido a la devaluación, que es la repercusión sobre el saldo de la deuda nominada en divisa y que asciende a 28.571.429 dólares. La misma deuda en dólares equivale a distintos importes en pesetas según sea el tipo de cambio de la divisa. De hecho, la diferencia entre el tipo de cambio contingente y el presupuestado aumenta la deuda de APERIA en:

$$28.571.429 \times (161 - 140) = 600 \text{ millones de ptas.}$$

que mide la pérdida patrimonial que puede producirse si se materializa la devaluación potencial estimada.

Esta pérdida es súbita y surge en el momento que se produce la devaluación, con independencia de que la devolución del préstamo no sea inmediata y de los criterios contables que se apliquen. La cancelación anticipada del préstamo, por ejemplo, se debería hacer al tipo de cambio vigente. Así pues la reducción del BAI estimada en el cuadro 9 incluye este efecto adicional sobre el principal, produciéndose una disminución del beneficio antes de impuestos del 57,8%.

Para obtener un indicador del nivel de exposición por este concepto basta con reconocer que el beneficio es igual a las ventas menos los costes diferenciando ambas partidas según sean en pesetas y en divisa, es decir:

$$BAI = Vm + tc \times Vd - Cm - tc \times Cd$$

donde:

Vm: son las ventas realizadas en moneda local
Vd: son las ventas realizadas y valoradas en divisa
tc: es el tipo de cambio
Cm: son los costes nominados en la moneda local
Cd: son los costes nominados en divisa

y suponiendo que sólo interviene una divisa. El producto de tc por Vd ó Cd corresponde, respectivamente, a las ventas o los costes producidos en divisa pero expresados en pesetas.

Sea la diferencia Vd – Cd el ingreso neto en divisa (Ind) de modo que la fórmula anterior se simplifica a:

$$BAI = Vm - Cm + tc \times Ind$$

Si el tipo de cambio experimenta una variación de Δtc el nuevo BAI será:

$$BAI + \Delta BAI = Vm - Cm + (tc + \Delta tc) \times Ind$$

Restando de esta fórmula la anterior, se obtiene

$$\Delta BAI = \Delta tc \times Ind$$

y sustituyendo en la expresión de la elasticidad del beneficio al tipo de cambio se obtiene:

$$e_i = \frac{\frac{\Delta BAI}{BAI}}{\frac{\Delta tc}{tc}} = \frac{\frac{\Delta tc \times Ind}{BAI}}{\frac{\Delta tc}{tc}} = \frac{tc \times Ind}{BAI} \qquad (8)$$

donde tc x Ind es, como se anticipó, el equivalente en la moneda local del ingreso neto en divisa. El riesgo por tipo de cambio crece con tc e Ind y cuanto menor sea el BAI. Lógicamente, si Ind es cero esta contingencia se anula. Si BAI es cero, la exposición se hace infinita.

Para incluir en la fórmula (8) el efecto sobre el saldo del préstamo en dólares, basta con añadir a Ind dicho principal. Así, Ind recogerá no sólo las ventas y costes en divisa si no también las partidas del Balance nominadas en divisa.

En el caso de APERIA, donde todas las ventas son en pesetas, el importe en ptas. de estas partidas en divisa son:

	Millones de ptas.
Costes variables	– 1.500
Intereses	– 280
Principal préstamo	– 4.000
Equivalente en ptas. de Ind	–5.780

por lo que la elasticidad resulta ser de –3,85, calculada por:

$$e_i = \frac{-5.780}{1.500}$$

La variación porcentual del tipo de cambio se multiplica por –3,85 en su efecto sobre el BAI. Como la volatilidad máxima del tipo de cambio se estima en el 15%, el riesgo será del –57,8% (–3,85 x 15%), coincidente con el cuadro 9.

El elevado importe de esta elasticidad refleja el alto riesgo existente a una variación del tipo de cambio. Ello es consecuencia de que APERIA paga costes en dólares y, además, está también endeudada en esta divisa por un importe significativo, reforzándose ambos efectos. No parece que la decisión de financiarse en dólares sea acertada en este caso.

La fórmula (8) puede calcularse también dividiendo numerador y denominador por las ventas. El cuadro 10 muestra los valores que toma este riesgo de cambio en base a distintas combinaciones de sus parámetros explicativos.

Cuadro 10:
ELASTICIDAD DEL BENEFICIO AL TIPO DE CAMBIO

		INGRESO NETO EN DIVISAS SOBRE VENTAS						
		5%	15%	25%	35%	45%	55%	65%
BENEFICIO ANTES DE IMPUESTOS SOBRE VENTAS	1%	5,0	15,0	25,0	35,0	45,0	55,0	65,0
	3%	1,7	5,0	8,3	11,7	15,0	18,3	21,7
	5%	1,0	3,0	5,0	7,0	9,0	11,0	13,0
	7%	0,7	2,1	3,6	5,0	6,4	7,9	9,3
	9%	0,6	1,7	2,8	3,9	5,0	6,1	7,2
	11%	0,5	1,4	2,3	3,2	4,1	5,0	5,9
	13%	0,4	1,2	1,9	2,7	3,5	4,2	5,0
	15%	0,3	1,0	1,7	2,3	3,0	3,7	4,3
	17%	0,3	0,9	1,5	2,1	2,6	3,2	3,8
	19%	0,3	0,8	1,3	1,8	2,4	2,9	3,4

La gestión de esta exposición se realiza de dos formas principales. La más evidente consiste en eliminar el nacimiento de la exposición, o limitar su entidad. Acciones encaminadas a este fin son, por ejemplo:

— utilizar sólo moneda local en cobros y pagos y operaciones financieras.

— ajustar los cobros en una divisa con el momento de pago en la misma divisa, compensándose entre sí cualquier oscilación del tipo de cambio que pueda producirse en el intermedio.

— negociar con clientes y proveedores bandas límites para las fluctuaciones de la divisa, de modo que se acote el riesgo por tipo de cambio.

— introducir cláusulas multidivisa para diversificar el riesgo y en la esperanza que la devaluación de la moneda local en relación con unas divisas se compense con su apreciación frente a otras.

Otra forma de gestionar el riesgo por tipo de cambio consiste en instrumentar acciones de cobertura, tales como:

— realizar acuerdos para la compra o venta de divisas a plazo de manera que se fije el cambio a aplicar a una operación futura. Estos contratos se denominan seguros de cambio.

— concertar opciones que den el derecho a comprar o vender una divisa, en el futuro, a un tipo de cambio prefijado y mediante el pago de una prima.

— invertir o financiarse en divisa con vencimientos e importes coincidentes con el pago o cobro respectivamente, de operaciones concertadas en la misma divisa. De este modo, el resultado de la operación financiera compensará el de la operación comercial a la que cubre.

— realizar contratos de permuta financiera en divisas en forma tal que se pueda intercambiar la divisa de una operación por otra divisa en función de las expectativas de evolución de los tipos de cambio del mercado. El primer contrato importante de este tipo tuvo lugar en 1981, por un importe de 290 millones de dólares, entre IBM y el Banco Mundial. Este Banco deseaba acceder a financiación en marcos alemanes y francos suizos por tener unos tipos de interés reducidos. Sin embargo, tropezaba con la incapacidad de ambos mercados para absorber un importe tan elevado. IBM ya disponía de financiación en esas divisas, como consecuencia de su implantación comercial en Europa. En esa época deseaba convertir parte de su financiación a dólares al objeto de materializar el beneficio obtenido como consecuencia de la apreciación experimentada por el dolar. En consecuencia procedieron a contratar una permuta de divisas mediante el cual el Banco Mundial realizó, previamente, una emisión en dólares y permutó sus flujos con IBM, quedándose a tipo variable. Por su parte, IBM convirtió su deuda a dólares y a tipo de interés fijo [6].

---

[6] *Mercados financieros internacionales*. Ontiveros, Bergés, Manzano y Valero. Espasa Calpe (2ª edición) 1991 (pág. 549).

Cabe señalar que si la empresa maneja varias divisas la fórmula (8) se puede aplicar para cada una de ellas, incluyendo las partidas y tipos de cambio respectivos. Así se obtiene una medida del riesgo asociado a cada divisa, multiplicando su elasticidad por su volatilidad. El riesgo conjunto se calcula sumando, con su signo, los riesgos asociados a cada divisa medidos por el porcentaje esperado de variación del resultado, lo que equivale a la suma de los productos de la elasticidad y la volatilidad de cada divisa. La elasticidad conjunta es la suma de las elasticidades individuales y la volatilidad conjunta se obtiene ponderando las individuales por el importe de cada divisa expresado en pesetas.

Finalmente, es de aplicación el criterio para calcular la volatilidad del tipo de cambio comentada para el tipo de interés: el cálculo de la volatilidad ha de contemplar las coberturas concertadas.

6. INTEGRACION DE RIESGOS FINANCIEROS

Los epígrafes anteriores han introducido los índices de riesgo de cada exposición calculada aisladamente. Si se desea conocer la exposición máxima de la empresa en el caso de que se produzcan, simultáneamente, todos los sucesos adversos basta con simular la cuenta de resultados en dicho escenario. El cuadro 11 muestra que, en esa circunstancia, el beneficio será de 135,85 millones de ptas. en vez de los 1.500 presupuestados, con una caída del 90,94% equivalente a 1.364,15 millones de ptas.

Cuadro 11:
RESULTADO DE APERIA EN ESCENARIO DE MAXIMA EXPOSICION

	PRESUPUESTO INICIAL	MAXIMA EXPOSICION	VARIACION EN %
Ventas	10.000	9.500,00	– 5,0%
Costes variables en ptas.	– 2.500	– 2.375,00	– 5,0%
Costes variables en divisa	– 1.500	– 1.638,75	9,3%
Margen de contribución	6.000	5.486,25	– 8,6%
Costes fijos	– 3.500	– 3.500,00	
Beneficio económico	2.500	1.986,25	– 20,6%
Intereses deuda ptas.	– 720	– 864,00	20,0%
Intereses deuda divisa	– 280	– 386,40	38,0%
Resultado	1.500	735,85	– 50,9%
Pérdida patrimonial deuda	0	– 600,00	
Beneficio	1.500	135,85	– 90,9%

Los costes variables en divisa ante una caída de las ventas del 5% y un aumento del tipo de cambio hasta 161 ptas./dólar se calculan por,

$$1.500 \times 0,95 \times 161/140 = 1.638,75 \text{ millones de ptas.}$$

y los intereses de la deuda nominada en dólares, ante la mencionada depreciación de la peseta y el aumento en un 20% del tipo de interés, se obtienen por

$$4.000 \times 0{,}07 \times 1{,}2 \times 161/140 = 386{,}4 \text{ millones de ptas.}$$

donde 4.000 representa el principal y 0,07 el tipo de interés real del préstamo.

Analíticamente, si se materializan los tres efectos simultáneamente, la variación relativa del beneficio antes de impuestos se estima por la siguiente fórmula [7]:

$$I_r = e_v \times \frac{\Delta v}{v} + e_i \times \frac{\Delta i}{i} + e_t \frac{\Delta tc}{tc} + \frac{Ind'}{BAI} \times \frac{\Delta v}{v} \times \frac{\Delta tc}{tc} - \frac{Id}{BAI} \times \frac{\Delta tc}{tc} \times \frac{\Delta i}{i} \qquad (9)$$

donde:

e_v: elasticidad de ventas
e_i: elasticidad del tipo de interés
e_t: elasticidad del tipo de cambio
– Ind': partidas en divisa expresadas en pesetas
– Id: intereses de la deuda en divisa expresadas en pesetas
i: tipo de interés
tc: tipo de cambio

y siendo el Indice de riesgo igual a:

$$I_r = \frac{\Delta BAI}{BAI}$$

Los dos últimos sustraendos del segundo término de la fórmula (9) recogen el efecto de las interacciones entre la variación del tipo de cambio tc y las variaciones de las ventas y el tipo de interés respectivamente. Por ejemplo, si caen las ventas también lo harán las partidas variables en divisa agravándose así el impacto desfavorable sobre las mismas derivado de la devaluación de la peseta. Igualmente, una subida del tipo de interés de la deuda variable contratada en divisa se amplificará si, simultáneamente, se produce una devaluación de la peseta.

Para el caso de APERIA se obtiene

$$I_r = -\,0{,}2000 - 0{,}1333 - 0{,}5780 + 0{,}0075 - 0{,}0056 = -0{,}9094$$

es decir la exposición máxima previsible supone una disminución del beneficio antes de impuestos del 90,94% con lo que se reduciría en 1.364,15 millones de ptas. De este modo, el beneficio se reduce a 135,85 millones de ptas. cifra que coincide con la estimada en el cuadro 11.

Para hallar los signos en la expresión anterior hay que tener en cuenta los signos de las elasticidades y los de las variables causales.

Obsérvese cómo el efecto de las tres exposiciones consideradas aisladamente (0,2000 + 0,1333 + 0,5780 = 0,9113) coincide con la suma de las pérdidas máximas

---

[7] Esta fórmula ha sido obtenida con la colaboración del matemático Gerardo Espejo-Saavedra. El lector interesado en disponer de su deducción puede solicitarla al autor.

que genera cada exposición por separado y que se recogen en la última columna del cuadro 12. La diferencia entre dicha suma y el valor del propuesto índice de exposición se debe a las interacciones entre los efectos de las variables causales.

En realidad la fórmula (9) puede simplificarse a:

$$I_r = e_v \times v_v + e_i \times v_i + e_t \times v_t$$

dados los reducidos valores que, en general, toman los componentes de interacción entre efectos comentados. En la fórmula anterior:

v_v = volatilidad esperada de las ventas

v_i = volatilidad esperada del tipo de interés

v_t = volatilidad esperada del tipo de cambio

De la fórmula (9) se deduce que el índice de exposición es mayor cuanto más elevada sea la sensibilidad del beneficio a variaciones de las variables causales y cuanto más elevadas sean las volatilidades estimadas para dichas variables.

El alto valor del índice de exposición de Aperia (–90,94%) revela un riesgo financiero elevado que exigirá la adopción de acciones de cobertura a fin de proteger el beneficio presupuestado.

Cuadro 12:
RESUMEN DE LAS EXPOSICIONES FINANCIERAS

ELASTICADAD POR	INDICE DE MEDIDA DEL RIESGO	VALOR PARA APERIA	VOLATILIDAD DE VBLE CAUSAL	VARIACION MAXIMA DEL BENEFICIO	PERDIDA MAXIMA EN MPTS.
VENTAS	MC/BAI	4	– 5%	– 20%	300
– COSTES OPERATIVOS	MC/BE	2,4			
– GASTOS FINANCIEROS	BE/BAI	1,667			
TIPO DE INTERES	– ixDv/BAI	0,667	+ 20%	– 13,33%	200
TIPO DE CAMBIO	t_c x Ind/BAI	– 3,85	– 15%	– 57,8%	867
TOTAL				– 91,13%	1367
EXPOSICION MAXIMA	FORMULA (9)			– 90,94%	1364,15

La selección de los instrumentos de cobertura se deberá realizar teniendo en cuenta los siguientes criterios principales:

1. Eficacia del instrumento, entendida como su funcionalidad para realizar adecuadamente la cobertura de la exposición, en forma y plazo.

2. Coste de la cobertura calculado en términos absolutos o en porcentaje del valor potencial de la exposición.

3. Flexibilidad de modo que permita reconducir la cobertura, a un coste razonable, en función de cómo evolucione la exposición relacionada.

Esta evaluación deberá permitir comparar los instrumentos de cobertura alternativos y se ajustará para cada operación a cubrir en cuanto que, de una actuación a otra, pueden haber cambiado las condiciones del mercado.

Por último, puesto que las coberturas tienen, en general, un coste y el perfil de riesgo tiene una simetría con el perfil de ganancia, en el campo de la gestión del riesgo un exceso de prudencia (cobertura total) puede resultar imprudente.

7. DURACION Y RIESGO DE INTERES

La evaluación del riesgo por tipo de interés, realizada en el epígrafe 4 anterior, se refiere a la deuda contratada a tipo variable y limita la repercusión sobre el resultado de una eventual variación del tipo de mercado a un solo período (un año en el ejemplo descrito). Cuando la operación financiera está negociada a tipo fijo, una fluctuación del tipo de interés de mercado no altera el importe devengado de los intereses; éstos se calcularán al tipo fijo de la operación con independencia de cuál sea el vigente en el mercado. Sin embargo, sí se produce una repercusión sobre el valor del título.

Sea una obligación de 10.000 ptas. de valor nominal recién emitida por una empresa industrial a un tipo del 14%. En la actualidad restan seis años hasta su vencimiento, momento en el cual la empresa devolverá las 10.000 ptas. al tenedor del título. Además, año a año la empresa abonará los intereses correspondientes a razón del 14% sobre el nominal de la obligación. Así, el flujo de fondos de este título, referido al final de cada uno de los seis años que faltan para su amortización, es el indicado en la segunda columna del cuadro 13.

Cuadro 13:
VAN DE UNA OPERACION FINANCIERA

Año	Movimiento de fondos	Movimiento de fondos descontado al 14%
1	1.400	1.228,07
2	1.400	1.077,25
3	1.400	944,96
4	1.400	828,91
5	1.400	727,12
6	11.400	5.193,69
		VAN = 10.000,00

Este flujo será idéntico para la empresa y para el tenedor de la obligación excepto en lo que se refiere a su signo (desembolso para la empresa, ingreso para el propietario del título) y a las implicaciones fiscales, de las que prescindiremos en esta exposición.

Para calcular el valor actual de este título basta con descontar al origen del año 1 los flujos de fondos futuros a un tipo de interés que refleje las condiciones actuales del mercado para obligaciones de riesgo y liquidez similares a la que se comenta.En el momento de la emisión el VAN de los flujos futuros de la obligación es de 10.000 ptas., según muestra la tercera columna del cuadro13, igual al precio al que se emite pues, razonablemente, la empresa emisora habrá fijado un interés nominal del título igual al de mercado.

Sin embargo, supongamos que posterior y súbitamente, el tipo de interés de mercado se reduce al 12%. Automáticamente, el VAN de la obligación se incrementa hasta 10.822 ptas. según muestra la tercera columna del cuadro14. El aumento del valor de la obligación mide el beneficio de su tenedor por disponer de un activo financiero que le renta el 14% cuando el interés de oportunidad ahora es de sólo el 12%. Este incremento del VAN (822 ptas.) coincide con el valor actual de la diferencia entre los intereses calculados al 14 y al 12% para toda la vida pendiente de la operación, es decir

$$\sum_{j=1}^{6} \frac{10.000 \times (0{,}14 - 0{,}12)}{(1 + 0{,}12)^{j}} = 822$$

Esto quiere decir que el propietario del título podrá reconocer, año a año, la ganancia que ha obtenido, cuando reciba los intereses del 14% frente al 12%, o reconocerla en su totalidad cuando se produce la variación del tipo de interés. En ambos casos la ganancia evolucionará al alza o a la baja según varíe, en el futuro, el interés de mercado.

Si este inversor decidiese vender su obligación, no se conformará con percibir su valor nominal de 10.000 ptas. sino que demandará un precio superior para incorporar el rendimiento excepcional de su título. De la misma manera, el eventual comprador no podrá aspirar a una renta del 14%, sino que habrá de conformarse con el 12% vigente en el mercado. Por ello, estará dispuesto a pagar un recargo sobre las 10.000 ptas. de forma que su rendimiento se reduzca al 12%. Este recargo es, precisamente, de 822 ptas.

El beneficio del tenedor es la contraparte de la pérdida patrimonial que experimenta la empresa emisora. Hoy podría recabar financiación adicional al 12% pero, sin embargo, se encuentra atada a remunerar la obligación al 14% hasta su vencimiento puesto que se emitió a ese tipo fijo. Es una pérdida patrimonial en cuanto que afecta al valor de un exigible y, en consecuencia, reduce el valor del patrimonio empresarial calculado como diferencia entre su activo y su exigible total. Este quebranto, que se produce de golpe al disminuir el tipo de mercado, no afecta al flujo de fondos original de la operación: éste seguirá calculándose en base al tipo de interés fijo de emisión, es decir el 14%. En general, las empresas industriales no recogen contablemente el resultado generado por el mecanismo que se comenta, distribuyéndolo a lo largo del tiempo en base al flujo de fondos de la operación. No sucede así en las instituciones financieras, en las que la entidad de este efecto es muy superior y se ven obligadas a revalorizar sus operaciones financieras con frecuencia a fin de reflejar fielmente en su contabilidad el valor de las mismas.

En resumen, el valor de la deuda a tipo fijo fluctúa al hacerlo el tipo de interés de mercado. Lógicamente sucede lo mismo, pero simétricamente, si asumimos el punto de vista del inversor. El tiene un activo financiero que le promete unas rentas futuras cuyo valor actual en cada momento variará con el tipo de interés de mercado. Lo que para el emisor es una pérdida (ganancia) patrimonial, para el comprador de la obligación se convierte en una ganancia (pérdida).

Así, la empresa que mantenga activos o pasivos a tipo fijo se encuentra expuesta a que una variación del mercado genere una pérdida patrimonial. Esta contingencia es señal de que existe una situación de riesgo. Para su cuantificación recurrimos al concepto de «duración» formulado por Mcauley. Este índice expresa el vencimiento medio de una operación financiera calculado en base a ponderar por la distancia temporal al origen el valor actual de los flujos de fondos estimados de la operación.

A partir del cuadro 14 se puede estimar la duración de la obligación que se comenta para un tipo de interés del 12%.

Cuadro 14:
VAN DE UNA OPERACION FINANCIERA

Año (1)	Movimiento de fondos MF_j	Movimiento de fondos actualizado al 12% (2)	Ponderación (1) x (2)
1	1.400	1.250,00	1.250,00
2	1.400	1.116,07	2.232,14
3	1.400	996,49	2.989,47
4	1.400	889,73	3.558,92
5	1.400	794,40	3.972,00
6	11.400	5.775,59	34.653,54
		VAN = 10.822,28	48.656,08

La duración de esta obligación resulta ser de 4,4959 años calculada por:

$$D = \frac{48.656,08}{10.822,28}$$

Aunque la vida de la operación se extiende hasta seis años, su duración, en promedio, es menor en cuanto que hay movimientos de fondos intermedios. La figura 5 representa la situación descrita:

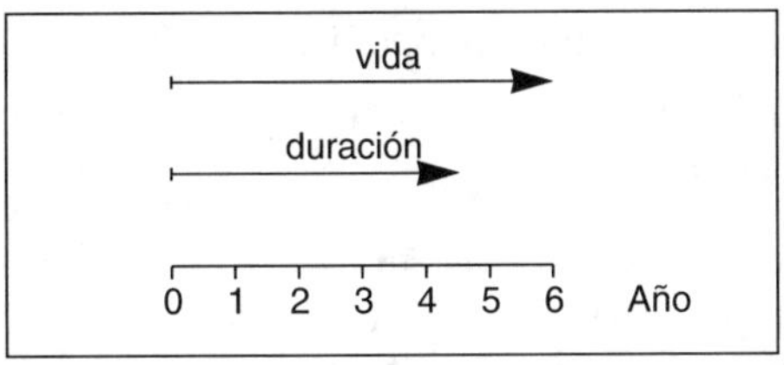

Figura 5: Representación gráfica de la duración

Tanto la vida como la duración de la operación disminuyen con el tiempo.

En el momento de la emisión, cuando es de suponer que el tipo de interés de mercado era del 14%, la duración de la operación era de 4,4331 años. En consecuencia, una disminución del tipo de interés de mercado (del 14% original al 12%) ha incrementado el VAN y la duración.

En notación matemática, la duración se calcula mediante:

$$\text{Duración} = \frac{1}{\text{VAN}} \times \sum_{j=1}^{n} \frac{j \times MF_j}{(1 + im)^j} \tag{10}$$

donde

j: es el período (va del 1 al n)

$\sum_{j=1}^{n}$: es el signo de sumatorio desde el período 1 hasta n

MF_j: es el movimiento de fondos del período j.

im: es el tipo de interés de mercado en el momento del cálculo.

n: son el número de períodos que restan hasta el vencimiento de la operación.

VAN: es el valor actual neto de la operación al tipo de descuento im.

Para estimar el riesgo latente en una operación de deuda a tipo fijo podemos aplicar el concepto de elasticidad del VAN en relación al interés de mercado (im). Es decir, la variación porcentual del valor actual de la deuda inducida por una variación porcentual del tipo de interés de mercado. La expresión analítica correspondiente es:

$$Ei = \frac{\Delta VAN / VAN}{\Delta im / im}$$

Por cálculo diferencial se demuestra que esta elasticidad, como indicador del riesgo por tipo de interés que afecta a la deuda a tipo fijo, resulta ser:

$$Ei = \frac{-D \times im}{(1 + im)} \tag{11}$$

donde D es la duración de la operación financiera. Esta fórmula expresa que la variación porcentual del VAN de una operación financiera ante una variación porcentual del tipo de interés de mercado, cumple las siguientes condiciones:

— aumenta con la duración de la operación y el tipo de interés de mercado.
— el signo negativo resultante indica que el VAN varía en sentido contrario al tipo de interés.

Cuanto mayor sea el valor de Ei mayor será la exposición de la empresa, endeudada a tipo fijo, por variaciones del tipo de interés de mercado. Cuando la empresa emitió la obligación de nuestro ejemplo la elasticidad era de:

$$Ei = -\frac{4{,}4331 \times 0{,}14}{(1 + 0{,}14)} = -0{,}5444$$

Esto quiere decir que una variación porcentual del tipo de interés induce una variación porcentual del VAN 0,5444 veces menor y de signo contrario.

Veamos qué sucede si el tipo de interés se reduce del 14% al 13,9%, lo que supone una disminución del 0,7143%. Es fácil calcular que el VAN crece de 10.000 a 10.039 ptas. es decir se incrementa un 0,39%. Este resultado se obtiene también multiplicando la elasticidad por la variación porcentual del tipo de interés.

$$0{,}5444 \times 0{,}7143 = 0{,}39\%$$

Hay que advertir que la fórmula (11) sólo es aplicable para variaciones muy pequeñas de im en cuanto que para obtenerla es preciso recurrir al cálculo diferencial. En realidad sólo es válida para cuando im tiende a cero.

8. APLICACION DEL CONCEPTO DE DURACION

El valor de una inversión se calcula por el valor actual de los movimientos de fondos que eventualmente generará, descontados a la tasa de interés del mercado. Si cambia el tipo de interés también lo hará el VAN de la inversión. Si el tipo sube el VAN disminuye, reduciéndose el atractivo del proyecto. El riesgo por tipo de interés afecta pues a las operaciones de activo o de inversión, en manera similar a como influye sobre operaciones de financiación. Esto explica que la reducción del tipo de interés de mercado arrastre a las tasas de descuento utilizadas por las empresas para actualizar los movimientos de fondos futuros y, en consecuencia, mejore el atractivo económico de las propuestas de inversión.

La incidencia del tipo de interés sobre el VAN de un proyecto puede armonizarse con la repercusión que ejerce sobre su financiación, de modo que se compensen entre sí, anulándose el riesgo financiero del proyecto. Un aumento del tipo de interés reducirá el VAN del proyecto generando una pérdida, pero, simultáneamente, disminuirá el VAN de la deuda asociada lo que representará una ganancia. El objetivo es igualar el valor potencial de la ganancia con el de la pérdida. Este mecanismo se denomina inmunizar la inversión. Se producirá el efecto contrario cuando en lugar de un aumento del tipo de interés tenga lugar una disminución.

Sabemos que la elasticidad del VAN de la inversión al tipo de interés es, según la fórmula (11):

$$\text{Ei} = \frac{\Delta\text{VANa} / \text{VANa}}{\Delta\text{im} / \text{im}} = -\frac{\text{Da} \times \text{im}}{(1 + \text{im})}$$

donde VANa es el valor actual de una operación de activo y Da su duración. Luego

$$\Delta\text{VANa} = -\frac{\Delta\text{im} \times \text{VANa} \times \text{Da}}{(1 + \text{im})}$$

De manera análoga, la variación del VAN de una operación de pasivo (VANp) con una duración Dp ante una variación Δim igual del tipo de interés de mercado, es:

$$\Delta VANp = -\frac{\Delta im \times VANp \times Dp}{(1 + im)}$$

Como se pretende que el impacto potencial de una variación del tipo de interés de mercado sea igual sobre el VANa de la inversión y sobre el VANp de la financiación, se cumplirá que:

$$-\frac{\Delta im \times VANa \times Da}{(1 + im)} = -\frac{\Delta im \times VANp \times Dp}{(1 + im)}$$

es decir,

$$\frac{VANp}{VANa} = \frac{Da}{Dp}$$

luego si conocemos VANa, Da y Dp podemos calcular el importe de la deuda a contratar que inmunice a la inversión, mediante la expresión:

$$VANp = \frac{Da}{Dp} \times VANa$$

El cociente Da/Dp que da la proporción entre el VAN de la financiación y de la inversión en condiciones de inmunización, se denomina ratio de cobertura.

Retornemos al inversor de la obligación descrita en el epígrafe anterior; cuando el tipo de interés de mercado es del 12% su VANa es de 10.822,28 (ver cuadro 14) y su duración Da = 4,4959. Supongamos que desea inmunizar dicha inversión y para ello tiene la posibilidad de tomar un préstamo al 12% a amortizar en su totalidad a los tres años. La duración de esta financiación es de 2,69 años según indica el Cuadro 15.

Luego el ratio de cobertura resulta ser de 1,671 calculado por:

$$C = \frac{4,4959}{2,6900}$$

y el importe de deuda a contratar a tipo de interés fijo para inmunizar la inversión será:

VANp = 1,671 x 10.822,28 = 18.087 ptas.

Cuadro 15:
DURACION DE LA FINANCIACION

Año (1)	MF_j	MF_j actualizado al 12% (2)	Ponderación (1)x(2)
1	12	10,71	10,71
2	12	9,57	19,13
3	112	79,72	239,16
		100,00	269,00
			Dp = 2,69 años

El movimiento de fondos del préstamo al 12% por importe de 18.087 ptas. resulta:

Año	MFj
1	2.170,49
2	2.170,49
3	20.257,91

Si el tipo de interés de mercado aumenta hasta el 12,1% se obtiene que el nuevo

$$VANa = 10.778{,}96$$

con lo que la pérdida del inversor por mantener la mencionada obligación resulta ser de 43,3 ptas. (10.822,28 – 10.778,96).

Pero simultáneamente, al aumentar el tipo de interés de mercado disminuirá el VANp de la deuda a tipo fijo. Así para im = 12,1% se obtiene:

$$VANp = 18.044{,}05$$

lo que supone una ganancia para el inversor de 43 ptas. que compensa la pérdida que potencialmente se puede producir sobre el valor de su activo.

El efecto de inmunización puede alcanzarse también si las duraciones de las operaciones de activo y pasivo son iguales, pues el VAN de ambas operaciones experimentarán el mismo incremento o disminución ante una misma variación de im. Esto se deduce directamente de la fórmula (11). En este caso, el ratio de cobertura es igual a la unidad y se cumple que:

$$VANa = VANp$$

En cuanto al proceso de inmunización es válido sólo para un momento determinado. Cuando transcurre el tiempo y cambia el tipo de interés de mercado se alteran el VAN y la duración de las operaciones financieras implicadas. Por ello, la cobertura por inmunización ha de ajustarse recurrentemente.

Capítulo XIV

Control de gestión de las operaciones

1. El Control de gestión
2. Ambito del control
3. Principios del control
4. El sistema de control
5. Cuadro de mando
6. Puntos clave de control
7. Niveles de control
8. Control por actividades
9. Análisis de desviaciones
10. Responsabilidad sobre el control

1. EL CONTROL DE GESTION

Una empresa industrial tuvo que recortar su producción, drásticamente, cuando advirtió que las existencias de sus distribuidores se habían incrementado exageradamente. La reducción de la capacidad utilizada motivó un fuerte aumento de sus costes unitarios de producción debido a la repercusión de los costes fijos. Un fabricante de videos con tecnología punta fue eliminado por la competencia al no ser compatible su sistema de reproducción con el formato dominante en el mercado. Una institución financiera vio anulados sus recursos propios como consecuencia de las perdidas acumuladas por su cartera industrial. El proyecto de una empresa metalúrgica se truncó al haber omitido incluir en su plan financiero la inversión en capital circulante. Por último, una manufacturera de transformados metálicos cerró su actividad cuando, descapitalizada, careció de financiación para reponer su anticuado equipo productivo.

Todos estos sucesos supusieron un fracaso empresarial de entidad y se originaron como consecuencia de fallos en los sistemas de planificación y control.

El control se asocia, habitualmente, con la última de las fases del ciclo gerencial. Según este esquema, primero se planifica, organiza y ejecuta, y, posteriormente, se controlan los resultados obtenidos, al objeto de asegurar que se alcanzan los objetivos definidos en las fases anteriores.

Sin embargo, las primeras etapas del ciclo incorporan, también, componentes de control de carácter previo, que actúan con anterioridad a la ejecución. En efecto, cuando se planifican y organizan actividades se están autorizando, anticipadamente, decisiones, acciones y comportamientos y ello da lugar al autocontrol. Este se apoya en que los responsables involucrados tenderán a respetar, si cuentan con el estímulo adecuado, las metas y pautas marcadas, es decir, a actuar en la dirección apropiada para alcanzar los objetivos.

La importancia del control previo a la ejecución, se pone de relieve en el control de la calidad del producto. El coste de la falta de calidad crece según avanzan los procesos de producción y distribución. En consecuencia, es más importante asegurar que se hacen las cosas bien que controlar que se han hecho correctamente. Este carácter anticipativo del control se entremezcla con la formulación de planes. Por ello, el esquema tradicional de las cuatro funciones gerenciales pretende más explicar qué es lo que se hace, que representar la compleja realidad de la actividad gerencial, donde siempre resulta complicado deslindar las fronteras entre planificar, organizar, ejecutar y controlar.

Las mencionadas funciones no sólo se confuden en su propósito, sino también, en el tiempo. Es de aplicación, a este respecto, el interrogante que cita Mintzberg [1]: «¿Es acaso cierto que los directivos (de ventas) se sientan de vez en cuando y anuncian «ahora voy a planificar» sin hacer referencia a problemas tan concretos como el desarrollo y supervisión de los vendedores, la previsión de la demanda del producto, o la gestión de la oficina?».

Se es proclive a considerar que las primeras etapas de ese proceso son las creativas y las que añaden valor a la gestión. Según esta formulación, el responsable de cualquier área de actividad planifica, organiza y ejecuta, pero el control corresponde a la unidad orgánica con esa denominación. Con frecuencia, los responsables operativos contemplan la acción de controlar como tarea ajena, con la que han de colaborar, y no tanto como una función intrínseca e inseparable a su responsabilidad.Esta tendencia, probablemente, se refuerce por la inclinación que se observa en muchos sistemas de control, en empresas de un cierto tamaño, a:

— Centralizar esta función en unidades especializadas, con plantilla numerosa.

— La proliferación de informes de resultados, con mucho número y poco análisis.

— La deficiente comprensión por parte de los responsables operativos de su auténtico papel directivo, falto de calidad sin el control.

— La prelación que otorgan las unidades de control a los aspectos formales y a satisfacer, preferentemente, las necesidades aparentes de sus superiores, en detrimento del servicio a las áreas operativas de la empresa.

— Y, finalmente, al frecuente tratamiento que se deriva de las acciones de control, más orientado a marcar el error que a mejorar la calidad de la gestión y de las decisiones.

La rebelión anida, en ocasiones, en las áreas operativas ante la exigencia de tener que contribuir al mantenimiento de un sistema que no sienten como propio y al requerimiento permanente y coactivo de aportar datos cuya utilidad, a veces, ni entienden ni comparten. Ello se debe a que, con frecuencia, prevalecen los aspectos formales del sistema sobre su cometido, de manera similar a como en algunas personas parece que el cuerpo se impone al cerebro.

En estas circunstancias, el control se realiza por los órganos de dirección, con la asistencia de unidades de apoyo especializadas. Esta tendencia se refuerza cuanto más distanciados están los superiores de los procesos de ejecución y menos confían en sus subordinados operativos. Pero en realidad, el control es un componente inseparable de la tarea directiva y su omisión, como la de cualquier otro, deteriora gravemente su efectividad. Todo responsable ha de aplicar el control como parte de su trabajo, no pudiendo soslayarlo o delegarlo porque exista una unidad centralizada de control.

En empresas de tamaño reducido es habitual que la función de control no esté

---

[1] *La naturaleza del trabajo directivo*. Henry Mintzberg. Ariel Gestión, 1983. (Págs. 34 y 35).

siquiera formalizada, con excepción, tal vez, de su dimensión contable, careciendo de criterios sistematizados y de responsabilidades claramente asignadas.

A continuación situamos el control en el ámbito de la responsabilidad directiva, cualquiera que sea la función operativa que desarrolle, analizando su contribución a la mejora de la misma. Esto es lo sustantivo de la función de control, siendo lo subordinado los aspectos formales que se apliquen en cada situación. De poco sirven éstos, aunque sean necesarios, si el enfoque de la función, en cuanto a objetivos. contenidos y actitudes, es inadecuado.

2. AMBITO DEL CONTROL

El proceso habitual del control que se realiza con posterioridad al resultado, consiste en comparar el estado deseado con el obtenido, a fin de identificar las desviaciones, favorables o adversas, analizarlas y desencadenar las acciones de ajuste oportunas. Estas acciones pueden centrarse en:

— La redefinición de objetivos, si se muestran incorrectos,

— la organización, si no es la adecuada para conseguir un funcionamiento satisfactorio de la empresa,

— la ejecución de los planes y los resultados reales.

Este tercer espacio de actuación del control es el más frecuente pero, los dos anteriores son más críticos en cuanto que encauzan el esfuerzo de la organización: una ejecución satisfactoria es estéril si los planes o la organización implantada para ejecutarlos son deficientes.

En cuanto al objeto de control cabe diferenciar dos áreas genéricas de interés. Una se dirige a supervisar y evaluar la actuación de los gestores de los centros de responsabilidad. La segunda orilla este aspecto y se centra en el comportamiento de las actividades que desarrolla la empresa.

El primero, el control de la gestión, evalúa la actuación realizada por cada responsable y, como paso previo y obligado, pretende influir sobre su comportamiento de manera que se oriente a la consecución de los objetivos de la empresa. Los sistemas de control actúan sobre las actitudes personales en cuanto que son éstas las que determinan los resultados de la gestión. Esta influencia se pone de manifiesto, diariamente, en cualquier organización. En unos grandes almacenes se modificó la política respecto a qué hacer cuando se rompía una pieza de una vajilla. El cambio consistió en que las vajillas incompletas se ofrecían al personal a precio reducido. Con ello, el número de roturas accidentales creció de forma alarmante. De nuevo se hubo de alterar la política, rompiéndose ahora toda la vajilla cuando se perdía una pieza; parece que la tasa de roturas recuperó su nivel razonable.

La influencia sobre los responsables puede hacerse controlando:

— Los resultados obtenidos en relación con los objetivos: con este procedimiento se responsabiliza a cada gestor de alcanzar determinados logros, prescindiendo de evaluar las acciones que realice para ello. Aunque el hecho de que sepa que los resultados van a ser analizados induce a cada responsable a alcanzar sus objetivos individuales, la empresa dispone de instrumentos de motivación para reforzar esta predisposición. Por supuesto que el control por resultados exige que éstos sean controlables.

La evaluación en base a los resultados ofrece una doble dimensión, debiéndose distinguir entre la medición de la eficiencia y de la eficacia. La primera calcula la productividad de la gestión realizada, es decir, la relación entre los resultados y los recursos consumidos para obtenerlos. La eficacia se refiere al grado en que se contribuye a alcanzar un determinado objetivo, con independencia de la productividad con que se realice.

El control por resultados deja gran margen de actuación al responsable involucrado, ya que cada objetivo delegado resume numerosas acciones necesarias para alcanzarlo. Incluso se delega definir cuáles son las acciones más convenientes.

— Las acciones realizadas por cada gestor: este enfoque supone que los resultados deseados se obtendrán si se realizan determinadas actuaciones y se omiten otras. Este tipo de control, frecuente en estilos de dirección que consideran que el subordinado no tiene más que obligaciones siendo la primera la de obedecer, permite una delegación inferior que el control por resultados, pues exige detallar todas las acciones a realizar y comprobar que se han ejecutado correctamente.

— La actitud y compromiso con la organización: esta opción es válida cuando se logra una fuerte implicación del colectivo en la marcha de la empresa propiciando que conozca sus objetivos, los comparta y trate de alcanzarlos. Por ello, se puede dejar un amplio margen de libertad a los responsables en la seguridad de que actuarán en favor de la organización.

La calidad del Espíritu de San Luis se debió a que entre Lindbergh y los operarios se trabó una fuerte relación mientras se construía el avión. Este consenso estampó el mejor control de calidad en el fuselaje de un aparato que debía funcionar, sin interrupción, durante 40 horas en la primera travesía aérea sobre el Atlántico.

El control de actividades, por el contrario, evalúa el interés individual de éstas para la empresa y no sólo desde un punto de vista económico a corto plazo. Una actividad bien gestionada puede perder atractivo debido, por ejemplo, al deterioro de la demanda o a una competencia excesiva. En sentido contrario, es posible que una actividad rentable esté deficientemente gestionada. El control de la actividad no puede limitarse a los parámetros controlables por su responsable sino que ha de abarcar todos los aspectos relevantes para juzgar su conveniencia.

Los criterios a aplicar en ambos tipos de control (de la gestión y de actividades) y las acciones que se desencadenen son diferentes en una y otra situación. Así, cuando se valora una empresa o una división, en principio, el control de la gestión de su responsable se centrará en revisar su posición competitiva. El control de la actividad obligará a incorporar, además y como elemento complementario pero decisivo, el atractivo económico del sector al que pertenezca.

3. PRINCIPIOS DEL CONTROL

El control de gestión comporta aplicar unos principios generales a cualquier circunstancia y que los limitaremos a los siete siguientes:

— Principio de relevancia: establece que el control debe centrarse en los aspectos cruciales para el objeto controlado. La proliferación de puntos de revisión no asegura un mayor control y, por el contrario, difumina las prioridades y recarga el trabajo de supervisión. Este principio se aplica tanto al control de la gestión de los responsables de la empresa como al seguimiento del interés de sus actividades. Su utilización permite ampliar el abanico de control posibilitando incrementar el número de áreas que pueden ser controladas, simultáneamente.

— Principio de objetividad: los indicadores de control deben ser objetivos, representativos y fiables a efectos de valorar con equidad la gestión del responsable respectivo o la marcha global de la actividad en estudio.

— Principio de congruencia: los objetivos de un centro han de ser compatibles con los del resto y, por supuesto, convergentes con los globales de la empresa.

— Principio de controlabilidad: expresa que el responsable de un centro sólo será evaluado por aquellas variables de gestión que controla, es decir, sobre las cuales puede influir. Se incluye también el efecto de fluctuaciones en variables no controlables en la medida en que se puedan adoptar acciones preventivas para amortiguar dicha influencia si es negativa o potenciarla si es favorable. Por ejemplo, si bien el tipo de interés de mercado no es controlable por la empresa, ésta sí puede actuar para paliar el efecto adverso desencadenado por sus variaciones.

Este principio no es aplicable al control de actividades pues, en este caso, han de contemplarse todos los aspectos relevantes, sean o no controlables por su gestor.

— Principio de control por excepción: consiste en prestar atención preferente a aquellas desviaciones de mayor entidad, soslayando las de importancia reducida. Esta pauta, relevante por igual para el control de actividades y de la gestión, ha de aplicarse con prudencia, a fin de evitar que se genere una «cultura» que se limite sólo a evaluar lo negativo, omitiendo la consideración de las desviaciones favorables. Actuaciones de este tipo propician la desmotivación de los responsables, induciéndoles a limitar su esfuerzo a aquellos aspectos contemplados para su evaluación y a adoptar una actitud defensiva que les proteja en exceso de todo error.

— Principio de flexibilidad: el sistema de control debe ser susceptible de adecuarse a las condiciones cambiantes, internas a la empresa o de su entorno, y de incorporar los aspectos relevantes en cada circunstancia. Esto refuerza la necesidad de procedimientos sencillos de control, que no incorporen, por su extrema complejidad, una inercia al cambio. «Los técnicos de control no deben tratar de mostrar a los demás cuán expertos son, sino más bien deben diseñar un sistema de fácil comprensión para que las personas lo utilicen» [2].

---

[2] *Administración*. Koontz y Weihrich. Mc Graw Hill. 1990 (pág. 570).

— Principio de comunicación: siendo el comportamiento de los distintos responsables de la empresa decisivo sobre los resultados, se debe prestar atención prioritaria a la comunicación fluida y cordial con ellos. Los órganos rectores no pueden mantener una actitud distante del personal, ni del mercado, ni de las operaciones internas de la empresa. Además de delatar su incompetencia, esta actitud puede acarrear graves consecuencias para la organización. De poco sirve un sistema de control bien diseñado pero mal gestionado.

4. EL SISTEMA DE CONTROL

La función del control se realiza con distinto grado de formalización, siendo posible distinguir dos tipos extremos. El control formal se ejecuta bajo un ritmo sistemático, periódico y organizado, en el marco de normas predefinidas y autorizadas explícitamente. El control informal, por el contrario, tiene lugar sin método ni regularidad. No aplica procedimientos preestablecidos; su fundamento emana de la discrecionalidad y espontaneidad.

La historia distingue entre los estilos de gobernar de Carlos V y Felipe II. El primero reinó viajando y tomando decisiones en el lugar de los hechos. El segundo, más sedentario, instauró un método basado en recibir información y actuar en base a ella. Por analogía, el control formal puede asociarse al practicado por el denominado, paradójicamente, rey prudente, mientras que el informal estaría más próximo al método de Carlos V.

Pero ambas actuaciones son complementarias y se refuerzan, en cualquier organización si se aplican correctamente. De hecho una precisa de la otra. Un control basado, únicamente, en su componente informal, carente de diseño específico y de puntos de control relevantes y permanentes, incorpora el riesgo de omitir aspectos claves y estructurales de la gestión. Sin embargo, es apropiado para valorar elementos más etéreos y subjetivos y es capaz de captar sucesos coyunturales o tendencias emergentes, sin precedente en la marcha de la empresa. Por el contrario, un control excesivamente formal propicia el aislamiento de los máximos dirigentes, quienes sólo conocerán la situación a través de los informes de resultados que reciban y de los puntos de vista de sus inmediatos colaboradores. Situaciones como ésta fomentan la aparición de grupos de influencia y camarillas que distorsionan la valoración de la realidad en función de sus propios intereses.

La aplicación del control de gestión formal, más proclive a ser diseñado que el informal, conlleva la implantación de un conjunto de acciones, procedimientos, técnicas y procesos que configuran lo que se denomina el sistema de control. Este se compone de una estructura, un proceso y un sistema de información, según se describen a continuación.

LA ESTRUCTURA DEL CONTROL

La estructura de control define el ámbito organizativo en el que tiene lugar la función de control. Su unidad de referencia es el centro de responsabilidad o de actividad. El centro de responsabilidad es una unidad organizativa con una misión específica, unos recursos asignados y dirigida por un responsable de sus operaciones. Cuando se evalúa el desempeño de personas lo relevante es el centro de responsabilidad.

El centro de actividad es de utilidad en el control de programas y actividades y hace referencia a una unidad operativa y homogénea de la empresa. En general, los centros de actividad hacen referencia a unidades que desempeñan una función económica diferenciada, como es el caso de una división o de un centro interno de mantenimiento. El objetivo de su control consiste en evaluar en qué medida satisface estándares externos de mercado.

La necesidad de definir una estructura de control surge de la dimensión y complejidad de las organizaciones actuales, que exigen valorar la calidad de la gestión delegada en los distintos responsables involucrados y el comportamiento de las distintas unidades de actividad que la integran. La estructura de control ha de definir:

— Centros de responsabilidad y actividad a controlar.
— Objetivos asignados a cada uno de ellos.
— Criterios de evaluación de los resultados.

Los centros de responsabilidad responden a la siguiente tipología:

— Centro de coste: se aplica tanto a la prestación de un servicio como a la fabricación de un bien. Sus objetivos hacen referencia a los consumos en que incurre, al volumen de su actividad y a su calidad. Un centro de costes es, por ejemplo, un departamento de producción o una fábrica.

— Centro de ingresos: se refiere a unidades cuyo objetivo consiste en generar ventas incurriendo en unos gastos acotados previamente. Una delegación comercial es un ejemplo tipo de centro de ingresos.

— Centro de beneficio: ahora la responsabilidad se amplía a la relación entre ingresos y costes. Es el caso de una división de la empresa.

— Centro de inversión: lo importante, en este caso, es obtener un beneficio proporcionado a la inversión realizada. Su responsable ha de controlar no sólo el beneficio, sino también la inversión para obtenerlo. Un centro de inversión es, por ejemplo, una filial con autonomía de gestión amplia.

En cuanto al control por actividades, las unidades posibles son aquellas que desempeñen una función económica independiente, capaz de ser contrastada con estándares externos. Esto incluye, por ejemplo, un centro de servicio que deberá superar, en términos globales, al que se podría contratar externamente o un producto que, para ser mantenido, habrá de satisfacer atributos de rentabilidad, mercado o complementariedad con la gama.

La estructura de control es específica de cada empresa pues depende de la naturaleza de sus actividades, de su estrategia y del estilo de dirección que se aplique, en cuanto que la organización se diseña para desarrollar las actividades y estrategias en el marco de un estilo gerencial determinado.

PROCESO DE CONTROL

El funcionamiento del sistema de control obliga a ejecutar una secuencia de fases convencionales que conforman el proceso que tiene lugar en el ámbito de la estructura definida anteriormente. Esta secuencia arranca de la formulación de objetivos y planes de actuación para cada unidad de la estructura; continúa con la asignación de responsabilidades a sus gestores; exige el análisis de las desviaciones producidas como paso obligado para la formulación de acciones de ajuste y culmina con la medición de los resultados obtenidos por la implantación de éstas.

Esta progresión se sintetiza en la figura 1 que explicita cómo la selección e implantación de las acciones de control desencadenan, nuevamente, el proceso. Este ciclo, que se realimenta a sí mismo, tiene carácter universal y genérico y además, se repite periódicamente en el seno del sistema de control. El período de control sí es específico de la variable controlada. Así, por ejemplo, el control de la tesorería o de las ventas exigen períodos más reducidos que cuando se trata de controlar la rotación de la plantilla o el margen por línea de productos.

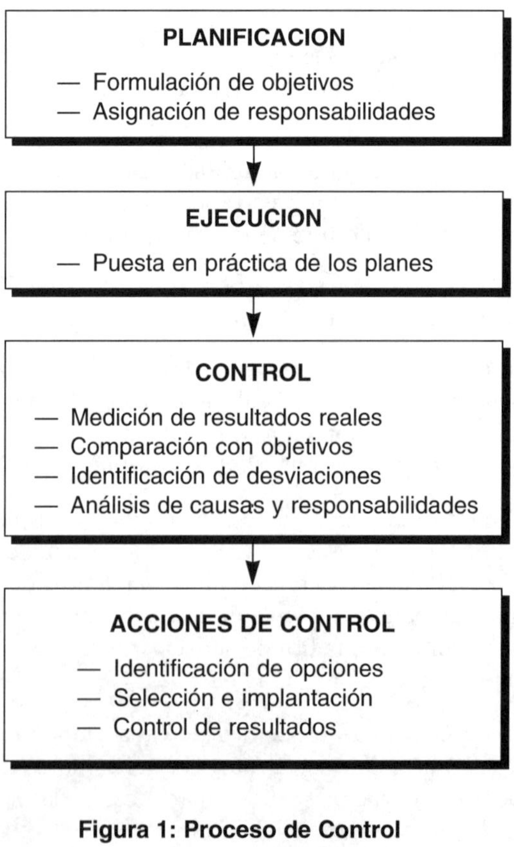

Figura 1: Proceso de Control

SISTEMA DE INFORMACIÓN

Aunque son las personas las que controlan y no la información, ésta es imprescindible en todo sistema de control para actuar sobre la marcha de las operaciones y el desempeño de sus responsables. El sistema de información, que fluye por la estructura de control y alimenta su proceso, debe suministrar los datos relevantes para el análisis y las acciones de control. Con frecuencia se limita esta información a datos contables omitiendo otros de carácter operativo.

Además, hay que acompañar esta información interna con otra que cubra el entorno en el que opera la empresa, como por ejemplo: evolución de la demanda, acciones de la competencia y progresión de los tipos y de cambio de las divisas. Aunque, en general, la empresa no puede influir sobre el comportamiento de estas variables del entorno, sí puede anticipar actuaciones para atenuar o potenciar el impacto de las mismas sobre sus operaciones. El éxito de la empresa gira, en buena medida, sobre que su actuación sea coherente con la situación y evolución de su ámbito circundante. «Ante todo, no tendréis idea exacta de una cosa si no estudiáis el ambiente que la rodea. El ambiente hace a las cosas y conforma la mentalidad de los seres vivos» [3].

La figura 2 sintetiza el tipo de información que ha de incorporarse en un sistema formal de control. En éste conviven tres tipos de informes genéricos:

— El estadístico, que se limita a suministrar datos sobre los resultados internos

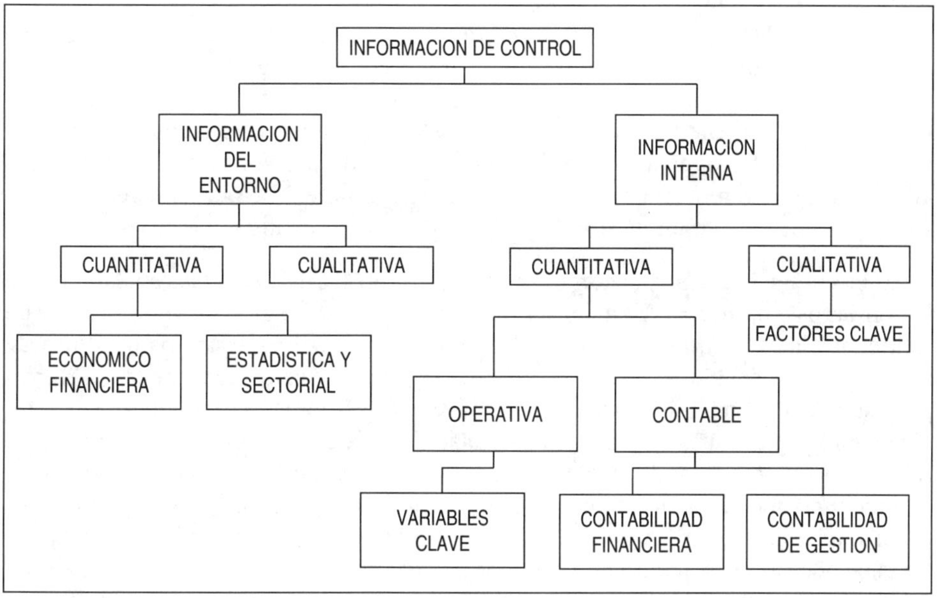

Figura 2: Información para el control de gestión

---

[3] Cita tomada de *Tiempos y cosas*. Azorín.

y las condiciones del entorno. De su análisis se puede derivar la necesidad de una mayor investigación o incluso la adopción de medidas de ajuste.

— El referido a un centro de actividad de la empresa, que permite evaluar su interés estratégico y económico. De no resultar atractivo habría que tomar medidas siendo la más extrema la de suprimirlo.

— Finalmente, el informe de control de la gestión del responsable de un centro, que compara la calidad de su gestión en relación con sus objetivos. En este caso, sólo es relevante la información que contemple magnitudes controlables por el responsable al que se refiera el informe.

Los tres tipos de informes descritos, además de cumplir los requisitos, tantas veces repetidos como olvidados, de fiabilidad y relevancia de su contenido, sencillez en su presentación y oportunidad en su distribución, han de ajustarse al concepto piramidal de la información para el control. Según este criterio, los informes de las áreas de rango inferior han de poderse agregar, en cascada inversa, para dar lugar a informes de nivel superior, que a su vez incorporen también otra información específica del nuevo escalón de responsabilidad o actividad.

El sistema de información debe otorgar especial importancia a señalar lo antes posible aquellas desviaciones o sucesos que requieran una rápida intervención para ser corregidos. Es lo que se denomina el sistema de alerta de control. La información contable o presupuestaria no constituye, por sí sola, un método fiable de alerta debido al intervalo de tiempo que transcurre desde que se origina la necesidad de actuar y el momento en que se distribuyen los informes de control.

Además, hay hechos que se demoran en tener un efecto susceptible de ser medido por la contabilidad. Por ello, los sistemas de alerta de control se apoyan en información capturada sobre el terreno y con mayor rapidez, aunque pueda resultar menos exacta. Bien es cierto que los sistemas en tiempo real contribuyen crecientemente a disponer de parte de esta información capaz de activar alertas. Lo anterior no resta importancia a la información contable, que por su nivel de síntesis y de detalle ofrece un inestimable elemento para el análisis más sosegado.

Un sistema de información para el control no ha de limitarse, únicamente, a incluir datos y números. Existe el síndrome de que cuando algo se cuantifica es que está controlado. Quizás ello explique la tendencia a sobrecargar los informes de control con cifras. Estas parecen reproducirse a mayor velocidad que las bacterias pero su exceso dificulta su análisis y comprensión. Además, su preparación periódica conforma un bucle continuo: cuando se finaliza un informe ya se debe preparar el del siguiente período, a veces sin pausa para el análisis y asemejándose al velo de Penélope que, de tanto tejerse y destejerse nunca se finalizaba. Lo importante es la información que se suministre en cuanto que ésta es la materia prima para la toma de decisiones. Un dato no aporta por sí sólo este atributo. Ofrecer multitud de datos en los cuadros de mando es como aplicar el efecto placebo, por su inutilidad y por la tranquilidad que parece transmitir a los receptores.

Esta conducta basada en el excesivo protagonismo de los números propicia que se dejen de lado aspectos cualitativos difícilmente expresables numéricamente y de tanta importancia para explicar el éxito o el fracaso de la empresa. El frenesí por intentar cuantificar todo recuerda a aquel autor de ficción que, «para comprender la poesía» y «determinar la calidad del poema» proponía anotar su «perfección...en la línea horizontal de un gráfico y su importancia en la vertical. El área conseguida de esta manera por el poema» daba la medida de su valor [4].

En resumen, prestar un excesivo énfasis en el control contable con su secuela de prolijos informes numéricos de resultados, provoca:

— centrar los esfuerzos en la captura de datos de detalle, en la preparación de minuciosos informes y, presumiblemente, aunque no siempre en su análisis y evaluación con menoscabo de otros estudios sobre aspectos más operativos, cualitativos y estratégicos.

— la generación de una actitud donde el número es lo importante, en la que el empeño está en mejorar los resultados a corto frente a una perspectiva más amplia y con un horizonte temporal mayor.

— una marginación en el control de aquellas parcelas en las que es más difícil cuantificar sus resultados.

Una importante empresa del sector de hostelería, que alardeaba de un estricto control contable de sus operaciones, fue absorbida por una oferta pública de acciones (OPA) lanzada por uno de sus principales competidores. El enfrentamiento duró pocas semanas y su derrota fue definitiva. La miopía de sus dirigentes, tan obsesionados por la contabilidad, incapaces de ver lo que los números no decían, bloqueó la capacidad de la empresa para contemplar perspectivas más amplias. Sus accionistas aceptaron rápidamente la opción sobre el desarrollo futuro del negocio ofrecido por la empresa competidora que pagó parte de la compra con acciones propias.

5. CUADRO DE MANDO

El cuadro de mando resume periódicamente, los aspectos más esenciales de la marcha de una empresa o de alguna de sus unidades o actividades. Su propósito principal consiste en transmitir información relevante para la toma de decisiones.

La estructura de cuadros de mando debe consolidar la información de las distintas unidades según se escala de áreas de menor a mayor dimensión y entidad. Igualmente, se deberá de disponer, como material auxiliar, del detalle que justifica los valores agregados que se recojan, a fin de profundizar en el análisis, si es preciso, pero sin que esta información de soporte engorde la síntesis que debe ser el cuadro de mando.

Junto a una descripción somera pero precisa de la situación y de las perspectivas de las operaciones, un cuadro de mando incluye la siguiente tipología de indicadores, referidos siempre a la unidad objeto de control:

1. Factores clave de éxito cuantificados por las variables utilizadas para medir-

[4] *El club de los poetas muertos*. Kleinbaum. Plaza y Janés, pág. 41.

los y comparando su valor real con su evolución temporal y con el objetivo vigente. Este es el caso de la cuota de mercado como medida de la implantación de la empresa.

2. Parámetros del entorno, no controlables por la gerencia de la unidad, como la matriculación de automóviles en una empresa de este ramo, pero que ejercen un impacto significativo sobre su situación. La comparación, en este caso, ha de hacerse con los valores previstos por la empresa, evaluando la repercusión de las desviaciones sobre los resultados y proponiendo medidas de actuación en base a su evolución previsible.

3. Magnitudes contables seleccionadas, ofrecidas en importe absoluto o en forma de ratio. Se incluirán sus valores reales, su evolución anterior reciente, los objetivos fijados y la última previsión que se haga de las mismas para el valor que se estime que tomarán al final del ejercicio en curso.Aquí se incluyen, por ejemplo, el beneficio, el margen sobre ventas o el endeudamiento.

4. Valores de los parámetros operativos más importantes por su capacidad para describir la realidad del negocio, con la opción de expresarlos en importes absolutos o como índices. Se añadirán los datos referentes a objetivos y evolución reciente. Estos parámetros no tienen la categoría de variables clave pero sin embargo precisan un seguimiento minucioso y periódico no porque sean diferenciales y cruciales sino porque exigen alcanzar y mantener un valor razonable para competir o estar en el mercado. El valor de la cartera de pedidos o la producción realizada en volumen pueden ser dos ejemplos de este tipo de parámetros.

5. Señales de alerta que, como los fusibles, actúen por excepción, recogiéndose, en cada período sólo aquellas que presenten un comportamiento anómalo sobre el objetivo deseable. La aparición de una señal de alerta debe desencadenar acciones correctoras inmediatas. La reacción ha de ser urgente igual que sucede cuando en una instalación de gas se detecta el mercaptano, añadido por su calidad de sustancia muy olorosa. Una señal de alerta es, por ejemplo, un incremento anómalo de una partida de coste.

6. Grado de avance de los proyectos estratégicos que tenga en marcha la unidad, indicando, con prioridad, el cumplimiento de objetivos y los eventuales problemas que se estén manifestando. Estos indicadores se referirán no sólo a los proyectos de realización física sino también a los programas en curso para desarrollar las competencias básicas de la unidad, es decir, sus capacidades diferenciales que creen valor para los clientes y abran oportunidades de crecimiento. Este apartado engloba, por ejemplo, el lanzamiento de un producto, la apertura de un nuevo canal de distribución o la implantación de una nueva tecnología productiva.

Un cuadro de mando efectivo ha de ser diseñado a medida de la unidad objeto de análisis sin que esquemas estándar sean de utilidad. Cuenta Unamuno que cuando le preguntaron a un militar cómo se hacía un cañón, contestó que recubriendo de hierro un agujero. De la misma manera, un cuadro de mando no se prepara cogiendo formatos generales y rellenándolos de números. Exige, como hace un sastre, preparar una hechura específica y decidir que medidas se habrán de tomar. Después, ya sí se puede medir y proceder a su confección. Por eso, los habituales cuadros de mando genéricos de los grupos de sociedades son más bien informes pensados para la consolidación contable y de operaciones, que si bien pueden satisfacer necesidades de información de la cabecera carecen de utilidad para contribuir al gobierno, pegado al terreno, de las participadas.

6. PUNTOS CLAVE DE CONTROL

Algunos se empecinan en repetir que la información de control es la contabilidad, cuando sólo debe constituir una parte de los cuadros de mando. Eso sí, de indiscutible valor por expresarse en términos monetarios y por ofrecer una síntesis de la actuación global.

Toda unidad de actividad o área de responsabilidad presenta, una amplia diversidad de aspectos que pueden ser objeto de control, aunque no es posible, ni necesario, controlar absolutamente todos para evaluar el interés de la actividad o la calidad de la gestión delegada. Habitualmente, sólo es preciso hacer el seguimiento de aquellos factores más importantes, los cuales, por su carácter crucial definen por sí solos, el éxito o fracaso de la parcela en estudio. Si esos aspectos de la gestión o de los resultados se comportan favorablemente, es razonable anticipar que la globalidad de la gestión será satisfactoria. Por el contrario, con que falle uno sólo de los puntos seleccionados como críticos, es muy probable que los resultados globales sean desfavorables. Por su relevancia, son estos puntos los que deberán ser controlados de manera prioritaria y sistemática.

Por esa naturaleza crítica y de síntesis que incorporan los factores clave de gestión es en su seguimiento en lo que debe centrarse todo sistema de control y, para ello, es preciso poder medirlos mediante la definición de variables clave. La definición de objetivos cuantificados para cada una de estas variables, así como el análisis de su evolución temporal, ha de permitir valorar de manera global la marcha de la unidad. Aunque, por supuesto, existan otros aspectos relevantes que permitan valorar la situación, en principio si las variables clave se comportan favorablemente, se podrá anticipar que se están alcanzando los objetivos prefijados.

La exposición anterior puede referirse al conjunto de una empresa pero es también extrapolable a unidades de rango inferior o para centros de responsabilidad específicos. A título de ejemplo, los tres factores clave propuestos para controlar una fábrica, en las circunstancias descritas en la obra «La Meta» [5], son: los gastos de operación, la inversión en inventario y el cumplimiento de los plazos de entrega.

El cuadro 1 ofrece un ejemplo más completo referido a una empresa de electrónica que fabrica circuitos integrados para ordenadores personales, bajo diseño y según especificaciones del cliente [6].

---

[5] *La Meta. Un proceso de mejora continua.* Goldratt y Cox. Ediciones Taular. 1986. (págs. 52 y siguientes).

[6] *Análisis del caso práctico MOTOROLA INC.* preparado por J. Fisher y S. Knight, del Amos Tuck School (Dartmorth).

Cada tipo de circuito exige:

— ser a medida del cliente,

— tener una fiabilidad «cero defectos» pues su fallo es crítico para el producto del cliente al que se incorpora,

— un precio reducido en relación al producto del cliente,

— ser diseñado rápidamente pues la tecnología en esta industria es muy dinámica,

— una vez probado el prototipo por el cliente, tener que fabricarse rápidamente y en los volúmenes requeridos.

Cuadro 1:
CUADRO DE MANDO OPERATIVO DE UNA EMPRESA DE ELECTRONICA

FACTORES CLAVE DE EXITO	VARIABLES DE MEDIDA
1. Desarrollo tecnológico	— % de pedidos obtenidos en relación a las ofertas presentadas — cuotas de mercado por segmentos — % de ventas de nuevos productos sobre ventas totales — % de ventas a nuevos clientes sobre ventas totales — tasa de sugerencias de diseño aceptadas por los clientes — relación entre coste de ventas y ventas — gastos de investigación y desarrollo sobre ventas
2. Calidad del producto	— tasa de productos defectuosos en fabricación — tasa de reclamaciones de clientes — tasa de devoluciones de clientes — coste relativo de garantías ejercitadas — coste total de falta de calidad en relación a las ventas
3. Flexibilidad productiva	— duración del ciclo de diseño (de especificaciones a prototipo) — plazo entre diseño de prototipo y entrada en producción — % en valor de pedidos retrasados — tiempo de proceso en relación a la duración del ciclo productivo — relación entre ventas y producción
4. Gestión de la curva de experiencia	— tasa de reducción del tiempo de diseño — tasa de reducción de costes al duplicar la producción acumulada — tasa de reducción de defectos en producción
5. Fidelidad de los clientes	— tasa de repetición de solicitud de ofertas — tasa de repetición de compras — tasa de pérdida de clientes
6. Protección de la propiedad	— % de la producción con patente propia — % de la producción sin competencia conocida — rotación del personal técnico especializado
7. Sencillez de la gestión	— número de niveles jerárquicos — relación entre ventas y número de referencias de materiales — compras por proveedor — ventas por cliente — relación entre personal administrativo y plantilla total — relación entre gastos de estructura y ventas

El cuadro de mando anterior clasifica las variables de medida en base a cada uno de los siete factores clave de éxito propuestos para la empresa. Cabe señalar cómo los siete factores son eminentemente operativos. Entre las variables de medida sí se incluyen algunas de carácter financiero, a obtener de la contabilidad, aunque de nuevo predominan los parámetros de tipo operativo.

En cuanto al cálculo de las variables es preciso concretar algunos de los términos manejados en el cuadro 1, como, los siguientes:

— Dado el dinamismo de este mercado, un nuevo producto es aquel que se ha iniciado a fabricar durante los dos últimos años.

— Por nuevo cliente se entiende al que tiene una antigüedad inferior a cuatro años.

— Los costes de garantía son aquellos en que se incurre por reponer o reparar los productos defectuosos entregados al cliente.

— El coste de calidad incluye todos los conceptos asociados a este área, desde la inspección de los materiales de entrada hasta los derivados de reclamaciones de clientes, pasando por el control de calidad en producción.

— El ciclo de diseño se extiende desde la recepción de las especificaciones del cliente hasta la aprobación del prototipo.

— Para el cálculo de la proporción del tiempo de proceso se divide el tiempo dedicado estrictamente a fabricar el circuito entre la duración total del ciclo de producción. Este se inicia con el lanzamiento de la orden de producción y finaliza con la terminación del lote, incluyendo pues los tiempos de espera, desplazamiento e inspección además del propio tiempo de proceso.

— La curva de experiencia hace referencia a las mejoras de todo orden que pueden obtenerse si se aprovecha el aprendizaje que surge de la actividad acumulada.

7. NIVELES DE CONTROL

El sistema de control de gestión contempla tres tipos de control diferenciados en función de su propósito y alcance. Estos tipos que se refieren al control de la estrategia, de la operativa estructural y del presupuesto [7], se describen en los siguientes apartados.

Control de la estrategia

Este control, omitido con mayor frecuencia que el resto, pretende evaluar en qué medida se están cumpliendo los objetivos formulados en la estrategia de la

---

[7] Se puede encontrar una aplicación al área comercial en *Mercadotécnia*. Philip Kotler. Prentice Hall. (págs. 606 y siguientes).

empresa o de alguna de sus unidades. Este análisis se concreta en el grado de cumplimiento de los factores clave de gestión de la unidad de referencia. Para su realización, es de aplicación el proceso de control según se describió en el epígrafe 3.2. Es decir, se partirá de los valores planificados en la estrategia y se culminará con la implantación de medidas correctoras que permitan superar las desviaciones adversas producidas o potenciar aún más las desviaciones favorables.

El control estratégico es obligado, como etapa previa a cualquier proceso de planificación a largo plazo, aunque, su realización formal al menos una vez al trimestre constituya una solución más satisfactoria. En el primer caso, se trata de evaluar en qué medida se alcanzaron los objetivos formulados en el proceso de planificación anterior y de identificar las causas de las principales desviaciones, con el fin de incorporar las conclusiones de tal análisis en el siguiente plan. La evaluación periódica, por el contrario, posibilita la toma de acciones correctoras dentro del período de aplicación del plan estratégico.

La ausencia de este tipo de control explica que algunos dirigentes empresariales, a semejanza de algunas antiguas culturas, sólo dejen ruinas a su marcha.

Control estructural

En este caso se trata de controlar la conveniencia de las actuaciones genéricas de la unidad en evaluación, valorando la eficacia de la gestión, la eficiencia en la utilización de los medios utilizados y la rentabilidad de las actividades. El control estructural se realiza de forma puntual y programada para formular cambios en las políticas de gestión y de utilización de los recursos.

Por ejemplo, en el caso del control estructural referido al área comercial, se tratará de responder al siguiente tipo de cuestiones:

— Contribución económica de cada producto o línea de producto.

— Rentabilidad por canal de distribución y territorio.

— Conveniencia de conceder descuentos por cantidad y pronto pago.

— Rendimiento de los medios de publicidad y promoción.

— Adecuación del tamaño, cualificación y remuneración de la red de ventas.

A partir de este tipo de análisis se instrumentarán cambios en las políticas generales de gestión, que tendrán validez hasta que se muestren insatisfactorias.

Control presupuestario

El control presupuestario evalúa el cumplimiento de los objetivos incluidos en el presupuesto anual de la compañía. En cuanto que estos objetivos se refieren a magnitudes económicas y operativas y recogen acciones o programas de actuación, será preciso acompañar el estudio tradicional de las desviaciones sobre presupuesto con la valoración del progreso de las acciones planeadas.

Respecto al seguimiento de estas acciones es obligado aplicar técnicas para evaluar el progreso de las mismas; se realizará el seguimiento del grado de cumplimiento, plazos, costes de ejecución y la eficacia de los programas en relación a lo previsto. El control del presupuesto se realiza, en general, por períodos mensuales.

El cuadro 2 presenta, a título de ejemplo, el posible contenido de los tres tipos de control reseñados para las áreas comercial y financiera.

Cuadro 2:
TIPOS DE CONTROL

CONTROL	COMERCIAL	FINANZAS
1. ESTRATEGICO	Cuotas de mercado Imagen de marcas Notoriedad Diversificación cartera productos Análisis competencia Atributos productos Fidelidad de clientes	Estructura financiera Coste de capital Flexibilidad Capital circulante Rentabilidades Capacidad de crecimiento
2. ESTRUCTURAL	Rentabilidad: — productos — canales — territorios Eficacia: — publicidad y canales Políticas — de marketing — de marca — descuentos — incentivos vendedores — tamaño fuerza de ventas	Negocio bancario: — número de bancos — volumen de negocio — servicios — condiciones Políticas: — medios de cobro — medios de pago — condicones de cobro y pago — financiación bancaria
3. PRESUPUESTARIO	Desviaciones por: — volumen de ventas — estructura ventas — precios — gastos Programas: — plazos — coste — eficacia	Desviaciones por: — intereses — tipo cambio — tesorería — financiación Programas: — plazos — coste — eficacia

8. CONTROL POR ACTIVIDADES

Si se contempla la estructura de organización de la empresa, concretada en su organigrama, en sentido vertical aparecen las áreas funcionales, es decir, agrupaciones de cometidos basadas en la especialización. Por el contrario, si la perspectiva es horizontal surgen los procesos de gestión, que incorporando cada uno una finalidad definida, integran, transversalmente, a distintas funciones con conocimientos diferentes. Lo que conforma a la función es un conocimiento común. El proceso se construye por la agrupación de especialidades dispares para lograr un objetivo. La actuación financiera, por ejemplo, es una función que participa en numerosos procesos (registro de información, facturación, movimiento de fondos, financiación, etc.). El proceso de compras requiere la participación de varias funciones (ingeniería, compras, control de calidad, administración, etc.)

Los procesos se componen de actividades que, en su interrelación, coadyuvan a lograr un objetivo común. Una actividad es un conjunto de tareas elementales y relacionadas entre sí, que presentan patrones similares de comportamiento de sus costes y que alcanzan un resultado concreto.

La importancia de las actividades se apoya en que:

— Es por medio de ellas como se realiza la gestión. Las actividades son las palancas que permiten influir sobre el comportamiento de los factores clave de éxito. Son las actividades las que consiguen reducir los costes o alcanzar la diferenciación del producto o servicio.

— Su realización consume recursos, es decir, son ellas las causas que generan y regulan los costes.

El proceso de compras lo podemos descomponer en las siguientes actividades operativas, con sus respectivos resultados:

ACTIVIDAD	RESULTADO DE LA ACTIVIDAD
1. Identificación de la necesidad de compra	1. Requisición interna de suministro, con especificaciones
2. Búsqueda de fuentes de suministro	2. Homologar proveedores por materiales
3. Petición y tabulación de ofertas	3. Seleccionar proveedor para el suministro
4. Gestión de la compra	4. Emitir el pedido al proveedor y realizar su seguimiento
5. Recepción	5. Aceptar o rechazar la entrega en base a las especificaciones y condiciones de compra

Las cinco actividades reseñadas contribuyen a alcanzar el objetivo de su proceso: adquirir el producto o servicio requerido al precio, con la calidad, en la cantidad, con la asistencia posventa y en el lugar y plazo adecuados. Cada una de ellas colabora al logro de este objetivo mediante la aportación de un resultado concreto.

La ejecución de cada actividad exige realizar diversas tareas elementales. Por ejemplo, la «búsqueda de fuentes de suministro» comporta tareas tales como:

— Analizar las especificaciones del producto o servicio requerido a fin de comprender las exigencias a satisfacer.

— Consultar publicaciones especializadas y visitar ferias y exposiciones.

— Establecer criterios para homologar proveedores.

— Evaluar y homologar empresas suministradoras.

— Mantener registros de la información.

Todas estas tareas son necesarias para conseguir el resultado de la actividad en la que se integran. Además, el esfuerzo requerido para ejecutar cada tarea depende del número de prospecciones de mercado realizadas. Este parámetro mide el número de transacciones que desarrolla la actividad, es decir su volumen. En realidad, las transacciones son el objeto de la actividad y, en consecuencia, generan y explican los costes en que se incurre por ejecutarla.

La utilidad del concepto de transacción asociado a una actividad reside en que:

— Facilita la imputación de costes a los productos ya que para fabricarlos es preciso desarrollar actividades y son éstas las que consumen recursos. Si bien los costes de mano de obra directa y los materiales son imputables directamente a los productos, los costes indirectos precisan de algún criterio de reparto. Parece razonable que a cada producto se le asignen los costes de las actividades que consume pues el importe de estos costes indirectos se explica por las transacciones requeridas por cada producto. Si la actividad de búsqueda de fuentes de suministro tiene unos costes presupuestados de 20 millones de ptas. al año y se prevén realizar 130 prospecciones, el coste por prospección será de 154 mil ptas. Cada vez que un producto exija la homologación de un nuevo proveedor, se le cargará dicho importe.

— Permite medir la capacidad de la actividad a fin de planificar recursos y diferenciar la gestión de la capacidad de la gestión operativa. La gestión de la capacidad se concreta en la dimensión de los recursos asignados a una actividad. La gestión operativa aborda la eficiencia en la utilización de los recursos disponibles y se asocia con la capacidad utilizada.

— Posibilita controlar la productividad de la actividad mediante el cociente entre el número de transacciones y el coste en que se incurre para ejecutarlas. Así, en el ejemplo que se comenta, la productividad resulta ser de 6,5 prospecciones por millón de ptas. de coste.

— Fomenta comportamientos estratégicos. Por ejemplo, el parámetro de «prospección» penaliza que existan muchos componentes no estandarizados. Por cada uno de ellos, se incurre en una transacción que se imputa al coste del proyecto. Se propicia pues la simplificación de componentes y equipos.

A efectos de control de una actividad es importante su indicador de relevancia [8], es decir, su capacidad para incidir sobre los factores clave de éxito de la empresa. Este índice ofrece una medida de la eficacia de la actividad para influir sobre la posición competitiva de la compañía y sirve de guía para la asignación de recursos.

Por ello, una actuación crítica dentro del proceso de control consiste en identificar las actividades que más influyen sobre la posición competitiva de la empresa.

---

[8] El epígrafe 7 del capítulo 2 muestra cómo se calcula.

Son estas actividades clave las que deben concentrar la prioridad para su diseño, asignación de recursos y control orientado a su mejora.

Frente a estas actividades conviven otras de menor importancia, incluso algunas que, por no añadir valor al producto o servicio, son candidatas a ser eliminadas o reducidas al mínimo posible. Por ejemplo, el proceso de producción se compone de actividades de transformación, desplazamiento y almacenaje de materiales y productos en curso, mantenimiento, supervisión e inspección. Sólo la primera actividad añade valor al producto. El resto absorbe tiempo y recursos y genera costes sin aumentar el valor del producto. La eficiencia del proceso puede medirse por el ratio:

$$\frac{\text{Tiempo de transformación}}{\text{Duración del proceso}}$$

Cuanto más se acerque a la unidad menor será la entidad de las actividades sin valor, indicando: ausencia de averías en las máquinas, calidad adecuada de los materiales, inexistencia de cuellos de botella o entrenamiento adecuado del personal.

TAKEBA es una empresa de ingeniería que realiza y ejecuta proyectos llave en mano de plantas de fabricación de productos químicos. El proceso de compras es muy crítico en este negocio por su repercusión sobre el coste, plazo y fiabilidad del proyecto. Por ello, el departamento de compras en esta empresa está integrado por excelentes profesionales con gran formación y experiencia técnica y capacidad de gestión y negociación. En TAKEBA la actividad de búsqueda de fuentes de suministro tiene un índice de influencia significativo (el 35%) según el cuadro 3.

Para cada actividad es preciso identificar un parámetro que permita medir su nivel de actuación o volumen. Este parámetro es, como se ha dicho, la transacción. En el caso de TAKEBA la transacción de la actividad de búsqueda de fuentes de suministro se asocia con el «número de prospecciones realizadas».

El control de cualquier actividad exige atender el grado de cumplimiento de sus atributos básicos en cuanto a: coste, calidad, plazo, flexibilidad, complejidad y grado de ocupación.

El coste unitario se obtiene, como cociente entre el coste total de la actividad y el número de transacciones que tienen lugar, es decir:

$$\text{Indice de coste} = \frac{\text{Coste total de la actividad}}{\text{Número de transacciones}}$$

El indicador de calidad estima el grado en que la actividad alcanza, satisfactoriamente, su objetivo. En el ejemplo que se comenta la calidad se mide por la proporción de los pedidos no recepcionados en conformidad, calculado por:

$$\text{Indicador de calidad} = \frac{\text{Valor de los pedidos no conformes}}{\text{Valor de las compras}} \times 100$$

Esta tasa expresa la proporción de las compras rechazadas por incumplir las especificaciones del solicitante. Mide pues la calidad en la selección de proveedores en cuanto a su capacidad para satisfacer las necesidades de la empresa. Cuanto menor sea su valor mayor será la fiabilidad de los suministradores homologados.

Un indicador adicional se refiere al objetivo de cumplimiento de plazos. La gestión de las operaciones incorpora una dimensión temporal lo que exige gestionar el tiempo igual que se gestiona el desplazamiento físico o la información. Las actividades están engarzadas de tal manera que han de encajar temporalmente. El retraso de una actividad hace esperar a las que le suceden; pero su adelanto crea cuellos de botella, almacenes intermedios y esfuerzos sin valor.

Hay actividades de flujo para las que el indicador temporal se relaciona con la duración del proceso. Para las actividades puntuales es más relevante un indicador de cumplimiento, como el ajuste en los plazos de entrega del producto. Para la actividad de búsqueda de fuentes de suministro se puede utilizar el porcentaje de los pedidos que se retrasan por no disponer de proveedor homologado.

$$\text{Indicador de plazo} = \frac{\text{Valor de los pedidos retrasados}}{\text{Valor de las compras}} \times 100$$

También, ha de contemplarse la flexibilidad de la actividad, entendida como su capacidad para disponer de opciones o para conseguir el mismo resultado actuando de maneras alternativas. En sentido más amplio, flexibilidad es la capacidad de adaptarse al cambio incurriendo en un coste razonable. Para la actividad búsqueda de fuentes de suministro puede ser:

$$\text{Indicador de flexibilidad} = \frac{\text{Compras a proveedor único}}{\text{Valor de las compras}} \times 100$$

Este índice cuantifica el riesgo de carecer de proveedores alternativos. Un valor elevado indica una alta dependencia de un único proveedor, señal de que la actividad de prospección ha sido incapaz de identificar otra opción de suministro. Cualquier fallo en uno de estos proveedores únicos podrá dejar sin aprovisionamiento a la empresa o comportará un coste elevado derivado de la urgencia.

Finalmente, la gestión de las actividades debe tender a la sencillez; con ello se reducen los costes y los plazos. Por ello, añadimos un indicador de complejidad que, en el caso de TAKEBA puede expresarse:

$$\text{Indice de complejidad} = \frac{\text{Número de referencias}}{\text{Número de proveedores homologados}}$$

Un mayor valor de este ratio indica que es menor el número relativo de proveedores; por ello mide la concentración de las fuentes de suministro. Cuanto más concentradas estén menor será la complejidad de su gestión y, en consecuencia, los costes y los tiempos requeridos para realizarla.

Cuadro 3:
CUADRO DE MANDO DE LA ACTIVIDAD
«BUSQUEDA DE FUENTES DE SUMINISTRO»

INDICADORES	REAL	PRESUPUESTO/ OBJETIVO	DESVIACION *	
			VALOR	%
INDICE RELEVANCIA = 35%				
1. VOLUMEN (Nº transacciones) (Capacidad máxima = 150)	120	130	(10)	(7,7)
2. COSTE TOTAL DE LA ACTIVIDAD (Millones de ptas.)	19,5	20,0	0,5	2,5
3. COSTE POR TRANSACCION (Ptas.)	162.500	153.846	(8.654)	(5,6)
4. CALIDAD (% en valor de pedidos rechazados)	2,1	1,9%	(0,2)	(10,5)
5. PLAZO (% en valor de pedidos retrasados)	1,5	2,0	0,5	25,0
6. FLEXIBILIDAD (% de compras a proveedor único)	6,9	5,9	(1,0)	(16,9)
7. COMPLEJIDAD (% número de referencias por proveedor)	9,1	8,8	0,3	3,4
8. OCUPACION (% de transacciones sobre el máximo)	80	87	(7)	(8,1)

* Favorable +, Desfavorable (–)

Un requisito para obtener un coste unitario reducido es que la capacidad disponible de la actividad se utilice adecuadamente. Por eso, se añade un ratio que mide la ocupación de los recursos asignados a la actividad. Además, el valor que tome este indicador fundamenta las decisiones de asignación de recursos: añadiendo más capacidad si la utilización está al borde de la saturación o detrayéndola si la ocupación es baja. Este índice se calcula por:

$$\text{Indice de ocupación} = \frac{\text{Número de transacciones realizadas}}{\text{Número máximo de transacciones}} \times 100$$

Además de estos indicadores generales, aplicables a la actividad que se comenta, se pueden añadir otros relacionados con:

— La entidad de las sugerencias recibidas de proveedores que mejoran las especificaciones originales.

— El riesgo inherente a la actividad entendido como la posibilidad de que se originen pérdidas si se producen determinados sucesos.

— La duración de la actividad o plazo necesario para su ejecución.

El cuadro 3 propone un cuadro de mando de la actividad que se comenta aplicada al caso de TAKEBA. Su análisis señala problemas en el coste unitario, calidad, flexibilidad y tasa de ocupación. Por el contrario, los indicadores de plazo y complejidad muestran un comportamiento satisfactorio.

Cabe distinguir entre indicadores de resultados y causales. Los primeros informan de la bondad en la ejecución de la actividad. Estos indicadores tienen carácter de síntesis y están próximos a los objetivos del proceso pero no dan información hasta que la actividad ha concluido y no explican cómo se gestan dichos resultados. Por ejemplo, indicadores de resultados del proceso de compras son la evolución del precio de compra y la frecuencia de ruptura de existencias.

Los indicadores causales aclaran cómo se alcanzan los resultados y, en consecuencia, ofrecen palancas de actuación para gestionarlos. El número de ofertas solicitadas por suministro, con la posibilidad de contrastar y obtener precios competitivos, es un indicador causal que explica el comportamiento de los precios de adquisición. Igualmente, lo es referido al mismo resultado de precios, el grado de concentración de proveedores: cuanto mayor sea la concentración mayor será el poder de compra de la empresa y su capacidad para obtener mejores precios.

El repertorio genérico de índices expuesto exige ser adaptado a cada circunstancia. Los indicadores a seleccionar en cada caso deben basarse en los factores clave de éxito de la empresa y los específicos del proceso de referencia.

9. ANALISIS DE DESVIACIONES

Los procesos de control utilizan el concepto de desviación entre el resultado y el objetivo a fin de identificar las áreas de actuación donde es preciso aplicar medidas correctoras. Esto es válido para los tres tipos de control descritos en un epígrafe anterior (estratégico, estructural y presupuestario). Igualmente lo es para el control por actividades y por centros de actividad y responsabilidad.

Por su carácter universal, el concepto de desviación constituye una técnica básica de todos los procesos de control de gestión. Ello, sin embargo, no debe oscurecer el hecho de que los planes son instrumentos y no leyes rígidas que hay que cumplir a toda costa. En este sentido, conviene recordar la observación de Alfred Sloan [9] cuando describe los métodos aplicados en la General Motors para ajustar la producción planeada a la demanda de cada momento: «lo más importante no era pues la exactitud del índice previsto para la temporada, sino la capacidad de reaccionar ante las variaciones del mercado, efectuando con rapidez los ajustes precisos».

Una desviación expresa la diferencia entre el resultado y el objetivo o, complementariamente, el porcentaje sobre este último. Ambas mediciones son útiles para valorar su importancia, tanto en términos absolutos como relativos y facilitan el control por excepción.

---

[9] *Mis años en la General Motors*. Alfred P. Sloan. EUNSA. (pág. 180).

La variedad de razones que subyacen en la aparición de una desviación resalta la necesidad de que la función de control se aplique no sólo al seguimiento de la ejecución, sino que también acometa la fase de formulación de objetivos y el mantenimiento de los modelos utilizados de planificación y medición de resultados, buscando siempre su fiabilidad y coherencia.

Son numerosas las desviaciones que se pueden estudiar al realizar el seguimiento de un centro de responsabilidad o de actividad. Cualquier partida o concepto planificado induce a calcular la correspondiente desviación. El cuadro 4 incluye las principales desviaciones de la cuenta de resultados de un centro de beneficios [10].

Cuadro 4:
DESVIACIONES DE LA CUENTA DE RESULTADOS

DESVIACION:	INCIDENCIA SOBRE BENEFICIOS POR:
1. COMERCIALES	
— PRECIO	precios de venta
— CANTIDAD	unidades vendidas
— COMPOSICION DE VENTAS	estructura o mezcla de ventas
2. COSTES DE PRODUCCION VARIABLES	
— MATERIALES:	
• Técnica	utilización de materiales
• Económica	precios de compra
— MANO DE OBRA DIRECTA	
• Técnica	rendimiento de la mano de obra
• Económica	coste de la mano de obra
— INDIRECTOS	coste unitario de los indirectos
3. COSTES DE PRODUCCION FIJOS	
— GASTO	costes fijos
— ACTIVIDAD	nivel de actividad productiva
4. GASTOS GENERALES	diversos conceptos de gasto
5. GASTOS FINANCIEROS	
— COSTE	coste de las fuentes financieras
— VOLUMEN	volumen de financiación

Otro aspecto relacionado con el análisis de desviaciones consiste en identificar aquellas más importantes, que han de centrar la atención preferente de los procesos de control. Para identificarlas se aplican los siguientes criterios:

— **Materialidad:** mide la importancia de una desviación en términos absolutos.

— **Recurrencia:** una desviación reducida, puede ser importante si se repite. Por un lado, su importe acumulado irá creciendo. Por otro, puede ser indicio de un problema sostenido, pendiente de resolución.

— **Naturaleza:** toda desviación en un factor clave de gestión es crítica, aunque sea de pequeño importe.

---

[10] Ver, por ejemplo, el capítulo 6 de: *Control de la gestión empresarial*. Juan Pérez-Carballo. ESIC-EDITORIAL. 2ª edición, 1994.

— **Evolución:** la tendencia previsible discrimina las desviaciones más relevantes. Así, una desviación de materialidad reducida pero creciente ha de ser atajada antes de que se agrave. Igualmente, una desviación negativa que tienda a compensarse en períodos posteriores, será menos sobresaliente que otra, aún incipiente, pero con tendencia a aumentar.

Para catalogar una desviación no bastan pues sus aspectos cuantitativos; es preciso añadir otros que contemplen su recurrencia, naturaleza y evolución prevista.

10. RESPONSABILIDAD SOBRE EL CONTROL

El control, como parte esencial de la función gerencial, ha de ser aplicado, sistemáticamente, por todas las áreas de la empresa con una responsabilidad asignada y que, en consecuencia, tomen decisiones. Sólo los sistemas de control que involucran a los responsables operativos son eficaces, pues son ellos los mejor situados para identificar y explicar las desviaciones que se produzcan en su área de actuación y proponer e implantar las acciones correctoras oportunas.

En este contexto, la unidad orgánica de control asume la responsabilidad de que el sistema opere satisfactoriamente. Ello comporta la definición de objetivos a cumplir por la función, la formulación de criterios operativos y de procedimiento y el seguimiento de que el sistema funciona satisfactoriamente. Esta unidad es responsable de que los informes de resultados lleguen en forma y plazo al conjunto de los responsables de la empresa. El controler eficaz es quien consigue la participación de la organización en el sistema de control y esta integración se alcanza si el sistema constituye un instrumento útil, al servicio de las áreas operativas, para alcanzar sus objetivos.

Junto a esta tarea específica, al controler le cabe una participación como usuario del sistema. En primer lugar, su análisis independiente de las distintas desviaciones ha de servir de contraste al realizado por cada área de gestión. En este sentido, el controler es la contrafigura de los responsables operativos.

En segundo lugar, él se encuentra en la atalaya adecuada para efectuar la síntesis de la marcha global de la empresa, en asistencia a la dirección general, mediante el seguimiento de objetivos más generales y de resumen. En esta segunda función es importante que el controler preste especial atención a:

— Identificar aquellos eventuales sucesos que pueden afectar a la marcha de la empresa por vez primera y de forma inesperada. Estos son sucesos sin precedente y que, por ello, no es habitual encontrarlos en el catálogo de puntos de control del sistema.

— Atender los resquicios en los puntos de control que omitan los responsables operativos.

— Coordinar las medidas derivadas de los procesos de control de modo que sean coherentes las actuaciones de las distintas áreas de la empresa.

— Diferenciar entre acontecimientos de índole puntual y aislada de aquellos otros que, por su afinidad y sucesión, conforman una tendencia. La distinción entre suceso y tendencia es relevante en cuanto que desencadenan actuaciones de control totalmente distintas.

Las tendencias suelen erosionar o fortalecer, pausadamente, la posición competitiva en el mercado por lo que las acciones de control deberán encaminarse a medidas relacionadas con factores clave y precisarán de períodos dilatados de implantación. Este es el caso, por ejemplo, del debilitamiento experimentado en su posición competitiva por la primera empresa de equipos informáticos. No haberse adaptado a los nuevos condicionantes del mercado supuso declarar cuantiosas pérdidas en varios ejercicios y le exigió acometer una remodelación profunda como única solución a la crisis [11].

Los sucesos aislados, por el contrario, generan oportunidades o amenazas afloradas del entorno, y fortalezas o debilidades internas, todas ellas de carácter puntual, que exigen acciones rápidas y concretas, aunque difícilmente supondrán la crisis de la empresa salvo que sean de gran magnitud o se produzcan varios a la vez.

Este fue el caso de una distribuidora española de éxito de productos electrónicos que vio truncada su vertiginosa progresión por tres sucesos: la súbita devaluación de la peseta en Septiembre de 1992, que encareció sus importaciones en yenes, un grave incumplimiento de ventas en la campaña de Navidad de ese año y, dos meses después, un incendio en sus almacenes repletos de producto devuelto por el canal, que no estaban adecuadamente asegurados [12]. (Todo un ejemplo de cómo el éxito es transitorio pero el fracaso puede ser definitivo).

El controler, ha de desarrollar un pensamiento alerta o activo en contraposición al pensamiento inerte o reactivo. Su actitud ha de ser vigilante y orientada hacia el futuro, para escrutar y anticipar lo que puede suceder. En este sentido, la figura del controler contrasta con la del contable, más atento a registrar lo ya sucedido. Las capacidades de uno y otro son diferentes. La costumbre de encuadrar al controler en el área de Finanzas de la empresa, además del recelo y confusión que suscita quien trata de ser cuerpo y sombra a la vez, propicia que se sustituya el genuino control de gestión por un mero control contable.

Por último, es la dirección general la que asume la mayor responsabilidad sobre el correcto funcionamiento del sistema de control por varias razones:

— Es ella quien selecciona a los responsables de la empresa y cuanto mayor sea la calidad profesional de éstos menor será la probabilidad de que se produzcan desviaciones indeseables y, de producirse, mayor será la capacidad de percibirlas y corregirlas a tiempo. La existencia de buenos gerentes facilita la aplicación del control previo en menoscabo del correctivo o a posteriori. Con ello, se consigue un mayor protagonismo de los responsables en la marcha de la empresa y se aligera la carga de trabajo asociada a los sistemas de control correctivo.

---

[11] *Fortune International*. Noviembre 1993. Pág. 26. (referido a I.B.M.)

[12] *El Mundo*. 4 de abril de 1993. Pág. 69 (referido a ERBE).

— La dirección general controla los resortes para tomar decisiones y por ello debe escuchar e interpretar los análisis que reciba de su equipo. Incluso, ha de propiciar la opinión discrepante.

— La eficacia de un gestor para contribuir a alcanzar los objetivos de la empresa depende de la existencia de un ambiente organizativo propicio para el desempeño de sus funciones que le permita asumir responsabilidades específicas con un cierto grado de autonomía y en coordinación con el resto de la organización. Este marco, al que se denomina en términos genéricos la «cultura de la empresa», es capaz de integrar y motivar a los miembros de la organización y de potenciar sus capacidades o, por el contrario, de anularlas y someterlas al dictado y discrecionalidad del dirigente de turno. Los rasgos personales y las habilidades directivas de los máximos responsables de toda empresa configuran su «cultura» y estilo de dirección y, en consecuencia, el funcionamiento de su sistema de control.

Tal vez el término cultura, de tan amplio uso para hacer mención a la forma de comportamiento de un colectivo ante lo cotidiano concretada en modelos, actitudes, valores y símbolos y los vínculos que los unen, no sea la expresión más adecuada para ser asociada al mundo empresarial. Por cultura, en general, entendemos un conjunto de formas de pensar y actuar que se gesta de forma natural y que, al ser compartida por un grupo lo consolida y confiere un carácter independiente. La cultura es aprendida y sentida como un ideal por los miembros de la colectividad y exige la aportación permanente de éstos para mantenerse viva.

Con frecuencia se confunde en la empresa cultura con ideología entendida ésta como un sistema estructurado de criterios para explicar una situación y orientar la acción de un colectivo en base a unos valores compartidos. La ideología es una doctrina que se gesta por diseño y exige unanimidad de sus miembros. Ni una cultura puede ser diseñada ni exige adhesión total. Es más, más rica será la cultura cuanto más pluralidad incorpore.

La ideología en la empresa fomenta la apología de la sumisión a la doctrina y la uniformidad de comportamientos, con el peligro que conlleva que todos piensen igual y se carezca de contraste. A veces, la insistencia en asentar una ideología de empresa ha llevado a situaciones tan grotescas como que sus profesionales vistan igual [13], ofrezcan un aspecto similar y se comporten y opinen como el jefe.

El apoyo a la cultura en la empresa o mas bien, permitir que se desarrolle libremente, evitará los peligros de una homogeneidad excesiva.

— Finalmente, la dirección general es responsable de definir la estrategia de la empresa y, por lo tanto, la que debe decidir los factores clave de control. Establecerá, directamente, los correspondientes a la empresa en su conjunto y de ellos se derivarán los asociados a cada una de sus unidades de responsabilidad o actividad. La correcta formulación de estos factores es una condición necesaria para que el sistema de control funcione satisfactoriamente.

---

[13] No confundir estas situaciones con aquellas en las que el uniforme tiene una funcionalidad (tangibilizar el servicio o dar seguridad, por ejemplo).

Capítulo XV

Objetivos y estrategias financieras

1. Coste de capital y expectativas de los inversores
2. El valor económico añadido (EVA)
3. Valor de mercado de la empresa
   3.1. Hipótesis sin crecimiento
   3.2. Hipótesis con crecimiento
4. Estrategias financieras
5. De valores contables a valores de mercado

1. COSTE DE CAPITAL Y EXPECTATIVAS DE LOS INVERSORES

El coste de capital de la empresa cuantifica la remuneración que debe ofrecer a los aportadores de fondos para que éstos accedan a financiarla y se calcula ponderando las expectativas de rendimiento de cada fuente de financiación, en base a su participación respectiva.

Supongamos que, en un entorno sin impuestos, los potenciales accionistas de la empresa TAGGO esperan obtener un rendimiento del 20% sobre su inversión. En cuanto a los prestamistas, se alinearán con el tipo de interés vigente en el mercado para operaciones similares de riesgo y plazo. Sea este tipo de interés, aplicable a operaciones de medio–largo plazo, del 14%. Si la estructura de financiación se reparte al 50% entre recursos propios y deuda (ratio de endeudamiento igual a la unidad), el coste medio de capital de TAGGO será del 17% según muestra el cuadro 1.

Cuadro 1:
COSTE DE CAPITAL DE TAGGO

Fuente	Coste	Participación	Contribución
Recursos propios	20%	0,5	10%
Deuda	14%[1]	0,5	7%
		Coste medio	17%

Para que el colectivo de inversores vean cumplidas sus expectativas de rendimiento es preciso que la rentabilidad económica de la empresa iguale o supere a su coste de capital. Es razonable anticipar que el rendimiento de la inversión ha de cubrir las expectativas de rendimiento de los diversos tipos de inversores. Sólo así la empresa será capaz de captar nuevos recursos para financiar su crecimiento.

Para escrutar la relación entre los conceptos anteriores, presentamos cuatro posibles escenarios referidos a TAGGO. Cada uno viene definido por el valor que tome su rentabilidad económica, es decir la relación entre el beneficio económico (antes de gastos financieros) y la inversión neta (equivalente a la suma de los recursos propios y la deuda). Además, se supondrá que el beneficio de la empresa permanece estable.

---

[1] El coste de la deuda para una empresa suele superar al tipo de interés en cuanto que existen gastos de formalización.

Escenario primero: la rentabilidad económica es inferior al coste de la deuda.

Aceptemos que la rentabilidad económica de TAGGO sea del 10%. Este rendimiento se obtiene sobre la inversión neta y, en consecuencia, sobre la totalidad del capital que la financia. En cuanto que el capital se compone de recursos propios y deuda, el 10% se obtiene sobre la suma de ambas partidas. Sin embargo, como a la deuda hay que remunerarla, necesariamente, al 14% pactado, los 4 puntos de diferencia con el rendimiento del 10% se habrán de transferir de la tasa de remuneración que, en teoría, corresponde a los accionistas. Puesto que, en este ejemplo, el importe de la deuda y los recursos propios es el mismo, los 4 puntos "cedidos" a la deuda reducirán en igual cuantía la rentabilidad de los recursos propios, según muestra la figura 1.

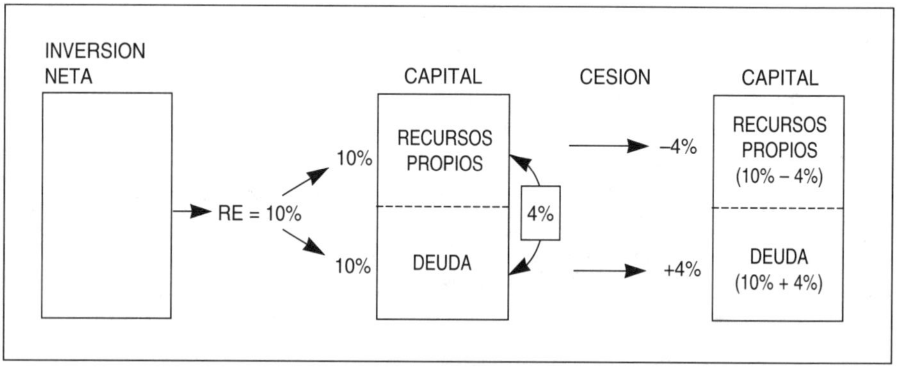

Figura 1: Mecanismo de transferencia del rendimiento

El capital aportado por los accionistas, ya presente en la estructura de financiación de TAGGO, obtiene una remuneración residual, de sólo el 6%. Este rendimiento, que coincide con la rentabilidad financiera antes de impuestos de la empresa, se ha obtenido añadiendo a la rentabilidad económica el denominado margen financiero o diferencia entre la rentabilidad económica (RE) y el coste de la deuda (i).

No parece que en este escenario los accionistas se muestren muy satisfechos con la rentabilidad obtenida sobre su inversión. En principio serán reacios a aportar nuevos fondos. En caso de que lo hiciesen, ellos u otros inversores potenciales, exigirían una rentabilidad esperada mayor. El mecanismo para conseguirla actúa a través de la valoración que haga el mercado de los recursos propios, según se desarrolla más adelante.

Por último, y manteniéndonos en el intervalo contemplado por este escenario, si la rentabilidad económica desciende hasta anularse, la rentabilidad financiera será negativa e igual a –14% puesto que los accionistas habrán de cubrir con los recursos propios el rendimiento del 14% comprometido con los prestamistas. En esta circunstancia, no sólo se transfiere a la deuda diez puntos de la remuneración correspondiente a los recursos propios como componente del capital, sino que además se ceden cuatro puntos más lo que reducirá el valor contable del patrimonio acumulado de los accionistas.

Escenario segundo: la rentabilidad económica iguala al coste de la deuda.

Si la rentabilidad económica alcanza el 14%, el rendimiento de los accionistas, siempre antes de impuestos en este ejemplo, sería también del 14%. En este escenario cada componente del capital retiene el rendimiento sobre la inversión que le corresponde, sin que sea preciso ningún trasvase de rentabilidad de una a otra fuente de financiación, según muestra la figura 2. Ahora, el margen financiero o diferencia entre la rentabilidad económica y el coste de la deuda es nulo.

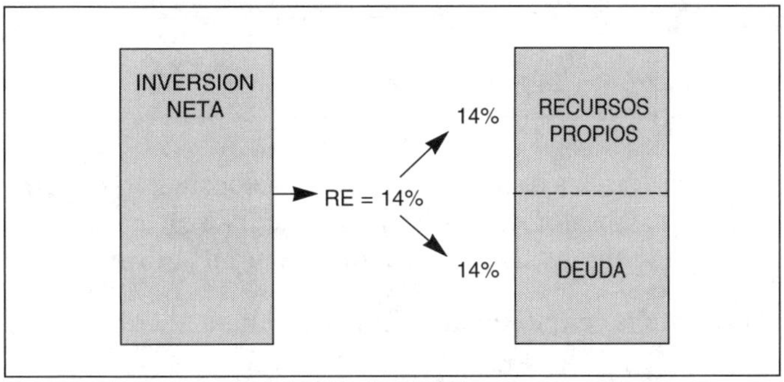

Figura 2: Escenario sin cesión de rendimiento.

La deuda recibe, lógicamente, su remuneración pactada. Sin embargo, los accionistas, aunque reciben también un 14%, no alcanzan sus expectativas del 20%. En esta ocasión, asimismo, es de prever una reducción del valor de mercado de los recursos propios en relación a su valor contable, de manera que los eventuales nuevos inversores obtengan el rendimiento esperado del 20%. Ahora, el valor de mercado de los recursos propios (Vm) en relación a su valor contable (RP) sería de 0,7 calculado por,

$$\frac{Vm}{RP} = \frac{0,14}{0,20}$$

Esta expresión se obtiene teniendo en cuenta que el beneficio antes de impuestos se puede calcular a partir de la rentabilidad financiera (RF'=BAI/RP) o de la de mercado (RF'_m=BAI/Vm). Si un nuevo inversor adquiere acciones de TAGGO a un 70% de su valor contable, su rendimiento será el cociente entre el beneficio antes de impuestos (BAI) y el valor de mercado, o lo que es lo mismo:

$$RF'_m = \frac{BAI / RP}{Vm / RP} = \frac{0,14}{0,7} = 20\%$$

Como RF'_m es el cociente entre BAI y Vm se ha dividido numerador y denominador de dicho cociente por RP, a fin de obtener valores conocidos para TAGGO.

Escenario tercero: la rentabilidad económica coincide con el coste de capital.

En este caso, la rentabilidad económica ha de ser del 17%, porcentaje que según el cuadro 1 representa el coste de capital de TAGGO. En cuanto que la deuda se seguirá remunerando al 14%, el exceso de 3 puntos entre su rendimiento proporcional como componente del capital y su coste será cedido para aumentar la rentabilidad de los recursos propios. De este modo, la rentabilidad financiera alcanzará el 20%: el 17% como parte integrante del capital de TAGGO y 3 puntos cedidos por la parte deuda. El cuadro 2 expone la transferencia comentada.

Cuadro 2:
CESION DE RENTABILIDAD DE LA DEUDA A LOS RECURSOS PROPIOS

Fuente	Rendimiento proporcional	Cesión de rendimiento	Rentabilidad efectiva
Recursos propios	17%	3%	20%
Deuda	17%	– 3%	14%

En este escenario ambas fuentes obtienen sus expectativas de rentabilidad. Por ello, razonablemente, el valor contable de los recursos propios coincidirá con su valor de mercado y la rentabilidad financiera igualará a la de mercado.

Escenario cuarto: la rentabilidad económica supera al coste de capital.

Si la rentabilidad económica alcanza, por ejemplo, el 19% la rentabilidad financiera será del 24% de acuerdo con el siguiente cálculo:

Rendimiento correspondiente a los recursos propios	19%
+ cesión de rendimiento de la deuda	5 puntos
Rendimiento real de los recursos propios	24%

Los recursos propios absorben, en esta ocasión, el denominado margen financiero de 5 puntos existente entre la rentabilidad económica y el coste contractual de la deuda. Ahora, es de esperar una subida del valor de mercado de los recursos propios por encima de su valor contable, de modo que la rentabilidad de los inversores se iguale al deseado 20%. Este porcentaje se calcula por:

$$\frac{Vm}{RP} = \frac{0{,}24}{0{,}20} = 1{,}2$$

La figura 3 representa la evolución de la rentabilidad financiera de TAGGO en función del valor que tome su rentabilidad económica. Además, se representan, en el eje horizontal, los tramos de vigencia de cada uno de los cuatro escenarios descritos anteriormente.

Como resumen de lo expuesto en este epígrafe y de la figura 3, podemos enunciar las cinco leyes siguientes:

1. Cuando la rentabilidad económica es igual al coste de capital tanto los inversores en deuda como en capital de riesgo ven cumplidas sus expectativas de rentabilidad.
2. Si la rentabilidad económica coincide con el coste de la deuda la rentabilidad financiera iguala a la rentabilidad económica.
3. Si la rentabilidad económica supera al coste de capital, la rentabilidad financiera excede a las expectativas de los accionistas.

4. Por el contrario, cuando la rentabilidad económica es inferior al coste de capital, la rentabilidad financiera no alcanza las expectativas de los accionistas.

5. El equilibrio entre las expectativas de rendimiento de los accionistas y su rentabilidad financiera se ajusta por medio del valor de mercado de la empresa.

Las formulaciones anteriores consideran que la rentabilidad financiera de los accionistas se calcula como cociente entre el beneficio antes de impuestos y los recursos propios contables de la empresa y que el rendimiento efectivo o de mercado se obtiene a partir del valor de mercado de los recursos propios.

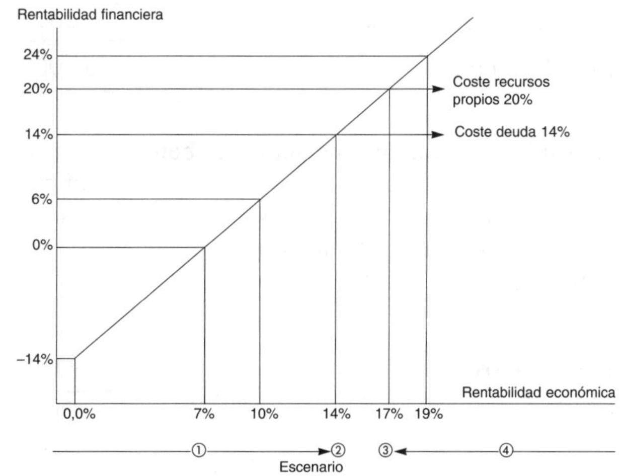

Figura 3: Relación entre rentabilidad económica y financiera.

2. EL VALOR ECONOMICO AÑADIDO (EVA)

El beneficio neto que ofrece la contabilidad omite el coste de capital correspondiente a los recursos propios. Este coste no se contabiliza por lo que se desconoce si en realidad el excedente que genera la empresa es suficiente para cubrirlo. Sólo si lo hace se puede decir que las operaciones añaden valor a la empresa.

Para solventar esta deficiencia, General Electric [2] implantó el concepto de beneficio residual, rebautizado, recientemente, con el nombre de EVA (Economic value added), que recalcula el beneficio empresarial una vez deducido el coste de los recursos propios.

---

[2] Citado por David Solomons en Divisional performance, Richard Irwin. 1965 (pág. 63).

Supontamos una empresa cuya información económico-financiera simplificada aparece en el cuadro 3, expresada en millones de pesetas.

Cuadro 3:
SITUACION DE REFERENCIA

Recursos propios	20.000
Deuda al 10%	10.000
Capital	30.000
Beneficio económico	6.000
Gastos financieros	–1.000
Beneficio antes de impuestos	5.000
Impuestos (tipo del 30%)	–1.500
Beneficio neto	3.500

El beneficio residual se obtiene restando del beneficio neto el coste de los recursos propios. Si éste se ha estimado en un 20% antes del impuesto de sociedades, después de dicho impuesto se reduce al 14% (0,7 x 20). El coste de los recursos propios se eleva pues al 14% de 20.000 millones y el beneficio residual asciende a 700 millones según el siguiente cálculo:

Beneficio neto	3.500
Coste recursos propios	– 2.800
Beneficio residual	700

Esta cifra expresa el valor económico que crean las operaciones de la empresa. Si el beneficio residual fuese cero la empresa sólo estaría cubriendo el coste de los recursos que utiliza.

Alternativamente, el beneficio residual se calcula restando del beneficio económico el coste de capital antes de impuestos y ajustando la cifra obtenida por el efecto fiscal. Como el coste de los recursos propios antes de impuestos asciende al 20%, el coste de capital de la empresa es el indicado en el cuadro 4.

Cuadro 4:
COSTE DE CAPITAL ANTES DE IMPUESTOS

Fuente	Importe	Peso	Coste	Contribución
Recursos propios	20.000	0,6667	20%	13,33%
Deuda	10.000	0,3333	10%	3,33%
	30.000	1,0000		16,67%

Según se indica a continuación, el beneficio residual coincide con el ya calculado.

Beneficio económico	6.000
Coste de capital (16,67% por 30.000)	–5.000
Beneficio residual antes de impuestos	1.000
Impuestos al 30%	–300
Beneficio residual	700

Obsérvese que como del beneficio económico se deduce el coste de capital antes de impuestos, éste ya incluye parte de la carga impositiva por lo que ahora los impuestos sólo se calculan sobre el excedente de 1.000 millones.

En realidad, las conclusiones que se derivan del análisis del beneficio residual coinciden con las que se deducen de comparar la rentabilidad económica con el coste de capital medio de la empresa antes de impuestos. En este caso, la rentabilidad económica asciende al 20%, tasa que supera al coste de capital antes de impuestos, lo que indica que se genera un excedente.

Si en el ejemplo anterior la rentabilidad económica cayese hasta el coste de capital (16,67%) manteniéndose el resto de las magnitudes, el cuadro 3 se convertiría en el 5.

Cuadro 5:
RENTABILIDAD ECONOMICA IGUAL A COSTE DE CAPITAL

Recursos propios	20.000
Deuda al 10%	10.000
Capital	30.000
Beneficio económico	5.000
Gastos financieros	–1.000
Beneficio antes de impuestos	4.000
Impuestos (tipo del 30%)	–1.200
Beneficio neto	2.800

En este caso, el beneficio residual sería nulo pues el coste de los recursos propios después de impuestos (2.800) coincide con el beneficio neto.

El inconveniente de utilizar la rentabilidad económica es que puede inducir a frenar las nuevas inversiones si su rendimiento es inferior a la rentabilidad actual de la empresa. La empresa del cuadro 3 podría rechazar una inversión de 10.000 millones con un rendimiento de sólo el 18% pues arrastraría su rentabilidad global hasta el 19,5% según muestra el cuadro 6.

Cuadro 6:
CAIDA DE LA RENTABILIDAD ECONOMICA

Inversión	Importe	RE	Beneficio
Actual	30.000	20,0%	6.000
Nueva	10.000	18,0%	1.800
	40.000	19,5%	7.800

Por el contrario, evaluada la decisión por su beneficio residual, éste se incrementaría de 700 a 793, haciendo recomendable la nueva inversión.

Beneficio económico	7.800
Coste de capital (16,67% de 40.000)	–6.667
Beneficio residual antes de impuestos	1.133
Impuestos al 30%	–340
Beneficio residual	793

El incremento del beneficio residual coincide con la diferencia entre la rentabilidad de la nueva inversión (18%) y el coste de capital (16,67%), ajustada por la carga fiscal (30%).

El beneficio residual se incrementa actuando en los siguientes frentes:

- Reduciendo la inversión neta necesaria para desarrollar las actividades actuales. Esto se consigue mejorando la productividad de las inversiones actuales, liquidando activos ociosos o aumentando la financiación espontánea.
- Acometiendo nuevos proyectos cuyo valor residual sea positivo o lo que es equivalente, con una rentabilidad superior a su coste de capital.
- Mejorando el beneficio económico actual, por medio de combinaciones más favorables de cantidades, precios y costes, o reduciendo el coste de capital.

El beneficio residual BR se calcula por la fórmula

$$BR = (BE - CC \times C) \times (1 - t)$$

donde:

BE es el beneficio económico

CC es el coste medio de capital antes de impuestos

C es el capital (Deuda más recursos propios)

t es el tipo impositivo

Si el beneficio residual se expresa en proporción al capital, representado por IBR, de la fórmula anterior se deduce que:

$$IBR = (RE - CC) \times (1 - t)$$

donde RE es la rentabilidad económica.

La empresa del cuadro 3 arroja un valor del 2,33%, calculado por:

$$IBR = (20 - 16{,}67) \times (1 - 0{,}3)$$

que coincide con el cociente de 700 y 30.000

3. VALOR DE MERCADO DE LA EMPRESA

3.1. HIPÓTESIS SIN CRECIMIENTO

Sabemos que la empresa es un conjunto de activos que, en su explotación, generan una corriente futura de ingresos. Por ello, su valor puede estimarse en base al valor actualizado de dicho flujo de rentas futuras, de forma pareja a como se calcula el valor actual neto de una inversión. En ausencia de inflación, la amortización, como expresión del coste por período de utilizar los activos fijos de la empresa, deberá aproximarse al valor de reposición de dichos activos. Si aceptamos que su importe coincide, en cada período, con las inversiones de reposición necesarias para mantener la actividad existente de la empresa, la renta generada cada año, en ausencia de crecimiento, coincidirá con el beneficio neto y con independencia de que éste se distribuya en forma de dividendos o se reinvierta en la actividad. En consecuencia, en el marco de estas hipótesis, podemos estimar el valor de mercado de la empresa como el valor actual de los beneficios futuros que sea capaz de generar. Si el resultado anual permanece constante, ese valor actual equivale a una renta perpetua, es decir,

$$\mathrm{Vm} = \frac{\mathrm{BN}}{\mathrm{k}} \tag{1}$$

donde Vm es el mencionado valor de mercado, BN es el beneficio neto, que se supone constante, y k es la tasa de descuento que aplica el potencial inversor para actualizar sus rentas futuras. La ecuación anterior podemos expresarla también en la forma,

$$\mathrm{k} = \frac{\mathrm{BN}}{\mathrm{Vm}}$$

que estima el rendimiento esperado por el inversor potencial.

Adelantemos la equivalencia entre esta tasa de descuento k y la rentabilidad de mercado RFm introducida anteriormente. La diferencia entre ambas reside en que k es la rentabilidad esperada y RFm se refiere al rendimiento efectivo o de mercado. En lo que sigue se muestra cómo RFm tiende a igualarse a k por medio del ajuste del valor de mercado de la empresa.

Puesto que la rentabilidad financiera, en base al valor contable de los recursos propios, se obtiene por,

$$\mathrm{RF} = \frac{\mathrm{BN}}{\mathrm{RP}}$$

la fórmula (1) se transforma en,

$$\frac{\mathrm{Vm}}{\mathrm{RP}} = \frac{\mathrm{RF}}{\mathrm{k}}$$

donde el cociente Vm/RP mide, como se anticipó en el epígrafe primero, la relación entre el valor de mercado de la empresa y su valor contable. Si lo denominamos precio relativo y lo designamos por Pr, se obtiene

$$\mathrm{Pr} = \frac{\mathrm{RF}}{\mathrm{k}} \tag{2}$$

que expresa que el precio relativo de una empresa, en las hipótesis aquí contempladas, es el cociente entre su rentabilidad financiera y la rentabilidad esperada por el mercado. Lógicamente, cuando este índice supera la unidad el mercado valora a la empresa por encima de su valor contable.

La fórmula (2) se ha deducido utilizando la rentabilidad financiera después de impuestos. Por ello, la rentabilidad esperada por el mercado (k) o tasa de descuento utilizada ha de ser también después de impuestos.

Para TAGGO se deducen los valores del cuadro 7, para cada uno de los escenarios presentados previamente. Recordemos que las expectativas de rentabilidad del mercado se elevaban a un 20% antes de impuestos; si deducimos el escudo fiscal, con una tasa impositiva del 0,3, queda una tasa de descuento del 14%. Igualmente, la rentabilidad financiera se obtiene multiplicando por 0,7 los valores de la rentabilidad financiera antes de impuestos calculados en el epígrafe primero.

Cuadro 7:
EL PRECIO RELATIVO

Escenario	RE Rentabilidad económica	RF Rentabilidad financiera	Pr = RF/k Valor Mercado/ valor contable
1	10%	4,2%	0,30
2	14%	9,8%	0,70
3	17%	14,0%	1,00
4	19%	16,8%	1,20

Según la fórmula (2) y los valores del cuadro 7, se deducen las siguientes leyes de comportamiento del precio relativo:

— Cuando el rendimiento contable de los accionistas (rentabilidad financiera) coincide con sus expectativas (14%), el valor de mercado de la empresa coincide con su valor contable (escenario 3).

— Si las expectativas de rendimiento son mayores que el rendimiento contable, el valor de mercado se sitúa por debajo del valor contable de modo que el rendimiento calculado sobre el valor de mercado de la empresa se iguale con el rendimiento esperado por los accionistas. Así, para el escenario 2 se obtiene,

$$\text{RFm} = \frac{\text{RF}}{\text{Pr}} = \frac{9,8}{0,7} = 14\%$$

donde la fórmula se deduce de combinar las dos expresiones que calculan las rentabilidades financieras contable (RF) y de mercado (RFm), expresadas por

$$\text{RF} = \frac{\text{BN}}{\text{RP}} \quad \text{y} \quad \text{RFm} = \frac{\text{BN}}{\text{Vm}}$$

Esta fórmula es similar a la (2). Sin embargo, por k representamos la tasa de descuento (o rentabilidad esperada) utilizada por el mercado mientras que RFm es la rentabilidad real de los accionistas. De hecho, RF_m es el inverso del ratio bursátil conocido como PER[3] que se calcula como cociente entre el precio y el beneficio por acción. Lo que se produce siempre según la exposición realizada, es que RFm tiende a igualarse a k, siendo el mecanismo de ajuste el valor de mercado de las acciones.

— En sentido contrario, si las expectativas de rendimiento de los inversores en capital de riesgo se sitúan por debajo de la rentabilidad financiero-contable, entonces el valor de mercado aumentará. Este repunte producirá la correspondiente caída en el rendimiento de mercado hasta que se alcance el valor esperado. En efecto, para los valores del escenario 4 se deduce

$$RFm = \frac{RF}{Pr} = \frac{16,8}{1,20} = 14\%$$

3.2. Hipótesis con crecimiento

En el apartado anterior se ha supuesto que el beneficio neto permanecía constante. Para ampliar los enunciados admitamos ahora que el beneficio neto experimente un crecimiento definido por una tasa anual g. El valor actual de todas las rentas futuras será el de una renta perpetua de crecimiento g estimado por:

$$Vm = \frac{BN \times (1 + g)}{K - g}$$

donde BN es el beneficio neto actual y por lo tanto BN x (1+g) es el importe de la primera renta. Al dividir los dos términos de la fórmula anterior por RP obtenemos que,

$$\frac{Vm}{RP} = \frac{BN \times (1 + g)}{RP \times (K - g)}$$

y como RF = BN/RP y Pr = Vm/RP se concluye que, en esta hipótesis, el precio relativo de mercado se obtiene por:

$$Pr = \frac{RF \times (1 + g)}{K - g} \qquad (3)$$

Esta expresión indica que el precio relativo de la empresa crece con su rentabilidad financiera y con la tasa de crecimiento esperada de su beneficio y disminuye al aumentar la rentabilidad esperada por el mercado.

Un Grupo financiero está evaluando el interés de adquirir un paquete de acciones de una empresa industrial y desea tener una aproximación del valor de las acciones. Después de los correspondientes análisis:

---

[3] PER: Price earning ratio o relación entre cotización y precio de la acción.

— Conoce que la rentabilidad financiera actual de la empresa es del 12%.

— Estima que el beneficio neto de la empresa puede crecer, en promedio y durante los próximos años, a una tasa anual del 4%.

— Decide que la rentabilidad mínima que aplica para evaluar este tipo de inversiones es del 14% después de impuestos.

Aplicando la fórmula (3) se llega a que el precio relativo es de 1,25:

$$Pr = \frac{0,12 \times (1 + 0,04)}{0,14 - 0,04}$$

Este resultado indica que el Grupo financiero deberá pagar la acción alrededor de un 25% por encima de su valor contable de la empresa a adquirir.

Veamos, también, cómo la fórmula (3) permite estimar la rentabilidad esperada por los inversores de capital de riesgo. Para ello, basta despejar k, obteniéndose:

$$k = \frac{RF \times (1 + g)}{Pr} + g$$

Una empresa petrolera de reconocida solvencia y que cotiza en Bolsa, presenta las siguientes magnitudes:

Cotización bursátil por acción	=	3.570 ptas.
Valor contable de la acción	=	1.962 ptas.
Rentabilidad financiera	=	16,45 %

El precio relativo de la acción (Pr) es de 1,82 y si aceptamos una tasa esperada de crecimiento (g) del beneficio neto del 8%, dos puntos por debajo de la histórica y 3,5 puntos por encima de la inflación, sustituyendo en la expresión (3) obtenemos,

$$1,82 = \frac{0,1645 \times (1 + 0,08)}{k - 0,08}$$

de donde, despejando k resulta un valor del 17,8%. Esta rentabilidad, que estima la expectativa media de rendimiento del mercado para la empresa de referencia, incluye los siguientes componentes:

— tipo de interés sin riesgo e inflación

— inflación esperada

— prima de riesgo

También puede construirse a partir del rendimiento de la deuda del Estado a largo plazo, añadiendo una prima de riesgo. La deuda del Estado a diez años, que ya incluye el impacto inflacionario, ofrecía, a la fecha de este análisis, un rendimiento del 11,2%. Por ello, la prima de riesgo p implícita en los títulos de la empresa del ejemplo asciende al 5,9%, según la ecuación siguiente,

$$(1 + 0,178) = (1 + 0,112) \text{ x } (1 + p)$$

Por último, cabe reiterar que los modelos aquí expuestos, como sucede con todos los modelos, sólo tienen validez en el marco de sus hipótesis.

4. ESTRATEGIAS FINANCIERAS

La fijación de objetivos constituye la etapa inicial de todo proceso de planificación ya que asienta las directrices sobre las que basar el plan. En este proceso la planificación financiera incorpora dos actuaciones que es preciso coordinar.

El primer eje acepta que el plan financiero constituye, en una primera instancia, la cuantificación monetaria de los planes operacionales de la empresa, establecidos por las áreas de gestión. Se trata de expresar, en términos monetarios, las actuaciones previstas de las actividades de la empresa. El objetivo aquí es obtener, mediante técnicas financieras convencionales, un documento que resuma los planes operativos y que ofrezca unos resultados financieros derivados de los planes no financieros del negocio.

El segundo eje hace el recorrido inverso: arranca del diseño del escenario futuro de la empresa. Ahora, se pretende plantear de inicio un conjunto de objetivos financieros que refuercen la posición competitiva de la empresa, sean coherentes con los planes operativos y con el comportamiento esperado del entorno y, además, sean congruentes entre sí. Esta segunda actuación constituye la genuina aportación del área financiera y niega que su contribución pueda limitarse a una mera cuantificación monetaria en el proceso de planificación. Ha de aportar objetivos y políticas de gestión específicos; sólo así será capaz de añadir valor al plan de empresa.

La figura 4 resume la exposición anterior, confrontando las dos dimensiones descritas y resaltando la necesidad de ajustar los resultados generados por una y otra dimensión. Si éste acople no se realiza, se producirá automáticamente, en el transcurso de la ejecución del plan y forzado por la realidad, pero originando desequilibrios que pueden alterar el perfil del escenario financiero deseado.

Para acometer esta segunda actuación financiera en el plan es preciso elaborar el paquete de objetivos. La importancia de disponer de un repertorio de objetivos financieros equilibrado se deriva del protagonismo que ostentan los índices de esta índole para sintetizar la situación de cualquier empresa. Su rentabilidad, crecimiento, liquidez o riesgo son parámetros habituales estudiados por analistas de todo tipo para evaluar su condición. Resumen las actuaciones del conjunto de sus áreas de gestión y permiten comparaciones con referencias del mercado.

Los siguientes índices constituyen, en su conjunto, una representación satisfactoria de la situación estrictamente financiera de la empresa.

— Rentabilidad financiera (RF) en cuanto que evalúa la rentabilidad prevista a ofrecer a los accionistas. Este índice, que se calcula como cociente entre el beneficio neto y los recursos propios, se obtiene también mediante la fórmula presentada en el epígrafe 5 del capítulo VII.

$$RF = [RE + e \times (RE - i)] \times (1-t)$$

— Cobertura de intereses (CI) como medida del riesgo financiero derivado de la remuneración a la deuda. Este ratio, obtenido como cociente entre el beneficio económico (BE) y los gastos financieros (Gf), se calcula también por la ecuación [4].

$$CI = \frac{RE}{i} \times \frac{(1 + e)}{e} \qquad (4)$$

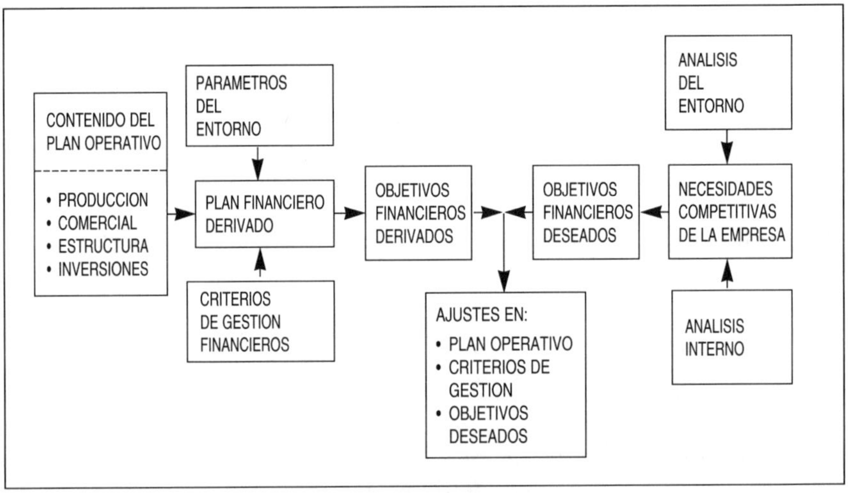

Figura 4: Contraste de objetivos financieros

— Capacidad para financiar el crecimiento de la empresa y, en concreto, de sus inversiones. Esta capacidad puede obtenerse recurriendo a tres fuentes (beneficios retenidos, ampliación de capital y mayor endeudamiento) que dan lugar a los tres siguientes índices [5]:

— Indice de crecimiento interno (ICI) que mide la tasa de aumento factible de la inversión neta que puede financiarse por la retención de beneficios, manteniendo constante el ratio de endeudamiento y aplicando la amortización para reponer activos. Se calcula por la expresión

$$ICI = RF \text{ x } b$$

donde b es el factor de retención de beneficios.

— Indice de crecimiento por ampliación de capital (ICA) que evalúa la capacidad para financiar el crecimiento mediante la captación de nuevos recursos propios y manteniendo constante el ratio de endeudamiento. Se obtiene por el cociente,

$$ICA = \frac{NA}{RP}$$

[4] Ver, Anexo 3 del capítulo VII.

[5] Ver epígrafe 2 del capítulo VIII.

donde NA es el importe de la nueva aportación factible o prevista. Esta relación representa en tanto por uno el incremento relativo de los recursos propios como consecuencia de una potencial ampliación de capital. Si el ratio de endeudamiento ha de permanecer constante, la misma tasa de crecimiento se aplicará a la deuda y, en consecuencia, al conjunto de la inversión neta de la empresa.

— Indice de crecimiento por variación del endeudamiento (ICE) que cuantifica la capacidad para financiar el crecimiento derivada de alterar el ratio de endeudamiento. Su valor se calcula por

$$ICE = \frac{e_f - e_i}{1 + e_i} \times \left(1 + ICI + ICA\right)$$

Este índice refleja la financiación adicional que puede obtener la empresa si aumenta su ratio de endeudamiento desde una posición inicial e_i a otra final e_f. Lógicamente, si e_f es menor que e_i la capacidad de crecimiento se hace negativa.

La capacidad de crecimiento total de la empresa (ICT) se obtiene como suma de los tres índices anteriores, es decir:

$$ICT = ICI + ICA + ICE$$

Estos objetivos financieros de rendimiento, riesgo financiero y crecimiento resumen el escenario financiero futuro de la empresa. Los valores que se anticipen para estos índices dependen, exclusivamente, de:

— los niveles que alcancen los siguientes parámetros, ajenos en parte a su gestión estrictamente financiera:

- Rentabilidad económica, RE
- Coste efectivo de la deuda, i
- Tipo impositivo, t

Y de las decisiones que se adopten para las siguientes políticas financieras:

- Endeudamiento, e
- Retención de beneficios, b
- Ampliación de capital, ICA

La rentabilidad económica, que resume toda la actuación operativa de la empresa en lo que se refiere a la gestión de sus inversiones y de sus actividades, es consecuencia de la actuación económica. Tanto el coste de la deuda como la tasa impositiva pueden ser gestionadas por la empresa, dentro de ciertos límites, aunque los valores que tomen dependen, fundamentalmente, de las condiciones que rijan en el mercado de capitales y de la reglamentación fiscal vigente. Por ello, estos tres parámetros se contemplan como datos de entrada al modelo de planificación financiera que se presenta más adelante.

Por el contrario, las decisiones referentes a endeudamiento, retención de beneficios y ampliación de capital, sí son actuaciones definidas por los dirigentes financieros de la empresa, que pueden establecer, en principio, los valores que consideren más adecuados. Estos, desde luego, deberán ser coherentes con las prácticas y coyunturas del mercado y con la situación de partida en que se encuentre la empresa.

El valor que tomen los tres objetivos financieros de rentabilidad, riesgo y capacidad de financiar el crecimiento puede obtenerse bien de la mera cuantificación del plan operativo de la empresa o, por el contrario, mediante su formulación activa que exigirá la toma de decisiones para posibilitar su consecución. En el primer caso, hablaremos de objetivos derivados de la actuación económica. En el segundo, se trata de actuar para conseguir alcanzar los objetivos deseados en base a las necesidades estratégicas de la empresa y en congruencia con su plan de operaciones.

A fin de mostrar el modelo de planificación de objetivos financieros vamos a retornar a la empresa TAGGO suponiendo los siguientes valores,

Rentabilidad económica	17%
Coste de la deuda	14%
Tipo impositivo	0,3

En cuanto a las políticas financieras, en la situación actual, son las siguientes:

Endeudamiento	0,5
Retención de beneficios	0,4
Ampliación de capital	0

El cuadro 8 recoge, en su segunda columna, los valores derivados de los datos anteriores, para los índices que miden los objetivos seleccionados. La última columna, la sexta, muestra los objetivos financieros fijados inicialmente por TAGGO. La diferencia entre una y otra columna es la que debe estrecharse mediante el proceso de simulación que se indica a continuación.

Cuadro 8:
SIMULACION ESTRATEGICA DE OBJETIVOS FINANCIEROS

POLITICAS FINANCIERAS (1)	SITUACION DE PARTIDA (2)	ACTUACION SOBRE: ENDEUDAMIENTO (3)	RETENCION DE BENEFICIOS (4)	AMPLIACION DE CAPITAL (5)	OBJETIVO (6)
ENDEUDAMIENTO, e	0,500	0,531	0,531	0,531	
FACTOR DE RETENCIÓN, b	0,40	0,40	0,45	0,45	
AMPLIACIÓN DE CAPITAL, ICA	0	0	0	0,015	
OBJETIVOS FINANCIEROS					
RENTABILIDAD FINANCIERA, RF	12,95%	13,02*	13,02	13,02	13,50%
COBERTURA DE INTERESES, CI	3,64	3,50*	3,50	3,50	3,50
CAPACIDAD FINANCIERA DE CRECIMIENTO (ICT)	5,18	7,38%*	8,05%*	9,58%*	10,00%
• CRECIMIENTO INTERNO, ICI	5,18%	5,21%	5,86%*	5,86%	
• AMPLIACION DE CAPITAL, ICA	0	0	0	1,50%*	
• ENDEDUDAMIENTO, ICE	0	2,17%*	2,19%	2,22%*	

Comparando ambas columnas comprobamos cómo la rentabilidad financiera derivada del plan operativo, de los parámetros del entorno y de las políticas financieras vigentes, se sitúa en más de medio punto por debajo en relación al objetivo. Lo contrario sucede con el ratio de cobertura de intereses, que al superar al valor objetivo, señala que existe aún una holgura para aumentar el endeudamiento. En cuanto a la capacidad para financiar el crecimiento, la tasa derivada del plan de inversiones del 10% rebasa en casi cinco puntos a la capacidad de financiación de TAGGO en la situación actual.

Para salvar las brechas anteriores, se decide, en primer lugar, agotar la capacidad de endeudamiento existente de manera tal que la cobertura de intereses iguale al objetivo de 3,50. Esto sucede para un ratio de endeudamiento de 0,531. En efecto retomando la fórmula (4), presentada anteriormente, que calcula el ratio de cobertura de intereses y sustituyendo valores, se obtiene,

$$3{,}50 = \frac{0{,}17}{0{,}14} \times \frac{1 + e}{e}$$

y despejando e resulta el mencionado valor de 0,531.

Este cambio en el endeudamiento altera los valores de los índices-objetivo según muestra la columna tercera. Todos los índices que experimentan variación figuran con un asterisco a la derecha. Vemos como la rentabilidad financiera aumenta ligeramente, por la mayor intensidad del factor de apalancamiento y también lo hace el índice de crecimiento interno por la misma razón. Pero el efecto mayor se origina en la capacidad de financiación por variación del endeudamiento que pasa de 0 a 2,17%.

A continuación, y a fin de mejorar la tasa de financiación se decide aumentar de 0,4 a 0,45 el factor de retención de beneficios, lo cual supone un recorte relativo del dividendo. Con ello, la tasa total de financiación del crecimiento escala hasta el 8,05%, aunque todavía se sitúa por debajo del objetivo del 10%: el ICI se incrementa al hacerlo el factor de retención y el ICE lo hace por el mayor endeudamiento permitido por la mayor retención de beneficios. Esto lo recoge la columna 4.

Por último, analizada la situación del mercado de capitales, TAGGO admite que se podría realizar una ampliación de capital que incremente los recursos propios en un 1,5%. Con ello, la quinta columna del mencionado cuadro desvela que la capacidad para financiar el crecimiento se eleva hasta el 9,58% debido al efecto de la ampliación de capital y, con menor entidad, al efecto que induce sobre el endeudamiento: al haber más recursos propios mayor será la financiación por deuda que pueda captarse aun sin variar el ratio de endeudamiento.

Llegados a este punto se agota la capacidad de maniobra de la actuación financiera. Para alcanzar la rentabilidad financiera deseada del 13,50% sería preciso actuar sobre los parámetros que la determinan (RE, i y t). Crecer a un 10% parece financieramente imposible, si se mantienen las políticas financieras, por lo que habría que renunciar a algunas inversiones o modificar dichas políticas.

El cuadro 9 indica, en adaptación de una formulación de Higgins, las principales áreas de actuación disponibles para equilibrar el objetivo de crecimiento que nace de los planes operativos de la empresa con la capacidad de ésta para financiarlo.

Cuadro 9:
AJUSTE ENTRE LA CAPACIDAD FINANCIERA DE CRECIMIENTO Y EL OBJETIVO DE CRECIMIENTO DE OPERACIONES

A. CAPACIDAD FINANCIERA DE CRECIMIENTO INFERIOR AL OBJETIVO DE CRECIMIENTO DE OPERACIONES

1. AUMENTAR LOS FONDOS GENERADOS POR LAS OPERACIONES
   - ACTUAR SOBRE INGRESOS (PRECIOS Y VOLUMEN) Y COSTES
2. REDUCIR INVERSIONES PREVISTAS
   - DISMINUIR CAPITAL CIRCULANTE
     - MENOR TESORERIA
     - REDUCIR PERIODO MEDIO DE COBRO
     - AUMENTAR ROTACION DE EXISTENCIAS
     - AMPLIAR EL PLAZO DE PAGO A PROVEEDORES
   - DISMINUIR EL INMOVILIZADO
     - RECORTAR EL PLAN DE INVERSIONES
     - VENDER ACTIVOS FIJOS
     - ARRENDAR EN VEZ DE COMPRAR
3. AUMENTAR LA CAPACIDAD FINANCIERA DE CRECIMIENTO
   - ELEVAR EL RATIO DE ENDEUDAMIENTO
   - MEJORAR LA RETENCION DE BENEFICIOS
   - AMPLIAR LOS RECURSOS PROPIOS

B. CAPACIDAD FINANCIERA DE CRECIMIENTO SUPERIOR AL OBJETIVO DE CRECIMIENTO DE OPERACIONES

1. DISMINUIR LA AUTOFINANCIACION
   - REDUCIR PRECIOS PARA GANAR CUOTA DE MERCADO
   - AUMENTAR LOS COSTES ESTRATEGICOS DE LA EMPRESA PARA FORTALECER SU POSICION COMPETITIVA
2. AUMENTAR LAS INVERSIONES PREVISTAS
   - ELEVAR LA LIQUIDEZ
   - CONCEDER PLAZOS DE PAGO MAS DILATADOS A CLIENTES
   - AUMENTAR LAS EXISTENCIAS DE SEGURIDAD
   - REALIZAR INVERSIONES EN NUEVAS ACTIVIDADES O EN MAYOR CAPACIDAD
3. REDUCIR LA CAPACIDAD FINANCIERA DE CRECIMIENTO
   - RECORTAR EL ENDEUDAMIENTO PARA REBAJAR EL RIESGO FINANCIERO
   - AUMENTAR DIVIDENDOS PARA SATISFACER AL ACCIONISTA
   - REDUCIR LOS RECURSOS PROPIOS MEDIANTE RECOMPRA Y CANCELACION DE ACCIONES, PARA MEJORAR LA RENTABILIDAD FINANCIERA

En resumen, la contribución significativa de las finanzas de la empresa al proceso de planificación nace de su capacidad para incorporar políticas y objetivos capaces de apoyar la posición de la empresa en el mercado. Han de ser criterios coherentes entre sí y compatibles con los planes operativos y con la situación del entorno. Si no sucede así, el desarrollo de los acontecimientos originará desequilibrios posteriores entre la realidad y lo deseado. El ajuste entre ambos se producirá inevitablemente pero rompiendo las políticas diseñadas y con riesgo de deteriorar la situación de la empresa.

El modelo aquí presentado, que permite incorporar otros objetivos a discreción del analista, pretende realizar por anticipado este trabajo de ajuste. Con él no se anulan las previsiones financieras tradicionales de Cuentas de resultado y Balances sino que, por el contrario, las encauza ya que permite evaluar, previamente, las consecuencias de los planes previstos. Destaca, además, la interrelación entre los índices financieros presentados y su generación a partir de los parámetros y políticas señalados. Su sencillez evita perderse entre la maraña de números que toda previsión comporta y antepone los conceptos al exceso estéril de cifras.

5. DE VALORES CONTABLES A VALORES DE MERCADO

El análisis económico-financiero de la empresa se realiza, habitualmente, utilizando los valores contables de las distintas partidas del Balance y la Cuenta de resultados. Si bien este criterio puede ser razonable para los conceptos de la Cuenta de resultados y aquellos del Balance denominados como de circulante, no sucede lo mismo con el activo fijo y el pasivo a medio y largo plazo.

En efecto, la Cuenta de resultados se valora en pesetas del año corriente, excepto la dotación a amortizaciones, que se calcula sobre valores históricos del activo. Lo mismo sucede con las partidas del activo y el pasivo circulantes: su antigüedad es reducida y por tanto están referidas, en su mayor parte, a pesetas del ejercicio para el que se realiza el análisis.

Pero el inmovilizado fijo se ha ido gestando mediante un proceso de acumulación, desde la misma constitución de la empresa. Ha habido adiciones al activo fijo en años muy distintos, lo que cuestiona la validez de su valor total obtenido como suma de pesetas de tan distinto poder adquisitivo. Esta situación afecta al cálculo de la amortización del inmovilizado: al estar éste infravalorado la dotación resultante no refleja, razonablemente, el mayor coste de utilización de los activos.

Lo mismo sucede con los recursos propios, que han ido acumulándose poco a poco, mediante sucesivas ampliaciones de capital y retención de beneficios. Incluso, la deuda onerosa valorada en términos contables, puede ser sólo una grosera aproximación de su auténtico valor de mercado, que depende de:

— La relación que exista, en el momento del análisis, entre el interés nominal de la deuda y el interés de mercado para operaciones semejantes.

— El movimiento de fondos pendiente hasta el vencimiento de la deuda.

Puesto que el valor actual de una renta perpetua se obtiene como cociente entre el importe de la renta constante y el tipo de interés vigente en el mercado, si una entidad emite deuda de estas características (cosa improbable en la España actual) con un pago anual postpagable de 100 millones de ptas. y al tipo de interés de mercado del 10%, el valor actual de dicha renta, que mide el valor de mercado de la deuda, será,

$$Vd = 100/0{,}10 = 1.000 \text{ millones de ptas.}$$

Si, posteriormente, el tipo de interés de mercado baja al 8%, el valor de la deuda de referencia se incrementaría a 1.250 millones de ptas. (100/0,08). La diferencia de 250 millones mide el mayor coste para la empresa de estar financiada al 10% cuando en el mercado es posible hacerlo al 8% [6].

Desde el punto de vista de los inversores que adquirieron los títulos asociados a la deuda emitida por la empresa, el precio de compra inicial debió ser de 1.000 millones de ptas. Si el tipo de interés de mercado disminuye, posteriormente, al 8%, los inversores obtendrán una ganancia patrimonial de 250 millones de ptas. que refleja el beneficio derivado de mantener una colocación de fondos con un rendimiento superior al del mercado. De hecho los 250 millones de ptas. coinciden con el valor actual, calculado al tipo de descuento de mercado, del exceso de renta que perciben los tenedores de los títulos como consecuencia de mantener una inversión con rendimiento superior al vigente en cada momento. Al año recibirán un exceso de intereses sobre la situación actual del mercado de 2 puntos sobre 1.000 millones, es decir 20 millones de ptas. Puesto que suponemos que se trata de una renta perpetua, se obtiene:

$$\text{Beneficio patrimonial} = \frac{1.000 \times (0{,}10 - 0{,}08)}{0{,}08} = 250 \text{ millones ptas.}$$

Por lo expuesto, el análisis financiero en base a magnitudes contables incorpora limitaciones, derivadas de los criterios de valoración aplicados, que distorsionan, a veces seriamente, las conclusiones que se extraigan. Si bien dicho análisis puede ser razonablemente preciso para establecer tendencias y estudios comparativos, no lo es tanto para formular conclusiones absolutas. Veamos un ejemplo.

BETACLIN es una compañía que opera principalmente en el sector de alimentación. Sus principales actividades se relacionan con la fabricación y comercialización de equipos productivos y diseño de procesos para la industria alimentaria y para la agricultura. Se trata de una gran empresa, con muchos años de experiencia, que cotiza en Bolsa. Sus estados financieros resumidos, expresados en millones de pesetas, figuran en el cuadro 10 y se refieren al último ejercicio cerrado.

De acuerdo con estos estados financieros los recursos propios suman 5.343 millones de ptas., la deuda onerosa 5.341 y la inversión neta o capital total de BETACLIN asciende a 10.684 millones. Esta cifra se obtiene como suma de los recursos propios (5.343) más la deuda onerosa (5.341) o, alternativamente, restando del total del activo (16.869) la financiación espontánea que utiliza la empresa (6.185).

---

[6] Ambas valoraciones no se refieren al mismo momento, salvo que la disminución del tipo de interés del 10 al 8% se produzca de forma súbita. En cualquier caso esta eventual diferencia temporal no repercute en las conclusiones de este análisis.

Cuadro 10:
ESTADOS FINANCIEROS DE BETACLIN

CUENTA ANUAL DE RESULTADOS			
Ventas	15.300,0		
Coste de ventas	– 9.550,5		
Gastos comerciales y generales	– 3.933,0		
Beneficio económico	1.816,5		
Gastos financieros	– 748,0		
Beneficio antes de impuestos	1.068,5		
Impuestos	– 267,1		
Beneficio neto	801,4		
BALANCE			
ACTIVO		PASIVO	
Tesorería	256	Proveedores y acreedores	6.185
Deudores	4.813	Créditos a corto	3.792
Existencias	5.382	Préstamos a largo	1.549
Inmovilizado neto	6.418	Reservas	2.093
		Capital social	3.250
TOTAL	16.869	TOTAL	16.869

Los ratios financieros que determinan el rendimiento del accionista y el riesgo, y calculados en base a la valoración contable de las magnitudes implicadas, son los indicados en el cuadro 11.

Cuadro 11:
RATIOS CONTABLES DE BETACLIN

RATIO		CALCULO		VALOR
– Rentabilidad financiera	=	801,4/5.343	=	15%
– Rentabilidad económica	=	1.816,5/10.684	=	17%
– Endeudamiento	=	5.341/5.343	=	1
– Coste de la deuda	=	748/5.341	=	14%
– Tipo impositivo	=	267,1/1.068,5	=	0,25

Estos ratios han de ser útiles para calibrar la situación de la empresa en relación con sus objetivos, con períodos anteriores o con la trayectoria de otras empresas similares. Y, también lo son para tomar decisiones respecto a:

— rendimientos a exigir a las nuevas inversiones de modo que se incremente la rentabilidad económica actual del 17%.

— fórmulas de financiación de dichas inversiones a fin de apalancar la rentabilidad financiera.

— equilibrio entre deuda y recursos propios de manera que se acote el riesgo financiero de la empresa.

Por una u otra finalidad de dichos ratios es preciso que los valores que se estimen de los mismos sean razonables. En caso contrario los análisis que se apoyen en ellos pueden provocar decisiones erróneas. Y esto sucede cuando los valores contables de las magnitudes involucradas no reflejan, razonablemente, su valor real.

Pero también desde la perspectiva del accionista o de otros observadores de la empresa estos ratios son relevantes. Así, un inversor podrá concluir que las acciones de BETACLIN ofrecen un rendimiento del 15%. Un prestamista potencial se fijará en parámetros como la rentabilidad de la empresa o su estructura financiera. El primero podrá considerar la inversión atractiva si la compara con el rendimiento de la Deuda del Estado a 10 años que se sitúa, en la circunstancia aquí descrita, en el 10%. El prestamista podrá juzgar elevado el ratio actual de endeudamiento que asciende a la unidad.

Pero, veamos qué sucede cuando incorporamos al análisis los criterios de valoración basados en el mercado.

El capital social de BETACLIN está constituido por 3.250.000 acciones de un valor nominal de 1.000 ptas. cada una siendo la cotización actual de la acción en Bolsa de 2.055 pesetas. Por ello, el valor de mercado de los recursos propios de la empresa, que se obtiene como producto del número de acciones por la cotización, asciende a 6.679 millones de pesetas. Esta cifra supera en un 25% al valor contable calculado anteriormente de 5.343 millones de ptas. (El precio relativo Pr es de 1,25).

Un accionista puede vender sus acciones a 2.055 ptas. cada una, luego ésta es, en verdad, la inversión que mantiene en BETACLIN. Del mismo modo, un inversor tendrá que pagar esa cotización para convertirse en accionista. Si aceptamos, como parece razonable, que la inversión real del accionista ha de medirse por el valor de mercado y no por el valor histórico ofrecido por la contabilidad, el rendimiento de la inversión de los accionistas será del 12% calculado por:

– Rentabilidad financiera = 801,4/6.679

e inferior en tres puntos al rendimiento contable.

Si un inversor decide adquirir acciones de BETACLIN, lo hará a su precio de mercado actual (2.055 ptas. por acción) y a cambio, obtendrá un beneficio neto por acción de 246,6 ptas. obtenido al dividir el beneficio neto total entre el número de acciones de la empresa. Por ello, su rendimiento efectivo será del 12% (246,6/2.055). La apreciación del potencial inversor podrá cambiar de signo ahora si considera que invertir en deuda del Estado le puede dar un 10% con un nivel de riesgo sensiblemente inferior [7]. Bien es cierto que ese 12% no incluye las expectativas de crecimiento de la empresa. Más adelante se cuantifica el efecto de estas expectativas.

---

[7] En este análisis se ha considerado que el beneficio contable coincide con el real. La principal diferencia, al margen de las hipótesis que se hayan aplicado, reside en el importe de la dotación por amortizaciones en cuanto que se calculan sobre valores históricos de compra de los activos fijos. Su estimación correcta exigirá recalcular la dotación por elemento tomando como base el valor de mercado de cada bien del inmovilizado. Para simplificar el análisis que aquí se expone, omitiremos esta posible diferencia del beneficio, aunque, en ocasiones, puede llegar a ser significativa.

En cuanto a la deuda onerosa, representada por préstamos a corto y largo plazo, su valor contable es de 5.341 millones de pesetas. Pero esta cifra representa el saldo que, en la actualidad, está pendiente de amortizar; ello no quiere decir que sea su auténtico valor de mercado. Si BETACLIN desease cancelar anticipadamente esta deuda el importe a devolver no tendría por qué coincidir con el valor reconocido por la contabilidad. Supongamos que la deuda anterior se compone de las siguientes operaciones:

— Póliza a corto plazo de utilización variable con un límite de 5.000 millones de los que sólo se han dispuesto 3.792 millones de ptas. La liquidación de intereses es mensual y el tipo a aplicar en cada período de interés se revisa mensualmente. El tipo actual de esta póliza es del 13,59%. Salvo en ocasiones excepcionales, en las que se producen variaciones bruscas y de entidad del tipo de interés de mercado, el valor contable de la deuda a tipo de interés variable refleja razonablemente su valor de mercado, cuando el período de revisión del tipo aplicable es reducido y la volatilidad de los tipos de interés del mercado es pequeña. Siendo este el caso de BETACLIN consideremos que el valor de mercado de esta deuda a corto coincide con su valor de mercado.

— Préstamo a largo plazo por importe de 1.549 millones de ptas. concertado a un interés fijo del 15%. Quedan pendientes 8 pagos, a realizar al final de cada uno de los próximos 8 años, por un importe cada uno de 345,19 millones de ptas. Esta cifra incluye la devolución de principal e intereses. Si se calcula el valor actual de estos 8 pagos descontados al 15% se obtiene, lógicamente, el valor contable de la deuda, es decir, 1.549 millones. Si en la actualidad, el tipo de interés de mercado para operaciones similares a la de BETACLIN es del 12%, el valor actual de los 8 pagos pendientes resulta ser de 1.715, superior al mencionado valor contable en 166 millones de pesetas.

Así pues, el valor de mercado de la deuda resultaría ser de 5.507 millones de ptas. (3.792 más 1.715) y el capital total utilizado por BETACLIN asciende a 12,186 millones (6.679 más 5.507) que excede en un 14% a los 10.684 estimados por la contabilidad. Este importe de 12.186 representa, también, el valor que el mercado asigna a la inversión neta.

Con todo ello, podemos recalcular los ratios introducidos previamente, según recoge el cuadro 12. Se omite repetir el cálculo del tipo impositivo ya que, al depender sólo de variables asociadas a la Cuenta de resultados, no varía.

Cuadro 12:
RATIOS DE MERCADO DE BETACLIN

RATIO	CALCULO	VALOR
Rentabilidad financiera	801,4/6.679	12,0%
Rentabilidad económica	1.816,5/12.186,5	14,9%
Endeudamiento	5.507/6.679	0,82
Coste de la Deuda	748/5.507	13,58%

Sin embargo, los índices del cuadro 12 mezclan aún valoraciones de mercado con magnitudes contables, sin tener en cuenta las expectativas de los inversores sobre la evolución futura de la empresa.

Así, el rendimiento de mercado de los accionistas utiliza sólo el beneficio neto del primer año. Pero el rendimiento esperado por los inversores (k) incorpora, también, las expectativas de crecimiento del beneficio medido por la tasa g. Si este crecimiento se valora en un 5%, equivalente al experimentado durante los años más recientes, el rendimiento esperado se estima aplicando la fórmula (3) del epígrafe 3.2. Despejando en ella k e incorporando los valores de las variables, se obtiene,

$$k = \frac{0,15 \times (1 + 0,05)}{1,25} + 0,5 = 17,60\%$$

La relación que existe entre la rentabilidad de mercado y las expectativas de rentabilidad de los inversores se deduce recordando las dos siguientes fórmulas:

$$k = \frac{Bn \times (1 + g)}{Vm} + g \qquad RFm = \frac{Bn}{Vm}$$

De ambas expresiones se deriva que k = RFm x (1 + g) + g.

Aplicando esta fórmula a BETACLIN, se obtiene el mismo valor para k que el estimado anteriormente, es decir:

$$k = 0,12 \text{ x } (1 + 0,05) + 0,05 = 17,60\%$$

Igualmente, podemos calcular el coste efectivo de la deuda en base al coste de las operaciones específicas que la componen. En el caso de BETACLIN, utilizando valores de mercado, se obtiene:

Operación	Importe	Coste	Peso	Contribución
Póliza de crédito	3.792	13,59%	0,689	9,36%
Préstamo a largo	1.715	12,00%	0,311	3,74%
	5.507		**Coste de la deuda**	**13,09%**

Es decir, el coste medio de la deuda asciende al 13,09%. Si recordamos que el endeudamiento a valores de mercado es de 0,82 y que el tipo impositivo se eleva al 25%, podemos calcular la rentabilidad económica que el mercado espera de los activos de BETACLIN despejando RE en la fórmula de la rentabilidad financiera,

$$RE = \left(\frac{RF}{1 - t} + e \times i \right) \times \frac{1}{1 + e}$$

y sustituyendo valores,

$$RE = \left(\frac{19,20}{1 - 0,25} + 0,8245 \times 13,09 \right) \times \frac{1}{1 + 0,8245}$$

se obtiene una rentabilidad económica del 19,95%. Esta rentabilidad incorpora el efecto de los flujos de fondos futuros de la empresa y por ello ofrece una estimación de la rentabilidad esperada por el mercado del conjunto de activos de BETACLIN.

Este cálculo supone que los importes de la amortización y de la inversión de reposición coinciden.

En resumen, podemos formular el cuadro 13 que recoge no sólo los valores de mercado sino también las expectativas asociadas a BETACLIN.

Cuadro 13:
INDICES DE MERCADO DE BETACLIN

RATIO	VALOR DE MERCADO	VALOR CONTABLE
Rentabilidad financiera	17,60%	15,00%
Rentabilidad económica	19,95%	17,00%
Endeudamiento	0,82	1
Coste de la deuda	13,09%	14,00%
Tipo impositivo	0,25	0,25

El análisis de este cuadro permite extraer las siguientes conclusiones:

1. BETACLIN ofrece unas expectativas de rendimiento superiores a la rentabilidad que sugieren sus estados contables, tanto en términos económicos como financieros. El incremento se produce a pesar de que el denominador de ambos ratios se incrementa por el mayor valor que reconoce el mercado. Pero la incorporación de las expectativas de crecimiento supera el efecto anterior.

2. Su endeudamiento es menor cuando se calcula como cociente entre la deuda y los recursos propios, ambos a valor de mercado, pues el incremento relativo de los recursos propios supera al de la deuda, ambos en relación a su valor contable.

3. El coste medio de la deuda se reduce en cuanto que se incrementa el valor de la deuda, al superar su tipo nominal al de mercado.

El cuadro 14 indica los diversos valores de mercado de BETACLIN según los cálculos realizados anteriormente. Si los accionistas actuales vendiesen toda su

Cuadro 14:
VALORES DE MERCADO DE BETACLIN

CONCEPTO DE VALORACION (en millones de ptas.)	VALOR	
	Mercado	Contable
+ Recursos propios	6.679	5.343
+ Deuda	5.507	5.341
= Capital	12.186	10.684
= Inversión neta	12.186	10.684
+ Financiación espontánea	6.185	6.185
= Activo total	18.371	16.869
– Activo circulante	–10.451	–10.451
= Activos fijos	7.920	6.418

participación, recibirían el valor de mercado de los recursos propios, es decir 6.679 millones de ptas., quedándose los nuevos propietarios con los activos y las obligaciones asociadas a todo el exigible (oneroso y espontáneo).

Si lo que se vende son los activos y la obligación de atender sólo a la financiación espontánea, el precio de venta sería de 12.186 millones de ptas. Si la venta incluye sólo los activos, reteniendo los propietarios actuales la obligación de liquidar todo el exigible el valor se elevaría a 18.371 millones. Por último, cabe también la opción de vender sólo los activos fijos, siendo el precio, en este caso, de 7.920 millones de ptas. según indica el mencionado cuadro, donde la columna de la derecha incluye el valor contable de los distintos conceptos objeto de valoración.

Bibliografía

ANTHONY y GOVINDARAJAN: *Management control systems*. Irwin, 1995.

ANTHONY y REECE: *Accounting: Text and cases*. Irwin, 1989.

BREALEY y MYERS: *Principles of corporate finance*. McGraw-Hill, 1991.

COOPER Y KAPLAN: *The design of cost management systems*. Prentice-Hall International, 1991.

DEARDEN: *Management accounting*. Prentice-Hall International, 1988.

GALITZ: *Ingeniería financiera*. Folio, 1994.

GLUECK y JAUCH: *Business policy and strategic management*. McGraw-Hill, 1984.

KAPLAN y ATKINSON: *Advanced management accounting*. Prentice-Hall International, 1989.

KOONTZ y WEIHRICH: *Administración*. McGraw-Hill, 1990.

NEWMAN, LOGAN Y HEGARTY: *Strategy*. South Western, 1989.

ONTIVEROS, E.; BERGÉS, A.; MANZANO, D. y VALERO, F.: *Mercados financieros internacionales*. Espasa Calpe, 1991.

PÉREZ-CARBALLO, JUAN: *Control de la gestión empresarial*. ESIC Editorial, 1994.

PÉREZ-CARBALLO, A. Y J. y VELA, E.: *Principios de gestión financiera*. Alianza Universidad, 1996.

PORTER: *Estrategia competitiva*. C.E.C.S.A., 1980.

— *Ventaja competitiva*. C.E.C.S.A., 1989.

RODRÍGUEZ Y CARTER. *International financial management*. Prentice-Hall International, 1984.

SÁNCHEZ, JOSÉ L.: *Curso de bolsa y mercados financieros*. Ariel Economía, 1996.

VAN HORNE: *Financial management and policy*. Prentice-Hall.

Indice analítico